本书是2022年度黑龙江省高等教育本科教育教学改革研究重点委托项目"师范专业认证背景下汉语言文学专业中国传统文化育人路径研究"的阶段性结题成果。项目编号：SJGZ20220119

九州文库

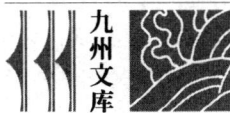

中国传统文化内涵阐释

高春燕　孙艳君　主编

九州出版社
JIUZHOUPRESS

图书在版编目（CIP）数据

中国传统文化内涵阐释／高春燕，孙艳君主编．--
北京：九州出版社，2023.8
ISBN 978 - 7 - 5225 - 2119 - 0

Ⅰ．①中… Ⅱ．①高… ②孙… Ⅲ．①中华文化—研
究 Ⅳ．①K203

中国国家版本馆 CIP 数据核字（2023）第 168213 号

中国传统文化内涵阐释

作　　者	高春燕　孙艳君　主编
责任编辑	沧　桑
出版发行	九州出版社
地　　址	北京市西城区阜外大街甲 35 号（100037）
发行电话	（010）68992190/3/5/6
网　　址	www.jiuzhoupress.com
印　　刷	唐山才智印刷有限公司
开　　本	710 毫米×1000 毫米　16 开
印　　张	20.5
字　　数	370 千字
版　　次	2024 年 1 月第 1 版
印　　次	2024 年 1 月第 1 次印刷
书　　号	ISBN 978 - 7 - 5225 - 2119 - 0
定　　价	98.00 元

编委会

主　编：高春燕　孙艳君

编　委：杨丹凤　柳　琳　谢赛楠

前　言

从教师到学生，都迫切希望有一本既能全面掌握传统文化知识体系又能充分发挥文化育人效果的书籍。我们编写的中国传统文化内涵阐释，正是为了适应这样的教学需求。

提升中国软实力，促进文化自信，离不开中国传统文化。中华民族文化传承到今天，并成为中华民族自信之源，其原因是中华民族有着共同的文化价值观、有着共同的奋斗目标，即为国家文化的繁荣和发展做出自己应有的贡献。我们深知中国传统文化博大精深，作为编撰者，首先要说明的是本书在中国传统文化之内容的取舍上依据的基本原则。习近平总书记在《中国共产党第二十次全国代表大会上的报告》第五部分"实施科教兴国战略，强化现代化建设人才支撑"中，再次强调加快建设教育强国、科技强国、人才强国，办好人民满意的教育等，这为当前教育发展进一步指明了奋进方向、提供了根本遵循。习近平总书记指出人民满意的教育是立德树人的教育，是改革创新的教育①。育人的根本在立德，立德的重点是面向全体学生，关键是促进学生全面发展。

中国传统文化在育人方面的作用尤为突出，中国传统文化是我国历史文明的重要呈现，通过对传统文化的深入分析可以了解我国的民族文化以及风貌和特质，内涵博大精深。这些为我们提供了坚实稳定的价值支撑和理想认同。中国传统文化教育以培养完善的人格为立足点和最终目的，通过各种优秀的文化教育及理论来规范个人的言行举止，因此对贯彻以学生为中心的理念，落实素质教育来说，我国优秀传统文化具有重要的借鉴作用。以中国传统文化教育教学为切入点培养学生坚定的理想信念、厚植爱国主义情怀、加强品德修养、增长知识见识、培养奋斗精神、增强综合素质，才能培养出担当民族复兴大任的时代新人。这些与党的十九大提出的培养以"德、智、体、美"为目标的社会

---

① 《高举中国特色社会主义伟大旗帜，为全面建设社会主义现代化国家而团结奋斗》2022年10月16日，《求是》杂志2022年第21期。

主义建设者和接班人的要求是一致的，也和党的二十大的立德树人办人民满意的教育相契合。为此，本书依据中国传统文化育人目标的达成对中国传统文化内容进行适当取舍。

本书融合各版本"中国传统文化"教材的精髓，结合本校学生的水平与特点进行编写，特色如下。

1. 宏观探讨与微观阐释相结合。本书共分三编，第一编中国传统文化整体内涵阐释和第二编中国传统文化观念内涵阐释属于宏观探讨。它们分别从宏观角度梳理了中国传统文化产生的地理历史环境，根植的经济基础，依托的社会政治结构，发展历程，价值系统，哲学思想，传统信仰和传统伦理道德等。并总结了中国传统文化的类型和特点。第三编中国传统文化专题内涵阐释属于微观阐释。具体阐释了中国古代教育，中国古代文学，中国古代艺术，中国传统生活习俗。本书共十四章，既注重从整体上对中国传统文化进行宏观探讨，又有对传统文化各个层面的微观阐释。

2. 传统文化内涵与课程思政紧密结合。中国传统文化的历史定位及其内涵包含以下基本原理：天人合一的世界本体论思维方式、追求自我完善的修养意识、宽以待人厚德载物的心胸、勤俭节约自强不息的进取精神、落叶归根忠君爱国重名誉气节的人格气质、孔子的天下有道、大同世界的政治追求等。这些优秀的文化传统，一旦被唤醒，在学生的心中会产生强大的感召力。本书以此为切入点深挖传统文化内涵中的思政元素。教材体例上每章的最后设计一张中国传统文化课程育人示范表，将传统文化知识点生发为课程思政育人元素。促进文化育人与课程思政同向同行、形成协同效应，完善中国传统文化全程全方位育人格局，全面提升汉语言文学专业立德树人成效和人才培养质量，系统强化中华优秀传统文化教育，构建符合汉语言文学专业人才培养定位、专业特色和课程特点的中国传统文化育人体系。

3. 理论与实践相结合，凸显文化育人价值。本书在理论和实践两个方面充分发挥文化育人的作用。以其阐述的道德伦理构建属于我们国家特有的、具有民族特性的价值体系观。在编写中尤其注重结合中国当代文化建设实际和学生的思想认识实际，进一步挖掘中国传统文化的借鉴价值与现实意义。坚定文化自信，能够在价值体系中占据制高点。本书文化育人的实践价值体现为，以优秀传统文化培养学生坚定的理想信念、厚植爱国主义情怀、加强品德修养、增强综合素质，培养出能够担当民族复兴大任的时代新人。

应该着重说明的是，中国传统文化体系庞大，内容精深，非短短的几十万字所能涵盖与阐述。由于篇幅和教学时数的限制，本书无论是在观点陈述还是史料铺排方面都只是概要性的，对于学习和了解中国传统文化只能起到入门向导的作用。为使读者进一步详尽探究传统文化的内容，本书在结尾附有"参考书目"目录，以供读者参考。

本书是 2022 年度黑龙江省高等教育本科教育教学改革研究重点委托项目"师范专业认证背景下汉语言文学专业中国传统文化育人路径研究"〈项目编号：SJGZ20220119〉的阶段性结题成果。

2023 年 5 月

目 录
CONTENTS

第一编　中国传统文化内涵整体阐释

第一章　文化与中国传统文化 …………………………………………… 7

第二章　中国传统文化产生的历史地理环境 …………………………… 15

第三章　中国传统文化根植的经济基础 ………………………………… 24

　第一节　农耕自然经济是中国古代社会经济的主体 ………………… 24

　第二节　中国资本主义萌芽迟缓的原因 ……………………………… 30

　第三节　中国传统经济的基本特点对文化发展的影响 ……………… 32

第四章　中国传统文化依托的社会政治结构 …………………………… 35

　第一节　宗法制度 ……………………………………………………… 35

　第二节　专制制度与中国社会政治结构 ……………………………… 41

　第三节　古代的礼制 …………………………………………………… 45

　第四节　古代的称谓制度 ……………………………………………… 56

第五章　中国传统文化的发展历程 ……………………………………… 70

第六章　中国传统文化的类型和特点 …………………………………… 84

　第一节　中国文化的伦理类型 ………………………………………… 84

　第二节　中国文化的特点 ……………………………………………… 87

第二编　中国传统文化内涵观念阐释

第一章　中国传统文化的价值系统 ……………………………………… 109

　第一节　天人关系上的不同价值取向 ………………………………… 109

　第二节　群己关系的定位 ……………………………………………… 117

　第三节　义利与理欲：价值观的深层展开 …………………………… 122

　第四节　人格理想与价值目标 ………………………………………… 128

第二章　中国古代的哲学传统 ………………………………… 135
　　第一节　中国哲学的思想资源和思想传统 ………………… 139
　　第二节　中国哲学的宇宙观念和人生境界 ………………… 149
　　第三节　中国传统思维方式和行为方式 …………………… 153
第三章　中国古代的伦理道德传统 …………………………… 162
　　第一节　传统伦理道德与中国文化 ………………………… 162
　　第二节　中华民族的传统美德 ……………………………… 164
　　第三节　中国伦理思想的发展及原理 ……………………… 173

第三编　中国传统文化内涵专题阐释

第一章　中国古代教育 ………………………………………… 183
　　第一节　古代学校和教育的发展历程 ……………………… 183
　　第二节　古代著名教育家的教育思想 ……………………… 195
　　第三节　古代教育的特点和优良传统 ……………………… 202
第二章　中国古代文学 ………………………………………… 209
　　第一节　中国古代文学在中国文化中的地位 ……………… 209
　　第二节　中国古代文学的辉煌成就 ………………………… 212
　　第三节　中国古代文学的文化特征 ………………………… 231
第三章　中国古代艺术 ………………………………………… 238
　　第一节　中国古代书法艺术及成就 ………………………… 239
　　第二节　中国绘画艺术及成就 ……………………………… 247
　　第三节　民族音乐艺术及成就 ……………………………… 257
　　第四节　中国古代的园林艺术及成就 ……………………… 263
　　第五节　中国古代艺术的共同风貌 ………………………… 272
第四章　中国传统生活习俗 …………………………………… 279
　　第一节　饮食文化 …………………………………………… 279
　　第二节　服饰文化 …………………………………………… 291
　　第三节　古代节庆 …………………………………………… 300

参考文献 ………………………………………………………… 309

后记 ……………………………………………………………… 313

第一编
中国传统文化内涵整体阐释

传统文化是维系民族生存和发展的精神纽带，对社会和人的发展起积极作用。一个民族、一个国家，只有发挥传统文化的积极作用，克服传统文化的消极作用，才能兴旺发达；每个人只有正确对待传统文化的影响，才能使自己全面发展，创造新生活。所以对待传统文化，我们应该取其精华，去其糟粕，批判继承，古为今用。

一、中国传统文化现状

我们可以用一句话概括传统文化的现状，即中国传统文化既是碎片化的，又是虚拟的和泛化的，且尚未实现创造性转化和现代化转型①。

所谓"碎片化的"是指 20 世纪剧烈的社会变革给中国传统文化造成了根本性的冲击。虽然"国学热"日渐升温，党的十八大以来，习近平总书记多次论述中华优秀传统文化的思想内涵、道德精髓、现代价值和传承理念，但这依旧不能改变传统文化在当代中国文化格局中已然被边缘化的尴尬现状。传统文化尽管没有完全断裂，但它更多地表现为由习俗支撑的文化碎片。后现代文化打着拒斥"宏大叙事"的旗号，进一步把传统文化解构为七零八落的文化碎片。一个典型事例就是：具有浓郁后现代文化色彩的周星驰的"无厘头"系列电影，彻底颠覆了传统文化倡导的道德理想主义和伦理中心主义，并深深地影响了青年一代。尽管政府与媒体正在尝试通过多种途径对传统文化进行修复，然而，除了存在于少数知识精英的学术研究之中外，传统文化更多地依靠戏曲、祭祀、春节、清明节、端午节等文化碎片来维系和传承，它已不再是一套完整的安顿人心的意义系统和纪纲世界的价值体系。

所谓"虚拟的"是指 20 世纪传统文化既是现实的，又是虚拟的。尽管传统文化已经丧失了文化领域内的领导地位，但数千年的传统文化积淀转化为民众的某种习俗、心理定式和情感意向，并潜移默化地影响着民众的日常生活。比如，讲人情、官本位、等级制、家长制、群体本位、因循守旧、平均主义等传统文化的腐朽思想对一些人的影响根深蒂固，尚古拒变、厚古薄今仍然是很多人的心理定式和认知模式。

所谓"泛化的"是指传统文化往往被泛化。要么过于夸大传统文化的"阴暗面"，要么片面强调传统文化的现代价值，这些都扰乱了民众对传统文化的认知。比如，我们对待传统文化中的"五常"的态度就不应一概而论，应区别对

---

① 林华《中国传统文化研究：现状、定位与发展取向》江西社会科学，2009. 05 第 227 页。

待。对于"仁""义""礼""智""信"我们应提倡，但愚忠是糟粕应摈弃。

二、对中国传统文化进行重新定位

中国传统文化在社会主义文化建设中不再是主流意识形态，它作为现代文化和后现代文化的批判者和补充者，能够维护价值理性和提供人文关怀。同时，中国传统文化蕴含的普世价值也可以成为当代中国融入世界和赢取话语权的文化资本。

工业化背景下的现代文化，提倡科学民主。信息时代背景下的后现代文化，提供富于想象力的批判尺度，各种思想并存。后现代文化指20世纪50年代、60年代兴起美国，迅疾风靡西方发达工业社会的一种国际性的社会文化思潮。它的形成原因和条件很复杂，目前欧美学界和国内学术界无统一定论。它是建立在高度发达富裕的经济生活基础上，生长于信息社会条件下的，以高度商品化为标志，以大众闲暇为消费条件，以满足大众欲望来盈利的一种新兴文化。如当下流行的网络主播，我们经常看到直播带货、唱歌、攀岩、飙车、吃饭等。比较有争议的一个案例是一对父母为挣钱每天直播三岁孩子吃饭视频，导致孩子体重达70斤。甚至孩子在镜头前说不想吃了，父母还是不断地给他添炸鸡等食物。还有化妆品录开箱视频，通过打赏和赞助，有一定人气后会有商家赞助主播，免费发东西给主播开箱，帮他/她做产品宣传。还有广告费，另外粉丝打赏也是收入。

中国传统文化维护价值理性和提供人文关怀的社会功用能够解决现代人的精神处境。我们都知道浸染于现代文化和后现代文化之中的现代人的精神处境有三个显著特点。一是科学主义。大多数现代人认为科学技术是万能的。然而，科学技术代表的是工具理性，不是价值理性。科学技术终归是实现人的存在价值的"形而下"的手段，并不能解决人的道德、情感和心灵问题。二是物质主义。市场经济带来的世俗化、功利化及由此而产生的拜金主义和消费主义容易使人们的精神追求变得贫乏，并导致人性异化。所以才有"我宁可坐在宝马车上哭，也不愿坐在自行车上笑"的流行语。三是虚无主义。后现代文化散布的怀疑主义、相对主义和虚无主义容易使人们趋向于躲避崇高理想和信仰。20世纪以来，面对现代文化和后现代文化造成的精神危机和价值混乱，中国传统文化能为当代中国人重建精神家园提供无比丰富的思想资源：儒释道互补的文化机制能使人免于虚无主义和物质主义的侵蚀，而"以人为本""贵和尚中""生以载义""为仁由己""德得相通""忠恕之道""知行合一""天人合一"等传统观念能为当代中国人提供做人的道理、人生的意义及处世的准则，乃至对宇宙、自然、社会、人类命运的基本态度。比如，中国传统文化为我们提供思想资源的典型案例：2018 年 9 月 3 日，在中非合作论坛上习近平总书记的经典用语"海不辞水故能成其大"（《管子》）。这是用中国道理讲中国道路，彰显了中国智慧。当今我们倡导构建人类命运共同体体现了传统文化中"海纳百川，有容乃大"的治国理念。

三、中国传统文化未来的发展取向

中国传统文化在社会主义文化建设中的发展取向有三：一是自觉地推动传统文化实现创造性转化，二是不能任意解构传统文化中的固有精髓①，三是要努力化解传统文化与现代文化和后现代文化之间的紧张。自觉地推动传统文化实现创造性转化不断变革自身以适应现代社会的发展，具体地说，一方面，必须创造性地转化传统文化的内容；另一方面，必须创造性地更新传统文化的表现形式。其实，传统文化的表现形式不必是单一呆板的，也可以变得生动活泼起来。一个成功的事例是 2008 年北京奥运会开幕式。它巧妙运用现代高科技和美轮美奂的造型艺术，以令人震撼的表现形式彰显了中国传统文化的博大精深和独特魅力，赢得了国内外观众的高度赞赏和认可。

近年来，中国传统文化也进行了一系列创造性转化的探索。如《舌尖上的中国》《我在故宫修文物》《本草中华》等一批高质量国产纪录片不断出现和走红，纪录片成为实现传统文化"创造性转化""创新性发展"的绝佳载体。《中国诗词大会》《朗读者》《见字如面》等节目大热，"诗词综艺热"也是时代的声音。在文化自觉、文化自信的背景下，优秀传统文化依然有自己的受众，其关键在于能不能创新传播形式，做到既有意义又有意思。现代年轻人喜欢汉服也是传统文化认同的显现。这一切印证了中国传统文化在不同领域正在以不同的方式复兴。因此我们坚信，中华民族创造了源远流长的中华文化，中华民族也一定能够创造出中华文化新的辉煌。

另外，我们不能任意解构传统文化中的固有精髓。比如，《大戴礼记·本命》所说："七去""三不去"原则。所谓"七去"是关于离婚的规定即"不顺父母去，无子去，淫去，妒去，有恶疾去，多言去，盗窃去"。再加上"三不去"。"有所娶无所归，不去。""有更三年丧，不去。""前贫贱，后富贵，不去。"对于无子去也有一些限制条件。比如，唐宋律例规定，首先妻年五十以上

---

① 林华《中国传统文化研究：现状、定位与发展取向》江西社会科学，2009. 05 第 230 页。

无子，才能解除婚姻；其次有媵妾制度作为一妻一夫制的补充。虽然这是以男性为主的制度文化，但我们也应全面看待，避免断章取义。

我们还要努力化解传统文化与现代文化和后现代文化之间的紧张。毕竟，传统文化、现代文化和后现代文化各有其社会功能。传统文化是一个源远流长的涵盖真、善、美的意义世界，能维护价值理性，能为个体提供安身立命的价值支撑和终极关怀；现代文化追求科学和民主，有利于改善生活水平和建构良好秩序；后现代文化则提供富有想象力的批判尺度，向各种思想开放并"破"中有"立"。三者之间既冲突又互补，在一定条件下并行不悖、相得益彰。换言之，传统文化有助于缓解现代文化造成的精神危机和后现代文化造成的价值混乱，现代文化可以弥补传统文化的理性缺失和后现代文化的意义漂移，后现代文化则能矫正民众对传统文化的过度追捧和对现代文化的盲目推崇。扬长避短、多元共生和有机整合创造新的中国文化。

第一章

文化与中国传统文化

提起"文化"一词可谓家喻户晓、妇孺皆知，比如，我们经常听到"企业文化""旅游文化""校园文化""饮食文化""建筑文化""茶文化""酒文化"等。那么"文化"的概念究竟是怎样的呢？目前关于文化概念的界定国内外多达几百种，现择其要者做以简要介绍。

一、文化概说
（一）中国古代的文化界定

从文献记载来看，"文化"这个词的意思早在两千多年以前就已经出现了，在中国固有的语言系统中，"文化"是"文"与"化"这两个字的复合词。"文化"最早是指统治者对天下人"以文教化"，与武力征服相对应。

（1）"文"：本义是指各色交错的纹理。

《易经·系辞下》中有这样一段话："物相杂，故曰文。古者包牺氏之王天下也，仰则观象于天，俯则观法于地，观鸟兽之文与地之宜，近取诸身，远取诸物，于是始作八卦，以通神明之德，以类万物之情。"这段文字中"观鸟兽之文"，就是指观察鸟兽身上的各色交错的纹理。

这段文字说明，我们的祖先包牺氏重视观察自然与人类自身，从自然界与人类自身领悟道理，概括为"八卦"来通天地万物之神妙，来分类归纳万事万物的情状。这里主要是用"文"来表示动物身上的纹理。另外，《礼记·乐记》记载："五色成文而不乱。"《说文解字》说："文，错画也，象交文。"都是指纹理的意思。

在此基础上，"文"字又有许多引申意义。引申为文字、文章。古代的礼乐制度，精神修养，还引申为美、善、德行之义。在这些引申义中，文字、文章、修养、德行与现在人们理解的"文化"一词的意义最为接近。

（2）"化"：本义有三个方面。一是改易，二是生成，三是造化。主要指事物形态或性质的渐进性改变。在此基础上，后来又引申为风俗、风气、教化等。"化"字的引申义与现代人理解的"文化"一词最相近的是"教化"，亦即伦理德行的化成，如"潜移默化"。

"文"与"化"并联使用，较早见于战国末年儒生编辑的《易·贲卦·象传》"观乎天文，以察时变；观乎人文，以化成天下"。这里的"文"，就是从纹理之义演化而来，日月交往交错文饰于天，即"天文"，亦即天道自然规律。同样地，"人文"指的是人伦社会规律，即社会生活中人与人之间纵横交织的关系，如君臣、父子、夫妇、兄弟、朋友之间等。这段话的意思是说治国者（统治者）须通过观察天文来把握周围环境变化发展的节律和方向，同时还须观察人文，即人类社会的各种现象，因势利导，用教育感化的手段来达到理想的政治局面。在这里，"人文"与"化成天下"紧密联系，"以文教化"的思想已十分明确。

西汉以后，"文"与"化"合成一个整词，如刘向《说苑·指武》中"文化不改，然后加诛"。意思是只用武力得到国家，不改变文化，以后也会像这样被别人反压。其后，晋人束皙在《补亡诗·由仪》中的"文化内辑，武功外悠"。意思是用"以文化辑和于内，用武德加于外远也"。这里提到的"文化"都是指与国家的军事手段相对的概念，即国家的文治教化手段。十分明显，在汉语系统中，"文化"一词的本义是与"武功""武力"相对的，指以文德教化天下。它强调用经典、礼制、道德来教化世人，基本属于精神文明的范畴。

唐代的孔颖达则别有见地，他在解释前面曾引用过的《周易·贲卦·象传》中的那段话时认为，"圣人观察人文，则诗书礼乐之谓"。实际上是说，人类社会的文化，主要是指文学艺术和礼仪风俗等属于上层建筑的那些东西。古人对文化概念的这种规定性认识自汉唐起一直影响到明清，因此，顾炎武在《日知录》中说："自身而至于国家天下，制之为度数，发之为音容，莫非文也。"即人自身的行为表现和国家的各种制度，都属于文化的范畴。可见，中国古代的"文化"概念指的是狭义上的精神层面的东西。

（二）西方文化的含义

作为翻译词汇的"文化"，是当初借用了日文译词，其词的原理是拉丁文cultura，原形为动词，含有耕种、居住、练习、注意等多重意义，英文写作culture，最初有栽培、种植之义，并由此引申为对人的性情的陶冶，品德的教养，这就与中国古代的"文化"一词的"文治教化"内涵比较接近。有所不同的是，中国的"文化"一词一开始就专注于精神领域，而英文中的culture是从人类的物质生产活动生发，继而才引申到精神活动领域的。从这层意义上分析，culture的内涵比中国的"文化"更为宽广。1871年，英国文化学家泰勒在《原始文化》一书中给"文化"下了这样一个定义，说它是包括知识、信仰、艺术、道德、法律、习俗和任何人作为一名社会成员而获得的能力和习惯在内的复杂整体。这一观点被称为"文化概念的经典定义",影响巨大。

对文化概念进行了详细考察和整理的美国文化学者克罗伯和克拉克洪,他们于1952年发表了《文化的概念》,对西方当时收集到的160多个关于文化的定义做了梳理与分析,指出:文化既是人类行为的产物,又是决定人类行为的某种要素。

(三)关于中国现代意义上的"文化"的含义

据当今学者的不完全统计,在中国自"五四"前后至今,关于文化的定义,几乎有260多条,冯天瑜先生认为"文化便是人与自然、主体和客体在实践中的对立统一物"①。这里说的主体是指人,客体是指自然。人是指整个人类。人是自然界的产物,是自然界长期演化的结果,是自然界的一部分。这里说的自然不仅指人类赖以生存并与之相对立的自然,也包括人类本身的各种自然属性与生理属性。比如,人脑具有自然属性与生理属性。人类运用发达的头脑,在认识、改造自然过程中逐渐掌握了自然的规律,创造了文化,也改善了人类本身。又如,一块黏土不具备文化意蕴,但经过人类烧制,并且绘上图案,成了彩陶,注入了人类的审美观念和劳动技能就成为彩陶文化。再如,一个山洞,人类钻进去只是为了遮风避雨,繁衍后代,似乎这个山洞算不上有什么文化味。但一座建筑物经过设计师的精心设计和建筑人员的精心施工,把自己的审美情趣和意境追求通过石头、木头和沙子体现出来了,那么这座建筑物就可称作体现文化价值的建筑艺术。

由这两个例子我们可以知道:凡是超越本能的人类有意识的作用于自然界和社会的一切活动,其结果都属于文化;用马克思主义的观点来说文化的本质就是"自然的人化"。"自然的人化"是文化的哲学概括,是人类改造自然界而逐步实现自身价值观念的过程。它包括两个方面。一是人对自然的改造,二是人类自身的进步。体质的发展,精神领域的丰富,文化逐步积累导致人类不断进步,文化的积累在某些方面是不可逆的。

(四)我们的观点

在众多的文化概念中,马克思主义理论家对"文化"做了一种新的解释,即把"文化"分为广义和狭义两种。中国当代学者就是借鉴这一研究成果,也是目前学术界普遍认同的。

广义文化——人类在社会历史实践过程中创造的物质财富和精神财富的总和。由于广义的文化着眼于人类与一般动物、人类社会与自然界的本质区别,

---

① 冯天瑜《中国文化史断想》华中理工大学出版社,1989年版,第17页。

着眼于人类卓立于自然的独特生存方式，其涵盖面非常广泛，所以又被称为"大文化"。

物质文化就是实体文化，是指人类用各种材料对自然加工造成的器物的、技术的、非人格化的、客观的东西①。如城池、宫殿、祠庙、长城、桥梁、器皿、工具、服饰、饮食等。精神文化又称"虚体文化"，是指人类对自然进行加工或塑造自我过程中形成的用语言或符号表现出来的，精神的、人格的、主观的东西。如文字、语言、宗教、哲学、音乐、绘画、书法、风俗、制度等。实体文化与虚体文化组成文化统一体。比如，建造宫殿，是先设计后建造的。设计建筑物时，表现为精神文化。当建成这一建筑时，表现为物质文化，同时这个建筑物体现了这个设计师的建筑思想。建筑既是工程，又是艺术。所以说，建筑是物质文化与精神文化的统一体。

狭义文化——指"文化"排除人类社会、历史生活中关于物质创造活动及其结果的部分，它专注于精神创造活动及其成果，也称"小文化"。这是我们学习中国传统文化课程的重点，观念文化的核心是价值观，价值观有时决定一个民族的命运，具有强大的惯性力量。

把文化区分为广义和狭义，是由于研究者从事的不同学科和课题的需要。由于广义文化的认识对象十分庞杂，所以在通常情况下，为了学习和研究的方便，文化学者又往往根据各自不同的视角，进一步对文化的结构做出不同的分类：比如，按时间角度分为原始文化、古代文化、近代文化、现代文化；按空间角度分为东方文化、西方文化、海洋文化、大陆文化；按社会层面分为贵族文化、平民文化、官方文化、民间文化。

如果从文化形态学的角度来看，我们可以把广义的文化分为四个层次。

物态文化层——也称"物质文化"，是人的物质生产活动及其产品的总和②。物态文化以满足人类最基本的生存需要——衣、食、住、行为目标，直接反映人与自然的关系，反映人类对自然的认识、利用和改造的程度，反映社会生产力的发展水平。这是一种可以感知的、具有物质实体的事物，构成人类从事一切文化创造的基础。如服饰、饮食、建筑、艺术文化均属物态文化层。大运会上有传统服饰表演，展示的就是中国传统物态文化。

制度文化层——指人们在社会实践中建立的规范自身行为和调节相互关系的准则，包括政治、经济、宗教、婚姻、法律等制度在内。是由人类在社会实

---

① 彭付芝《中国传统文化概论》北京航空航天大学出版社，2007年3月版，第3页。
② 张岱年《中国文化概论》北京师范大学出版社，2004年版，第4页。

践中建立的各种社会规范构成的。它包括社会经济制度、婚姻制度、家族制度、政治法律制度等。它规定了人们必须遵循的制度，反映出一系列的处理人与人相互关系的准则。中国古代的科举制度属于制度文化层。中国古代的三公九卿、三省六部、一夫多妻都属于制度文化层。现今新颁布的《婚姻法》《户籍改革规定》也属制度文化层。

行为文化层——指人们在长期社会交往中约定俗成的习惯和风俗，它是一种社会的、集体的行为，以民风和民俗的形态出现，在日常生活中具有鲜明的民族特性和地域特性的行为模式。如宋代至清代的聘礼，男方给女方送茶，用茶不能移植来寓意一女不嫁二夫。行为文化有三个特征，一是集体约定俗成，并反复履行，如春节、端午节、中秋节等。西方的复活节、圣诞节、情人节。二是形式类型化、模式化。如春节要贴对联、放鞭炮、包饺子，端午节包粽子，中秋节吃月饼。三是时间上代代相传。好的风俗会随着时间的推移逐步扩展开来，有些陋风则随着社会的发展被逐渐淘汰掉。如开始于宋朝的妇女缠足的习惯，到了近代被彻底改变了。

心态文化层——指人们社会心理和社会意识形态，包括人们的价值观念、审美情趣、思维方式以及由此而产生的文字艺术作品等，这是文化的核心部分，也是文化的精华部分。它还可分为两个维度。第一，社会心理。指人们日常的精神状态和思想风貌，是未经过理论加工和艺术升华的流行的大众心态。社会心理是暂时的，有流动性和变化性，如要求、愿望、情绪、风尚都属于社会心理范畴。我们都知道唐代以胖为美，魏晋时期以清瘦为美，而古代诗词中有"楚王好细腰，宫中多饿死"。的说法，这些都反映了某种社会心理。第二，社会意识形态。指经过系统加工的社会意识，它们往往是由文化专家对社会心理进行理论归纳、逻辑整理、艺术完善。并以物化形态——通常是著作、艺术作品固定下来，播之四海，传于后世。比如，儒家的四书五经，道家的《道德经》《南华经》等，都深刻、持久地影响了中国文化。总之，不能将"大文化"和"小文化"割裂开来。我们介绍的中国传统文化基本上以"小文化"为论述范围，主要讨论涉及精神创造领域的文化现象，也就是围绕文化结构的第四层——心态文化层而展开论述与分析。

需要注意的是，不论文化有多少定义，但有一点还是很明确的，即文化的核心问题是人，有人才能创造文化，文化是人类智慧和创造力的体现，不同种族、不同民族的人创造不同的文化。人类创造了文化，也享受着文化，同时也受约束于文化，最终又要不断地改造文化。我们既是文化的创造者，又是文化的享受者。

二、中国文化

中国文化是指中华民族在东亚大陆这片广袤的土地上创造的文化。中国，是我们民族的文化摇篮，作为一个地理概念，其内涵经历了一个渐次扩展的过程。上古时期，华夏族（古汉族自称）建国于黄河流域，自认为居天下之中央，故称"中国"，而将周边地区称为"四方"。秦汉以后，以汉族为主体的大一统中央政权建立，历代所辖版图或损或增，但基本趋势是不断拓展。清代疆域"东极三姓所属库页岛，西极新疆疏勒，至于葱岭，北极外兴安岭，南极广东琼州之崖山"。（《清史稿·地理志》），包括今天的蒙古人民共和国全境和俄罗斯的部分领土。中华人民共和国成立后，中国政府相继与缅甸、尼泊尔、蒙古、巴基斯坦、阿富汗等邻国签订了边界条约，至此，形状酷似雄鸡的中国疆域最终定位，中国文化即在此发生、繁荣。

中华民族是中国文化的创造主体。中华民族是现今中国境内由华夏族演化而来的汉族及55个少数民族的总称。"中华"之得名，由来已久。"中"，意谓居四方之中。"华"，本义为光辉、文采、精粹，用于族名，蕴含文化发达之义。"中华民族"遂成为包括中国境内各民族的共同称谓。

中国文化是中华民族对于人类的伟大贡献，它从远古延续到今天，已有5000多年的发展历史，其中从原始时代到清朝末年的这一大段时期属于中国传统文化的范畴，它是中华民族世世代代创造、传递下来的物质文明和精神文明的总和。具体来说，中国文化的基本内容由六大部分组成。一是独具特色的语言文字（方块字，表义，表形，表声）；二是翰如烟海的文化典籍（古典，经学，史学，类书和丛书等）；三是嘉惠世界的科技工艺（四大发明带动了世界文明）；四是精彩纷呈的文学艺术（诗经，诸子散文，唐诗，宋词，元曲，明清小说）；五是充满智慧的哲学宗教（先秦百家争鸣时期的哲学，孔子，孟子，老子，庄子的哲学著作，起始于中国的道教，中国化的佛教）；六是完备深刻的道德伦理（三纲五常，三从四德等维持了当时的人伦关系）。以上六个方面，既是中国文化民族与国度的特色，又是共同构成了中国文化的基本内容。

三、中国传统文化的内涵

关于"中国传统文化"（习惯上略称为"传统文化"）的内涵，学术界也有不同的理解。比较有代表性的观点有以下内容。

其一，传统文化是在过去的一个很长历史进程中形成和发展起来的，主要指从周秦至清中叶3000多年的历史中形成并发展起来的文化。这种观点实际是强调中国传统文化，是指中国古代的文化。

其二，"传统文化是指从过去一直发展到现在的东西。传统文化是人们无法切断而不停地从过去向现在以至未来涌动的流，任何人都只能生活在这个流之中，而不能跳到流之外"。这种观点看重文化时代性，它强调文化不是"静止"的，是一个动态过程，它承认文化的传承性。

其三，传统文化是根植于自己民族土壤中的稳定的东西，但又有动态的东西包含于其中，是过去与现实的交融过程，渗入了各时代的新思想、新血液。这种观点强调传统文化的民族性和时代性的辩证统一，承认文化传统和发展，但传统和发展的基础是"自己民族土壤中的稳定东西"。

其四，中国传统文化从根源上讲不是一源分流，而是殊途同归，是各种文化的大融合。从哲学上来讲，是各种思想的相互影响和渗透。这是传统文化的多源论。

综上所述，研究者由于对"文化"概念理解的不同，对"文化"的研究方法和角度不同，因而对传统文化内涵做出的界定也不同。我们认为，中国传统文化是世界上最古老的文化之一，是中华民族在中国这块土地上经历了几千年漫长的历史创造出来的文明成果；它是汉族文化融合、摄纳其他少数民族文化和外来文化的结果；是中国古代社会物质成果和精神成果的总和，是中国现代文化的根基。

思考题

①为什么说文化就是"自然的人化"？

②怎样理解广义文化与狭义文化的联系和区别？

③文化结构四层说包括哪四个文化体系？试举例说明。

④怎样认识和评价中国文化？

表 1.1　中国传统文化课程思政育人示范

课程思政设计	
思政知识点	文化的概念。
思政问题	文化对一个国家和民族来说有什么作用？
思政内容	一个国家、一个民族的强盛，总是以文化兴盛为支撑的，中华民族伟大复兴需要以中华文化发展繁荣为条件。"没有文明的继承和发展，没有文化的弘扬和繁荣，就没有中国梦的实现"，优秀传统文化中包含着中华民族"最深沉的精神追求"和"最深厚的文化软实力"，"今天依然是我们推进改革开放和社会主义现代化建设的强大精神力量"。
思政目标	培养学生社会主义文化观。
课程思政设计	
思政知识点	中国传统文化的内涵。
思政问题	中国传统文化对我们的作用？
思政内容	习近平强调"优秀传统文化是一个国家、一个民族传承和发展的根本，如果丢掉了，就割断了精神命脉"，他指出"中华优秀传统文化是中华民族的精神命脉"，"中华传统美德是中华文化精髓，蕴含着丰富的思想道德资源"。传统文化"思考和表达了人类生存与发展的根本问题，其智慧光芒穿透历史，思想价值跨越时空，历久弥新"，其丰富的"哲学思想、人文精神、教化思想、道德理念"，"可以为人们认识和改造世界提供有益启迪，可以为治国理政提供有益启示，也可以为道德建设提供有益启发"，具有"永不褪色的时代价值"。"中华民族的先人们早就向往人们的物质生活充实无忧、道德境界充分升华的大同世界"，在全面建成小康社会的新时期，要"引导我国人民树立和坚持正确的历史观、民族观、国家观、文化观，增强做中国人的骨气和底气"，增强文化自觉和文化自信，凝聚和打造强大的中国精神和中国力量。
思政目标	培养学生认识传统文化的现代价值。

第二章

中国传统文化产生的历史地理环境

一、中国传统文化生成和演化的地理环境

任何文化的产生都离不开特定的地理环境，这就如同生活环境影响着人的性格一样，地理环境对文化个性的形成也有一定的影响。地理环境主要指的是地形地貌、气候水文以及海陆分布等方面的情况，这是文化赖以生存的自然条件，因此我们首先研究地理环境对文化发展的影响，才能了解中国传统文化为什么会是这样。

中国传统文化自古发生于亚洲东部大陆，东部、南部濒临太平洋，北部、西北部、西部则深居欧亚大陆的腹地。独特的地理环境使中国传统文化呈现不同于欧洲文化、美洲文化和阿拉伯文化的特色与品格。

第一，内陆辽阔，空间巨大。在这个辽阔地域里生息的中华民族，有足够广阔的空间创造自己的文化，演绎自己的历史。以中国的政治中心而论，商周时期沿着黄河流域迁移；汉唐时代形成了西安（古长安）、洛阳两个中心，而长江以南的南京（古建康）也在同一时期崛起；到唐宋以后，北京、杭州（古临安）相继为都；明清两代均以北京为都。这足以说明，中华民族自身活动的自然空间很宽阔，文化创造不需要借助他人的土地。这一特点对文化的积极影响是造成中国传统文化自成一体的原因，从未间断，消极影响是使中国传统文化带有封闭保守的特点。

第二，中国地势西高东低，呈明显的三阶梯状态，高原、丘陵约占2/3，盆地、平原约占1/3。山脉多东西走向，河流也因而多东西走向。因此，古时中国东西行较易，南北行较难，为此古人开凿了京杭大运河。独特的地势决定了中国文化中心转移的基本路线就是沿着自东向西，又由西北向东南的方向转移。

第三，中国领土的大部分处于中纬度（北温带），因而季风气候明显，尤其是东半部的气候、土壤、水利等条件都适宜于农业生产，因而形成了以农业为主的经济结构，并决定了中国传统文化以农耕文化为主流的特点。

第四，由于地域辽阔，地形复杂，气候多样，生活条件各异，因而形成了

中国传统文化丰富的内涵和多元性特点。除农耕文化外，还有游牧文化、狩猎文化、渔业文化等，这些文化类型既有一定的独立性，又与农耕文化相互依存、渗透补益。使中国传统文化统一性和多样性共存，也使中国传统文化更加多彩多姿。

二、地理环境对中国文化的作用与影响

（一）地理环境对中国文化形成和延续的影响

中国早期文明发端于黄河流域与地理环境有着直接的关系。黄土的肥沃性与易开发性哺育了中华文明，影响着中原王朝的有效统治范围。相对自足、资源丰富的地理环境对中国文化的影响突出表现在对中国文化延续性的影响上。延续性是指文化无突变、中断的稳定性。幅员辽阔为中国文化提供了缓冲的空间，高山、戈壁、大海使中国文化在一个相对独立的范围内成长。欧洲文化、南亚文化体系对中国文化系统的冲击不大。

（二）地理环境对中国文化多样性的影响

中国国土辽阔，面积广大，所以，在中国内部形成了各种不同的自然地理区域，它们表现出不同的地理特征和丰富多彩的自然资源。各区域间的差异非常大，这种差异不仅表现在主要农业区与周围地区之间，也表现在主要农业区内部。

1. 多种多样的生产方式，使中国文化在社会制度层面表现出多样性。除了农业以外，中国历史上很早就存在着牧业、狩猎、养殖、捕捞、采集、冶炼、手工业、林业等各种产业，形成了各地不同的物质基础。与此相适应，各地也形成了各不相同的社会、政治和行政制度。

2. 辽阔的疆域面积，使生活在不同地理环境和不同物质条件下的人们，形成了不同的生活方式与思想观念，使中国文化呈现出强烈的地域色彩。在衣食住行方面，根据各地不同的地理环境和物质条件，各地历来就存在着很大的差异，久而久之，就形成了各种不同的风俗习惯和思想观念。比如，河北一带的燕赵文化、山东一带的齐鲁文化，湖北一带的楚文化和陕西一带的秦文化等等。在边疆地区，既有东北、内蒙古边陲的守卫者，又有西北部的拓荒者，还有西南部的主人。这些不同地域的中国人，有着不同的民族、宗教、语言、风俗习惯。不同的民族和不同地域的人有着不同的思想观念和生活方式，这同样使中国文化呈现出多样化的特点。

3. 地理障碍使文化的传播速度在不同地区表现出程度上的各不相同。中国的不同地区受到的外来文化影响和影响程度各不相同。如秦岭一带，在道路没

有开辟之前，四川盆地、云贵高原与中原地区的联系非常困难，而他们与西南境外的联系却很早就开通了。东南沿海地区与中原地区的交通极其艰险，所以他们的海上交通比内陆地区要发达的多。

（三）地理环境对开放与封闭的影响

地理环境对开放、对国与国的交流确实有影响，改革开放以来，沿海地区迈着比内地更强有力的步伐得到了飞速发展便是例证。深圳、上海的开发，就得益于其优越的地理环境。那么，中国的地理环境究竟是有利于开放还是有利于封闭，应该结合地理环境做具体的分析。

1. 地理环境的开放与封闭是相对的，不存在绝对的开放或封闭。中国的西北、西南固然是高原、平原和戈壁沙漠，但东南有一万多千米的海岸线，可以通向世界各地。即使在西北和西南，也存在着多处与外部交往的通道，丝绸之路就是最好的证明。

2. 在不同的生产力条件下，地理障碍的影响也是不同的。即使生产力提高了，地理障碍依然是一个地区发展的重要影响因素，青藏高原与云贵高原的交通确实比华北平原困难得多。

3. 自然地理环境并非决定开放与否的唯一标准条件，海洋也不是开放的唯一途径。西汉的张骞两次出使西域，开辟了中西文化交流的通道。东汉班超重开丝绸之路，使西域南道出现了"大漠无兵阻，穷边有游客"的景象，还有唐玄奘不远万里到佛国印度取经，这些人所行路线都是从长安取道西行而直达国外的，同样也促进了文化的交流。当然也有沿海而行的人。比如，唐代的高僧鉴真四次东渡日本，为中日文化交流做出了贡献。又如，明朝郑和先后七次下西洋，也是沿海而行的，所以说，海洋并非开放的唯一途径，地理环境并非决定开放与否的唯一条件。

事实上，造成中国长期闭关锁国局面的真正原因并不是地理障碍的阻隔，而是中国人的长久以来的优越感和保守封闭的思想意识，中国在西方近代文明传入之前，确实是东亚乃至当时世界上最强大、最富足的国家，所有的生活资料和生产资料无须外求，完全能够做到自给自足，这与中国近代已经处于落后地位时的夜郎自大还是有本质区别的。所以，改变这种思想观念才是文化发展的根本，而不是什么所谓的"大陆地形"。

二、中国传统文化产生的民族渊源

以汉族为主体的 56 个兄弟民族统一组成的中华民族，共同创造了光辉灿烂的中国传统文化。

人类历史的记载常以神话传说为开端。中华民族渊源于炎帝、黄帝的神话传说。炎帝、黄帝是兴起于黄土高原的部落领袖，根据有关史料推算，炎帝、黄帝时代距今已有5000多年的历史。炎、黄两个部落分别沿黄河东迁，进入中原地区，与九黎部落相遇，发生军事冲突。先是炎帝战败，接着炎、黄联盟，"涿鹿之战"打败九黎，杀其首领蚩尤。后炎、黄两个部落发生冲突，大战于"坂泉"（今河北怀来县），炎帝部落失败。自此，炎、黄、九黎三部结合成一体，定居中原，成为"华夏族"，即汉族的祖先。据《史记》记载，黄帝为五帝之首，颛顼为黄帝孙，帝喾为曾孙，唐尧为玄孙，虞舜为黄帝九代孙。夏开国君王禹也是黄帝后裔，所以我们常说中华民族是炎黄子孙，这是符合历史史实的观念。

前面我们介绍了中国人的起源问题，那么历史上有确切记载的中国人的始祖又是什么人呢？我们常常听到这样一句话："自从盘古开天地，三皇五帝到如今。""盘古"，大家都知道这是传说中开天辟地的英雄，是创世纪的大神。而"三皇五帝"就是中国历史上的传说人物，即中国人的始祖。相对于西方比较完整、系统的神话，关于"三皇五帝"的记载在历史文献上都是零零散散的，且带有浓厚的神话色彩，并世系错乱，叫人摸不着头脑。下面我们简单介绍一下三皇五帝。关于"三皇"，有六种说法：一是天皇、地皇、人皇，二是天皇、地皇、泰皇，三是伏羲、神农、祝融，四是伏羲、女娲、神农，五是燧人、伏羲、神农，六是伏羲、神农、黄帝。关于"五帝"，有三种说法：一是伏羲、神农、黄帝、尧、舜，二是黄帝、颛顼、帝喾、尧、舜，三是少昊、颛顼、帝喾、尧、舜。

我们常说中华上下五千年，是因为距今3500多年前开始了中国文明史，所以"上下五千年"也就代指整个中国历史。从三皇五帝开始，三皇属于新石器时代，五帝属于青石并用时代。从神话发展和科学认识的角度来看，燧人、伏羲、神农这一三皇序列反映中国原始先民由旧石器时代向新石器时代的转化过程，燧人表明人类对火的发明和利用，伏羲表明处于渔猎时期，神农则表明已进入农耕时代。但历代王朝崇祀的"三皇五帝"是这样一个序列：伏羲、神农、黄帝（三皇），少昊、颛顼、帝喾、尧、舜（五帝）。

（一）三皇

1. 伏羲又称"宓羲、庖牺、牺皇、太昊"。也有人说，伏羲和太昊不是同一个人。相传他出生于成纪（今甘肃天水）是中国人的始祖，人首蛇身，跟他的妹妹女娲结为夫妻，开始生儿育女，形成人类。这表明在伏羲时代人类已进入血缘群婚阶段。所谓"血缘群婚"就是由血缘关系构成的一种群婚现象，它的特点是在同血缘的氏族内，相同辈分的男女互为夫妻，即所有的祖父、祖母，所有的父亲、母亲，所有的兄弟、姐妹按辈分互为夫妻，但排斥祖孙之间、双亲和子女之间。据说，伏羲上观天文，下察地理，发明了八卦。他还教人结网捕鱼，教人打猎，把猎物在庖厨里加工成美食，所以又叫他"庖牺"。这些传说都反映了原始时代人类的渔猎生活以及初步认识自然并利用自然的情况。据传说，伏羲曾建都于陈（今河南省淮阳县），实际上是以陈为其部落活动的一个重要基地。在伏羲的出生地，甘肃省天水市有明代建筑的伏羲庙（又称"太昊宫"）和八卦台；每年农历三月初七为伏羲诞辰，当地的群众扶老携幼入庙参拜。在河南淮阳县则建有规模宏大的太昊陵和人祖庙，相传最早为孔子任陈国大夫时所建，唐代已具一定规模，明太祖朱元璋在即位后曾亲往祭奠。每年农历二月初二到三月初三，都在此举行庙会，谒陵拜祖，四面八方的人们蜂拥而至。

2. 神农也称"炎帝"，姜姓，在中国古代神话里是太阳神。相传他是牛头人身，教人制造农具，播种五谷，聚货交易，各得其所；也曾制造陶冶斧斤，凿井取水；还亲尝百草，发明医药，最后因中毒烂肠而死。这说明在神农时代已进入母系氏族社会的后期，由渔猎阶段进入了农耕阶段，出现了农业生产和以物易物的商业活动，是人类发展史上的一大进步。他的称呼"神农"和他的长相"牛头人身"，都是农耕文化的象征。相传他出生于陕西省宝鸡市，又说他生于湖北省随州市的厉山，这极有可能是神农部落不同世系的活动基地。总之，他们的活动范围主要是在今天的湖南、湖北一带，全国著名的神农架林区，据说就是神农采集草药的地方，因山峰陡峭必须搭架而上，故名"神农架"。神农死后，葬于茶陵（湖北省炎陵县），因他主要活动基地在南方，南方属火，故称"炎帝"（后人尊称）。

3. 黄帝是我们最熟悉的先祖之一。《史记》记载的历史就是从黄帝开始的。据记载，黄帝姓公孙，是少典部落首领的儿子，还有的记载说他和炎帝是兄弟，这可能表明炎、黄两个部落有血缘关系。据说，黄帝生于寿丘（今山东省曲阜市），长于姬水，故又姓姬；后来居轩辕之丘（一说在今河北省怀来县，一说在今河南省密县），故号"轩辕氏"。起初，黄帝居无定所，后来与南方的炎帝部落联合，在今河北涿州、怀来、涿鹿一带，打败北方的蚩尤部落，遂以涿鹿为都，不久，又南迁至有熊（今河南省新郑市），故又称"有熊氏"。因他的活动范围主要在中原地带（中央），中央属土，土呈黄色，被尊称为"黄帝"。相传，他发明了衣帽，建造房屋，制造车、船、弓箭。他的妻子嫘祖发明了养蚕，史官仓颉创造文字，羲和占日，常仪占月，容成作历，开始产生了天文、历法等，这都说明在黄帝时代，社会文化有了长足的进步。这时已进入了父系氏族社会，出现了私有财产，开始了贫富分化，因而产生了掠夺和战争，古籍记载说，黄帝不但和蚩尤作战，后来还跟炎帝厮杀，最终夺得统治华夏的大权。相传，黄帝还采铜于荆山（今河南省灵宝市），然后炼鼎以作为国家的象征，鼎成，黄帝乘龙升天，群臣号泣不舍，牵衣不放，至桥山，黄帝升天而去，人们葬其衣冠、弓箭，这就是今天位于陕西省黄陵县的"黄帝陵"。据史书记载，黄帝有子25人，其中14人得12姓，历史上的尧、舜、禹和夏、商、周等诸王，都是他的子孙。现在有关黄帝的遗迹有很多，分布于河北、山东、陕西、甘肃、河南等地，连世界闻名的黄山也因黄帝而得名，足见黄帝这个人或黄帝族这个部落对中国文化的发展有多么重要，他不愧是我们中华民族的"人文初祖"。

（二）五帝

1. 少昊 五帝之一，姓己，名挚，号"金天氏"。相传他是太昊伏羲的儿子，故称为"少昊"。少昊即位后，迁都曲阜，在位八十余年，死后葬于云阳，云阳即云阳山，是曲阜城东门外的一个山丘，据此看来，少昊有可能是伏羲部落的一支，迁居今山东地区后成为原始社会的东夷族集团，现在，山东省曲阜市城东有一座少昊陵，四周方形，叠石为山，其形状有点像埃及的金字塔。

2. 颛顼 号"高阳氏"，是黄帝的孙子，其父为昌意，是黄帝正妻嫘祖所生。屈原在《离骚》里说"帝高阳之苗裔兮，朕皇考曰伯庸"，表明以颛顼为祖，世系高贵。《史记》中记载颛顼能根据天象、地理来记录时令，播种作物；能依照鬼神的旨意来制定行为规范，拟订祭祀仪式，以教化的方法来管理百姓。可见，这时的文化已有了长足的进步。

3. 帝喾 号"高辛氏"是黄帝的曾孙，颛顼的侄子，他的祖父是黄帝的另一个儿子玄嚣。他30岁继颛顼为首领，《史记》中说他"聪以知远，明以察微，顺天之意，知民之急，仁而威，惠而信，修身而天下服，取地之才而节用之，抚教万民而利诲之，历日月而迎送之，明鬼神而敬事之"。是一位很有头脑的组织者和领导者。相传他生四子，尧是其一。颛顼、帝喾死后，葬于河南省濮阳市城外，称"二帝陵"，唐代曾于陵前建有二帝庙，历代祭祀。

4. 尧 古代著名贤君，古典诗词里多有歌颂。据史书记载，尧是帝喾的儿子，名放勋，号"陶唐氏"，历史上又称"唐尧"。尧即位后建都于平阳（今山西省临汾市），在位九十八年。他"其仁如天，其智如神"，生活简朴，关怀百姓，设置百官，各理其政，确定祭祀，配以乐舞，因此，百姓安乐，天下太平，可见尧的时代已出现了国家的雏形，出现了礼乐。现在临汾市东北有尧陵，陵冢又高又大，相传是百姓感念他的恩德，万人捧土筑成。晋代在临汾城南又建有尧庙，庙内有古井，传是尧亲手所凿。

5. 舜（舜为尧的女婿）生于姚墟（一说在浙江省余姚市，一说在山西省永济市），故姓姚。他眼内双瞳，故名"重华"，号"有虞氏"，历史上又叫"虞舜"。史书记载他是颛顼的六世孙，幼年失母，父娶继室，给他生了个弟弟叫象。父母偏爱小儿子，几次想要害死他，但他仍很有孝行，于是被尧选为接班人，并把自己的两个女儿娥皇和女英嫁给他。舜即位后，建都蒲坂（今山西省永济市），命禹治水，皋陶掌刑，后稷理农，结果天下大治，四海归服。晚年南巡时病死在苍梧，葬于嶷山（今河南省宁远县），他的两个妻子随从不及，至洞庭湖舜死，亦悲绝而亡。今九嶷山三峰相连：舜源峰、娥皇峰、女英峰。舜陵、舜庙就在舜源峰下，洞庭湖中的君山上则有娥皇、女英的墓称"二妃墓"。现在全国与舜有关的地名有很多，如广东省韶关市，传说舜曾在此演奏韶乐。

（三）禹

禹为尧的族弟，比舜生得晚，受舜的命令治水不属于三皇五帝，但在历史上与汤武王、周武王并称"三王"，因其治水功绩成为古今家喻户晓的人物，据《史记》记载，禹是颛顼的孙子，尧的族弟，却比同宗的裔孙舜生的晚。他奉舜的命令治水有功，被封为"夏伯"，其地在今河南省禹州市。现在禹州城内有"禹王锁蛟井"，相传禹治水至此，把蛟龙锁在井内，此后便无洪水。相传他因治水而得腿病，只能以小步行走，被后世称为"禹步"。他继承舜的国位，开始建都阳城（今河南省登封市），后迁安邑（今山西省夏县），姓姒，国号"夏"。禹晚年南巡，大会诸侯，死于会稽（今浙江省绍兴市），因此，建有禹陵、禹庙。凡大禹治水所到之处，后人都建有禹王庙、禹王宫、禹王台。其中，以安徽省怀远县涂山禹王宫为最重要，相传禹在此结婚并大会诸侯，山下有个村子至今仍叫禹会村。传说禹娶涂山氏女，因治水三过家门而不入，为了打通一座山，他变成了一头黑熊，不料被前来探望的涂山氏女看见，她又惊又怕，不顾身怀有孕，转身就逃，逃至嵩山，化为一块巨石。禹追踪而至，大呼"还我儿子"，于是巨石裂开，生出一子名"启"。启者，开也。这块巨石至今仍叫"启母石"，启以后就是奴隶社会了。

大约公元前 2070 年，禹建立夏朝，历商至周，史称"三代"，此时的华夏族有了更大的发展。至春秋战国时期，出现了第一次民族大融合，中原周邻的"东夷""南蛮""西狄"相继融入华夏族，在长期的共同生活中，逐渐消除了种族之间的隔阂，文字、风俗、学术思想由接近而融合。秦汉利用国家政权的力量，进一步推动了疆域内众多民族文化的融合，建立起规模更大的民族共同体。秦汉时期，中原地区为汉族的一统天下。

东汉以后，历三国、两晋、南北朝，近 400 年，边疆的匈奴、鲜卑、羯、氐、羌等少数民族大量迁入中原，与汉族杂居相处，学会农耕、汉语言和汉习俗，逐渐被汉化，至隋唐时期其民族特征基本消失。这是中国历史上第二次民族大融合时期。

宋至清，是我国历史上第三次民族大融合时期。契丹族、女真族、党项族都建立过政权，并在新的统治区内接受和推行"汉法"，加速了本民族汉化的过程；蒙古族和满族还先后建立起全国统一的政权，促进中华民族及其文化的融合和发展。

总之，在中国大地上发展起来的各民族共同创造的中国传统文化在其发展进程中，始终是以汉文化为主体，并起主导作用；同时，边疆各民族的文化为中国传统文化增添了多彩多姿的内容，使中国传统文化既具统一性，又具多元区域性发展的特点，并且不断在多元文化汇集交融中使传统文化得到新的勃兴、转化，因而具有更强大的生命力。

思考题

①中国文化是封闭型文化吗？

②如何理解中国文化的延续性？

③中国是否从来就是一个封闭的文化系统？清代的闭关锁国与地理环境的关系如何？

④历史上哪些地理因素对中国文化的形成和发展产生过较大的影响？举例说明。

表 1.2　中国传统文化课程思政育人示范

课程思政设计	
思政知识点	中国传统文化产生的地域。
思政问题	你认为中国历史上哪个朝代的国土面积最大？
思政内容	我国国土面积居世界第三，从古至今我国的国土疆域在不断变化，元代国土面积曾最大，身为中华儿女深感自豪。保持国家统一，领土完整是每个中华人民共和国公民的责任和义务。南海局势高度紧张，面对挑衅和威胁我们的态度是寸土不让但不会开第一枪。这是我们释放的善意，避免擦枪走火，带来无谓的两败俱伤。
思政目标	培养学生的文化自信。
课程思政设计	
思政知识点	中国传统文化产生的民族渊源。
思政问题	你认为中国历史上三次民族大融合给当代带来怎样的启示？
思政内容	中国是由 56 个的民族构成的中华文化统一体。坚持民族平等；维护民族团结；实施民族区域自治；发展少数民族地区经济文化事业；培养少数民族干部；尊重和发展少数民族语言文字，风俗习惯；宗教信仰自由是基本的民族政策。只有这样才能实现各民族共同繁荣，实现中国梦。
思政目标	使学生深入了解我国民族政策方针。
课程思政设计	
思政知识点	地理环境对中国文化开放与封闭的影响。
思政问题	你觉得地理环境是决定中国古代文化封闭性的主要原因吗？
思政内容	地理环境对中国文化有着很大的影响，但地理环境并不是决定中国文化开放与封闭的唯一原因。学会客观、辩证地看待问题，才能全面地认识事物的本质并了解它的发展规律，才能更好地解决问题。
思政目标	提高学生的思辨能力。

第三章

中国传统文化根植的经济基础

　　农业经济和游牧经济是自然经济体系中最具有代表性的两种经济类型，中国传统文化恰恰是在游牧民族与农业民族紧密相连的地域内产生和发展起来的。根植于这两种经济类型之上的文化形态，分别是农业文化和游牧文化。这两种文化培育出来的民族及其精神品格，截然不同。一般来说，农业民族表现出温文的和平自守精神，游牧民族则表现出强悍的攻击掠夺精神。在中国古代历史上，游牧民族一直是农业民族实际的或潜在的军事威胁力量。中国历史恰恰是在游牧民族与农业民族紧密相连的地域范围内产生和发展起来的，因而北方游牧民族与中原农业民族间的关系，不仅成为中华民族融合发展史上的一个关键问题，也是中国传统文化形成和发展中的重要内容。

第一节　农耕自然经济是中国古代社会经济的主体

一、农耕文明发展概述

　　农业是中国古代最重要的生产部门，中国历代王朝十分重视对农业生产的管理，确立了"以农为本""以农立国"的经济政策，并围绕农业经济这个中心，展开各种活动。根据新石器时代的考古发现，证明黄河流域至少在六七千年前就已开始出现农业，因而中国是世界上最早的农业发源地之一。黄河流域是古代文明的发源地，这主要是由于黄河流域细腻而疏松的黄土层较适宜于远古木石铜器农具的耕作，所以农业生产首先在黄河中下游达到较高的水平，使黄河中下游地区自然成了中国上古时代的政治、经济和文化中心。唐中期以前，中国的经济重心在黄河流域，魏晋以来，随着大批中原人口的南迁，江南得到开发。随着农业生产力的发展，特别是铁制农具和牛耕的普及，中国的农耕区，逐渐有了向土壤肥沃的长江流域扩展的能力。秦汉大一统局面的形成，更为中国农耕区向南部转移创造了有利的社会条件。魏晋南北朝，北方边患丛生，战乱频繁，使黄河流域的生态环境迅速恶化，中原地区的人们为了逃避战火，纷纷南下，寻找新的安身之地，他们的迁徙，给南方带去了先进的耕作技术和文化观念，而南方优良的自然气候条件和生态环境，很快就显示出发展农耕经济的潜力。随着各种条件的变化，经济重心逐渐南移。唐安史之乱之后，北方为藩镇控制，赋税不入中央，江淮地区逐渐成为重要的经济区。隋唐以后，长江中下游区域迅速成为京都及边防粮食、布帛的主要供应地，中国农耕区的中心，逐渐从黄河流域向长江中下游和江南地区转移。有谚语为证："苏湖熟，天下足。""湖广熟，天下足。"都证明了唐宋以后经济重心南移的历史事实。"东南财赋"与"西北兵甲"共同构成了唐以后历代社会政治稳定的基本格局。宋代以来，南方已经取代北方成为经济中心。我们从柳永《望海潮》词中可见宋代江南繁荣之一斑。

东南形胜，三吴都会，钱塘自古繁华。烟柳画桥，风帘翠幕，参差十万人家。云树绕堤沙，怒涛卷霜雪，天堑无涯。市列珠玑，户盈罗绮，竞豪奢。重湖叠巘清嘉，有三秋桂子，十里荷花。羌管弄晴，菱歌泛夜，嬉嬉钓叟莲娃。千骑拥高牙，乘醉听箫鼓，吟赏烟霞。异日图将好景，归去凤池夸。

——柳永《望海潮》

二、中国农耕经济发展的阶段和形态

随着文明的不断进步与农耕经济体制的不断自我调节，呈现出以下几个不同的发展阶段和形态。

一是远古时期，土地属氏族村社共有，劳动者在家长的带领下，共同劳动，生产资料和劳动成果共同占有。

二是殷商西周时期，是土地国有的自然经济阶段商朝是发达的奴隶社会，土地归奴隶主贵族国家所有，耕地划分为方块田，称为"井田"。较典型的井田上面纵横着道路和渠道，在一定数量的井田外围挖掘壕沟，并将掘出的土堆在壕沟边形成"封疆"。

西周建立后，仍保持了"井田制"，所谓"溥天之下，莫非王土"，意思是全国土地归周天子所有。周王把土地和奴隶赐给诸侯和臣下，并随时可以将土地和奴隶赐给或转赠给别人。各级奴隶主贵族采用井田的方法，把土地分配给自己的奴隶集体耕种。土地不得随便买卖。到了西周后期，逐渐出现了土地交换、转让的现象。总的来看，殷商西周时期属于土地国有的自然经济阶段。这一时期的土地国有和集体耕作制，是与当时生产工具铜石并用的社会生产力水平低下相适应的一种经济制度。

三是东周之后，土地私有化和个体生产形态的逐渐形成。

东周以后，特别是春秋战国时期，由于生产的发展和荒地大量被开垦，各诸侯国贵族的私田数量不断增加，贵族间争夺公田的斗争也逐渐激烈起来。各国实行了变法和改革，封建土地所有制逐渐确立。奴隶主变成了地主，而奴隶和平民转变为佃农、半自耕农，土地也允许自由买卖。地主则依靠他们的权势，兼并农民的土地。如秦孝公时，商鞅变法，"除井田，民得买卖。"以致出现了"富者田连阡陌，贫者无立锥之地"的现象。与此同时，除了地主、官僚的私有土地外，封建政府和皇帝还直接掌握了一部分土地，数量也很大，管理和使用的形式在各个时期各不相同。也就是说，东周以后的土地私有化进程，打破了以往那种集体生产的农耕传统而向以家庭为单位的个体生产形态过渡，这种男耕女织，以织助耕，或以工助耕、以商助耕的自给自足型的家庭小农业，逐渐在中国的农耕经济中占据了主导地位。个体生产家庭成为秦汉以后中国大一统国家政体的坚实基础。随着土地的日益私有化和个体家庭经济的成长，地主和农民形成了对立的两个阶级，地主阶级和农民阶级的互为盈缩，构成了中国传统社会农耕经济运作的基本特色。

总之，东周以后直到清代，封建的土地私有化和家庭个体生产经营制，一直在我国历史上延续了两千多年。

三、中国农耕经济中的主要关系

地主、自耕农、皇帝之间的关系是农耕经济中的主要的三个阶层。处理好三个阶层的关系就会使农耕经济不断地发展繁荣。但三者之间的关系往往错综复杂，既相互依赖又相互冲突。

（一）地主与皇帝在特权、地位上的相互依赖与对地租的争夺

皇帝与地主阶级既存在着政治上的相互依赖，又存在着赋税收入的矛盾。地主阶级是一个流动性极强的群体，有的"朝为田舍郎、暮登天子堂"。皇帝也时常根据国家的需要打击豪强，抑制兼并土地的行为。

（二）自耕农与地主的矛盾主要在于对土地的控制

土地的兼并、控制，使大量农民失去赖以生存的土地，越来越多的流民极易引发社会动乱和战争。

（三）自耕农与皇帝的矛盾和相互依赖

自耕农对皇帝的依赖，是传统社会中人人期盼"清官好皇帝"的经济根源。

让步政策、休养生息、发展农业这三种力量的平衡与失衡是造成国家周期性治乱的原因所在。而中国文化的延续性，就是在这种力量的动态平衡中实现的。

　　中国传统文化的主体是农业文化，因而农业经济对人们的思维方式和社会生产习俗产生了极大的影响。首先，农业生产以土地为本。土地在农业生产中是最基本的生产资料，能稳定地占有一块土地，安定地进行农业生产，就是农民得以生存的基本保证。正是由于对土地的依赖和眷恋，使中国人民长期以来形成了安土重迁的习惯及和平自守的精神。其次，由于农业生产是随着季节的变化而进行的周而复始的生产过程，这种顺应自然的被动活动，导致了中国人思维方式的循环论、"实用—经验理性"及性格的平缓、忍耐、随顺和中庸等特点的形成。最后，由于小农经济的发展，造成了中国农民思想中的平等平均思想的根深蒂固。历代农民起义大都是以平等平均为号召，要求社会财富（尤其是土地）和劳动产品分配上的平均一致。

四、农耕民族与游牧民族的对垒与融合

　　在世界文明发展史上，农耕民族与游牧民族的对垒与融合从公元前 3000 多年开始，一直到公元 15 至 16 世纪止，人类长达 4000 多年的历史都是在这两大世界的对立之中过来的，也就是说，在 15 世纪这个世界重要的分水岭到来之前，人类的文明主要就是在游牧世界和农耕世界的冲突过程中不断发展和壮大起来的。农耕民族与游牧民族的长期对垒与融合，不仅构成了中国古代文明发展的源泉和动力，也构成了世界文明发展的源泉和动力。

　　中国农耕民族与游牧民族对垒与融合有其自身的特点。我们知道游牧民族一般都过着逐水草而迁徙的游牧生活，生活方式具有极强的流动性，因而对农业定居区形成了一种进攻性威胁。秦汉时期的匈奴族、隋唐时期的突厥族、两宋时期的契丹族、女真族、党项族，以及后起的蒙古族都是强悍的马背民族，即使是半农、半牧、半猎的满族也具有游牧民族的强悍特征。从匈奴族起，这些马背民族一次又一次地侵入中原农业区，给中原文化带来了严重破坏，比如，东汉、魏晋时期，北方和西北少数民族不断内迁。内迁的少数民族有匈奴族，鲜卑族，羯族，氐族，羌族等，历史上称他们为"五胡"。此时，少数民族迁移到中原定居的达几百万人。但是，无论他们如何强悍，在入主中原之后都毫无例外地接受了汉族的先进文化，成为农耕民族的一位成员，共同参与了华夏文明的发展和壮大。这一点和西方文明的发展是不一样的，西方文明常常因外族入侵后文化改变或中断。

　　我们也应当看到，游牧民族与农耕民族之间的战争与争锋，客观上促进了经济文化的互补和民族的融合，农耕民族与游牧民族的争锋从根本上讲是不同于外族的侵略的。游牧民族与农耕民族的对垒，往往以迁徙，聚合，和亲为结

局。比如，战国时期赵武灵王的"胡服骑射"和汉唐时期开辟通往西域的"丝绸之路"，可以说是中原农耕文明与游牧文明的精妙结晶。又如，松赞干布与文成公主的通婚，促进了西藏经济和文化的发展。如，17世纪以来满族建立了疆域空前辽阔的大清帝国。满族统治中国近300年，八旗驻防全国各地，满族人的思想、文化和生活方式遍播海内。随着满族统治的巩固与拓展，其文化习俗也影响到全国，满族男人留发梳辫，穿马蹄袖袍，系腰带。满族妇女头顶盘髻，穿宽大直筒旗袍，于是各族妇女都穿旗袍。今天，旗袍已经成为典型的东方妇女服饰，具有世界影响。

此外，中国的饮食文化，茶文化，酒文化乃至政治制度，生产方式无一例外都是民族融合的产物，如果细作考证，你就会发现文化互补和民族融合的痕迹。因此，我们得出结论：农耕经济和游牧经济历经数千年的相互融合，互为补充，汇成气象恢宏的中华文化。

五、农耕自然经济下的多元化经济成分

中国农耕文明以农耕经济为主体，但并非只有农耕经济一种成分，而是农耕经济和多元化经济成分并存。但中国的商业、手工业在西汉前期的发展，以及汉武帝的盐铁官营等官方垄断重要商品的制度，使商业被完全束缚在封建政府的肌体之上，因而形成了与西方截然不同的商业运作模式。中国古代的经济状况呈现出如下得特点。

自然经济占主体，小农经济力量突出。西汉以前商品经济发达，但汉武帝实行主要的商品由国家垄断之后，商品经济失去了它的个性，难以起到解体自然经济的作用。国家对土地等主要经济成分控制力很。伴随着政治的治乱，经济显示出突出的周期性破坏与复苏的循环，并且自然经济始终占据统治地位。

古代中国在农耕经济为主体的同时开展了海洋贸易。但中国的海洋贸易呈现的是内敛型的特点，这和西方殖民式的海洋贸易完全不同。我们的海洋贸易呈现如下特点。

①和平而非殖民的贸易形式。海洋事业的开拓，是促进欧洲文明特别是近代文明高度发展的有力杠杆，但是以农耕经济为主体的中华文明是一种主张和平自守的内向型文化，缺乏开拓海洋事业的进取精神，因此，虽然中华民族早就有了出色的航海能力，但并没有形成一种拓展海外市场并进行殖民的机制，而是满足于这种内敛性的贸易架构。但它主要是作为农耕经济的补充而存在着。

②朝贡贸易体制下的一种自足自大的心态。稳定的农业经济和较少变化的经济结构，使中国古代的帝王陶醉于万物皆备的理念之中，因此，在他们看来，

中国与海外的经济交往，应当建立在"宾服贡献"的基础上。互市在政治上的意义远远大于经济上的意义。

③海外贸易服从于政治而不是政治为贸易开道。中国自古以来不乏海外贸易，但其政治意义远大于经济利益，在以形式上的政治服从为前提的朝贡贸易体制之下，中国古代为数不多的海洋贸易，主要是一种"赐""贡"的贸易形式，属内敛型的海洋贸易，比如，明朝郑和七下西洋，船队满载的瓷器、丝绸、茶叶等中国特产，到外国后，都是把这些特产"赐"给当地的国王，同时接受该国的所谓"贡品"，比如，象牙、香料、珊瑚、珠宝等特产，并不计较经济得失，属于一种"货换货，二头乐"的友好交往，其政治上互相往来的意义远比经济上的意义重大。

明代中叶以后至清代，东海沿海私人海上贸易有了一定发展，但私人的海洋商业受到了政府的限制和歧视，因此其规模较小，没有形成气候。这种状况是中国农耕经济内向型文化的负面影响。

大一统的政治环境，多样的自然条件是古代商品经济发展的必要条件。中国古代商品经济出现的较早，但发展相当缓慢。汉武帝的垄断政策导致商品经济的萎缩。历代"重农抑商"政策的实施导致商品经济缺乏独立发展的性格，商品经济始终伴随着农耕经济的发展而发展。中国古代商品经济对农耕经济具有依附性，缺乏独立性。因此，商品经济的变迁呈现出波浪式前进的姿态。中国古代的商品经济主要是补充了农耕经济的不足。现列举几个中国历史上农耕经济发达的时期，也就是商品经济的高峰。

第一，西汉的文景之治。当时国家粮仓堆得满满的，朝廷积存在京师的钱有几百万万贯，因多年不动用，串钱的绳子都朽烂了。

第二，唐贞观之治。贞观是历史上赫赫有名的唐太宗李世民的年号。在这一时期，监狱常常是空的。人们即使外出好几个月也不用锁门。行旅往来各地，不必自带干粮，随时可以在路上得到供应。连年的农业丰收，使国家极为富裕，国力极为强盛。

第三，唐开元之治。开元，唐玄宗李隆基的年号。杜甫有诗描绘了开元盛世："忆昔开元全盛日，小邑独藏万家室。稻米流脂粟米白，公私仓廪俱丰实。"开元年间，物资供应十分丰富，粮价既低廉又稳定。道旁客店林立，招待过往客人食宿。此时的大唐还吸引了大批亚洲及欧洲的商人云集在长安、广州等大城市。

第四，清康乾盛世。即清代康熙、雍正、乾隆三朝。中国这个统一的多民族国家的疆域是在康乾盛世基本奠定的。中国的人口也是在康乾盛世突破四亿大关的。在康乾盛世，社会经济发展非常快，首先是耕地面积迅速增加，至雍正时已达到九亿多亩，超过了以往任何一个朝代，农业空前发达。同时，商品经济也有较大的发展，全国兴起了许多新的城镇。当然，康乾盛世在中国经济发展史上的阻滞作用也是显而易见的，当西方的近代工业文明风起云涌之时，中国的统治者仍然闭目塞听、夜郎自大，延缓了中国文明的进程，这一点我们应该有清醒的认识。

由以上几个盛世我们可以看出，古代商品经济是波浪式前进的。盛世、治世是几个高峰，当农耕经济较为繁荣，政治较为清平之世，商品经济也随之繁荣。反之，当农耕经济走入低谷，政治腐败，发生战乱之际，商品经济的发展也受到破坏。如历史上的东周列国混战、魏晋时的八王之乱、侯景之乱、唐朝的安史之乱、宋代的靖康之变、明代的三藩之乱，明末清初的长达半个世纪的战乱以及历代的改朝换代等时期都是经济的低谷期。

第二节　中国资本主义萌芽迂缓的原因

既然中国十六七世纪就已经出现了资本主义的萌芽。那么，为什么明清时期的资本主义生产方式备受挫折？为什么当时中国没有跟随同时代的西方文明，走上发展资本主义的道路？原因主要有以下几点。

（一）中国社会既早熟又不成熟

从根本上讲，中国农耕社会的多元化结构造成中国经济社会既早熟又不成熟的特征，制约了资本主义萌芽的顺利发展。说它早熟是指中国早在秦汉时期土地就可以自由买卖了，中国的商品货币经济也在汉唐时期就达到了相当繁荣的程度，作为经济剥削的地租形态，像劳役、实物和货币、地租也一直长期并存，以上各种现象都比西欧国家要早得多，所以说具有早熟的特点。

所谓"不成熟"是指中国农耕经济受多元化经济结构的影响，始终未能促成它的成熟发展，相反却凝固了传统农耕经济的保守性和坚固性。也就是说，中国社会那些早熟的商品经济因素，并不是作为封建经济的对立面而是作为一种经济补充形态出现的，这就使商品经济这种较活跃的经济因素，在成长到一定程度后被农耕经济的多元化结构化解或吸收。中国封建社会里官僚、地主与富商大贾的三位一体和相互转化，就是一个明显的例子。表明中国社会经济结构不是纯粹的商品经济，商品经济在中国传统社会里一直没有走上成熟的道路。

（二）农耕经济和商品经济的周期性失调

建立在个体家庭经济上的中国大一统中央集权体制，是一种没有民主而缺乏自我更新能力的政体。所以，中国王朝的盛衰交替，稳定与战乱互易基本上成了一个周而复始的规律。中国的农耕经济随着王权的更替而出现周而复始的特征也成了一条规律。依附于农耕封建经济肌体的商品经济自然也随之出现相应的高潮和低谷现象。这种恶性的周期性循环严重地制约社会经济顺利发展，使中国封建社会晚期的资本主义萌芽处于迟缓的状态。

（三）上层建筑对社会经济发展的钳制和束缚

经济剥削是上层建筑阻碍社会经济发展的重要原因。科学技术发达，却没有及时转化为生产力。意识形态的保守性，使中国的资本主义萌芽难以成长。自古以来，各朝代的官僚知识分子信奉的是"重农轻商""崇本抑末"，历代王朝包括明清两代，一直认为只有农业才是关乎国计民生的根本，而商业活动不能直接生产人必需的衣食住行，所以从来没有得到过国家的扶持和鼓励。封建专制的政治布局不利于商品经济的发展和增长。中国古代社会的政治布局也不利于商品经济及新的生产因素的成长。中国城市的形成和发展，大多是为了政治的需要，而不是发展商品的需要，这和西欧中世纪末期的城市经济不同。另外，我们通过研究可以发现，中国传统社会里，汉武帝以前的商品贸易基本上还属于自由的商品经济，国家干预的程度相对要小得多，但汉武帝以后，国家凭借君主专制制度垄断了大宗的商品贸易，像盐、铁等主要生活资料的经营权都具有官营的性质，商业已经完全被束缚到农耕自然经济的肌体之上，商业对政府的依赖性导致了商人性格的封建依附性，商业在中国传统社会从来没有发展成为与农耕经济分庭抗礼的经济形式，中国传统社会商品经济的萌芽虽然出现很早，却始终没有走上资本主义的道路。另外，城乡关系不协调也使得各地的社会经济发展不平衡。

正是由于中国社会经济既早熟又不成熟、农耕经济和商品经济的双重性失调、上层建筑对社会经济的钳制，特别是"重农轻商"的思想限制，才使中国萌芽于明清时代的商品经济始终未能在中国传统社会中形成占统治地位的经济主流。

第三节 中国传统经济的基本特点对文化发展的影响

一、农耕经济的持续性与中国文化的延续性

中国古代农耕经济具有很强的承受力、愈合力、同化力、凝聚力。这种农耕经济的持续性造就了中国文化的持续性。传统农业的持续发展保证了中华文明的绵延不断，使其具有极大的承受力、愈合力和凝聚力。5000 多年来，王朝不断更替，战乱时有发生，（汉时吴楚之乱、西晋八王之乱，唐代安史之乱）。中国文化也历经战乱与分裂的洗礼，不断得到进一步的充实和升华。然而，中国文化的早期定型，也使人们产生了一种"瞻后"式的思维方式，所谓"圣人设教，为万世不易之法"，什么都是越古老越好，动不动就是"人心不古，世风日下"式的叹息，这种文化思维模式，一方面为中国文化的长期延续和增进向心力起到了积极作用；另一方面在不知不觉中积累了文化守旧性格，成为社会向前发展的严重桎梏。

二、农耕经济的多元结构与中国文化的包容性

农耕经济的多元结构造就了中国文化的兼容并包。春秋战国时期，诸子并存，百家争鸣。在思想上，道家老子，儒家孔子，墨家墨子，还有主张天人相分的荀况，集法家学说之大成者韩非，唯物论者王充，无神论者范缜，如此等等，都反映了中国文化的包容性。在区域上，中国文化包容了不同区域的文化，又促使不同区域的文化相辅相成，渐趋合一，比如，陕西的秦文化，湖北的楚文化，山东的齐鲁文化，河北的燕赵文化等等，都被包容在中国文化里，同时又相互影响，相互融合，如京剧就是融合了多种戏剧的产物，京剧吸引了传统的南北各地的戏曲形式，如南戏、昆曲、高腔等。在吸收少数民族文化方面，汉代北方少数民族的器用杂物、乐器歌舞为中原农耕民族喜爱、效法。盛唐长安胡骑胡音极盛一时，清代满族妇女的旗袍在全国各地流行。同时，满族也逐渐被汉化，以致后来连自己的文字也消亡了。在吸收外来文化方面，中国的佛教既有儒道文化的成分，又有外来佛教文化的痕迹。由此可见，中国人能够有选择地吸收外来文化。

三、农耕经济的早熟与中国文化的凝重性

中国农耕经济的基本特点之一是既早熟又不成熟，农耕经济的这一特点造成了中国文化的凝重性。所谓"凝重性"，就是稳重有余，灵活不足；开放不足，保守有余。回顾上下五千年，汉唐、宋都曾有过对外经济、文化交流的繁荣时代。元朝在统一全国的同时，就开始恢复海外贸易，但一直处于时禁时开的局面。明代嘉庆年间，沿海屡遭倭寇骚扰，以后葡萄牙海盗商人又在我国东南沿海进行掠夺。明朝政府曾一度封锁全部通商口岸，禁止客商往来。清兵入关后，也实行过"海禁"政策，并三令五申，严禁商民下海贸易，康熙二十四年（1685 年），宣布废除海禁，指定澳门、漳州、宁波、六台山四处为通商口岸。乾隆二十二年（1757 年），又规定只准在广州一口通商。直到鸦片战争后，闭关锁国的局面才被打破。由此可见，在农耕经济条件下，中国一直是比较保守的，启蒙思想得不到营养和发展，科技发明缺乏应有的重视，盲目排斥外族文化，农耕文化缺乏创新精神，这些使闭关锁国一直处于主导地位。显然这种局面与传统文化凝重的保守性格是紧密相关的。这种多年积累沉淀下来的凝重的保守文化，在中华人民共和国成立以后很长时期内，仍然是一个沉重的包袱。应该说，中国真正的商品经济开始于 20 世纪 80 年代的经济体制改革。但我们直到加入世界贸易组织（WTO）后，才会在世界范围内有平等的贸易机会。

总之，中国传统自然经济对中国传统文化的影响，既有积极的一面，又有负面的影响。同样地，对中国传统文化，我们既要看到它的积极向上的方面，又要看到它消极颓废落后的一面。

思考题

①简述中国古代农耕自然经济下的多元化经济成分。

②如何看待中国文化的延续性。

③结合史例，说明古代商品经济波浪式前进的过程。

④中国传统社会的农耕经济有哪些特点？

⑤经济发达与文化繁荣有何内在联系？

⑥宋明以来中国社会经济为何迟滞不前？

表 1.3 中国传统文化课程思政育人示范

课程思政设计	
思政知识点	农耕文明发展概述。
思政问题	中国传统文化产生的地域。
思政内容	农耕经济和游牧经济的碰撞和融合形成光辉灿烂的中华文化,是中华文明的两个彼此不断交流的源泉。他们历经数千年的 相互融合、互为补充,汇成气象恢宏的中华文化。做人做事必须具有海纳百川,有容乃大的胸怀才能成就博大的气象。
思政目标	培养学生树立正确的人生观、价值观、世界观。
课程思政设计	
思政知识点	农耕自然经济下的多元化经济成分。
思政问题	中国古代商品经济的发展呈现出怎样的轨迹?
思政内容	中国古代商品经济的波浪式前进,说明世界上万事万物都是运动发展的,运动发展的总趋势是前进的、上升的,而道路是迂回曲折的,波浪式前进,或螺旋式上升。尽管商品经济在古代是作为农耕经济的依附存在,但它仍在不断的发展壮大。这说明世界上的一切事物都是运动发展的,停滞静止的事物是没有的,而且世界上事物的运动发展是有规律的,这个规律就是运动发展的目标或方向,一个是前进,一个是上升。如果一个事物的运动发展方向是向前发展,它前进方向的规律就只能是起起伏伏的波浪式;如果一个事物运动的方向是向上发展,它上升方向的规律就只能是一圈比一圈高的螺旋式。换言之,规律不依赖于人的主观意识,既不能被人创造,也不能被人消灭,只要条件具备就一定要发生作用,所以必须尊重规律。
思政目标	培养学生认识唯物辩证法发展观。

第四章

中国传统文化依托的社会政治结构

任何文化都有其特定的生长土壤，都与一定的社会结构相联系。宗法社会和专制政体是中国传统文化产生、发展依托的社会政治结构。下面我们分别来了解宗法制度和专制制度。

第一节　宗法制度

过去曾有人把中国古代的社会叫"宗法社会"。虽然表述不够准确，但宗法在中国古代社会安定中确曾有相当重要的作用，并由此产生与之相关的古代礼制和古代的称谓制度等。所以，必须加以研究。

一、宗法制度的相关概念

（一）家族与宗族

家族是由若干个具有亲近的血缘关系的家庭组成，是宗族的基础。宗族是以父系的血缘相联结，若干个出自同一男性祖先的家族组成。《尔雅·释亲》中把由同一高祖父传下的四代子孙称为"宗族"，实际上有些宗族还包括了更多的世代。家族和宗族密切相关，有时甚至合而为一。因此，我国古代的家族制度与宗法制度联系紧密，必须从整体上去认识。

（二）宗法与宗法制度

1. 宗法

所谓"宗法"，即"宗族之法"。"是指一种以血缘关系为基础，标榜尊崇共同祖先，维系亲情，而在宗族内部区分尊卑长幼，并规定继承秩序以及不同地位的宗族成员各自不同的权利和义务的法则。"

2. 宗法制度

宗法制度是由氏族社会的父系家长制演变而来的，确立于西周的一种庞大、复杂但井然有序的血缘——政治社会体系。其主要内容有以下方面。

（1）确立承统秩序和在宗族内部依血缘关系区分尊卑亲疏，规定各自的权利和义务，二者相辅相成，由此而产生嫡长子继承制和分封制，这是宗法制度的基本内容。

（2）以宗庙社稷为权力象征，形成了严格的宗庙祭祀制度。

（3）为区分血缘关系的亲疏远近，确定了十分烦琐的丧服制度。

二、宗法制度溯源

（一）父系氏族的家长制——宗法制度的基础

宗法制度是由父系氏族的家长制演变而来的。在父系氏族社会里，世系以父系计算，父系家长支配着家族成员的生产、生活。尤其是在父系氏族社会后期，随着生产力的发展，剩余产品的增加，产生了私有财产，父系家长死后，他的权力和财产需要有人继承，于是，习惯上就会规定一定的继承程序，而从神话传说中反映的多是男性继承这一事实。所以说，宗法制是由原始时代的以父系家长为核心的血缘组织演变而来的。宗法制度形成时，氏族制末期的祖先崇拜观念，就物化为具体的宗庙，并形成理论化、组织化的宗庙制度。氏族的族外婚制，就变为同姓不婚制和贵族的等级内婚制；氏族的相互继承权，就变为嫡长子继承制；氏族从利害需要出发的彼此帮助、保护和支援的相互义务，就变为宗族内部以及大小宗族之间相互帮助、保护和支援义务。由此可见，父系氏族社会的家长制为宗法制度的产生准备了适宜的土壤。

（二）夏、商时期——宗法制度的产生

夏代是我国历史上第一个奴隶制王朝。其开创者启继其父禹之位，把禅让的天下变成传子的家天下，从此，开始了中国历史上的王位世袭制。《史记·夏本纪》记载，夏王朝先后有 14 世、17 王，其中两次是弟继兄位，一次是弟之子死后王位复归于兄之子，其余均为子继父位。这种世系统治权的确立，实质是父系氏族社会家长制向宗法制度下的嫡长子继承制的过渡。与此相适应，为了加强宗族内部的凝聚力，祖先崇拜被推到新的高度。《周礼·考工记·匠人》中说夏代已有"世室"即"宗庙"。夏王之有宗庙，已被考古发掘证明，在河南偃师二里头夏代遗址中发现了一处大型宫殿建筑基址，经专家考证为夏代宗庙建筑遗址。以上史料说明，夏代已初具宗庙祭祀制度。同一宗族的人具有共同的祖先、共同的宗庙、共同的姓氏、共同的墓地，同受宗法制度的约束。

商代是宗法制产生的重要阶段。大量考古资料表明，商代已存在着宗法制度。卜辞中屡见"王族""多子族""三族""五族"等名称。多子族与王族有血缘关系，实际上就是王族的分支。王族的宗族长就是商王，多子族的族长称"子"。商王与多子族宗长的关系，也如后世的大宗与小宗。宗族长在宗族内部具有至高无上的特权地位。无论是商王还是"子",他们的权位都是世袭的。商代在王位继承观念上以子继为主,但实际上,以弟继兄较多,或因兄本无子,或因兄子年幼,而由弟摄政。但继位之弟,后或传位己子,或传位兄子,这说明传子的观念已深入人心。

商代已有嫡庶之制。商代末年立嗣已经优先考虑嫡子,商代嫡子继承王位,庶子则被分封。周代立嫡立长之制,就是承袭商制而更为严格。区分嫡庶是宗法制度必要的内容,也是宗法制度发展的结果。

(三) 西周——宗法制度的确立

1. 嫡长子继承制的确立

宗法制度的基本规则,是将每个宗族中的嫡长子一支确立为大宗,居于同宗中的支配地位或主导地位;而把其他庶子分立为小宗,处于大宗的从属地位或次要地位;宗主照例由大宗担任,并且世袭继承。因此,宗法制从产生时起,就是基于确定继承顺序的需要而形成的一种等级制度。嫡长子继承制是宗法制度的核心。这是一种始于商代末期的一种法定的王位继承方式,即规定了要由嫡妻的长子继承王位。周王室从成立之后推行固定的嫡长子继承制,很大程度上防止了兄弟之间的王位争夺,还是有其进步意义的。

嫡长子继承制的优点在于定名分,即王位早有归属,嫡长子只有一个,只有他有权占据王位,这就杜绝了兄弟之间为争夺王位而造成的祸乱。当然弊端也是显而易见的,嫡长子继承王位是天经地义,他的贤与不贤不在考虑之列。比如,公元209年,西晋武帝司马炎死后,他的傻儿子司马衷依照嫡长子继承制当了皇帝,称为"晋惠帝"。晋惠帝非常傻,有一次,他在花园里听见蛤蟆叫,就问随从这蛤蟆,是属于官家的,还是属于私家的。有一年发生灾荒,百姓饿死的很多。惠帝知道后问道:他们为什么非等着饿死,他们挨饿的时候为何不吃肉粥,喝点肉粥不就饿不死了吗?这样的皇帝自然无法掌管朝政,只能由别人代管,于是便引出了八个宗室亲王为争夺中央统治权而进行的连年混战,史称"八王之乱"。由此可见,嫡长子继承制也有太多的弊端无法克服,太多的矛盾无法解决。为了争夺王位兄弟相残,历史上这种例子数不胜数。大家都知道,唐太宗李世民不是嫡长子,他发动了"玄武门之变"杀死太子李建成,强迫高祖李渊让位,通过弑兄篡夺王位。这些嫡长子继承制的反叛者,都证明了嫡长子继承制原本想制止兄弟间为争夺王位而互相残杀的初衷没有实现。

2. 分封制的实施

西周实行宗法制原则下的分封制。周天子以"受命于天"自居,称"天之元子",是天下同姓宗族的大宗,居于至高无上的绝对支配地位。其王位由嫡长子世袭继承,其他庶子则作为小宗被分封为各地诸侯。各地诸侯在各自封国内又是同姓宗族的大宗,其王位也由嫡长子世袭继承,其他庶子则作为小宗被分封为卿大夫。卿大夫在自己封地里又是同姓宗族的大宗,其封爵仍由嫡长子世袭继承,其他庶子则作为小宗被分封为士。这样,根据宗法制与分封制,便形成了天子、诸侯、卿大夫、士等各级宗主贵族构成的金字塔式的等级制结构(见图1.1)。各个等级之间的相互关系,既是大小宗关系,又是上下级关系。每个等级都必须服从上一个等级,并有义务尽其纳贡、服役等责任。周天子位居金字塔顶端,不仅是所有姬姓宗族的大宗,而且通过"同姓不婚""娶于异姓"的联姻原则,又成为甥舅关系的异姓宗族的共主。于是,宗法等级制度遂成为确立社会等级秩序、维护宗主贵族统治的政治法律工具。这种制度在西周时达到了最完备、最成熟的形态,秦汉以后的君主集权制是宗法制度的变体和延续,但已不同于西周时期的宗法制。秦统一全国后,废除分封制,推行郡县制。但以后历代王朝还有不同程度分封,只是性质不尽相同罢了。同嫡长子继承制一样,分封制也是企图以血缘纽带巩固政权。实际上,分封制往往会造成诸侯割据,连年征战不止。典型的例子就是东周列国局面的形成。

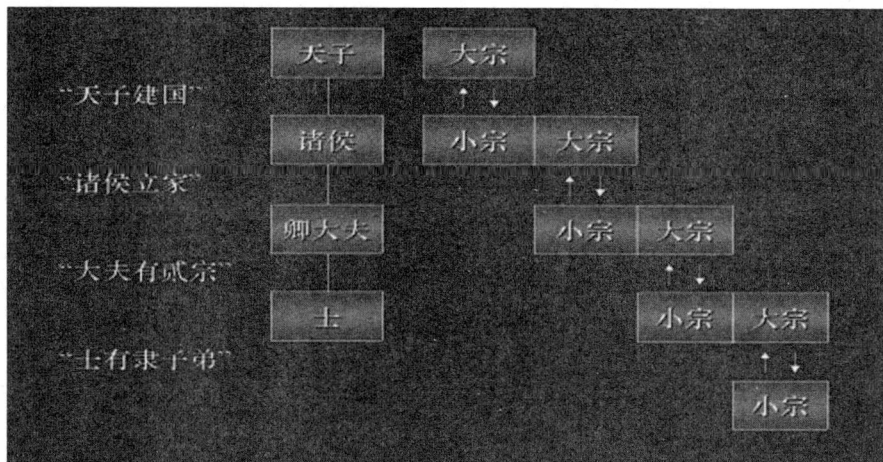

图1.1 宗王贵族等级制结构

3. 宗庙祭祀的形成

宗法制度提倡尊祖敬宗,对祖先的尊敬表现在祭祀上。所谓"国之大事,在祀与戎"便是其具体反映。但是,并非所有子孙都有祭祖资格。西周时,只有大宗才有祭祖的特权。通过隆重庄严的宗庙祭祀活动,体现大宗的尊贵地位和重大责任,"别亲疏,序昭穆",以血缘亲疏来区别同宗子孙的尊卑关系,用以维系以家族为中心的宗法制度和巩固政权。

宗庙是包括天子在内的各级大宗供奉祖先神位的场所。宗庙祭祀制度是为了达到维护宗族团结而发展起来的一种制度。核心是强调尊祖敬宗，家族本位。据史书记载，周天子为七庙，诸侯为五庙，大夫为三庙，士为一庙。郑玄注说：周制，七庙包括太祖庙一，文王和武王庙二，亲庙四（亲庙包括高祖、曾祖、祖父、父亲四庙）。天子祭祀七代祖宗。

宗庙祭祀制度，即祭祀几代祖宗的制度，自周代开始，经过秦汉，曹魏至清代基本上保持了下来。只是有些朝代的宗庙的数量有增减。如王莽祭九庙。唐开元十年立九室——祭九代祖先。

这种宗庙祭祀制度，在长期的发展中形成了中国传统的礼乐文化（祭祀时有严格的程序和隆重的仪式，乐队兴师动众，人员众多）。它对维护宗族团结、维护宗法制度起到了一定的作用，影响了一代又一代的中国人的宗族观念。今北京故宫前左侧的劳动人民文化宫便是明清的太庙，右侧的中山公园是明清的社稷坛，还有祈年殿、天坛、地坛、日坛、月坛，都是明清皇帝祭祖的地方。中国传统的宗庙祭祀制度不仅世代相传，影响到世世代代中国人的宗族意识，而且影响到周边国家和地区。日本人、新加坡人、香港人也很讲究祭祖。大户人家现在仍然设堂室祭祖。

三、宗法制度影响下中国传统社会结构的特征

纵观整个中国历史，不论政权怎样交替，战乱如何频繁；不管是汉人统治全国，还是北方游牧民族统一全国，各朝各代宗法制度的模式基本上循而未改，世代相传。在相传几千年的宗法制度的影响下，中国传统社会结构具有以下四个特征。

（一）家天下的延续

宗法制度的本质就是家族制度政治化。它的特点是：其一，国家权力高度集中于皇帝一人之手；其二，一个家族统治一个朝代；其三，统治权之争决定着社会秩序的平衡与否；其四，人情大于国法。

（二）封国制度不断

封国制度是西周宗法制度的主要内容之一。秦始皇统一中国后曾废分封，建立郡县。汉代却又采纳分封制。魏晋以后历代王朝仍然沿用了分封制，只是叫法不同而已。分封制的主要特点是：其一，分封制成为传统社会的政治格局；其二，分封制成为传统社会一项基本行政区划制度；其三，分封制是宗法制的核心。

（三）家族制度长盛不衰

家族是中国社会结构中最基本的单位。每个社会成员依据与生俱来的血缘关系确定其在宗族中的位置。家族制度的特点是：其一，家族是封建社会结构的基石；其二，社会动荡并不影响家族制度的发展；其三，家族拥有各种特权；其四，家族内部等级森严。

（四）家国同构

家国同构是指家庭、家族和国家在组织机构方面具有一致性和共同性。特征如下：其一，家族与国家在组织结构方面大致相同；其二，家与国的组织系统与权力配置都是严格的父系家长制；其三，家国同构是宗法制的必然结果。

家族制度深深根植于数千年的中国传统社会的结构之中，使国家结构也打上了家族结构的烙印。家与国的组织系统与权力分配都是严格的父系家长制。这种宗法关系的长期存在，导致了中国社会"家国同构"的格局，家族的权力掌握在家长手中，国家的权力掌握在君主手中，国家的政治首领其实就是家长的化身，所谓"忠孝相通""家国一体"都是建立在宗法制的基础之上的。在国有君、有臣，君为上，臣为下，君为臣纲，后人有"君叫臣死，臣不得不死"之说；在家有父、有子，父为上，子为下，父为子纲，后人有"天下无不是的父母"之说，二者在结构上基本一致。孔子的弟子有子曾说："其为人也孝悌，而好犯上者，鲜矣；不好犯上而好作乱者，未之有也。君子务本，本立而道生。孝悌也者，其为仁之本与！"可谓一语中的，他把对家长的孝和对国家的忠相提并论。孝敬父母就是忠顺皇帝，忠顺皇帝就是效忠国家，忠孝同义，这样，皇帝通过国家行政机构的层层管理，间接实现了一统天下的目的。

这种宗法制度下，使许多中华民族的爱国英雄以忠于皇帝为初衷，以忠孝国家为结果。比如，齐国的管仲，汉朝誓灭匈奴的霍去病，蜀国的诸葛亮、唐赤心平叛的郭子仪，南宋抗金名将岳飞……都是在"家国同构"的社会里，成为既孝忠皇帝又热爱祖国的英雄，他们的所作所为，既是为国捐躯，又是为皇家献身。

综上所述，宗法制度是中国传统社会结构的基础，它奠定了中国传统社会结构的基本定式，孕育了中国封建社会政治结构的基本特征。宗法制度在维系国家统一、民族团结、促进社会的发展等方面曾起到过积极的作用。但随着社会的发展，它逐渐成为社会生产力发展的桎梏和新思想、新观念成长的羁绊。特别是在建设社会主义新文化的今天，我们必须充分认识其对中国人社会意识、人生价值、文化心理、思维方式、生活习惯等方面的消极影响和束缚，抛弃其糟粕，重塑民族精神风貌。

第二节 专制制度与中国社会政治结构

一、中国与欧洲政体的差异

专制制度属于上层建筑，是政治体制的组成部分，所以我们首先把中国与欧洲的同时期的政治体制加以比较，以便更好地了解中国的专制制度的特征及其对中国文化的影响。

所谓"政体"是指国家政权的组织形式，政体是与一定的国体相适应的，比如，奴隶制国家和封建制国家多采用君主制、共和制、君主立宪制等。古代政治类型基本上分为两类，即民主制与君主专制，但专制的特点又各有不同，古代中国与欧洲政体有以下差异。

第一，欧洲王权一开始就有一个宗教势力与之抗衡，从古代埃及、罗马一直到中世纪，宗教势力对王权形成巨大的冲击，而中国的神职人员只是统治者的奴仆，宗教常常为统治者服务。因此，中国的王权没有与之相抗衡的阻力，所以能够长期延续。

第二，欧洲多元经济结构，如城市经济、商品生产、土地买卖、货币地租，尤其是工商业海上贸易等作为封建庄园制度的冲击力量，迅速瓦解了西欧中世纪封闭式的庄园自然经济，推动了资本主义生产方式的成长，人们的眼界开阔，民主意识强，因此冲击了王权专制，而中国的农耕经济使专制传统得以发扬光大。

第三，欧洲的等级君主专制在维护封建贵族利益的同时，鼓励资本主义生产力发展，而中国的绝对君主专制制度极力维护农耕经济，压制工商业发展。"重农抑商"发展农业，抑制商业。

正是由于以上三个不同，使中国的君主专制能延续数千年。中国历史从踏入文明门槛的那一天就进入了专制社会，这种专制社会的阶级基础是奴隶主和地主，依赖的经济基础是小农业和手工业相结合的自然经济，统治者普遍采取对工商业和贸易压制的态度，"重农抑商"成为历代统治者的基本国策。我们明白了中国与欧洲政体的不同，有助于把握专制主义的特点及其对中国文化的影响。

二、中国君主专制制度的特点

君主专制制度是指以古代君主为核心的中央集权的政治体制。其特点如下。

（一）武力为先导，控制宗教势力，专制时间漫长

中国的君主专制主义在中国历史上延续了数千年。它形成于战国，确立于秦汉，延续到清末。它的社会基础是封建宗法制度；它的核心是君主专制集权的皇帝制度；它的支柱是庞大的官僚集团和军队，以及宣扬君主神化和君主至上的宗教势力。在武力的征服下，中国的宗教势力不得不沦为君主专制制度的附庸。宗教往往不得不为君主专制服务，宗教的教义必须符合统治者的利益。

历史上的"三武灭佛"很能说明这个问题：三武灭佛是北魏太武帝、北周武帝、唐武宗与佛教的斗争。佛教自西汉传入我国，兴起于魏晋，盛行于南北朝，繁荣于隋唐。在这个时期，出现了几个皇帝灭佛的事件。最早的是北魏初期的魏太武帝，他自以为是皇帝的子孙，不相信"胡神"（佛），在经济上为了与寺院争夺榨取对象于公元446年下令灭佛，杀和尚，捣毁寺、塔，烧毁佛经、佛像，并严禁佛教流传。但他死后佛教又复活了。到了北周即后周武帝时，又下令灭佛。北周武帝吸取了魏太武帝灭佛的教训，在灭佛前，亲自主持召开了七次会议，为禁佛灭佛大造舆论。公元574年下令禁佛、灭佛。宣传"佛不净"，命令和尚一律还俗，没收寺院的土地和财产。当时僧尼还俗达200多万人。公元951—958年北周（后周）废佛寺3336所，毁佛像铸铜钱。俗传此钱能治病助产，算卦机灵（"周元通宝"）。到了隋唐时期，佛教又重新繁荣起来。唐王朝中后期，有些寺院的方丈拥有众多的庄园，养了大量奴婢。比如，河南少林寺，有个柏谷码庄，是少林和尚经营的庄园，占良田四十顷，还有水碾一座，简直成了地主庄园。唐武宗为了恢复专制主义，反对割据，于公元845年下令灭佛。捣毁大小寺院44 600多所，给寺院庄园经济以沉重打击。还俗僧尼660 500余人。从此佛教在中国逐渐衰落。在武力的征服下，佛教势力受到致命的打击。三武灭佛的事例，说明古代皇帝往往以武力为先导，控制宗教势力。

（二）经济基础稳定

君主专制制度的经济基础是自给自足的农耕经济。所以历朝历代的统治者，曾进行过一系列土地制度和赋税制度的改革。如商周井田制，曹魏屯田制，西晋占田制，北魏均田制，唐朝租庸调和两税法，明朝一条鞭法，清朝摊丁入亩。这些制度的建立，都是为了维护君主专制制度赖以存在的经济基础——农耕经济。君主专制依赖于农耕经济，君主专制在农耕经济下愈演愈烈。

（三）君主专制中央集权走向极端

中国封建社会君主专制的集权制度，经历过不同的形式。秦始皇设三公（丞相、太尉、御史大夫）和九卿辅助皇帝料理国事。魏晋以后，随着尚书省、中书省和门下省的建立，三公九卿的权力逐渐被代替和分割。隋唐三省六部取代了三公九卿的权力，成为实际的行政部门。明代实行内阁制度。清代在中央设置军机处。

从秦代的三公九卿到清代的军机处，国家的权力机构不断变化，主要是为了实行皇权专制统治，一旦原有的办事机构失去控制，皇帝为了把大权牢牢掌握在自己手中，就会更换机构，并委之以亲信。

作为对君主专制的补充，我国古代的办事制度也是采取回避制度的，就是在办理案件时，涉及的亲属不得参与，这种制度对西方的文官制度曾有一定的影响，但总的来看，中国的君主专制制度弊大于利，权力绝对集中，重人制轻法制，缺乏必要的民主机制。

（四）对人身控制严密

中国古代对平民百姓的人身控制主要是通过严密的户籍制度和颁布有关法令来实现的。随着土地私有制的出现，开始有了户口和土地管理制度。西周金文中在记载人民臣仆奴隶数量时，除了以"人"和"夫"为计量单位外，还出现了以"家"为单位的统计法。公元前548年，楚国对管辖的土地、兵卒、车马数量进行过统计调查，并编成册籍。战国时各国普遍采用了以25家为一社的"书社制度"。秦献公时，建立了"户籍相伍"的制度，商鞅变法时，实行"什伍连坐法"，规定：五家为保，十家为连，一家有罪，如不检举，十家连坐。公元前206年刘邦率军队入咸阳，萧何先收取秦的户籍地图，从而掌握了境内的户口，土地的基本情况。唐代规定居民自报年龄及田地面积，由官府编成簿册，"每岁一造计账，三年一造户籍"。元明清时期的户籍制度又进一步，户口的类别更为复杂，根据居民的职业、民族、宗教、阶级身份以及纳贡赋的不同而分为不同的户别。以此来平均徭役负担，作为征发赋役的根据。

历代户籍制度和法令，使居民失去了流动的可能，国家便可以按郡县、乡里、什伍系统来征收税赋、摊派、徭役和兵役。帝王的指令很畅通的达到每一个家庭，对每一个人身的控制就轻而易举地实现了。于是，世世代代的百姓就成了世世代代不离故土的顺民。

三、传统社会政治结构对中国文化的影响

（一）传统社会政治结构对中国文化的影响

①社会政治结构的宗法型特征，导致了中国文化的伦理型范式。

这种范式带来的正面意义是使中华民族具有很强的凝聚力，但它的负面意义也是显而易见的，中国社会根深蒂固的人情大于国法的弊端，正是由此而形成的，所谓"子为父隐，父为子隐，直在曲中矣"。

②社会政治结构的专制型范式，导致了中国文化的政治型范式。

其积极影响是强调了中华民族的整体观念、国家利益至上的观念，造就了民族心理上的文化认同。它的消极影响是使国人存有严重的服从心态，对权威和权力的过分迷信，形成了中国社会"官本位"的现象和个人的奴性意识，这是中国实现民主政治的最大障碍。在严密的人身控制之下，人们只能生活在一定的圈子内，处理好人际关系，处理好家庭关系，成为人一生中的主要任务。

（二）传统社会政治结构对中国文化的负面影响

①在伦理政治的束缚和限制下，人们一生下来就被固定在一定的名分之内，循规蹈矩是社会对每个人的要求，因而极易养成唯上、唯书、唯亲的奴性人格。

②君主专制制度缺乏民主机制。因此"官本位"现象一直是困扰中国社会政治、经济和文化发展的严重阻力。

③"三纲五常""三从四德"以及"存天理，灭人欲"等封建纲常礼教，严重桎梏了人的个性发展。

宗法与专制的结合，在政治上表现为儒法合流，在文化上的反映则是伦理政治化和政治伦理化，突出表现为知识分子"内圣外王"的心态。中国文化的伦理政治化和政治伦理化的范式从"内圣外王"的矛盾统一体中获得了坚韧的理论架构，并以小农自然经济和宗法专制社会政治结构作为牢固的基础，这几个方面的有机结合，形成了一个严密体系，成为中国传统社会牢不可破的堡垒，把人们禁锢在了一个狭窄的天地里，因此，在这样的中国政治环境中生活，一方面，中华民族的整体观念加强了，国家利益、君主利益至上的观念被强化了，"天下兴亡，匹夫有责"成了传统社会中一个人人可行的政治标榜；另一方面，"三纲五常""三从四德"以及"存天理，灭人欲"等封建枷锁使人的个性解放受到极大的束缚和阻碍。这些都是困扰中国社会政治、经济和文化发展的严重阻力。

第三节　古代的礼制

　　与中国古代社会政治结构密切相关的是中国古代的礼制和称谓制度。介绍了宗法制度和专制制度，我们有必要了解一下古代的礼制。所谓"礼"，是中国古代社会长期存在的、旨在维护宗法血缘关系和宗法等级制度的一系列精神原则和言行规范的总称。可见"礼"是一个内涵极为广泛、也极为复杂的范畴。曾有学者这样评价："在世界历史中，没有任何一种文化和制度的生命力可与中国的'礼'相提并论。"从宏观上看，"礼"的精神贯穿于整个中国古代文化之中。

一、"礼"的产生与发展

　　作为一种言行规范，"礼"最早源于氏族时代的祭祀风俗。甲骨文中已经有了"礼"字的最早形态。在甲骨文中，"礼"作"豊"，像"二玉在器之形"。就是说像在一个祭祀器皿上放着两块玉。由此可知，"礼"的祭祀的意思已经非常明显了。中国古代东汉许慎所著《说文解字》也说："礼，履也。所以事神致福也。"这些资料都说明，"礼"与早期先民的祭祀活动有着密切的关系。所以，《礼记》说："夫礼之初，始诸饮食。其燔黍捭豚，汗尊而杯饮，蒉桴而土鼓，犹若可以致其敬于鬼神。"这段话翻译后大致是：祭礼起源于向神灵奉献食物，只要燔烧黍稷并用猪肉供神享食，凿地为穴当作水壶而用手捧水献神，敲击土鼓作乐，就能把人们的祈愿与敬意传达给鬼神。

　　在氏族时代，祭祀是关乎公众共同利益、全体社会成员都非常关注的大事。正如《左传》所说："国之大事，在祀与戎。"在自然条件非常恶劣、生产力水平低下的情况下，祭祀活动很自然地成为先民生活的中心，贯穿于社会生活的各个方面、各个环节，天地万物、神灵怪异等各种自然现象，都有可能成为崇拜、祭祀的目标。因此，有关祭祀的目的、仪式、程序、场合以及参加祭祀的人员等内容中，就体现了关于人与自然、人与人之间的种种关系，也反映着当时的各种社会关系和观念。比如，由谁来主持祭祀活动，哪些人有资格参与祭祀，致祭的次序排列等，都显得十分重要。经过千百年的传承和洗礼，逐渐注入了反映血缘亲疏、等级尊卑的内容。在阶级明显分化、国家形成以后，一部分反映等级差别和专制要求的精神原则逐渐从具体的礼仪形式中被抽象、概括出来，形成了一系列指导阶级社会生活的原则和规范，即"礼"的抽象原则；

而那些带有象征意义的各种礼仪，仍保留在制度层面发挥作用。

根据史籍记载，在夏、商时期，作为言行规范的"礼"就已经存在。孔子就曾说："殷因于夏礼，所损益，可知也；周因于殷礼，所损益，可知也。"这说明在夏、商、西周的礼制之间，存在着密切的渊源关系。特别是在西周初年，经过"周公制礼"以后，周礼成了一个庞大的"礼治"体系，在国家生活和社会生活各个方面都发挥着广泛的调节作用。

总之，礼起源于原始社会的祭祀活动，原是一种社会习俗，经夏、商、周改造整理后，遂成为调整奴隶制社会关系的规范。对礼的整理和改造最突出的是西周的周公，史称"周公制《周礼》"，"周公制礼作乐"。

二、礼的内容

荀子说"礼有三本""天地者生之本""祖先者类之本""君师者治之本"（《荀子·礼论》）。意思是天地是生存的根本，祖先是种族的根本，君长是政治的根本。礼是上侍奉天，下侍奉地，尊重祖先而推崇君长，这是礼的三个根本。一般而言，"礼"包括两个层面的内容。正如《礼记》一书所说："先王之立礼也，有本有文。"所谓"本"，指的是礼的精神原则，所谓"文"则是指礼的仪节形式。所以"礼"也可以分为抽象的精神原则和具体的礼仪形式两个大的方面。作为抽象的精神原则，"礼"的核心在于"亲亲""尊尊"和"贤贤"，在于强调等级身份、等级差别。"尊尊之礼"维护尊卑贵贱的政治等级。"亲亲之礼"维护亲疏远近的亲缘等级。"贤贤之礼"维护君子小人的文化等级。中国古代君、亲、师是最为推崇的。每一个居于上位的人对其下属来说同时有君、亲、师三重身份。他既是官长，又是兄长，还是师长。同时拥有施治、施爱、施教的三重责任。从精神原则方面来看，诸如"忠""孝""节""义""仁""恕"等，都是"礼"的基本内容。从具体的礼仪形式方面来看，"礼"通常有"五礼""六礼""八礼"和"九礼"之说。"五礼"包括吉、嘉、宾、军、凶等五个方面的礼仪。其中，吉礼是指祭祀之礼；嘉礼是指冠婚之礼；宾礼是指迎宾之礼；军礼是指行军作战之礼；凶礼是指丧葬之礼。"六礼"一般是指冠、婚、丧、祭、乡饮酒、相见等六个方面的礼仪。"冠"是指成年之礼，"乡饮酒"是指序长幼、睦邻里之礼。"九礼"则包括冠、婚、朝、聘、丧、祭、宾主、乡饮酒、军旅等礼仪。其中，"朝"礼是指诸侯朝觐之礼，"聘"是诸侯之间聘享之礼。"亲亲""尊尊"等一系列礼的精神原则，正是包含于这些具体的礼仪形式之中。

总之，在中国古代"礼"有广义与狭义之分。广义的礼，是指凡政教、刑法，朝章国典统称为"礼"。狭义的礼，专指各级贵族（天子、诸侯、卿、大夫、士）经常举行的祀享、丧葬、朝觐、军旅、冠昏方面的典礼。古代的"礼"几乎囊括了国家政治、经济、军事、文化一切典章制度以及个人的伦理道德修养、行为准则规范的概念。直到近代以后，礼仪的范畴才逐渐缩小，现在一般只有礼节和仪式的意思。

（一）"三礼"

春秋以后，社会发生变革，古礼逐渐废弃，儒家学者着手整理、阐析、总结周礼，并完成礼学专著"三礼"——《周礼》《仪礼》和《礼记》。即现存儒家经典十三经中的三部。

"三礼"记录、保存了许多周代的礼仪，其中，《周礼》偏重政治制度；《仪礼》偏重行为规范；而《礼记》偏重对礼的各个分支做出符合统治阶级需要的理论说明。由这"三礼"涉及的各种礼制的总和，也就是"礼"的全部内容。"三礼"是我国古代政治制度和礼仪制度的三部儒家经典，是中国古代礼仪制度的蓝本和百科全书。

（二）"五礼"

"五礼"将周礼编次为五大类，以吉、凶、宾、军、嘉为类目名称，总称"五礼"

1. 吉礼

吉礼，居五礼之首，古代认为国之大事，"莫重于祭"，因此，把吉礼列为五礼之冠。主要是对天神、地祇、人鬼的祭祀典礼。吉礼用以"事邦国之鬼神示（祇）"，是祝祈福祥之礼。其祭祀种类繁多，主要分为三类。

（1）祭天神：祀昊天上帝，祀日月星辰，祀司中、司命、风师、雨师。

（2）祭地：祭社稷、五祀、五岳，祭山林川泽，祭四方百物，即诸小神。

（3）祭人鬼：祫祭先王、先祖，禘祭先王、先祖，春祠、夏礿、秋尝、冬烝先王、先祖。

2. 凶礼

凶礼，是哀悯吊唁忧患之礼，分五种。

（1）丧礼：哀死亡。

（2）荒礼：哀凶札（凶：庄稼收成不好；札：疫疠疾病）。

（3）吊礼：哀祸灾。

（4）襘礼：哀围攻。

（5）恤礼：哀寇乱。

其中，"丧礼"是对各种不同关系的人的死亡，通过规定时间的服表表达自己不同程度哀痛。"荒礼"是对诸侯国或某一地区受到饥馑、疫疠的不幸遭遇，王与群臣都采取减膳、撤乐等措施来表示自己的同情，是为救灾而采取的政治礼仪措施。"吊礼"是对与国或挚友遭受水旱风火等自然灾害，王与群臣派遣使者去申述自己的慰问。"檜礼"和"恤礼"是诸侯国因外来侵略或内部动乱灾祸，蒙受经济、财产、人员的损失，天子或盟国汇合财货予以帮助，称为"檜礼"；派遣使者慰问、存恤，称为"恤礼"。

3. 宾礼

宾礼，是接待宾客之礼。《周礼·春官·大宗伯》说"以宾礼亲邦国"，即表面上以宾客相待，实际上要诸侯依附于王，才能取得宾客的待遇。宾礼是讲天子与诸侯国以及诸侯国之间的往来交际之礼。主要有以下几项内容。

（1）朝觐之礼：春见曰朝，夏见曰宗，秋见曰觐，冬见曰遇。

（3）会同之礼：时见曰会，殷见曰同。

（3）诸侯聘于天子之礼：时聘曰问，殷覜曰视。

王畿之内的诸侯，一年朝觐天子四次，即《周礼·秋官·大行人》所说："春朝诸侯而图天下之事，秋觐以比邦国之功，夏宗以陈天下之谟（谋），冬遇以协诸侯之虑。"朝觐之礼用意在于明君臣之义、通上下之情，实际亦即《孟子·梁惠王下》所说："诸侯朝于天子曰述职。述职者、述所职也。"

"朝觐"是天子个别接见一方一服来朝诸侯；"会同"则是四方齐会，六服皆来，而且既可以在京师又可以在别地，甚至在于国境外。"时见"是不定期的、有事而会；"殷见"是众诸侯同聚。所以，会同之礼是各诸侯不定期的聚会，因此也就成为诸侯国炫耀实力的大好机会，甚至成为一些大国"挟天子以令诸侯"的政治行动。

诸侯聘天子之礼，是指诸侯在定期朝觐天子的间隔，派遣卿大夫为使者，到京都做礼仪性的问候，并报告邦国情况。"时聘"的问礼不定期进行，"殷覜"的覜礼是每隔二年进行一次。

宾礼除以上几项外，还有诸侯遣使交聘之礼和相见之礼。前者是指相距一定的时间，各诸侯国派遣使者互致问候。诸侯各国遣使交聘之礼，春秋时期最为频繁。后者主要是指"士相见礼"。《仪礼》有《士相见礼》一篇，以士礼为主，兼及士见大夫，大夫相见，士大夫庶人见君以及言谈、视看、侍食等内容。后来发展成为各级各类人物相见的礼仪规范。

4. 军礼

军礼，是师旅操演、征伐之礼。《周礼·春官·大宗伯》说"以军礼同邦国"，即诸侯有不顺服的行动，或在执行王朝颁布的制度时有僭越行为，就得用武力威慑，使其服从和顺同。《周礼》说的军礼，包括以下内容。

（1）大师之礼：是天子或诸侯的征伐行动。

（2）大均之礼：王在畿内、诸侯各在自己的封国内校比户口、厘定各项赋税，依仗武力推行之举。

（3）大田之礼：定期狩猎，而军事演习往往依托于狩猎活动。

（4）大役之礼：是国家兴办的筑城邑、建宫殿、开河、造堤等大规模的土木工程，依军事力量无偿征发民工。

（5）大封之礼：是勘定国与国、私家封地与封地间的疆界，需要依靠军事力量的支持和保障。

以上这些重要的活动都是需要相应的礼仪性活动与之配合。

5. 嘉礼

嘉礼，是合人际关系，沟通、联络感情的礼仪。《周礼》说，嘉礼是用以"亲百民"的，主要内容有以下几点。

（1）饮食之礼：《周礼·春官·大宗伯》说："以饮食之礼，亲宗族兄弟。"这是说"饮食"是宴饮，一般专指宗族之内的"宴饮"，而不是日常家居的饮食。

（2）冠礼：是成人之礼，即给跨入成年人行列的男子加冠的礼仪。《礼记·冠义》说，冠礼是"成人之道也"，"将责成人礼焉也"，要按照"为人子，为人弟，为人臣，为人少者"四个方面的礼的规范加以约束，使之成为具有"孝、悌、忠、顺"完美品德的人。男子二十而冠，加冠后要取"字"。

（3）笄礼：男子二十而冠，女子十五而笄。女子在 15 岁许嫁之时举行笄礼，结发以笄，也要取"字"，说明已经成人。

（4）射礼：有四种。一是大射，是天子、诸侯祭祀前选择参加祭祀人而举行的射礼；二是宾射，是诸侯朝见天子或诸侯相会时举行的射礼；三是燕礼，即平时燕息之日举行的射礼；四是乡礼，是地方官为荐贤举士而举行的射礼。

（5）飨燕之礼：《周礼·春官·大宗伯》说："以飨燕之礼，亲四方宾客。"飨礼在太庙举行，烹太牢以饮宾客，但并不真吃真喝。飨礼规模宏大，有一定之规，重点在礼仪往来而不在饮食。燕礼在寝宫举行，主宾献酒行礼之后即可开怀畅饮，一醉方休。

三、礼的性质

自先秦以后，许多中国古代文献典籍中，都有对于周礼作用的描述和评价。《礼记》说："道德仁义，非礼不成；教训正俗，非礼不备；分争辩讼，非礼不决；君臣上下，父子兄弟，非礼不定；宦学事师，非礼不亲；班朝治军，莅官行法，非礼威严不行；祭祀鬼神，非礼不诚不庄。""夫礼始于冠，本于婚，重于丧祭，尊于朝聘，和于乡射，此礼之大体也。"《左传》亦云："礼，所以经国家，定社稷，序民人，利后嗣者也。"可见，在西周时期，在国家的行政、司法、军事、宗教、教育，乃至伦理道德、家庭生活等各个方面，都有"礼"的调节和规范。所以，有学者曾提出："周代所集大成而发展的'周礼''礼乐'显然早已超出宗教礼仪的范围。历史上所谓的'周公制礼作乐'，分明是指一套制度与文化的建构。若从后世《礼记》所说，'礼'根本是一个无所不包的文化体系。由此可推知，'礼'在后来的发展，并非直接继承了祭祀仪式意义上的礼，更重要的是原始社会中祭祀乃是团体的活动，而团体的祭祀活动具有一定的团体秩序，包含种种的行为规定。礼一方面继承了这种社群团体内部秩序规定的传统，一方面发展为各种具体的行为规范和各种人际关系的行为仪节。"从文化史的角度来看，把"礼"看成"一个无所不包的文化体系"，是有道理的，因为周礼蕴含的是一整套在西周社会占统治地位的价值观念和价值体系。

西周时期，在分封制、宗法制的社会体制之下，整个社会都被纳入一种独特的组织结构之中。这种组织结构，通常被称为"礼治社会"或"礼治秩序"。也就是说，在西周时期，维系整个社会的核心，保证国家机器和社会秩序正常运行的主要规范，是"礼"的精神、"礼"的规范。因此，在西周时期，周礼在实际上对全社会起着一种法律的调节作用，完全具备法的性质。即使用现代社会关于"法"的构成要素——规范性、国家意志性、国家强制性等要件来分析，周礼也完全符合作为"法"的基本条件。

第一，周礼的规范性毋庸置疑，无论是作为抽象的精神原则的"礼"，还是表现为具体的礼仪形式的"礼"，都是对社会成员做出的明确的言行规则，规定人们应该做什么，不应该做什么。所以，"礼"具有的规范性，是其固有的基本特征之一。

第二，周礼的国家意志也极为明显。如前所述，周礼是经过西周时期最重要的政治家周公整理、制定的，而周公是成王、康王时期的摄政者。按照《礼记》的说法，周公甚至一度"践天子之位，以治天下"。在西周政权创建的最关键时期，周公作为西周王室的近亲和国家权力中枢的核心成员，参与了国家政权建设过程中的一系列重大活动，是西周初期国家政策的实际制定者和执行者。作为当时国家政权的主要代表人物，周公"制礼作乐"的行为无疑是一种国家行为。周礼经过周公的制定和整理，并在全国得到宣传和推行，在以后西周的各个历史时期也得到了遵行。所以说，周礼也具有很明显的国家意志性。

第三，周礼具有很强烈的国家强制性。如果从调整社会行为的整个法律体系的角度去观察和分析的话，我们完全可以说，周礼是一整套能够招致刑罚处罚的、具有明显强制性的法律规范。许多有关西周的文献资料都已经充分证明，所有违背"礼"的行为，都会招致国家刑罚的处罚。从《周礼》一书的一些记载中，就可以看出西周时期对于悖"礼"行为的严厉处罚。如按《周礼·夏官司马》的说法，大司马的职责之一就是"以九伐之法正邦国：冯弱犯寡则眚之，贼贤害民则伐之，暴内陵外则坛之，野荒民散则削之，负固不服则侵之，贼杀其亲则正之，放弑其君则残之，犯令陵政则杜之，外内乱、鸟兽行，则灭之"。大体的意思是凡恃强凌弱，以大欺小的就削弱他；虐杀贤良，残害民众的就讨伐他；对内暴虐，对外欺凌的就废除他；使田野荒芜，民众逃散的就削减封地；仗势险固而不服从的，就兵临城境警告他；残杀骨肉至亲的，按法律惩办他；驱逐或杀害君王的就诛灭他的同党；违犯禁令，不守法度的就孤立制裁他；内外淫乱，形同禽兽的就灭掉他的国家。据研究《周礼》的学者解释，"眚"是"省"字的假借。"眚""削"都是指削减其封地。"坛"是指废其君位并幽之于野。"正"是指正其罪而杀之。"杜"则是指杜塞使不得与邻国交通。"冯弱犯寡""贼贤害民""暴内陵外""野荒民散""负固不服""贼杀其亲""放弑其君""犯令陵政""外内乱、鸟兽行"等，无疑都是与"礼"的精神不合，不能为国家所容忍的行为，而眚、伐、坛、削、杜、灭、正、残等也无疑是对违礼行为的严厉处罚。所以，从这个角度来观察，周礼的国家强制性也是非常明显的。

总之，在西周时期，礼集中体现"亲亲""尊尊"的精神。其内容十分庞杂，包括政治、经济、军事、司法、婚姻家庭、伦理道德等各方面的典章制度和行为规范，以及吉、凶、军、宾、嘉等不同的礼节仪式。周礼以一种特殊的方式，对西周社会生活的各个方面起着积极而广泛的调节作用。从周礼的表现形式、在实际生活中发挥的作用以及周礼本身的内容和性质等方面来观察，周礼是西周社会不成文法律体系的一个重要组成部分，完全具有法的性质。

四、礼的作用

周礼的作用主要涉及两个方面。其一，确认并维护奴隶制国家基本的政治制度和社会制度；保护统治阶级权益；调整人们之间的社会关系与法律关系；维护严格的宗法等级秩序。《左传·隐公十一年》："礼经国家，定社稷，序民人，利后嗣者也。""礼者，所以定亲疏，决嫌疑，别同异，明是非也。""礼者，贵贱有等，长幼有差，贫富轻重皆有称者也。"从这个意义上来说，周礼堪称是规定国家制度的根本大法，是调整西周社会各方面关系的主要法律规范。其二，积极预防犯罪，设范立教，"绝恶于未萌"。

五、礼学和礼官

古代贵族教育，如上所说，可称得上是礼的教育，作为教育内容"六艺"，礼、乐、射、御、书、数，即以礼乐列为首位，在西周时期王朝维持统一局面，礼乐有朝廷管理，有关的知识主要由官吏掌握，即所谓的"学在官府"。到了东周，奴隶制逐渐解体，礼坏乐崩，礼制的崩坏成为社会变革的标志，这时有关礼的知识成为某些知识分子专门掌握传授的，与礼官逐渐分离，出现了礼学，礼学的主要倡导者是孔子创立的儒家。大家都知道孔子主张恢复西周的礼制，他重视礼的意义的言论有很多，孔子的后学进一步发展了儒家礼学，特别是荀子，他的著作把礼的意义推到无以复加的高度。

由于古代礼制在社会生活中非常重要，又极其繁复，所以各朝都设立了管理礼制的官职，在周代按照《周礼》的说法，礼制的管理属于大宗伯，《周礼》的宗伯一职后世逐渐演变，就演化为礼部。

据《周礼》记载大宗伯有副职，称为"小宗伯"，在宗伯以下，有肆师等管理祭祀的官，有冢人等管理丧葬的官，有大司乐等管理乐舞的官，有大卜、大祝、司巫等专门人员，有巾车、司常等管理车舆旗帜的官员等。

上面所说的官员即后来文献中的巫、祝、卜、史，是古代社会中带有宗教性质或数术性质的特殊人物，"卜"主要指卜筮，是预言未来的迷信方法，用烧得甲骨卜算做卜，用排列的蓍草占卜做筮此外还有占梦和观察气象等方法，"祝"主要指祷祝（消除灾祸）还有专门从事盟诅的，巫有男巫（或称"觋"）、女巫、史有大史、小史、内史、外史、御史，还有专司历法的、星象的，这些人都要接受专门的训练，每每是家族中世袭的，一直到秦代，法律仍规定只有史的儿子才能接受做史的特别教育。

大家可能会问，为什么礼官要设如此多的官吏人员呢？这是因为周代的礼制十分复杂，没有各种专职就不能执行和管理。那时占统治地位的贵族规定，在各种场合，有各种不同的礼法，所谓"礼仪三百，威仪三千"，即使是从小受礼训练的人，也很难娴熟掌握。礼的训练不仅仅是礼的各种礼节，还包括站立行走的样子，称为"容"。《周礼》中记载对国子的教育有六仪，即祭祀之容、宾客之容、朝廷之容、丧纪之容、军旅之容、车马之容可以说一举一动都有限制和规定。

六、礼制举例

（一）冠礼（成人礼）

据礼书记载，古代男子二十岁行冠礼，也有人认为是在十九岁足龄后一个月举行。冠礼是成人礼，这个"人"字指的是一定社会的等级的人，而所谓"成人"显然是说：一个贵族子弟到规定年龄又具备了继承者应有的许多条件了。

《仪礼》一书中有《士冠礼》篇，详述士阶层冠礼的仪节，冠礼在宗庙举行，将要加冠的青年的父亲用筮（一种占卜的方法）决定行礼的日期，并且用筮决定请哪一位宾为青年加冠。确定后，把日期通知宾家，到行礼的一天，早晨将一切准备好，将要加冠的青年立于房中，其父请宾入门，入庙就位，将要加冠的青年出房就位，然后行礼，宾把规定的服饰加于青年，共行三次，称为"始加、再加、三加"；每次服饰都有所区别。然后以酒祝青年，青年由西阶下，去拜见他的母亲，见母后，回到西阶以东，由宾给他起字。于是礼成，青年之父送宾出庙门，被加冠的青年见他的兄弟姑姐，随后再见君和乡大夫、乡先生等。其父以酒款待所请的宾，送他束帛、俪皮，最后敬送出家门。与冠礼对应，古代女子十五岁行筓礼，其详情已不可考。

（二）婚礼

婚礼大概是大家感兴趣的，按礼书的记载，周代结婚的年龄是男子三十而娶，女子二十而嫁，女子因故晚嫁的，至迟延到二十三岁，古代年龄是以足岁计算的，所以当时的婚龄是相当晚的。《仪礼》的《士婚礼》篇，详记了"士"这个阶层婚礼的过程，士以上阶层可以类推。下面介绍从订婚到成婚的六个步骤：纳采、问名、纳吉、纳征、请期、亲迎，称为婚礼的"六礼"。

所谓"纳采"，即男方之父，先遣媒人去女家提亲，女方同意后，男方家遂派使者以雁为赘礼，正式向女方家求婚，纳采用雁的意思，一是说男属阳，女属阴，大雁南迁北返顺乎阴阳，象征男女和顺，同时因雁雌雄固定，有类夫妻，一只先死，另一只不再择偶，象征爱情坚贞。秦汉以后，贺礼有用羔羊、合欢、嘉乐、胶漆等物，都用以象征夫妇牢固和睦之义。

纳采礼毕，使者立刻问名，女方生母之姓名，女子本身名，排行，出生年月日等，都在所问之列，这时女家要设酒进行款待，问清之后，使者即归男方以卜其吉凶，后世凡由媒人为中介所定的婚约，都有"问名"一环，即使不再将所问占卜，"名"总不可不问，直到近代，所谓"凭媒请庚"和"探问"仍有古代的遗意。

"问名"之后，归于庙得吉兆，复使使者往告，"婚姻之事于是定"（《仪礼·婚礼》）也用雁为礼物，此谓"纳吉"，唐代的"报婚书"，宋代的"过细贴""相亲""插钗"，近世的"传庚""定亲""换贴"，都是男方十吉，女方正式认婚这一礼仪的不同称谓，行此礼后，也就意味着正式订立婚约。

"纳吉"之后，即为"纳征"，男方向女方赠送彩礼有束帛、俪影皮（两张鹿皮）有现金，有财物，故"纳征"，也叫"纳币"。经此仪式，婚姻进入正式筹备阶段，彩礼多少，根据社会地位和经济实力而定，王公贵族与庶民之间，水平相距甚大，但无论贫富，"纳征"之礼总不可免。后世所谓"聘礼""财礼""下礼""过定"都是指纳征而言。

"纳征"后，男方再用雁请女方家选定成婚日期，其实，男方已十行吉期，并早已决定，"请期"只是谦辞，以示"不敢自吉"，故后世"请期"直称"告期"。一般平民的婚期，由男女双方共商，定下之后，选一期帖至女家正式通知，这是"请期"礼的演变形式，实质上却都是一样的。

到了约定的婚期，新郎亲自于黄昏时分到女家迎亲，这叫"亲迎"，乘黑漆的车，前面有人执烛前导，后面有两辆车，准备新娘坐的车也是这样，到女家，新娘已打扮好，立在房中，新娘之父迎于门外，把新郎接进家中，这时男方仍有雁送给女方。新郎行礼而出，新娘随行，她的父母不送出，新郎亲自驾车，请新娘上车，然后由专门的驾车人代替新郎赶车上路，新郎便乘上自己的车，先到自己家门外等候，亲迎的礼节至今仍在民间广泛流传。

回到男家以后，就要举行结婚仪式，首先要一拜天地，其次要二拜高堂，再次要夫妻对拜，最后饮合卺酒或交杯酒，后来又发展成合卺的仪式，即夫妻并坐，将二人一缕头发束在一起，"结发夫妻"一词由此而来，这时才撒出室内的烛，婚礼遂告完成。

第二天早晨，新娘要谒见舅姑（公婆），以枣栗献于公公，干肉献于婆婆，然后向公婆进食。

汉代的婚礼，不少地方沿袭古礼。据杨树达的《汉代婚丧礼俗考》研究，汉代男子有十五六岁而娶亲的，女子有十三四岁而嫁人的。王充《论衡·齐世篇》已指出，礼虽言男三十而娶，女二十而嫁，当时并不奉行，汉昭帝始立，年仅八岁，立上官氏为皇后，年仅六岁。至于汉代婚礼的具体形式，则多与古礼相似，不过史籍记录为皇家贵族事迹，自然比《婚礼》要奢华得多。

应当指出，古代礼制有关婚姻的规定基本上是以男子为本位的，一个明显的例子是《大戴礼记·本命》篇所说的"五不娶""七去""三不去"。

1. 五不娶

所谓"五不娶"，是逆家子不娶，乱家子不娶，世有刑人不娶，世有恶疾不娶，丧妇长子不娶。就是说有"悖逆"罪行的家庭的姑娘不能娶，恐其"逆德"；有淫知己行为的家庭的姑娘不能娶，恐其"乱人伦"；直系亲属中有因罪受五弄的或有患疾病的女子也不能娶，因为这是"弃于人"；还有母亲早死，因而年长逾过婚龄的姑娘也不能娶，这是由于这种女子缺乏母亲教导，"无所受命"的缘故。

2. 七去

所谓"七去"是关于离婚的规定，即"不顺父母去，无子去，淫去，妒去，有恶疾去，多言去，盗窃去"。不顺父母，不要说有意得罪公婆，即使无意中偶有冒犯或稍有过失，都可以成为逼使夫妻离婚的强硬借口。《礼记·内则》篇详细记载了媳妇侍奉公婆的种种规矩，其中最苛刻的竟然是规定在公婆面前"不敢哕、噫、嚏、咳、欠伸、跛倚、睇视、唾涕"。美满夫妻强遭恶婆婆拆散，造成遗恨千古的悲剧，历代不绝。如《孔雀东南飞》中的焦仲卿与刘兰芝，南宋的陆游与唐婉，都是这一恶习的牺牲品，"无子"就是绝后，这在特别重视族权、父权、夫权的中国古代社会当然难以容忍，所以，"无子"的婚姻关系应该解除，但事实上，除极个别的例子外，仅因"无子"被"出"的不多见。首先，是封建统治者出于政治考虑，也要竭力维护家庭的稳定，轻率地离婚是不允许的。所以，对于"无子"，另有一些限制条件。首先，年龄限制，据唐、宋律令规定，妻年五十以上无子，才能解除婚姻，有此明令，到了五十以上还想和妻子离婚的，恐怕就不多了。其次，由于有滕妾制度作为一夫一妻制的补充，妻若无子，可以纳妾的方式予以补救，再加上"三不去"的规定，所以男子都无太大必要非与发妻离异不可，有恶疾的妻子要离异，是由于不能参加祭祀，至于淫妒、多言，更是当时男子常用来离异妻子的罪名。

3. 三不去

所谓"三不去"，又称"三不出"。中国古代法律规定的，不能休弃妻子的三种条件。包括"有所娶，无所归，不去；与更三年丧，不去；前贫贱，后富贵，不去"，就是说，如果妻子没有娘家的，曾经侍奉已死公婆的，为公婆服丧三年，还有曾经共经贫苦生活的都不可离弃。

值得注意的是，《本命篇》所说五不娶，七去，三不去已经是偏在男子一方的了，可是后来大家只记得七去，叫作"七出五条"，对三不去却多忘记了。

第四节　古代的称谓制度

一、古代的亲属关系

由于中国古代是宗法制社会，所以很注意分辨亲属关系的亲疏远近。所谓"九族""三党""五服"就是常见的亲属关系概念。

（一）九族与三党

"九族"有两种解释：一是纵向的按着血缘亲疏关系计算，从本人上至高祖有五代，下至玄孙也有五代，加起来共九代；二是横向的，父族四、母族三、妻族二，合为"九族"，分开来也就是"三党"。

父之四族：父亲五代为一族（高曾祖父己）、姑母嫁人者为一族、姐妹嫁人者为一族、己女嫁人者为一族。

母之三族：母之父系一族、母之母系一族、母之姐妹嫁人者为一族。

妻之二族：妻之父系一族、妻之母系一族。

父族、母族、妻族统称为"三党"。

（二）五服

关于五服的解释有三个意义：一是统治者的五等服式，即天子之服、诸侯之服、卿之服、大夫之服和士之服；二是天子直接管辖的地区（称"王畿"）以外的地方，以250千米为界视距离的远近分为五等，依次称为"甸服""侯服""绥服""要服"和"荒服"；三是指丧服制度中的斩衰、齐衰、大功、小功、缌麻五种服色。一般说的五服主要指丧服中的五服。

《仪礼·丧服》规定的丧服，由重至轻为：斩衰、齐衰、大功、小功、缌麻五个等级，称为"五服"。五服分别适用于与死者亲疏远近不等的各种亲属，每一种服制都有特定的居丧服饰、居丧时间和行为限制。亲属关系超过五代，不再为之服丧，叫作"出服"，或"出五服"。

所谓"丧服"，是古代丧礼中亲属根据与死者的亲疏关系而穿的一种服饰，一般是在死者大殓的次日开始穿着，称"成服"，丧礼结束后，还必须在为死者进行的一系列的祭悼活动中穿着，直到礼制规定允许解除的期限为止。

"五服"中，齐衰又分为四等，即齐衰杖期，齐衰不仗期，齐衰五月，齐衰三月。这四等连同斩衰、大功、小功、缌麻合称"五服八等"。一般来说，服制越重，其丧服也就越粗糙，以示不同程度的哀痛之情，它们的具体形式和服期如下。

（1）斩衰：即粗麻布，以粗麻布为衣，麻布不缝边，斩断处外露，表示不修饰，因而称为"斩衰"。

斩衰除衣外，还要手执粗竹杖，（俗称"哭棒"）表示因哀痛不能直立，须扶杖，脚穿草鞋。斩衰是五服中最重的一程，服期为三年，据《清会典》规定：斩衰是子（包括子之妻）女为父母所服，这个"父母"除了包括生身父母之外，还有继母（父之后妻）、慈母（生母去世，父令别妾抚育者），庶出之子（即父之妾所生子）除了要为生身父母服斩衰外，还须为嫡母（父之正妻）服斩衰，如果死者没有嫡子，在这种情况下，孙和曾孙为丧主，称为"承重孙"或"承重曾孙"，在这种情况下，孙和曾孙（包括其妻）亦须为祖父母、曾祖父母，实际上是代替父母和祖父母服斩衰，在平行关系上，妻妾须为其夫服斩衰。

（2）齐衰：也是粗麻布为之，但是把边缝齐，所以叫"齐衰"。

①齐衰杖期：除服齐衰外，还要执仗，（与斩衰服中的执杖不同），服期为一年。杖期是嫡子，众子为庶母（父之妾）所服，子为嫁母（亲生母因父殁而改嫁者）、生母（亲生母为父所出者）所服。在平行关系上，夫为妻服齐衰杖期。

②齐衰不仗期：手不执杖，其余同上，丧期也是一年。

《清会典》规定分为三类：一是晚辈为长辈，包括孙为祖父母，侄为伯叔父母及姑在室者，已出嫁为父母；二是长辈为晚辈，包括父母（嫡母、继母、庶母）为子及女在室者，宜为嫡孙；三是平辈之间，包括子为兄弟及姐妹在室者，妾为家长之妻。

③齐衰五月：服齐衰而不执杖，丧期五个月，适用于曾孙为曾祖父母。

④齐衰三月：服饰同上，丧期三个月，适用于玄孙为高祖父母。

（3）大功：丧服用细麻布制成或经过加工，色较白，故称"功服"。服期为九个月。

《清会典·礼服制》规定，凡堂兄弟、未婚的堂姐妹，已婚的姑、姐妹、侄女及众孙、众子妇、侄妇等之丧，均服大功，已婚女为伯叔父母、兄弟、侄、未婚姑、姐妹、侄女等服丧，也服大功。

（4）小功：丧服用更细的麻布制成，服期五个月，适用于伯祖、叔祖、堂伯叔父、从堂兄弟之丧。

（5）缌麻：丧服用细熟麻布制成，服期为三个月，是五服中最轻的一种服制。凡疏远亲属，如曾伯叔、祖父母、族伯叔父母、外祖父母、岳父母、中表兄弟、婿、外孙等都服缌麻。

同一高祖的子孙，有互相服表的规定，亲属关系超过五代，不再为之服表，叫作"出服"，或"出五服"，近代有些地区，同姓可以结婚，但必须出五服才行，以防血统太近。

五服八等的丧服制度十分烦琐，主要目的是区别血统关系的亲疏远近，其中还有关于已嫁、未嫁、改嫁、过继有子、无子、嫡出、庶出等分别，带有明显的重男轻女和封建宗法色彩。早在战国时期，墨子对这一套礼制之烦琐就十分讨厌，连孔门弟子也认为三年之丧太久，后世实际上也难于严格遵守，三年之丧实际上改为二十七个月。

二、古代的姓氏、名、字、号

（一）姓氏的产生和发展

中国的姓氏产生于什么时候？一般认为可以追溯到母系氏族社会，远古母系氏族社会，生产力低下，民人群居，一个氏族组织由一个老祖母和她的子女及她的女性后代的子女构成，民人只知其母而不知其父。从初期母系氏族公社起，每个氏族就采用一种与自己生产和生活有密切关系的动物、植物或无生物作为本氏族的名称，即氏族的族徽，这就是图腾。氏族民名称的功能，就在于保存具有这一名称的全体氏族成员的共同世系，借此把各个氏族区别开来，"姓"即相伴而生了。"姓"氏在金文里写作"人生"，即人所生的意思，后来改作女字旁的"姓"。据《说文解字》云："姓，人所生也，古之神圣，母感天而生子，故称天子，从女从生。"所谓"感天而生"，其实就是知母不知父的意思。如传说中的商族祖先契，是其母简狄吞玄鸟之卵有孕而生；周族祖先后稷是其母姜原踩了天帝的脚印感孕而生。因而远古的大姓多以"女"字为偏旁，如姜、姬、姒等，传说中的远古帝王，他们的姓都带女字旁，如炎帝姜姓，黄帝姬姓，虞舜姚姓，夏禹姒姓等等。

"氏"的产生要比"姓"晚一些。同一母系统的氏族子孙繁衍，人口增加，同一母族分为若干支族迁往不同的地方居住和生活，每个支族都要有一个区别于其他支族的称号，这个称号就是"氏"，一个氏族分成多少个支族，就有多少个氏。如傈僳族（少数民族之一，分布在云南和四川。）有一个熊氏族，后来发展为三个女儿氏族，跟随而来的就出现了狗熊、猪熊和大熊三个图腾。因此可以说，"姓"代表母系血统，氏代表氏族分支；姓是不变的，氏是可变的；姓区别血统，氏区别子孙，这就是姓与氏在最初阶段的根本区别。简单地说就是姓区别各氏族，氏区别于同一氏族的各支族。

进入阶级社会夏、商、周，姓氏的功能除了保留那些原有的区别以外，又带上了浓厚的阶级色彩，特别是氏，都是由统治者赐封得来的，正如《左传·隐公八年》所说："天子建德，因生以赐姓，胙之土而命之氏。诸侯以字为谥，因以为族；官有世功，则有官族，邑亦如之。"意思是说，天子立那么有德的人为诸侯，根据他的出生赐姓，分封给他土地，并且由此确定他的氏号。诸侯以字作为谥号，他的后人就用他的谥号作氏；世代为官的人，而且有功绩，他的后人就以官名为氏，有封邑的人就认邑号为氏，可见，这时的氏已经是贵族地位的标志，贵者有氏，贱者无氏，这时的贵族都是男子，所以男子有氏，如果他的封邑、官职或居住地发生变化，他的氏也就跟着变化。如商鞅原为卫国公族，可称"公孙鞅"也可称"卫鞅"。后来他被封于商，故又称"商鞅"。这就是史书上所说的"男子称氏以别贵贱"。至于女子，她们在家只能按孟、仲、叔、季（伯、仲、叔、季）等排行相称。

另外，夏、商、周三代，严格实行"同姓不婚"的制度，因此，女子在出嫁时都要用"姓"标明血统，而在姓之前冠以孟、仲、叔、季等排行。如孟姜、仲姜、孟姬、仲姬等。人们所说的"孟姜女"并不是姓孟名姜女，而是姜姓长女的意思。女子出嫁后，可以在自己的姓前冠以出嫁前的本国国名，如周幽王的宠妃褒姒，本人姓姒，来自褒国，如果所嫁之人为国君，则可以在自己的姓前冠以嫁国的国名，如卫庄公的妻子姓姜，来自齐国，她可以叫"齐姜"，也可以叫"卫姜"，甚至卫庄公死后，还可以因卫庄公的谥号而被称作"庄姜"或"卫庄姜"。周代的晋、鲁两国不能通婚，因为都姓姬；但秦晋两国世代通婚，因为秦国姓嬴，成语"秦晋之好"因此成为婚姻的代用词，这就是史书上说的"女子称姓以别的婚姻"。

姓与氏合二为一，大约在秦汉时代，到司马迁撰写《史记》的时候，二者就已经没有什么区别。如秦始皇因生于赵，故姓赵氏；项羽先氏封于项，故姓项氏等。这都表明在进入封建的大一统社会以后，姓氏原有的区别已经毫无意义了。

（二）姓氏的主要来源

姓氏的来源相当复杂，历史上有许多的研究专著，将其来源分成了若干种，这里主要介绍常见的几种。

（1）最早产生的姓，即真正意义上的姓，后人以姓为氏，它们多带女字旁，如姜、姬、姒、姚等。传说中的大禹姓姒，其姒姓子孙在今浙江省绍兴市仍有遗存，至今已传至144代，其142代商孙姒无翼，为哈尔滨医科大学教授。

（2）以国邑为氏，例如，周朝建立后，天子封诸侯，包括同姓宗族和异姓功臣以及夏、商王朝的子孙，这些人得到大小不同的土地，建立了许多诸侯国，鲁、卫、晋等属姬姓国；齐、陈、杞、焦等属异姓国，诸侯国的君主还可以把自己的土地再分封给卿大夫，称为"采邑"。这些卿大夫实力逐渐壮大，又建立了自己的国家，如韩、魏、赵等，这些国名后来都成为氏，以赵姓为例，其祖造父，为周穆王的车夫，本姓嬴，与后来的秦同祖，相传穆王西巡，造父赶车，很好地完成了任务，穆王以赵（在今山西省洪洞县）地赐封造父，因以为氏，其后代为晋国大夫，京剧《赵氏孤儿》即写晋灵公时赵朔被杀，其妻遗腹生赵武，赵氏老臣公孙杵臼和赵氏友人程婴为保赵氏遗孤，定计以程婴之子代替赵武受杀，而将赵武藏于山中，后赵朔平反，赵武复位，经三世而为赵襄子，赵襄子（赵武是赵襄子的曾祖父）于公元前475年始建赵国，初都晋阳（今山西省太原市）后迁邯郸，成为战国七雄之一。因此，中国的赵姓起于山西，盛于河北，西汉时的南越赵佗，三国时的赵云和宋太祖赵匡胤都是今河北人。

（3）以官职为姓，姓司马、司空、司徒、司寇、史、理、钱、宋、帅、尉等都是以官职为姓，以司马为例，与程同出一姓，其远祖为颛顼的曾孙童黎，周代封重、黎之后于程（给在今河南省洛阳市东），以程为氏，周宣王时有程伯休父出任司马，其后人遂以司马为氏，司马迁、司马懿、司马光均是其后裔。

（4）以祖父或父亲的名或字为氏，这是宗法制的明显特点之一，根据宗法制规定，天子的儿子称"王子"，王子的儿子称"王孙"，王孙的儿子则以其祖父的名或字为氏；诸侯的儿子称"公子"，公子的儿子称"公孙"，公孙的儿子也以其祖父的名或字为氏。如周景王为天子，其子为王子，名朝，而王子朝的孙子就是以朝为氏，后写作晁；宋桓公为诸侯，其子为公子，名曰夷，字子鱼，其子为公孙友，公孙友的两个儿子以鱼为氏，这类姓还有牛、羊、柯、丰、乐、仇、廖等。

（5）以排行次第为氏，这也是宗法制的一种体现，周代认孟（伯）仲、叔、季作为子孙排行的次序，其后裔则可称孟氏、伯氏、仲氏、叔氏、季氏。如孟氏，其祖为鲁桓公的次子庆父，成语说"庆父不死，鲁难未已"。可见庆父是惯于制造内乱的人，因排行第二，称为"仲孙"，因其有弑君之罪，后代深以为耻。因他在庶子中排行第一，改称其为"孟孙"，后代便以孟为氏，孟子即其后裔。

（6）以爵号、谥号为氏，爵号以王、侯二氏最为突出，特别是王氏的来源不止一处，但都与先祖封王或称王有关，故有姬姓王，子姓王，妫姓王，还有少数民族的王，在中国成为一大姓。谥号如文、武、穆、宣、闵、简等。如宋武公之后人以武为氏，宋穆公之后以穆为氏，齐桓公之后以桓为氏等。

（7）居地为氏，这一类人没有资格得到封赏的土地，便以所居之地为氏，如住在傅岩的人以傅为氏，此外，还有西门、东郭、南宫、东方、西闾等。

（8）以职业或技能为氏，如屠、陶、甄（制造陶器的转轮）、卜、巫等，在夏、商、周时代，这些人属低级贵族，不得封土，但可称氏，当时称作"百工"，后人即以其从事的职业为氏。

（9）以事为氏，这类姓氏不多，但很有意思，比如，"李氏"，其祖为少昊，本姓嬴，在尧、舜时任理官，掌刑狱，后人以官为氏，称"理氏"。商末理征因得罪纣王被杀，其子理利真往山中隐匿，以一种树的果子为食，即木子，谐"理"的发音，其后人改为李氏。相传老子即为理利真的八世孙。又如，汉武帝时期有丞相田千秋，年老而未退休，皇帝特许他乘车入宫，时人称为"车丞相"，后人即以车为氏。明末山东的一支朱氏王族，乱中出逃，到了一地天色已晚，深感前途暗淡，即改朱氏为晨氏。

（10）避讳改氏和皇帝赐姓，这种情况也不少，如唐玄宗李隆基即位，姬姓改为周姓；唐宪宗李纯即位，淳于姓改为于姓等。皇帝还常常把所谓"国姓"赐给自己的功臣，以示殊荣。如唐代的许多开国功臣都姓李，还有明末的郑成功，被赐朱姓等。另外，赐姓也可以作为一种镇压手段，如隋代杨玄感谋反被杀，赐其后人为枭氏，武则天即位，赐唐中宗的王皇后为蟒氏。

（11）由少数民族的称呼转化而来，成为汉姓的一个组成部分。如宇文、鲜于、尉迟、长孙、贺兰等。北魏孝文帝实行民族融化政策，命令鲜卑人改姓，后皇族拓跋氏改为元，其他贵族改为穆、陆、贺、刘、楼、于、尉等；隋唐时有西域九姓小国，归唐后以其同名改为康、曹、石、何、安、史等九姓。如张、王、李、赵、刘、曹、吴、罗、包、何、葛、金、关、佟、康等既是汉族的姓，也是少数民族的姓。

（三）全国姓氏数量

宋代初年，钱塘（今杭州市）的一位读书人编过一本《百家姓》内收当时常见的单姓 408 个，复姓 76 个，由于宋朝皇帝姓赵，钱塘所在的吴越国皇帝姓钱，其后妃姓孙，"李"是南唐统治的李后主的姓氏。因此《百家姓》以"赵钱孙李"开头。但百家姓收的姓氏甚少，不足以反映全国姓氏的状况。近代臧励和所编的《中国人名大辞典》已收入 4129 个姓。1984 年，人民邮电出版社出版的《中国姓氏汇编》收录达 5730 个，最新出版的《中华姓氏大辞典》统计，中国历史上共有姓氏 11969 个，其中单姓 5327 个，双姓 4329 个，其他姓氏 2313 个。现在常用的姓氏不过 200 个左右，其中最常见的单姓只有 100 个，1987 年 5 月 3 日《人民日报》公布的资料显示，全国汉族姓氏中的李姓最多，约占汉族人口的 7.9%，其次为王姓和张姓，分别约占 7.4% 和 7.1%。此外为刘、陈、杨、赵、黄、周、吴、徐、孙、胡、朱、高、林、何、郭、马这 19 个姓占了全国人口姓氏的一半以上。

中国人注重姓氏，以姓氏为自己的根基和归属，但是中国人也注重名字，因为名字才是自我的存在，古代中国人为了表示自己的某种理念和追求，往往要取一个或几个"号"，然而我们现在说的"名字"，其实只是古代的"名"，现代社会已不太流行"字"了；"号"当然更属于历史的范畴了。

（四）古人的名

今天的人，大都有"名"无"字"，当我们说到"名字"这个词时，通常指的仅仅是人名。但是，中国古代的人确实是既有"名"又有"字"，有的人名、字之外还有号。

所谓"名"，是社会上个人的特称，古人生三月而命名。

1. 历史发展

"名"的概念极早，恐怕在原始氏族社会就已经出现了，据《说文解字》云："名，自命也，从口夕，夕者冥也（夜晚），冥不相见，故以口自名。"这种"以口自名"的名，大概就是人们常见的"小名"（乳名），后来随着社会的发展和社会交往的扩大，才产生了后世通行的大名即学名。

古人生三月而命名，正式命名之前（有关礼仪见诞生礼）有乳名，又叫"小名"，如曹操小名阿瞒，刘禅（刘备的儿子）小名阿斗，刘裕小名寄奴，如今还有起小名的习惯。自古以来，中国人很讲究命名，而命名的出发点与那个时代的社会生活密切相关，比如，商代社会迷信盛行，社会生活十分单纯，人们都以生日命名，最突出的就是 30 个商王几乎全以天干为名，其他人则以地支为名。如太甲（汤的孙子）、盘庚、帝辛（商纣王）等。

周朝建立，礼制规范，如何命名也有了许多规定，如《左传》所说："名有五：有信、有义、有象、有假、有类。"即以出生时的情况命名为"信"，以道德品行命名为"义"，以某一物的形象命名为"象"，借用某一物体的名称为"假"，取婴儿与其父相同之处命名为"类"。此外还规定不以国名、官名、山川、隐疾、牲畜、器币六种事物命名。这些规定在古人命名时都有体现。如孔子的儿子出生时，鲁昭公赠送一条鲤鱼，即命名为孔鲤，字伯鱼。

春秋战国以后，社会礼制急剧变化，其命名现象更多反映了社会下层的风貌。以贱、丑、命名。如晋惠公的儿子叫"圉"（养马的人），女儿叫"妾"，鲁文公的儿子则取名"恶"等。这时的人们还喜欢在姓和名之间加一个毫无意义的助词，如烛之武、介之推、申不害、吕不韦等。其中的"之""不"都是助词。

汉代国力强盛，祈求长生不老，人们取名也多用"安国""延年""延寿""千秋""去病"等。西汉末年，复古，王莽禁取复名，人们多取单名，直到东汉，三国，单名依旧盛行。因此，一部《三国志》，人物几乎都是单名。

魏晋南北朝，因单名重复太多，复名又兴盛起来，由于受士大夫清高风气的影响，人们取名喜欢用"之"字。如祖冲之，王羲之、王献之、顾恺之、裴松之、杨衒之、刘牢之、颜延之、寇谦之等。当时又因佛教盛行，命名又多取佛语，如王僧辩、王僧智、柳僧景、柳僧可、崔僧护、崔僧佑等。

以后数代，取名均受时代影响，近世即以中华人民共和国成立后而言，人们取名多用"建国""爱国""文革"，期间多用卫东、习东、向东、向红、立新等，改革开放以后，随着人们思想观念的逐渐解放，在命名的方面更趋于个性化，随个人的喜好而定。

2. 多子女命名

多子女的命名时讲究兄弟排行，先秦时期间分为伯（孟）、仲、叔、季。如伯夷、叔齐、仲由、季札等。后世讲究某字辈，由宗族统一规定几句话若干个字，作为辈分次序，同宗子孙皆依其先后命名，以清王室为例，康熙为玄字辈，雍正为胤字辈，咸丰为奕字辈，同治、光绪为兄弟，皆属载字辈，宣统为溥字辈，代表辈分的字，双名通常在当中，如张学良、张学思、张学铭；也有放在第三字的，如宋庆龄、宋霭龄；如果是单名，则用偏旁表示同辈，如苏轼、苏辙；贾政、贾赦、贾敬、贾珍、贾琏、贾珠、贾环、贾蓉、贾兰、贾芸、贾蔷；女子用男子相同的字辈也可以另用其他字排行。有的家族，除规定同一字辈外，还要求第三字用同一偏旁，如明代皇族，泰昌帝朱常洛；其弟福王朱常询；天启帝朱由校，其弟崇祯帝朱由检；弘光帝朱由崧，永历帝朱由榔等。

（五）古人的字

古代的中国人不但有名，而且有字，字是由名演化而来的，是名的补充解释，是和名相表里的，所以，叫作"表字"。由于古人注重礼仪，故称名称字大有讲究，在人际交往中，名一般用于谦称、卑称，或上对下、长对少；而字则用于下对上、少对长或对他人的尊称，在多数情况下，直呼其名是很不礼貌的。古代男子二十行冠礼而后取字，女子年十五行笄礼而后取字。"行冠""加笄"均以示成年，也就是说，"字"是成年后加取的，这表示他们已经开始受到人们的尊重。

（六）古人的号

又叫"别号"，是一种固定的别名。名和字通常是由长辈决定的，号则是由本人决定的。"号"的起源很早,但其流行是在唐宋以后,明清时更为流行,这与唐宋以来文学的发达不无关系,也与儒道文化对文人性格的影响直接相关。一方面,是社会对文人学士有一种推崇和敬佩的心理;另一方面,是骚人墨客企图用一种委婉曲折的手法表达自己超然物外的理想和情趣,这是中国传统文化中的一个独特现象。

三、古人的代称、自称与他称

(一)古人的代称

古人常以人的籍贯、地名、官爵名、谥号等代替人名进行称呼。如唐代韩愈被称韩昌黎(郡望),(郡望连用表示某一地域国范围内的名门大族。韩愈一生并未到过昌黎,但是昌黎是韩氏郡望,也就是说韩家是昌黎有名的名门望族。为追思祖先,以郡望为字。)杜甫被称杜工部(官爵),岳飞被称岳武穆(谥号)等。这些称呼大都是他人、后人为表示尊敬或方便而使用的,被称呼者本人并不使用,但其中也有被作为习惯称呼而保留下来的。

(二)古人的自称

古代在相互交谈或往来中,凡是提到自己除直接用自己的名字外,则用谦称或卑称。先秦时期,男子对尊贵者皆自称"臣"或"仆",后世只有官吏对帝王称"臣",清代大臣对皇帝自称奴才。官场中,下属对上司自称"卑职"。老百姓在地方官面前自称"小民""小人"。"仆"是古代平辈的自谦称,此外还有"鄙人""不才""不肖""不佞""不敏"等。对年长者自称"晚生""后学",对年轻者自称"老朽""愚"。女子在别人面前自称"妾""奴""家奴"。

(三)古人的他称

古代在称呼他人时,一般不直呼其名,往往用尊称。通常平辈称字或号,下级对上司称"大人",晚辈对长辈或称亲属关系,或称某老、某爷、某翁。长辈称晚辈用"尔""汝",自称"吾""余""我"。古代尊称男性年长者为"丈",称平辈为"子","某子"是后人对有学问的古人的尊称。"公""君""先生",可用于长辈或平辈,可以单用,也可以与姓联用。还有"足下",多用于平辈;"阁下",多用于对有地位者的尊称。

在古代的尊称中,今天仍广泛使用的只有一个,即"先生"。古人对师长、老人、有德行者均可称"先生",其含义与今天应用时差别不大。

四、古代帝王称号与自称

（一）王、皇帝称号

夏、商、周三代，中国最高统治者称王；战国时期，各国诸侯先后称王。秦王嬴政统一中国后，不满于称王，而取远古三皇五帝之称，改称"皇帝"。此后中国历代最高统治者皆称皇帝。

（二）王、皇帝自称

孤、寡是地位至尊至显的帝王和诸侯的自谦之称，后逐渐成为帝王的专用自称。朕是古代皇帝的自称，从秦始皇始，历代相沿。

（三）国号、年号、尊号、谥号、庙号与陵号

1. 国号（区别朝代）

为区别于其他朝代，每一新王朝开始建立时，都先要确立国号。宋以前的国号皆以地为名，元、明、清三代则用具有抽象意义的字。

2. 年号（区别皇帝）

每个王朝的每一代新皇帝即位后，为区别于前代皇帝，必须建立新的年号。中国历史上首先使用年号的是汉武帝，第一个年号叫建元，其元年相当于公元前140年。以后每位新皇帝即位都要用新年号，叫作"改元"。有的皇帝在位期间改元多次。如汉武帝在位54年，改元11次；武则天称帝之后在位15年，改元14次。年号一般用二字，也有的用三字、四字、六字。

改元的原因多是发生值得纪念的事件。如汉武帝的"元封"是纪念封泰山，"元鼎"是纪念得宝鼎等。明、清两代，一位皇帝一般只用一个年号，年号即等于帝号，如洪武、永乐、万历、崇祯、康熙、乾隆、道光、咸丰等。其时，百姓即习惯于以年号称当朝皇帝。

3. 尊号

皇帝在位时，群臣要上尊号。如武则天称帝之后，加尊号曰"圣神皇帝"，3年后又加"金乾"二字，次年又加"越古"二字。唐中宗尊号为"应天神龙皇帝"，唐玄宗为"开元神武皇帝"。唐代上尊号还未成为定制，宋代则规定每年大祀之后，群臣皆上尊号，以歌功颂德。宋代以后基本停止了这种做法。历代皇帝对禅位于他的前代皇帝皆上尊号为太上皇，对母后则上尊号为皇太后，祖母则尊号为太皇太后。如果是过继的，生父不能上尊号。年号和尊号是皇帝在位时就有的。而谥号和庙号则是死后才有的称号。

4. 谥号

谥号是皇帝死后，大臣根据皇帝生前行绩拟定的称号。谥号起于西周，周初的文、武、成、康诸王都是谥号。周代谥法规定很严,大致可分三类,一是美谥,如文、武、元、平、康、景、惠、宣、成、献等;二是恶谥,如幽、厉、灵、蝎等;三是夭谥,如悼、哀、怀、愍、闵等。后世几乎只有美谥而很少有恶谥。

汉以前多用一字谥,汉代用二字,其中一字必是"孝",如孝文帝等。一般来说,唐以前的皇帝谥号比较简约,所以,后世人们常用来作为这些皇帝的称呼,这就是所谓的"帝号"。唐代以后谥号字数加多,如唐太宗初谥文皇帝,后来改为"文武大圣大广孝皇帝",清代乾隆的谥号为"法天隆运至诚先觉体玄立极敷文奋武钦明孝慈神圣纯皇帝",共23个字,其中最主要的是区别于其他皇帝的最后一个字,故乾隆谥号简称为"纯皇帝"。谥号繁复,全称不便,简约又无一致的标准,于是,相率改以庙号来称呼前代皇帝,如高祖、太宗之类。

开国皇帝对已故父祖都追封为皇帝,亦上谥号。汉以后,后妃也有谥号,最初用一二字,后来越来越长。慈禧太后那拉氏的谥号长达18字"孝钦慈禧端佑康颐昭豫庄诚寿恭仁献熙显皇后",其中,最主要的是前四个字,故那拉氏又简称孝钦太后或慈禧太后。西太后则是俗称。

5. 庙号

所谓"庙号"是和封建宗法祭祀制度相联系的、对已故皇帝在太庙中的称号。帝王死后,根据他在皇族中的世系,奉人祖庙祭祀,并追尊为某祖、某宗,以确定、显扬其在皇族中的地位。这一制度始于殷代,如殷王太甲称太宗、太戊称中宗、武丁称高宗等。汉承其制,尊刘邦为"太祖高皇帝",太祖即庙号,高皇帝之高即谥号,世简称为"汉高祖"。汉文帝刘恒称太宗孝皇帝,太宗即庙号,以后历代帝王均有庙号。最初规定创基开国和治天下有着殊勋的君主多称祖,如李渊创唐称高祖,朱棣虽不是开国皇帝,但因起兵"靖难",夺取地位,因而称成祖。第二至第五代皇帝称宗,六代以下不再称宗。事实上并未按规定去做。汉魏六朝时期的皇帝有的称宗、有的不称。所以,人们习惯上以谥号称呼为某帝,而不用庙号称呼某宗。唐以后每代皇帝非祖即宗,所以人们习惯上用庙号而不用谥号。元、明、清三代不止一祖,元代有太祖、世祖(实为第五代),除建文帝外皆称宗;清代三祖(太祖、世祖、圣祖),余皆称宗。历代皇帝各有陵墓,各有陵号,如唐太宗的昭陵等。陵号有时也用来代指过世皇帝,一般用于本朝。

五、关于避讳

（一）避讳的内涵

避讳，是中国封建社会一种特有的历史文化现象。所谓"讳"指的是帝王、"圣人"、长官、父祖及古圣贤的名字。人们说话、作文时不能直接使用，必须用各种变通的办法回避；平时用到同这类人物名字相同的字也必须设法避开或改写，这就叫"避讳"。避讳是封建礼制的重要内容之一，如果违反了避讳的规定，就是大不敬，定遭严惩。避讳起源于周，但尚无完备的制度。汉以后渐趋完备，唐宋以后更加严密，讳禁越来越严。

（二）避讳的种类

1. 国讳

国讳，主要避皇帝本人及其父祖的名讳，兼及讳皇帝的字、皇后及其父祖的名与字、前代年号、帝后谥号、皇帝陵号、皇帝的生肖及姓氏。在外交上互相尊重对方的"国讳"，是重要的礼节之一。

2. 圣讳

圣讳，即为封建"圣人"避讳。孔子、孟子等"圣人"名讳必须敬避。

3. 家讳

家讳，即敬避父母、祖父母之名；与他人交往时，应避对方家讳，否则是失礼。以上是避讳的主要规定，但规定不是绝对的，各朝代宽严不一，老百姓因为害怕犯禁，宁可从严，不敢稍有疏忽。

（三）避讳的办法

1. 改用同义字或同音字

如汉武帝名彻，"蒯彻"改为"蒯通"；改"女真"为"女直"等。

2. 加减字的笔画

减笔：字的最后一笔不写，如孔子名"丘"，改为"斤"。加笔：将丘字改为"邱"。

3. 换成同义词或相近词

李渊祖父名虎，"虎"改成"猛兽"或"武"。

4. 空字

即将应避讳的字空而不书，或写作"某"，或写作"口"，或直书"讳"。

5. 以近音代读

这是口语中避正呼的避讳法。如林黛玉之母贾敏，凡遇"敏"字黛玉皆读作"密"。此外，还可将平声读作上声，去声读作入声等。

避讳不仅造成语言文字严重混乱，妨碍其交际工具作用的正常发挥，而且在讳禁森严的封建社会，造成了大量的文字狱，成为文化专制的一种手段，给社会发展带来了不良的影响。我们今天研究避讳，一方面可以根据一些避讳现象来考证某些历史现象和古籍版本的年代，另一方面是将其作为一种历史文化现象分析、研究，以便更全面的探讨和认识封建礼制及其对中国社会发展的影响。

思考题

①家族在社会生活中的意义是什么，它与中国传统的社会秩序关系如何？

②在现代市场经济与都市生活背景中，家族关系发生了哪些变化？

③中国传统的社会政治结构对中国文化产生了什么影响？

表 1.4 中国传统文化课程思政育人示范

课程思政设计	
思政知识点	宗法制度影响下中国传统社会结构的特征。
思政问题	如何客观的看待宗法制度对后世产生的积极影响。
思政内容	宗法制度——家天下——家国同构——强大的中华民族凝聚力。民族凝聚力与经济实力、科技实力和国防实力共同构成综合国力。经济实力、科技实力和国防实力属于硬实力，民族凝聚力属于软实力，是构成综合国力的灵魂所在。不论经济实力也好，科技实力也好，国防实力也好，如果没有民族凝聚力来贯穿，终究形不成合力，形不成强大的国力。当今世界，综合国力竞争日趋激烈，民族凝聚力已经成为衡量一个国家综合国力强弱的重要尺度。一个民族、一个国家，没有强大的凝聚力，就等于一盘散沙，就会四分五裂。一个民族、一个国家，没有强大的凝聚力，也就不可能自立于世界民族之林。凝聚起来的民族才是强大的民族，团结一致的国家才能拥有强大的综合国力。中华民族生生不息、薪火相传，靠的是强大的民族凝聚力；抵御外来侵略，赢得独立和解放，靠的是强大的民族凝聚力；摆脱贫穷落后，加快自身发展，走向繁荣富强，也要靠强大的民族凝聚力。
思政目标	培养学生辩证地看待问题，提升学生的思辨能力。

第五章

中国传统文化的发展历程

悠远浩博的中国文化，从孕育发展到恢宏壮大，经历了一个漫长曲折的发展历程，这一历程是物质文化、精神文化日臻丰富的历程，也是人不断解放自身，走向文明演进高峰的历程。总的来说，中国传统文化的产生和发展经历了九个历史阶段：即原始文化（中国文化的源头），夏商周文化（从神本走向人本），春秋战国文化（中国文化的"轴心时代"），秦汉文化（一统帝国与文化统一），魏晋南北朝文化（乱世中文化的多元走向），隋唐文化（中国文化的隆盛时期），两宋文化（内省精致趋向与市井文化勃兴），辽夏金元文化（游牧文化与农耕文化的冲突与融汇），明清文化（中国文化的沉暮与开新）。

一、原始文化（中国文化的源头）

历史学家习惯地把文字产生以前的历史称为"远古（或上古）时期"，对于中国文化的源头有很多说法。例如，有的学者认为是在黄河流域，有的学者则持在长江中下游流域的观点，还有的学者认为是在珠江流域，总之，中国文化的源头并不是单一的某个区域，而且更不像一些西方学者所说的那样，是在什么非洲或欧洲的大陆上，有足够的资料可以证明，中国文化的源头就在我们生活的这片辽阔、富饶的土地上。

文化的实质性含义是"人化"或"人类化"，有了人就开始有了历史，有了文化，因此，中国文化的起源与中国人的起源实质上是联系在一起的。从元谋人170万年前（云南省元谋县那蚌村）、蓝田人80万年前（陕西省）、北京人60万年前（北京市周口店）到马坝人（广东省曲江区）、长阳人（河北省长阳县）、丁村人（山西区汾县）、再到柳江人（广西壮族自治区柳江市）、资阳人7000年前（四川省资阳市）、河套人（内蒙古自治区河套）、北京山顶洞人1.8万年前（北京市周口店），在这样一个从猿到人的发展过程中，中国古代文化逐渐萌生并发展起来。

（一）原始物质文化

在文化产生的过程中，最早出现的是工具，猿人最初使用的工具，是简单加工的石块，考古学上将这一时期称为"旧石器时代"，从元谋人到距今约

7000 年前的四川资阳人均处于这一时代。

在旧石器时代，古代先民的一项具有划时代意义的物质文化创造就是火的使用，在中国神话传说中即有所谓的"燧人氏钻木取火"。在考古学上，元谋人是否用火留有争议，但北京猿人能够熟练地使用火并能有效的保存从自然界取来的火，这已得到了确凿论证，而这种能力的形成标志着人与动物的最后诀别。

我们知道，古代先民使用的简单的石器、木器、骨器，还有更高级的"火"，这些工具就性质而言，无疑是物质生活中重要的物质产品，而其中就包含了古代先民有目的意识性的内容。因此，在从猿到人转化过程中产生的工具，不仅是人类物质文化的开端，而且直接标志着文化的起源。

从距今 7000 年开始，中华先民进入了新石器时代，磨制的较为精致的石器取代了打制粗糙的石器，农业、畜牧业取代了原始的采集和狩猎，成为首要的生产部门，除此之外，还出现了制陶、冶铜、酿酒、制玉、象牙雕刻等新的工艺，迄今为止，已发现的新石器时代的文化遗址达七八千处，其中最著名的有：仰韶文化（公元前 5000—前 3000 年，1921 年发现于河南），大汶口文化（公元前 4500—前 2500 年，1959 年发现于山东），红山文化（与仰韶文化同期，1935 年发现于辽宁），良渚文化（公元前 3300—前 2250 年，1936 年发现于浙江），马家窑文化（公元前 3000—前 2600 年，1923 年发现于甘肃），龙山文化（公元前 2800—前 2300 年，1928 年发现于山东），屈家岭文化（公元前 2750—前 2650 年，发现于湖北）。

（二）原始观念文化

伴随着物质文化的长足发展，中国先民的观念文化也日益丰富、深化，原始宗教与原始艺术便是其主要存在形态。

中华先民原始宗教崇拜的对象非常广泛，大致可以分为自然崇拜、生殖—祖先崇拜和图腾崇拜三大类。关于这一问题，我们会在第二编中详细阐述。总之，对于后世文明意识来说，原始宗教无疑充满了种种神秘色彩。在物质力量与精神力量处于低下水平的原始时代，它的作用有四个：在人与自然之间起协调作用，在本能与文化之间起制约作用，在物质文化与精神文化之间起补充作用，在人的精神需要中起主观自足作用等，正因如此，原始宗教才能成为原始时代观念文化的主流。

在原始观念文化中，原始艺术也有生动发展。第一，陶塑在距今 4000 年的河南密县池北岗、新郑裴李岗新石器时代文化遗址中，发现了陶塑猪头，这是最早的陶塑艺术品。半坡出土的陶塑人头像，隆鼻、凹眼、大耳、耳垂部位有穿孔，可见当时人们已有在耳朵上悬挂饰物的习俗。第二，陶绘是原始艺术的又一样式，考古发掘证明，那一时期的陶绘图样千姿百态，几何图形、动植物图形都是先民创制陶绘艺术的基本素材。第三，原始雕刻艺术也有众多发现。河姆渡遗址出土的双鸟纹骨，刻有勾嘴、修尾的水禽，线条流畅，姿态生动。大汶口墓地出土的象牙筒、江苏连云港锦屏山的将军崖岩画、新疆呼图壁县内的生殖崇岩画等，它们都展现了原始文化的灿烂成就。

二、夏商西周文化（从神本走向人本）

夏商西周从公元前 21 世纪—前 476 年大约 1600 多年。从原始文化的萌芽到目前仍存争议的夏代文明，这期间中国传统文化在自身的生命运动中又迈出了巨大的一步，但这个时期仍属文明的发端阶段。中国先民的生活方式、精神生活与其他民族的原始文化基本一致，只有当历史进入商周时期，中国文化才开始形成自己特殊的面貌。

（一）夏代文化

据文献记载大禹死后，其子夏启继位，建立了中国历史上第一个王朝，中国也由此进入了奴隶制时代，夏王朝共传十七君，至夏桀为商所灭，共计 430 年。但是，夏代历史直到现在基本上是一些简略的文字记载，还没完全得到考古学的证实。但是近年来，人们陆续在夏王朝活动的中心区域内进行了许多考古调查和发掘，特别是 1959 年在河南省偃师县二里头发掘了一处重要的文化遗址，有方形宫殿、有房基、窖穴、水井、窑址，出土器物中有少量的铜器玉器，专家推断，二里头文化极有可能就是文献记载的夏文化。

夏代文化成就表现为三个方面。

（1）社会生产力已有很大提高，农业生产已有明显发展。我们熟知的大禹治水实际上是一次规模巨大的国土整治工程。

（2）人们使用的工具已由原来的石器向青铜器过渡，相传禹曾用铜制作兵器，铸造九鼎，而许多考古活动中青铜器（兵器、器皿）的陆续被发掘已证实了这一点。

（3）夏代建立了比较完备的国家统治系统，包括：王位世袭制度，即人们通常所说的"家天下"；行政区划制度，即将全国领土分为"九州"，在每个州设立地方官，称为"九牧"。

（二）殷商文化（神本思想盛行）

商代大约 600 年左右的时间。商代的社会情况，不但有文字记载，而且有文物佐证，因而商代的历史要比夏代清楚的多。商朝的第一个统治者叫商汤，他任用伊尹为相，励精图治，取代夏桀而得天下。商王朝共传 30 王，六次迁都，公元前 1384 年盘庚迁都于殷，故商朝又称"殷商"。至最后一位统治者商纣王帝辛为周武王所灭，共计 600 余年。

商代文化最显著的特色是尊神、敬鬼，即所谓的"殷人尊神，率民以事神"（《礼记·表记》）。殷人观念中的神，地位最高的是"帝"或"上帝"，它统率各种自然力量，同时主宰人间的一切事物，所以人类一切活动都必须通过巫史的占卜活动根据神的意志来安排和决定。总的来说，殷商时代在这种神本思想的支配下，主要创造了以下一系列文化成果。

（1）甲骨文的出现，记录了当时社会的各个领域的情况，包含了丰富的文化思想。是已知年代最早，体系比较完整的文字。

（2）文字的发明和使用，使商人率先"有册有典"，这些有关记事和卜筮的典册便是中国最早的一批文献，为中国传统史学积累了大量珍贵的历史资料。

（3）天文历法大为进步，已有明确的纪时、纪日、纪年法。

（4）社会生产力比前代更为提高，青铜器的兴盛便是证明，在殷墟出土的"司母戊鼎"重达 875 千克，代表了商代青铜器制作的最高水平。另外，农业生产的迅速发展促进了殷商酿酒技艺的提高。

（三）西周文化（人本思想）

周王朝共计 800 年左右，包括西周、东周。以尊神重鬼为特色的殷商文化，是人类思维水平尚处于蒙昧阶段的产物，随着人们实践经验日益丰富，智力、体力水平不断增进，对神的力量崇拜心理渐次淡薄，而对于自身能力的信心与日俱增。于是，当历史进入了西周时期，中国文化的发展模式开始发生转换，即由以神为本的文化逐渐向以人为本的文化过渡，开始了西周人的"文化维新"。

西周灭商后，进行了一系列的变革，周初统治者在总结夏商朝灭亡的历史教训的基础上，提出了"天命靡常，唯德是辅""以德配无""敬德保民"等重要思想，即认识到人类社会道德力量的作用，不再向商人那样听命于天，开始关注人的作用，强调"民"的重要，仅仅依靠虔诚的宗天祭祖显然无济于事，关键在于统治者的统治政策是否"宜民宜人"，要用"德"来配天命，以巩固其统治，这也是中国传统文化的德治主义，民本主义，忧患意识以及"天人合一"思想的渊源。

周人的另一个文化创新就是确立了把上下尊卑等级关系固定下来的礼制和与之相配合的情感艺术系统（乐制），即所谓的"制礼作乐"。周代的礼制是周代制度文化、行为文化和观念文化的集中体现，它既是典章制度的总汇，又是政治生活、经济生活、社会生活、家庭生活各种行为规范的准则。范文澜曾指出"周文化是一种尊礼文化"，王国维也说，礼是"周人为政之精髓"，"是文武周公所以治天下之精义大法"。这些论断深刻地指出了"礼"在周代社会政治生活中的重要地位。而且更为重要的是，周人确立的"礼"，为后世儒家继承、发展，以强劲的力量规范着中国人的生活行为、心理情操与是非善恶观念，中国传统的"礼文化"或"礼制文化"即创制于西周。周文王研究《易经》故称《周易》。

三、春秋战国文化（中国文化的"轴心时代"）

东周王朝包括春秋战国时代，春秋战国是一个"礼崩乐坏"的时代，周天子的权威摇摇欲坠，诸侯竞相争霸。据文献记载，春秋 300 年间，"弑君三十六，亡国五十二，诸侯奔走不得保其社稷者不可胜数"（《史记·太史公自序》）。而战国 250 余年间，发生大小战争 220 余次。然而就是在这充满血污与战乱的动荡时代，中国传统文化却走向了空前繁荣的时期（第一个辉煌时期），出现了诸子蜂起，学派林立的文化景观，儒、道、墨、法、名、阴阳、兵、纵横诸家纷纷著书立说，相互批驳争辩，又彼此吸收渗透，从而确立了中国传统文化的大致走向，具体表现在以下几个方面。

1. 由"学在官府"到"学在民间"（"士"阶层的崛起）

春秋时期是奴隶制逐渐解体，封建制逐渐形成的时期，周礼规定的只有贵族子弟才能接受教育的特权，即"学在官府"的局面维持不下去了，许多原来在王公贵族、诸侯大夫门下从事各种文化活动的"士"不得不流落民间，与此同时，一些深藏在宫廷密室里的文化典籍也流散于民间，成为一般平民的读物。在这种情况下，官学的崩溃，必然导致"私学"的兴起，使大批新兴的地主、商人和农家子弟也有了受教育的权利和机会。这对于瓦解奴隶制度、冲破"学在官府"，贵族垄断文化的局面，促进文化在民间的广泛传播，无疑起到了积极的作用。

2. 百家争鸣局面的出现

所谓"百家"，当然只是对诸子蜂起，学派林立这种文化现象的一种概说，对于其主要流派，古代史学家屡有论述。西汉史学家司马谈将诸子概括为阴阳、儒、法、墨、名、道德六家；按照西汉学者刘歆的说法，气势恢宏的先秦诸子百家中，最重要的有儒、墨、道、法、名、阴阳、农、纵横、杂、小说十家，其中，儒、道、法、墨又被称为百家中的"显学"。

由于社会地位、思考方式和学统继承上的差异，先秦诸子在学派风格上各有各的鲜明特征。这些原来的贵族或官吏流落民间，遍及全国，他们就以私人身份靠他们的专门才能或技艺为生。这些向另外的私人传授学术的人，就变成职业教师，于是出现了师与官的分离。上面所说各家的"家"字，就暗示着与个人或私人有关的意思。在没有人以私人身份传授自己的思想以前，不可能有什么思想"家"，不可能有哪一"家"的思想，有各种不同的"家"。也由于这些教师各是一门学术、一门技艺的专家，于是有教授经典和指导礼乐的专家，他们名为"儒"。有战争武艺专家，他们是"侠"即武士。有说话艺术专家，他们被称为"辩者"。也有巫医、卜筮、占星、术数的专家，他们被称为"方士"。还有可以充当封建统治者私人顾问的实际政治家，他们被称为"法术之士"。最后，还有些人，很有学问和天才，但是深受当时政治动乱之苦，就退出人类社会，躲进自然天地，他们被称为"隐者"。

按照冯友兰的理论，司马谈说的"六家"思想，是从这六种不同的人之中产生的。套用刘歆的话，可以说儒家者流盖出于文士；墨家者流盖出于武士；道家者流盖出于隐者；名家者流盖出于辩者；阴阳家者流盖出于方士；法家者流盖出于法术之士。

（1）儒家学说：创始人孔子，他通过对周礼的研究和整理，把带有天道神学色彩的礼转换成伦理道德之礼，要求用周礼来约束人们的一切行动。"非礼勿视，非礼勿听，非礼勿言，非礼勿动。"（《论语·颜渊》）孔子虽然强调礼乐教化，但他认为礼乐的根本在于仁德修养，他说："人而不仁，如礼何？人而不仁，如乐何？"（《论语·八佾》）仁德是调节一切社会关系的基础道德，因而孔子学说的思想核心就是"仁"，而他给"仁"下的基本定义是"仁者，爱人"（《论语·颜渊》）。孔子死后，儒家分成八派，有"子张之儒，有子思之儒，有颜氏之儒，有孟氏之儒，有漆雕氏之儒，有仲良氏之儒，有孙氏之儒，有乐正氏之儒"。作为孔子之孙子思的再传弟子——孟子则进一步阐发了孔子的仁学思想，提出了仁、义、礼、智四端说，并将儒家学说发展成一套比较完整的"达则兼济天下，穷则独善其身"的修身理论。这一理论先秦就有"显学"之称。特别是在汉武帝"独尊儒术"之后，孔孟之道更成为中国传统文化的道统之学。

（2）道家学说：以老子、庄子为代表的道家，是先秦诸子中与儒学并驾齐驱的一大流派，在许多方面都是和儒家学说对立的。如儒家注重人事，道家尊崇天道；儒家讲求文饰，道家向往自然；儒家主张有为，道家倡导无为；儒家强调个人对家族、国家的责任，道家醉心于个人对社会的超脱。当然，儒、道两家也不是精神上的全然对立，也有其相辅相成的一面，关于这一点，在以后的章节中会详细介绍。

（3）墨家学说：代表中下层劳动者利益的墨家学派，创始人是墨子，其学说在战国中期与"孔孟儒学"并行天下，他的基本观点是：第一，"尚力"，强调物质生产劳动在社会生活中的地位；第二，"节用"，反对生存基本需要之外的消费；第三，"兼爱"，企图以"普遍的爱停止战乱，取得太平"；第四，"天志"，尊崇天神；第五，"尚同"，鼓吹专制统治。这些思想典型地反映了小生产者和小私有者的文化性格。秦汉以后，曾作为显学的墨家学说逐渐衰落，只是在历代农民暴动时，有关公平、公正、互爱及鬼神、符命的宣传中，还有它的回音，不过到近代又显复苏之势。

（4）法家学说：先驱人物是齐国的管仲和郑国的子产，后来有李悝、商鞅、申不害、慎到，直至韩非子集法家思想之大成，建立起完备的法家理论。简单地说，法家思想在治国上主张严刑峻法。在文化政策上，主张"以法为教"，实行文化专制主义。这些理论成为秦王朝统治天下的政治理论，汉代以后虽独尊儒术，但法家思想仍然或隐或彰地发挥效应，更多的统治者采用"儒法并用"的统治方略。

除儒、道、法、墨四家之外，名家、阴阳家、农家等诸子学说也以自己个性化的学说在当时占有很重要的地位，但真正构成百家争鸣核心的还是上述四家，其学说理论对宇宙、社会、人生等广阔领域的现实问题进行了深入的思考与研究，使中国文化精神的各个侧面得到充分的展开和升华，并且对以后中国历史的发展产生了极为广泛而深远的影响。

3. 其他文化领域的成就

在文学方面，出现了我国古代第一位伟大的爱国主义、浪漫主义诗人——屈原，他的作品《楚辞》《天问》《九章》等给后世许多文人以良好的艺术滋养。还出现了《左传》《国语》《战国策》等历史散文以及《孟子》《庄子》等诸子散文。在科学方面，天文学成就较为突出，甘德的《天文星占》和石申的《天文》合称为《甘石星经》。地理学著作《尚书·禹贡》，工程技术著作《考工记》。在医学方面，《黄帝内经》奠定了中医学的理论基础。总之，先秦时期是中国文化的开创时期，大致规范了后世的文化走向，后来的文化现象大多可以从先秦找到根基。

四、秦汉文化（一统帝国与文化一统）

公元前 221 年，经过多年的兼并战争，秦王嬴政终于完成了统一大业，建立了中国历史上第一个专制主义君主集权的一统帝国。是与东地中海的罗马帝国、南亚次大陆的孔雀王朝并立而三的世界性大国；而刘邦建立的大汉帝国，其版图更在秦朝之上，与其同时并立的世界性大国只有罗马。

秦汉统治者在建立一统帝国的同时，还致力于思想文化的统一。战国时代，由于诸侯割据，各霸一方，在各自的统治范围内皆采用各自的统治方式，这就造成了"田畴异亩，车涂异轨，律令异法，衣冠异制，言语异声，文字异形"（许慎《说文·叙》）。秦始皇统一后雷厉风行地扫荡种种异制，建立统一的文化体制，采取了一系列的重要措施，如书同文、行同伦、度同制、地同域等。

秦始皇统一文化的措施固然以强化专制君主集权政治为目的，同时有力地增进了秦帝国版图内各区域人们在经济生活、文化生活乃至文化心理上的共同性，从而为中华民族共同体的最终形成奠定了坚实的基础。

另外，秦汉时期的文化统一，还包括学术思想上的统一，而这种统一对中国文化其后的历程影响至深至巨。从战国后期开始，诸子已开始尝试以自己的学说统一思想，最具有代表性的当属成书于秦王政八年（公元前 239 年）的《吕氏春秋》，表现在政治统治上则是秦王采纳李斯建议采取的强硬措施，即历史上著名的思想专制事件"焚书坑儒"。其后，刘氏建立的西汉王朝也不可避免，董仲舒提出的"罢黜百家，独尊儒术"被汉武帝采纳，从而儒学成为汉代文化思潮的主流，这对中国传统文化伦理型特点的形成影响巨大。

五、魏晋南北朝文化（乱世中的文化多元走向）

魏晋南北朝这 393 年是中国历史上最动乱、最复杂的时期，在全国范围内，先有魏、蜀、吴三国鼎立；继之而起的是短命的两晋王朝，随晋亡而来，在北方，先有十六国割据，后有北魏、东魏、西魏，北齐、北周等政权的嬗递；在南方，则有东晋、宋、齐、梁、陈，诸王朝的起伏更替。

战乱和割据打破了一元化的帝国统治，思想上的专制主义也有所放松，暂时瓦解了以儒学独尊为特征的文化模式，取而代之的是文化的多元发展，具体表现在以下四个方面。

（1）玄学崛起：这是魏晋时期崛起的一股新的文化思潮，是由老庄哲学发展而来的，其宗旨是"贵无"，最高主题是对人体人生意义价值的思考。

（2）道教创制与佛教传播：道教是中国本土宗教，酝酿于东汉，发展于魏晋，至南北朝首次使用"道教"一词统一各道派，并且逐步形成一套完整的宗教仪式和斋醮程式，道德戒律。佛教，两汉之际传入中国，流行于魏晋南北朝，详细内容以后章节介绍。

（3）胡文化与汉文化的大规模冲突。这一时期因北方少数民族如匈奴族、鲜卑族、羯族、氐族、羌族的纷纷南下，入主中原而引发的胡汉文化的大规模冲突，更使这一时期的文化呈现出丰富多彩的面貌，在文化的多重碰撞与融合中，中国文化得到多向度的发展和深化，强健而清新的文化精神大放异彩。

（4）其他领域的文化成就。在文学方面，文学在这一时得到长足发展。文学创作成就斐然，如陶渊明的田园诗、谢灵运的山水诗、沈约的"永明体"，还有南北朝民歌等，争奇斗艳。文学评论蔚然兴起，如曹丕的《典论·论文》、刘勰的《文心雕龙》、钟嵘的《诗品》等，均为中国古代文学批评史上的光辉诗篇。在艺术方面，这一时期的艺术领域也取得了许多令人瞩目的成就，顾恺之、陆探微、张僧繇是名噪一时的著名画家；王羲之、王献之的书法流利美妍；石窟艺术优美精致雕塑杰作遍布各地。在科技方面，古代奇器制作在这一时期出现了一个高峰，诸葛亮发明木牛流马，马钧制作了指南车，祖冲之制造了千里船等。

总之，魏晋南北朝时期的文化在多元碰撞和融会中得到迅猛发展，为隋唐文化的辉煌奠定了基础。

六、隋唐文化（中国文化的隆盛时代）

公元581年，隋文帝结束了南北分裂的局面，推动了南北文化的合流；公元618年，历史进入唐朝，揭开了中国文化最为灿烂夺目的篇章。建立在国力强盛、经济繁荣、中外交通发达基础上的隋唐文化，政策开明、气氛宽松、创造活跃，以一派恢宏气象走在世界的前列。

唐代文化的繁盛，突出表现在文学艺术上。

（1）诗歌创作在唐代达到了巅峰，作者范围之广，作品范围之多，质量之高，在文学史上都是空前绝后的。不论是内容、形式、技巧、风格，都达到了前所未有的高度，出现了李白、杜甫这样后世难以企及的"诗仙"和"诗圣"。

（2）书法艺术也在唐代达到了高峰，各体兼备，名家辈出。张旭、怀素的狂草，欧阳询、虞世南、颜真卿的楷书，李邕的行书，李阳冰的篆书，如百花齐放，香溢千年。此外，唐代的乐舞、绘画、雕塑等艺术门类也都蓬勃兴旺。

强大深厚的唐文化在自身发展的同时，还随着国门的洞开，广纳四海新风，如南亚的佛学、医学，中亚的乐舞，西亚与西方的景教、伊斯兰教等，表现了"有容乃大"的宽广胸襟和无畏无惧地引进与吸纳的宏大气魄。同时，唐文化又将自身璀璨夺目的光彩向外辐射，有力地推动了世界文化的进程。

七、宋元文化

公元960年，本是后周将领的赵匡胤发动陈桥兵变，建立宋朝，结束了唐代以后"四海瓜分豆割"五代十国的分裂局面。宋朝因连年受到北方游牧民族的骚扰，国事衰微，但文化发展能秉承唐代遗风，进入更加深邃精密的境界。

宋代思想文化的内核是"程朱理学"，它以儒家经学为基础，又兼容了佛道思想，提出天地万物、君臣父子之间都有一个"理"，即"天理"，与之对应的是饮食男女的各种欲望，即"人欲"，理学主张人们应当以"天理"遏止"人欲"，而要达到这一点，必须注意"修身""内省"。这对强化中华民族重义轻利、重社会责任与历史使命的文化性格，起到了十分重要的作用。同时理学的思想渗透到宋代文化的各个领域，形成了"尚理""内省""细腻"的特色，正因为如此，宋诗内含人生哲理，宋词则抒情委婉细密。宋朝的绘画以花鸟画为盛，又注重雅致的小品画和那些纤毫毕现的工笔画。宋代的雕塑刻画细腻，形象逼真。由于要探询万物之理，因而宋代又是古代中国科技发展的高峰期，不仅指南针、印刷术、火药这中国人引以为荣的三大发明在宋代有了重大发展，而且天文学、数学、医学、农艺、建筑学等也超越了唐代，在世界上处于领先地位。

13世纪初，元世祖忽必烈凭借铁骑雄师的强大武力，入主中原，建立元朝。这时正值欧洲处于中世纪的黑暗时代，相比之下，元代文化发展尚属世界领先水平。在文学艺术方面，元杂剧与散曲兴起，出现了关汉卿、王实甫等元曲大家。书画成就亦高，出现了赵孟頫这样的书画大师。在科学技术方面，天文学成就最高，杰出的天文学家郭守敬、王恂等在天文观测与历法研究等领域取得了重大成就。

八、明清文化（传统文化的衰弱与转型期）

明清时代是中国文化发展盛极而衰，最后又开始转型的时代。

朱元璋崛起于元末群雄之间，他推翻元朝的异族统治，于1368年建立明朝，这位明太祖疑心太重，对于当时张士诚势力范围内的许多文艺才俊之士，怀有戒心，因而实行文化专制，大兴文字狱，大批文化名人和儒生大夫因文字而遭横祸，或被谴往边远省份或被株连丧命，使原本繁荣的文化活动渐渐沉寂下来。

时至明清，雍正、乾隆之世，步明代后尘，大兴文字狱。文化人士对国家大事稍有微词即会招来杀身之祸，牢狱之灾。这时，中国文化渐趋衰弱了。不过，明清两代随着手工业的发展，商品经济的发展以及市民阶层的兴起，资本主义开始萌芽，出现了一些多少带有市民反叛意识的早期启蒙思潮，如明代王阳明（王守仁，世称"阳明先生"）提出"致良知"之说，李贽攻击程朱理学。明清之际的黄宗羲、顾炎武、王夫之等杰出学者批判封建专制主义，宣传经世实思想。清代万斯同、全祖望、邵晋涵和章学诚等，潜心研究历史，形成著名的浙东学派。这一时期，考据学兴盛，最著名的是清代的乾嘉学派。同时，丛书、类书的编撰，成绩显著。文学艺术方面，市民文学兴起，小说成为主流，创作了《三国演义》《水浒》《西游记》《红楼梦》等文学名著。明清也是书画艺术的一个集大成和全面发展的重要时期，书画之多超过了任何一个时代。此外，科学技术也有取得了不少的成就。

思考题

①原始观念文化的主要存在形态是什么？

②春秋战国时期的"百家争鸣"在中国文化史上居什么样的地位？

③诸子百家兴起的原因是什么？最有代表性的是哪五家，其主要主张是什么？

④唐文化的隆盛主要表现在哪些方面？

⑤谈谈宋代文化的雅与俗。宋代在教育与科技方面有何成就？

⑥结合事例，谈谈明清对中国古典文化的哪些方面进行了总结。

表 1.5　中国传统文化课程思政育人示范

课程思政设计	
思政知识点	春秋战国百家争鸣局面的出现。
思政问题	百家争鸣的文化意义。
思政内容	我们从儒家那里学到了如何为人处世，从道家那里学会了如何明辨是非，从法家那里学会了运用法律保护自己的合法权益，从墨家那里学习工程构造，从兵家那里学会了什么是三十六计，从阴阳家那里学会了中国的风水文化，从名家那里学会了如何辩论，从纵横家那里学会了如何游说别人，从农家那里学会了农业是立国之本，从小说家那里学会了如何才思泉涌，甚至我们从杂家那里学会了如何集众家所长，总之我们总能从诸子百家那里学习到我们需要的智慧和生存技能，这都是先贤留给我们的宝贵财富。百家争鸣不仅为后世中国确立了文化基础，成为中国人智慧的来源，更是对整个东亚文化圈都有深远的影响和意义。它是古老的东方智慧的结晶，当今社会文化多元，局势复杂，需要我们有更大的智慧去面对各种各样的挑战，而百家争鸣留给我们的各种思想精华，比如，以和为贵，尊重历史顺应自然，都成为我们应对复杂局势的法宝，这便是百家争鸣在两千多年后的意义所在。
思政目标	培养学生辩证看待中国传统文化的思辨意识。
课程思政设计	
思政知识点	隋唐文化。
思政问题	传统文化中"和"思想在外交政策上的表现。

续表

课程思政设计	
思政内容	根植于中国优秀传统文化，准确把握当今世界变化发展的大势，习近平外交思想在理论和实践上不仅给中国外交明确了方向，也给世界提供了妥善处理国家间关系的应有之法。比如，在理论层面，习近平外交思想提出"亲、诚、惠、容"的周边外交理念，提出"真、实、亲、诚"的对非工作方针。在实践层面，习近平外交思想基于互利共赢的原则提出一系列倡议：中国推动建立合作共赢的新型国际关系，并把这一理念落实到政治、经济、安全、文化等对外合作的各个方面；中国积极构建全球伙伴关系网络，在不结盟的原则下广交天下朋友；中国借助亚信平台提出亚洲安全观，进一步丰富了总体安全观的内涵；中国构建全方位、开放型对外合作格局，推进"一带一路"建设，为欧亚大陆共同发展注入新活力。作为其重要支撑，亚投行的成立将提供强大动力。 在多边领域，中国倡导和践行多边主义，在全球热点和地区争端问题上积极促和、劝和、维和；中国以实际行动支持二十国集团、上海合作组织、金砖国家等在国际和地区事务中发挥重要作用；积极维护《联合国宪章》的宗旨和原则，积极推动实现联合国千年发展目标，积极应对气候变化、能源合作等全球性问题。中国的上述倡议不仅是出于中国自身的需要，更是着眼于世界各国的需要，是中国秉承构建人类命运共同体的理念，向世界提供的公共产品。
思政目标	培养学生文化自信。

课程思政设计	
思政知识点	隋唐文化。
思政问题	你如何看待中国文化的隆盛时代唐朝？
思政内容	盛唐堪称中华文明的鼎盛辉煌时期。中华文明远播四方，影响深远，一些外来的文明的吸收也丰富了中华文明的物质和精神内涵。其意义和影响，时至今日，依然清晰可见。盛唐时，国力达到了一个非常强盛的地步，当时唐朝国民经济的总产值，占到了全世界的四分之一，唐朝和一百多个国家与地区有贸易往来。尤其值得关注的是，以西安为起点的古丝绸之路，既把中国精美的丝绸、瓷器、茶叶等饮食文化传播到国外，又把外域的香料、珠宝及饮食文化等引入西安，带到中国，不但促进了中外贸易，也推动了文化、教育及其他领域的交流，同时更丰富了中华文化。
思政目标	培养学生的文化自信。

课程思政设计	
思政知识点	明清文化。

续表

课程思政设计	
思政问题	谈谈中国传统文化的九个历史分期对你的启示。
思政内容	习近平总书记指出："中华优秀传统文化是中华民族的精神命脉，是涵养社会主义核心价值观的重要源泉。"他认为，培育、弘扬与践行社会主义核心价值观，不能离开中华优秀传统文化。他指出："中华文明绵延数千年，有其独特的价值体系。中华优秀传统文化已经成为中华民族的基因，植根在中国人内心，潜移默化影响着中国人的思想方式和行为方式。今天，我们提倡和弘扬社会主义核心价值观，必须从中汲取丰富营养，否则就不会有生命力和影响力。"他在许多讲话中，还具体探讨了中华民族在世代发展过程中形成的爱国、民本、自强、和同、信义、仁善、德治、均平等观念，指出这些富有鲜明民族特色的思想与理念，随着时代推移和变迁而不断与时俱进，有其自身的连续性和稳定性，"有其永不褪色的时代价值"。
思政目标	明确传统文化的流变与分期，掌握传统文化在各个历史时期取得的辉煌成就。培养学生对民族文化的认同感，激发学生的民族自豪感。

第六章

中国传统文化的类型和特点

第一节 中国文化的伦理类型

任何一种文化类型的产生，都离不开特定的自然条件和社会历史条件。这就是在特定自然地理环境下的物质生产方式和社会组织结构。中国文化伦理类型产生的原因有哪些呢？简而言之，从地理环境来看，中国东南部濒临太平洋，北部、西北部和西部，深入欧亚大陆腹地。处于一种半封闭状态的大陆性地域，自给自足，无求于人，优越感强且富裕。与西方地中海沿岸的民族有很大的不同。从物质生产方式来看，中国文化植根于农业社会的基础之上，封建的小农经济在中国有几千年的历史，小农经济深深影响人们的思维方式和社会生产习俗，使人们安土重迁，和平自守，形成循环论，实用经验理性，性格平缓、随顺、忍耐、中庸。这与中亚、西亚的游牧民族、工商业比较发达的海洋民族也有很大的不同；从社会组织结构来看，宗法结构在中国漫长的历史中成为维系社会秩序的重要纽带，专制制度在中国延续两千年，这在世界文化史上也是极为罕见的。上述的历史条件——半封闭的大陆性地域、农业经济格局、宗法与专制的社会组织结构，相互影响和制约，形成了一个稳定的生存系统，与这个系统相适应，就孕育了伦理类型的中国传统文化。

这种文化类型不仅在观念的意识形态方面发生着久远的影响，而且深刻地影响着传统社会心理和人们的行为规范。例如，孝亲敬祖、尊师崇古、修己务实、不佞鬼神、乐天安命等，这些在几千年农业宗法社会环境下形成的社会心理和观念，渗透到传统文化的方方面面。又如，春节，我们都会选择回家享受天伦之乐，完成我们的孝亲行为。正因为如此，德国哲学家，史学家斯宾格勒（Oswald Spenler1880—1936）才把道德灵魂当作中国文化的基本象征符号，德国唯心论哲学家黑格尔（Hegel1770—1831）才说："中国纯粹建筑在这一种道德的结合上，国家的特性便是客观的家庭孝敬。"

有人说，如果把西方的文化视为"智性文化"，那么中国文化则可以称为"德行文化"（冯天瑜等，1990）。这种说法有一定道理。但是，中国传统文化之重"德"，并不是说它轻"智"，它是一种德智统一、以德摄智的文化。中国文化伦理型地体现为，在对待人与自然的关系上，它十分注重二者之间的和谐与统一，几乎到了有一种伦理关系在其中的地步：人，出于自然，以天地为父母，以万物为朋友，其精神（古人称为"气"）可以与天地相通。因此可以说，人的"德"出自天地自然，人与天地自然可以"合其德"。因此，中国古代有"天命有德"的观念。这种文化观念，同欧洲文化地注重人与自然的对立，中东和印度文化的注重超自然的神，都有所不同。北宋哲学家张载有一段精辟的话，他说：乾称父，坤称母；子兹藐焉，乃浑然中处。故天地之塞吾其体；天地之帅吾其性。民吾同胞，物吾与也（《正蒙·乾称篇》）。我们思考张载把什么称作孝，而这样的孝成就了中国文化的什么精神？在这里，张载把天地看作父母，把百姓看作兄弟，把万物看作朋友。也就是说，把人伦的观念，贯彻到天地万物之中，这正典型地代表了中国文化的伦理型特色。因此我们也可以说，中国古代文化是一种天地合德的伦理类型。张载还认为，人，作为天地大家庭的一员，应该担当起自己的责任："尊高年所以长其长，慈孤弱所以幼吾幼。圣其合德，贤其秀也。凡天下疲癃残疾、茕独鳏寡，皆吾兄弟之颠连无告者也，于时保之，子之翼也。乐且不忧，纯乎孝者也。"（《正蒙·乾称篇》）大意是尊敬年高者视为礼敬同胞中年长的人，慈爱孤苦弱小的是为保育同胞中幼弱之辈。圣人是同胞中与天地之德相和的，贤人是其中优异秀出之辈。无论天下的衰老龙钟，或有残疾的人，孤苦无依之人或鳏夫寡妇，都是我困苦而无处诉说的兄弟，及时保育他们，是子女对乾坤父母应有的协助，乐于保育不为己忧，是纯粹的孝顺。这里张载把尊高年、慈孤弱、怜惜残疾鳏寡称为"孝"，把"孝"的范畴广义化了。实质上，中国文化中爱好和平、尊重他人的精神，与此是有着某种内在联系的。那么爱和平，尊重他人精神的体现有哪些方面呢？比如，疫情期间，我们不随意诋毁污蔑他国，我们会帮助弱小有难的国家度过灾难。又如，电影《流浪地球》就体现了我国伦理型文化的思维方式，当灾难来临，不分民族、种族、国界，我们都是兄弟，万物都是朋友，地球是一个大家庭，电影的结局是一起走，一起搬家。

中国文化的伦理型特征，在社会根源上，主要源于中国古代社会宗法体系的完善及其影响的长期存在。与世界各国不同，中国是在血缘纽带解体不充分的情况下步入文明社会的，从而形成了独特的宗法体系。与之相联系，宗法体系的完善显现在以下四方面，首先，是血亲意识，即所谓"六亲"（父子、兄弟、夫妇）"九族"（父族四、母族三、妻族二）的观念继续构成社会意识的轴心，而且其形态在后来的发展中愈益精密化。经过历代统治者及其士人的加工改造，宗法体系下的血亲意识有的转化为法律条文（如"不孝"成为犯法的"首恶"），更主要的是形成宗法式的伦理道德，长久地左右着人们的社会心理和行为规范。其次，血亲意识在语言上表现为亲属称谓系统的庞杂精细。这一系统不仅如同世界诸多民族一样纵向区分辈分，而且在父母系、嫡庶出、长幼序等横向方面也有极严格的规定。例如，英语中 uncle 和 aunt 的汉语对应词，竟有伯父母、叔父母、姑父母、舅父母、姨父母等五种之多。再次，血亲意识在情感上表现为中国人往往怀有浓烈的"孝亲"情感，这种情感不仅表现为对死去先祖的隆重祭奠，更表现为对活着的长辈绝对孝顺，所谓"百善孝为先"。"尊亲"成为中华民族古已有之的道德传统。在中国文化系统内，孝道被视为一切道德规范的核心和母体，忠君、敬长、尊上等，都是孝道的延伸。"夫孝，始于事亲，中于事君，终于立身。"（《孝经·开宗明义》）中国人虽然也崇拜天神，但无希伯来人、印度人、阿拉伯人那样的虔诚和狂热，耶稣受难曾激发起欧洲人无以名状的心灵震撼，而中华民族以"如丧考妣"来形容悲伤至极的情感。从这个意义上说，纲常伦理观念如同一具庞大严密的"思想滤清器"，阻挡、淡化了宗教精神对国民意识的渗透。与基督教、伊斯兰教、印度佛教相比，中国宗教在禁欲、绝亲等关系世俗人伦的方面，总是留有充分的余地。佛教传入中国以后，正是由于在尽孝、尽忠这两大伦理观念上有所修正，汉译佛典甚至伪造《父母恩重经》，阐发孝道，宣扬忠君，这才获得民众的理解，得以顺利发展。最后，血亲意识升华为理论，作为社会心理状况的理论升华，伦理道德学说当仁不让地成为中华学术的首要重心，影响之大，导致道德论与本体论、认识论、知识论互摄互涵，畛域不清。在古希腊、罗马，人们关注的重心不是人际伦常关系，而是大自然和人类思维的奥秘，主体与客体二分、心灵与物质对立的观念深入人心，宇宙理论、形而上学得到较充分的发展。以柏拉图为代表的古希腊哲学体系三分为思辨哲学、自然哲学和精神哲学，此后直到近代，西方以"求真"为目标的学术范式一脉相承，宇宙论、认识论与道德论各自独立发展。

中国则不同，人伦效法自然，"人法地，地法天，天法道，道法自然"（《老子》第二十五章）。自然亦被人伦化，天人之间攀上了血亲关系，君王即"天子"从而形成了天人合一、主客混融的观念。中国古代的知识论从未与道德伦理学说明晰地区分开，为学的目标主要固在于求"真"——探索自然奥秘，更在于求"善"——追求道德觉悟。外在的自然界既未被当作独立的认知对象与人伦相分离，以外物为研究对象的科学便遭到冷遇和压抑，自然科学、分析哲学因此难以获得充分的发展，伦理道德学说却延绵不断，甚至成为众多学科门类的出发点和归宿。政治学成为道德评判，政事被归结为善恶之别、正邪之争、君子小人之辨；文学强调教化功能，成为"载道"的工具，史学往往以"寓褒贬，别善恶"为宗旨，教育更以德育居首，所谓"首孝悌，次见闻"（《三字经》），"行有余力则以学文"（《论语·学而》），知识的传授倒退居其次。至于哲学，在中国文化体系中往往与伦理学相混融，主要是一种道德哲学。这一点在儒学中体现得尤为鲜明。正如梁启超所说："儒家舍人生哲学外无学问，舍人格主义外无人生哲学。"（梁启超《先秦政治思想史》）

宗法社会特定的伦理型文化的影响是多方面的，其正面的积极效用为，在中国文化系统里，强调在道德面前人人平等，如孟子说"人皆可以为尧舜"，王阳明说"满街都是圣人"，都是肯定凡夫俗子也可以通过道德修养达到最高境界的。与此同时，伦理型文化对包括君主在内的统治者也可以形成道德制约和严格要求。自周朝开始，帝王死后有谥号，群臣根据其德行政绩加一概括语，褒者如成、康，贬者如幽、厉。这种人格评判式的道德制约，在缺乏分权制的古代中国，发挥的社会调节功能不可低估。伦理型文化在特定历史条件下，还能鼓舞人们自觉维护正义，忠于国家民族，抵御外来侵略，保持高风亮节。千百年来，无数"舍生取义""杀身成仁"的志士仁人，都从传统道德伦理思想中汲取营养，立德，立功，彪炳千秋。当然，伦理型文化也有其消极的一面。它将伦理关系凝固化、绝对化，以致在某种程度上又成为人身压迫、精神虐杀的理论之源。我们要对它进行具体分析，批判地继承其中优秀的文化遗产，剔除其糟粕，创造性地建设中国的新文化。

第二节　中国文化的特点

关于中国文化的特点，可以从不同角度来认识和总结。中国最后一位大儒梁漱溟先生在《中国文化要义》中，曾提出中国文化的十四大特征（梁漱溟，1990）；台湾学者韦政通则概括出中国文化的十大特征，其他学者还有各种不同的总结和研究结论。其实，在本书中，已涉及中国文化的特点问题，诸如中国文化的延续力、多样性、包容性、凝重性，它作为农业文化、宗法文化、礼仪文化、伦理文化的特征，它对待宗教、科学技术、民主、个人权利的态度，中国文化特殊的思维方式、审美情趣等。本书下编将要论述中国文化的基本精神和价值系统，实际上也是要从内在精神和价值取向方面进一步深入揭示中国文化的特点。可以这样说，学习中国文化史，就是要从各个方面、各个角度来认识中国文化的特点，把握它的民族性和特殊性，既知道它的优点、长处，也清醒地了解它的缺点、短处。本章除了已在上节揭示中国文化的伦理类型这个总的特征之外，还想从以下几个方面集中论述一下中国文化的特点问题。

一、强大的生命力和凝聚力

在世界文化之林中，有四大文明古国，也曾经出现过许多优秀的文化体系。英国历史学家汤因比（Arnold Toynbee，1889—1975）认为，在近6000年的人类历史上，出现过26个文明形态，但是在全世界只有中国的文化体系是长期延续发展而从未中断过的文化。这种强大的生命力，是中国文化的一个重要特征。中国文化的强大生命力，表现在它的同化力、融合力、延续力和凝聚力等诸方面。

所谓"同化力"，是指外域文化进入中国后，大都逐步中国化，融入中国文化而成为其一部分。在这方面，最有代表性的例子莫过于佛教文化的传入和中国化。佛教开始流传于尼泊尔、印度、巴基斯坦一带，并不是中国本土的文化，在公元1世纪的两汉之际开始传入中国，经过魏晋、隋唐几百年，佛教高僧的东渡，佛教经典的翻译，中土僧人的西行求法，都不能使佛教文化完全征服中国的士大夫。佛教传播的结果，一部分变为中国式的佛教（如禅宗，天台宗，华严宗）；另一部分反而消融于宋明理学之中，成为中国文化的一部分。

所谓"融合力"，是指中国文化并非单纯的汉民族文化或黄河流域的文化，而是在汉民族文化的基础上善于有机地吸收中国境内各民族及不同地域的文化——如荆楚文化、吴越文化、巴蜀文化、西域文化等，形成具有丰富内涵的中华文化。中华各民族文化，例如，历史上的匈奴、鲜卑、羯、氐、羌、契丹、辽、金等民族的文化，都融汇于中国文化的血脉之中。没有这种融合，也就没有中国文化的博大精深。当然，各地域、各民族文化的融合，也包含有"同化"的意义。

中国文化的同化力和融合力，是在历史中形成的，因此它不是简单的偶然的文化现象，而是一种文化生命力的表现。具有如此强大的文化生命力的民族，在世界历史上都是少见的。英国历史学家汤因比在20世纪70年代初，曾与日本学者、社会活动家池田大作有过一次著名的对话，在这次对话中，他指出，"就中国人来说，几千年来，比世界任何民族都成功地把几亿民众，从政治文化上团结起来。他们显示出这种在政治、文化上统一的本领，具有无与伦比的成功经验"。中国文化的同化力和融合力，是其无与伦比的生命延续力的内在基础。

在人类历史上，多次出现过因为异族入侵而导致文化中绝的悲剧，如印度文化因雅利安人入侵而雅利安化，埃及文化因亚历山大大帝占领而希腊化、因恺撒占领而罗马化、因阿拉伯人移入而伊斯兰化，希腊、罗马文化因日耳曼蛮族入侵而中绝并沉睡千年。但是在中国，此类情形从未发生。文化学界有人将七个古代文化——埃及文化、苏美尔文化、密诺斯文化、玛雅文化、安第斯文化、哈拉巴文化、中国文化称为人类原生形态的"母文化"。在它们之中，唯有中国文化一种，历经数千年，持续至今而未曾中辍，表现出无与伦比的延续力。

这种强健的生命延续力的成因是多方面的。东亚大陆特殊地理环境提供了相对隔绝的状态，是其缘由之一。而中国文化长期以来以明显的先进性多次"同化"以武力入主中原的北方游牧民族，反复演出"征服者被征服"的戏剧，也是一个重要原因。

在漫长的历史年代里，中国文化虽未受到远自欧洲、西亚、南亚而来的威胁，但也屡屡遭到北方游牧民族的军事冲击，如春秋以前的"南夷与北狄交侵"，十六国时期的"五胡乱华"，宋元时期契丹、女真、蒙古人接连南下，明末满族入关。这些勇猛剽悍的游牧人虽然在军事上大占上风，甚至多次建立起强有力的统治政权，但在文化方面，总是自觉不自觉地被以华夏农耕文化为代表的先进的中原文化同化。匈奴族、鲜卑族、突厥族、契丹族、女真族、蒙古族等游牧或半农半牧民族在与先进的中原文化的接触过程中，几乎都发生了由氏族社会向封建社会的过渡或飞跃。军事征服的结果，不是被征服者的文化毁灭、中绝，而是征服者的文化皈依和文化进步。而在这一过程中，中国文化又多方面地吸收了新鲜养料，如游牧人的骑射技术，边疆地区的物产、技艺，从而增添了新的生命活力。

中国文化的强大生命力还表现在它具有历久弥坚的凝聚力。这种凝聚力具体表现为文化心理的自我认同感和超地域、超国界的文化群体归属感。早在公元前1000年的西周时期，中华先民便有了"非我族类，其心必异"的观念，表达了从文化心理特质上的自我确认。到了近代，中国人更自觉地意识到：中华之名词，不仅非一地域之国名，亦且非一血统之种名，乃为一文化之族名。故《春秋》之义，无论同姓之鲁卫，异姓之齐宋，非种之楚越，中国可以退为夷狄，夷狄可以进为中国，专以礼教为标准，而无有亲疏之别。其后数千年，混杂数千百人种，而称中华如故。以此推之，华之所以为华，以文化言之可决也。正因为如此，直到今天，数以万计浪迹天涯的华侨、华裔，有的已在异国他邦生儿育女，传宗接代，但他们的文化脐带，仍然与中华母亲血肉相依，在他们的意识与潜意识中，一刻也未曾忘记自己是中华儿女。已定居巴拿马几代，并且在政界取得显赫地位的华裔这样说道："别看我们完全不懂中文，我们的思想、举止都是非常中国式的。"美籍华人、诺贝尔物理学奖得主杨振宁教授也说："我觉得中国传统的社会制度、礼教观念、人生观，都对我们有极大的束缚的力量。"肺腑之言，拳拳之心，都是中国文化强劲凝聚力的生动体现。吴京导演的电影《战狼2》体现了中华民族文化的强大凝聚力，表现的是在外国战乱的背景下，以中华凝聚力激发观者内心的凝聚力，获得票房56亿元。

二、重实际求稳定的农业文化心态

中国传统文化是一种农业文化。所谓"农业文化"，并非说构成这种文化的物态成分中没有其他产业的产品，而是说整个文化的物质基础的主导方面和支配力量是在自然经济轨道上运行的农业。

黄河、长江哺育的亚洲东部这片肥沃的土地，为中华先民从事精耕细作的农业生产提供了极为优越的条件。几千年来，中国人的主体——农民，"日出而作，日入而息，凿井而饮"，躬耕田畴，世世代代、年复一年地从事简单再生产，成为国家赋役的基本承担者，这就注定了中国古代文化的农业型物态特征，并在此基础上形成独具一格的农业文化心态的特点"实用—经验理性"，表现为重农、尚农的社会共识，重实际而黜玄想的务实精神，安土乐天的生活情趣，包含循环与恒久意识的变易观念等。

在以农业为生存根基的中国，农业生产的节奏早已与国民生活的节奏相通。我国的传统节日，包括最隆重的春节，均来源于农事，是由农业节气演化而成的，并不像许多其他民族那样，节日多源于宗教。一种说法，春节是一年中的第一天，新一轮农业生产的开始，中秋节是庆祝丰收，端午节一种是屈原说。另一种说法，南方有一少数民族，每年五月初五举行祭图腾仪式，以求来年风调雨顺，大丰收等。在这样的文化氛围内，重农思想的产生便是顺理成章的事情。中国人很早就认识到农耕是财富的来源。《周易》说："不耕获，未富也。"（《象传·无妄》）中国"礼"文化的创导者周公也说："呜呼，君子所其无逸，先知稼穑之艰难，乃逸。"（《周书·无逸》）认为统治者要求社会的安定，首先必须懂得农耕的重要和农民的艰辛。

战国中期的商鞅更把"尚农"作为富国强兵的基础。他下令免三晋客民军役三世，使其安心农业生产；又让农人固定居住，不得迁徙，以防脱离生产；还采取种种措施，令各类非农业人口转入农事，以制止"不作而食"，由此形成的"重农抑商"政策，对后世影响深远。《吕氏春秋》则从理论上发挥了重农思想，认为"霸王有不先耕而成霸王者，古今无有，此贤者不肖之所以殊也"
（《吕氏春秋·上农》），把发展农业看成成就霸业的基础。

大部分成书于战国时期的《管子》认定"孝弟力田者"，即农人是社会的
中坚，提倡以农为"本"，以工商为"末"，反复劝诫统治者要"务本"以"安
邦"，"重本"而"抑末"。帝王也深知农业繁荣是国固邦宁的根底所在，如汉
文帝刘恒颁布重农诏曰："农，天下之大本也，民所恃以生也。而民或不务本而
事末，故生不遂。"（《汉书·文帝纪二年》）历代思想家阐扬重农的言论更是
不胜枚举，"农本商末"、重农抑商的观念在中国式的农业社会可谓根深蒂固。

务实精神是"一分耕耘一分收获"的农耕生活导致的一种群体价值趋向。
中国民众在农业劳作过程中领悟到一条朴实的真理：利无幸至，力不虚掷，说
空话无补于事，实心做事必有所获。这种农人的务实作风也感染了士人，"大人
不华，君子务实"是中国贤哲一向倡导的精神。清末民初学者章太炎说："国民
常性，所察在政事日用，所务在工商耕稼，志尽于有生，语绝于无验。"（《驳建
立孔教议》《章太炎政论选集》下册第689页）比较准确地刻画了以农民为主体
的中国人"重实际而黜玄想"的民族性格。正是这种民族性格使中国人发展了
实用一经验理性，而不太注重纯理论的玄思，亚里士多德式的不以实用为目的，
而由探求自然奥秘的好奇心所驱使的文化人，较少在中国产生。作为农耕民族
的中国人，从小农业的简单再生产过程中形成的思维定式和运思方法是注意切
实领会，并不追求精密谨严的思辨体系，他们被西方人称赞为"最善于处理实
际事务的"民族。"安土乐天"的生活情趣，更是直接从农业文明中生发出来的
国民精神。作为一个农业民族，中国人采用的主要是农业劳动力与土地这种自
然力相结合的生产方式，他们建立的自然经济社会是一种区域性的小社会，与外
部世界处于封闭状态。农民固守在土地上，起居有定，耕作有时。安土重迁是
他们的固有观念。《周易》称："安土孰乎仁，故能爱。"（《系辞上》）《礼记》
称："不能安土，不能乐天；不能乐天，不能成其身。"（《哀公问》）先民追求
的是在自己的故土从事周而复始的自产自销的农业经济必需的安宁和稳定。以
"耕读传说"自豪，以穷兵黩武为戒。所谓"善人为邦百年，亦可以胜残去杀
矣"（《论语·子路》），所谓"若使天下兼相爱，国与国不相攻，家与家不相
乱，盗贼无有，君臣父子皆能孝慈，若此则天下治"（《墨子·兼爱上》），便
是农业社会古圣先贤和庶民百姓的共同理想。

包含着循环与恒久意识的变易观念，与农业文明存在着深刻的内在联系。
作为一个农业民族，中国人受到农业生产由播种、生长到收获这一循环状况以
及四时、四季周而复始现象的启示，使之产生一种循环论的思维方式。正如

《易传》概括的："寒往则暑来，暑往则寒来。"政治生活中朝代的盛衰更迭，治乱分合的往复交替，所谓"天下大势，分久必合，合久必分"。以及人世间的种种变幻离合，更强化了人们的循环观念，而金、木、水、火、土"五行相生、相克"的公式，便是循环论自然观与社会观的哲学表征。

循环论是盛行于农业社会的一种推原思维。这种思维的特点是出发点与归宿点"重合"。这恰恰是农业生产的周期性和植物从种子到种子周而复始衍化所暗示的。这类思维方式长期制约着中国人的思想方法。汉、晋后流行于中国的佛教，其因果报应、修行解脱说，也是一种循环论。而将儒、佛、道三家思想汇合的宋明理学，其历史观也是循环论，邵雍的"元、会、运、世"周而复始的模式就是典型。北宋理学家、数学家、道士邵雍，阐发神奇古奥的先天象数学，他从先天象数中推演出社会历史运行的法则，认为历史的过程就是循环往复和轮回流转，称为"元会运世说"。

农业社会中的人们满足于维持简单再生产，缺乏扩大社会再生产的能力，因而社会运行缓慢迟滞。在这样的生活环境中，很容易滋生永恒意识，认为世界是悠久的、静定的。中国人往往表现出习故蹈常的惯性，好常恶变。反映在精英文化中，则是求"久"的观念应运而兴，《易传》所谓"可久可大"，《中庸》所谓"悠久成物"，《老子》所谓"天长地久""深根固蒂长生久视"，董仲舒所谓"天不变道亦不变"；都是这种观念的典型表述。反映在民间心态中，便是对用具追求"经久耐用"，对统治方式希望稳定守常，对家族祈求延绵永远，都是求"久"意识的表现。

当然，农业生产也向人们反复昭示着事物的变化和生生不已，因此，与恒久观念相辅相成，变易观念在中国也源远流长，影响深远，如《易传》所谓"日新之谓盛德，生生之谓易""刚柔相推而生变化"（《系辞上》），老子所谓"大曰逝，逝曰远，远曰反"（《老子》第二十五章）。这种变易观带有很明显的循环论特征。变易、循环和恒久在中国文化中很自然地结合、统一起来，其主要表现形态就是寓变易于保守之中，比如，汉武帝的"复古更化"，"复古"是承继尧舜三代道统，"更化"是以儒家哲理改变秦代遗留的恶俗；又如，王安石变法、张居正改革、康有为变法都是某种程度上的"托古改制"。这种以复古求变今的思路，正是农业经济养育的中国文化在变易观上的独特表现。

三、以家族为本位的宗法集体主义文化

中国古史的发展脉络，不是以奴隶制的国家代替由氏族血缘纽带联系起来的宗法社会，而是由家族走向国家，以血缘纽带维系奴隶制度，形成一种"家

国一体"的格局。社会组织主要是在父子、君臣、夫妇、长幼之间的宗法原则指导下建立起来的。

宗法制度在中国根深蒂固，不仅由于氏族社会解体极不充分，还由于此后自然经济长期延续，"鸡犬之声相闻，民至老死不相往来"的村社构成中国社会的细胞群，而这些村社中又包含家庭宗族与邻里、乡党两大网络，由家庭而家族，再集合为宗族，组成社会，进而构成国家。这种社会结构给宗法制度、宗法思想的迁延、流播提供了丰厚的土壤。战国时期的社会大变革，对宗法制度虽有所冲击，但以家庭为细胞的农业自然经济和血缘宗族关系，并没有撼动。此后两千多年，中华先民始终以宗法氏族社会传说的圣人——尧舜为圣人，以宗法氏族社会的"大同世界"为理想的社会境界，社会组织结构长久地笼罩在父系家长制的阴影之下，父是家君，君是国父，家国一体，宗法关系渗透到社会生活的最深层。

以家族为本位的社会关系的基本单元是"宗族"。在宗族内，每一个人都不被看作独立的个体，而起码要和上下两代人（即父、子）发生关联，这样，父亲、自己、儿子就形成三代，这是一个以"自己"为核心的最基本的"宗族"。由三代分别向上、向下延伸，还可以形成分别以自己的父亲、自己的儿子为核心的另外两个最基本的宗族，实际上形成了三个同心圆。如果仍以"自己"为核心来考虑的话，这三个同心圆一共包括了五代，即从自己的祖父到自己的孙子形成两层圆圈。就人的自然寿命而言，这五代人是可以同时在世的。如果将以"自己"为核心的这两层圆圈分别再往上、往下延伸，上至自己的"高祖"，下至自己的"玄孙"，这样就一共包括九代，形成四层圆圈（见图1.2）。

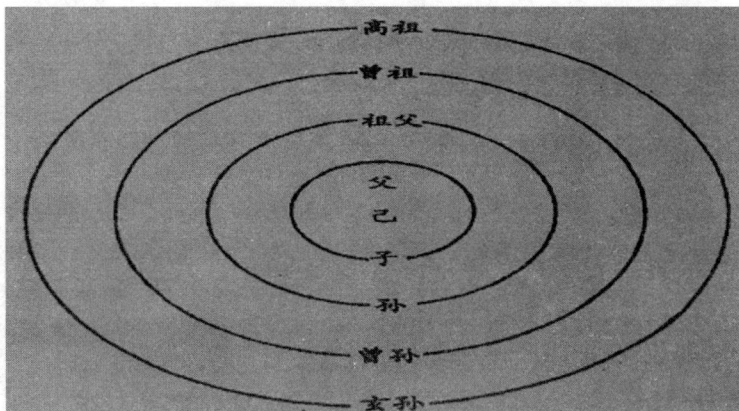

图1.2 宗族关系

说明：第一，由"己"到"祖父"为 3 代，由"己"到"孙"亦为 3 代，由"己"之孙到"己"之祖父为 5 代；第二，由"己"到"高祖"为 5 代，由"己"到"玄孙"亦为 5 代，由"已"之玄孙到"己"之高祖为 9 代。

这就是《礼记·丧服小记》中所说的"亲亲，以三为五，以五为九"，至九而"亲毕"。由此我们可以看到，在宗法观念下，个人是被重重包围在群体之中的，因此，每个人首先要考虑的，是自己的责任和义务，如父慈、子孝、兄友、弟恭之类，个人的权利就显得不那么重要。这就是所谓的"人道亲亲"。《礼记·大传》中释人道亲亲说："亲亲故尊祖，尊祖故敬宗，敬宗故收族。"由尊祖到敬宗再到收族，整个社会就团结起来、统一起来，这正是儒家的思路。

从"亲亲"的观念出发，可以引申出对君臣、夫妻、长幼、朋友等关系的一整套处理原则，这些处理原则是以"义务"观念为核心的。儒家经典《大学》中提出"知止"的范畴，"知止"具体表现在"为人臣止于敬"，"为人子止于孝"，"为人父止于慈"等等。这些都是"义务"的概念。《论语》中记载，孔子上朝的时候，君主没到来之前，与下大夫说话，"侃侃如也"（温和而快乐）；与上大夫说话，"訚訚如也"（正直而恭敬的样子）；君主来了之后，"踧踖如也，与与如也"（恭敬而心中不安，又行步安详有礼貌）（《论语·乡党篇》）。这则材料生动地说明了孔子非常注意掌握自己行为的分寸，把自己在特定环境下的"角色"义务处理得十分恰当。正是由于传统文化重家族轻个人、重群体轻个体，因而总是强调个人在群体中的义务和责任，而忽略了个人在社会中的权利，也就使"人皆可以为尧舜"这样的道德平等意识仅仅成为一种理想，而与"权利"相联系的"法制"观念在这样的系统之内没有用武之地，这正体现了传统文化的二重性。

四、尊君重民相反相成的政治文化

长期运作于中国的农业自然经济，是一种商品交换欠发达、彼此孤立的经济。在这种极度分散的社会土壤中生长起来的政治文化，需要高高在上的集权政治加以统合，以抗御外敌和自然灾害，而人格化的统合力量则来自专制君主。因此，"国不堪贰"的尊君传统乃是农业宗法社会的必然产物。另外农业宗法社会的正常运转，又要仰赖以农民为主体的民众的安居乐业，如此方能为朝廷提供租税赋役，保障社会需要的基本生活资料，社稷家国方得以保全，否则便有覆灭崩溃之虞。因此，"敬德保民""民为邦本"的思想传统也是农业宗法社会的必然产物。"尊君"和"重民"相反而又相成，共同构成了中国传统政治文化的一体两翼。这就是尊君重民政治文化形成的原因。

　　中国农业社会由千百个彼此雷同、极端分散的村落和城镇组成。但是，对外抗御游牧人的侵袭，对内维持社会安定又是这个农业社会的全民性需要，这就有建立统一的、权威巨大的帝国的必要。然而，农业型的自然经济决定，不能指望以商品交换形成的纽带来维系国家的大一统，只能依靠政治上和思想上的君主集权主义将国家大一统变为现实。在中国古代，除少数异端思想家提出过犀利的非君论外，多数学派的思想家都有不同程度的尊君思想，而绝对尊君论则是由法家提出来的。韩非从天下"定于一尊"的构想出发，提出了"事在四方，要在中央，圣人执要，四方来效"（《韩非子·扬权》）的中央集权的政治设计，并认为国君具有无上威权，对臣民蓄养以供驱使，而臣民对君则必须唯命是从。臣民不具备独立人格，视、听、言、动皆以君之旨意为转移。君以法、术、势制驭天下，天下以君为头脑和中枢，如此方可天下定于一尊，四海归于一统。此后不久正式建立的大一统秦帝国，就是以韩非的思想为蓝图构筑起来的。尊君论并非法家的特产，先秦儒学创始人孔丘便系统地阐述过温和的尊君思想，西汉大儒董仲舒则赋予尊君论以神学理论色彩，所谓"天子受命于天，天下受命于天子"（《春秋繁露·为人者天》），所谓"《春秋》之法以人随君，以君随天"（《春秋繁露·玉杯》），把国君描述成天与人之间的媒介。唐代的韩愈从社会分工角度，大倡尊君抑民之说。此后，程颐、朱熹等理学家以更加富于思辨性的理论，为"君权神授"做论证，将"君为臣纲"归结为"天理"。这种绝对君权主义到了明代更在实践上达到登峰造极的地步。明太祖朱元璋"收天下之权归一人"（王世贞《弇州史料》卷十一），废除沿袭 1000 多年的丞相制和沿袭 700 多年的三省制，将相权并入君权；撤销行省，设立分别直接受制朝廷的"三司"（布政使司、按察使司、都指挥使司），将君权扩张到极点，真正达到"朕即国家"的程度。

　　总之，中国农业社会需要并养育了一个君主集权政体，而这种君主集权政体一经形成，又成为超乎社会之上的异己力量，它剥夺了人民群众的一切权利，将军、政、财、文大权全部集中到朝廷以至皇帝个人手中。这就是马克思多次论述过的在"亚细亚生产方式"土壤中生长出来的"东方专制主义"。

　　与集权主义相伴生，中国农业社会培育了另一影响深远的政治意识，这便是"民本主义"。中国自先秦就已产生的"民本主义"是一个具有特定历史含义和民族文化内容的概念，在使用时必须与西方的"人文主义"和"人本主义"概念加以严格区分。产生于欧洲文艺复兴时期的"人文主义"是同维护封建统治的宗教神学相对立的人性论和人道主义；在 19 世纪由德国哲学家费尔巴哈提出的"人本主义"，是指抽去人的具体的历史条件和社会关系，把人仅看作一种生物学存在的旧唯物主义哲学观点。马斯洛需求层次理论是人本主义科学的理论之一。人有生理，安全，社交，尊重和自我实现的需要。而中国的民本主义则是与之完全不同的一个历史范畴。

民本主义植根于尚农、重农的社会心理的深层结构之中，它是与重农主义互为表里的。农业社会存在和发展的前提，是农业劳动力——农民的"安居乐业"。农民安居乐业，农业生产才能稳定有序，朝廷的赋役才能源源供给，"天下太平，朝野康宁"的"盛世"便有了保障。反之，如果以农民为主体的广大庶众失去起码的生存条件，出现"民不聊生""民怨沸腾"的状况，"民溃""民变"就会层出不穷，"国削君亡"就难以避免。

到晚周，民本思想渐趋盛大。老子认为，统治者必须顺应民意，"圣人无常心，以百姓心为心"（《老子》第四十九章），是说圣人没有固定不变的意志，而是以百姓的意志为意志。谴责"以百姓为刍狗"的做法是"不仁"。刍狗是古代祭祀时用草扎成的狗，祭祀之前重视，用过被丢弃。孔子则提出"节用而爱人，使民以时"（《论语·学而》），并有"修己以安人""修己以安百姓"的主张；他倡导的德政，以"裕民"为前提，希望统治者"因民之利而利之"（《论语·尧曰》）。此后，孟子对民本思想做了系统发挥。他说："民为贵，社稷次之，君为轻。是故得乎丘民而为天子，得乎天子为诸侯，得乎诸侯为大夫。"（《孟子·尽心下》）在这里提出了"民为国本"和"政得其民"的思想。稍晚的荀子也有类似思想，他说："君者舟也，庶人者水也。水则载舟，水则覆舟。"（《荀子·王制》）关于君民关系的这一形象比喻，给历朝统治者以深刻印象。唐太宗李世民在与大臣的对话中，就阐述过民水君舟，水可载舟，亦可覆舟的道理，一再强调"载舟覆舟，所宜深慎"（《贞观政要·论君道》）。

总之，"民为邦本""使民以时""民贵君轻"等民本思想是中国古代农业社会的一种传统政治思想，反对"杀鸡取卵""竭泽而渔"的"仁政""王道"学说由此派生出来。

民本主义同君主专制主义的关系是双重的。一方面，以"爱民""重民""恤民"为旗帜的民本思想与专制主义的极端形态——"残民""贱民""虐民"的暴政和绝对君权论是对立的，历来抨击暴政的人几乎无一例外地提倡民本思想；另一方面，民本主义又和君主专制主义的一般形态相互补充，构成所谓"明君论"。这种明君"重民""惜民"，民众则将安定温饱生活的希望寄托于明君。"百姓所赖在乎一人，一人所安资乎万姓，则万姓为天下之足，一人为天下之首。"（罗隐《两同书·损益》）可见，民本主义与主权在民的民主主义是不可同日而语的。民本主义严格划分"治人者"与"治于人者"，它是从治人者的长治久安出发，才注意民众的力量和人心向背的。中国历代封建统治者及其知识分子，一方面强调"国以民为本"；另一方面强调"民以君为主"，在他们看来，"尊君"与"重民"是统一的。

五、摆脱神学独断的生活信念

同世界上任何民族一样，在中国的远古时期，也产生过原始的宗教以及对天命鬼神的绝对崇拜。直到殷商，在意识形态上仍有"尊天事鬼"的特点，"卜辞"中记载的，就是殷商贵族的宗教占卜活动。但是在殷周之际，中国人的宗教观念产生了重要的变化，这就是从西周开始的疑"天"思潮以及"敬德保民"的思想观念。这种观念对以后中国文化的发展产生了重大的影响。近代以来的学者已经注意到这一历史现象，王国维指出："中国政治与文化之变革，莫剧于殷周之际。"他认为，这种变化，是"旧制度废而新制度兴，旧文化废而新文化兴"。其中的关键，在于"纳上下于道德，而合天子诸侯卿大夫士庶民以成一道德之团体"（《观堂集林·殷周制度论》）。这是中国传统文化的一个重要特点，中国文化从宗法中产生道德，而道德成为维系整个社会的根本纽带。宗法道德观念的确立，使神学独断的观念削弱以致被摆脱了。这成为中国传统文化与西方文化、印度文化等相区别的一个突出之处。

在欧洲以及印度，宗教的神或上帝、佛，是最高的信仰，是精神的寄托。而最高的善，生活的目标，人们行为的准则，都是从宗教的神的诫命或启示而来的。例如，犹太教把"摩西十诫"（摩西十诫的内容一是我是耶和华你的神，不可信其他的神；二是不可为自己雕刻偶像；三是不可妄称耶和华的名；四是六日劳作，第七日是安息日，休息；五是孝敬父母；六是不可杀人；七是不可奸淫；八是不可偷盗；九是不可做假证；十是不可贪恋他人的房屋，别人妻子，牛驴及一切）说成是永恒的道德规范和社会的基本准则，并且说这是上帝耶和华亲自向摩西颁布，与犹太人约法的（《旧约全书》）。又如，基督教的耶稣既被视为上帝之子，也是上帝的化身，他传布福音，教化世人，成为人间伦理道德的榜样和楷模。总之，在西方以及印度文化中，道德来源于宗教神启，宗教的神是神圣不可侵犯的。和欧洲、印度文化中的这种神学独断相比，中国文化显示了它的理性的一面。这种理性的体现首先是对道德是从哪儿来的，进行回答。儒家与道家都做出了自己的回答。儒家的回答有两派，孟子认为，道德之善，来源于人的本性，他从人见到孺子将入井时会产生"恻隐之心"立论，引发出"羞恶之心""辞让之心""是非之心"，称为四个"善端"，由"善端"加以扩充，就成为仁、义、礼、智四种道德品质。这种看法，不能说是正确的，但是他从心理的"经验"入手，采取逻辑推理的方法去论证道德的起源，把对道德问题的讨论引向人的主观修养一途，摆脱了有神论的道德观。儒家中另一派对道德来源做出回答的是荀子。荀子认为，礼义道德来源于后天环境对人性的陶冶、改造。他说："凡人之性者，尧舜之与桀跖，其性一也；君子之与小人，其性一也。"（《荀子·性恶》）而之所以有的人成为尧舜，有的人成了桀跖，有的人成为工匠，有的人成为农贾，都在于"注错习俗之所积"（《荀子·荣辱》），亦即道德与知识都来自后天环境的教育和积累。这种观点，比孟子更为彻底地摆脱了有神论的道德观。

中国古代文化的另一大支脉——道家学说，虽然认为"道"产生天地万物，但反复强调其"生而不有，为而不恃，长而不宰"（《老子》第五十一章），意思是生养万物而不据为己有，推动万物而不自恃有功，长养万物而不自以为主宰，这就是最深远的德，是为"玄德"。否定了有人格、有意志的神。道家的这种观点被概括为"道法自然"。它也深刻地影响到儒家特别是荀子的学说。荀子在《天论》中说："列星随旋，日月递照，四时代谢，阴阳大化，风雨博施，万物各得其和以生，各得其养以成。不见其事而见其功，夫是之谓神。皆知其所以然，莫知其无形，夫是之谓天。"这种说法，和道家天道无为的说法十分相近。

中国文化理性的体现还表现为对于鬼神的看法，儒家既有理性的一面，也有实用的一面。孔子说："务民之义，敬鬼神而远之，可谓知矣。"（《论语·雍也》）又说："未能事人，焉能事鬼？"，"未知生，焉知死？"（《论语·先进》）《论语》中还说："子不语：怪、力、乱、神。"（《述而》）这是其理性的一面。孔子又说："祭如在，祭神如神在。"（《八佾》）"君子有三畏：畏天命，畏大人，畏圣人之言。"（《季氏》）"获罪于天，无所祷也。"（《八佾》）这是其实用的一面。儒家以实用的立场看待鬼神和天命，正如荀子所说："日月食而救之，天旱而雩，卜筮然后决大事，非以为得求也，以文之也。故君子以为文，而百姓以为神。"（《荀子·天论》）。这段话是说日月食发生敲锣打鼓去抢救，天旱求雨祭祀，先占卜再决定大事。不是用它来作为得到祈求的东西的手段，只不过用它来为政事做装饰。君子把它看作文饰，百姓把它当作神灵存在的具体表现。这样的观点，也就是所谓的"神道设教"。因此，从认识论的角度来看，儒家有其"理性"的一面，从社会作用的角度来看，则有其"实用"的一面。中国文化在春秋战国以后的发展，坚持无神论观点的，不仅有科学家、思想家，也有文学家和历史学家，可以说形成了一种无神论的文化传统。

在世界各国历史上，都有对人类产生、人类文明的看法。而这也体现了中国文化理性的一面。例如，广泛流行于欧美的基督教文化，认为文明世界起源于上帝的创造：上帝用六天时间创造了天地万物，在第二个星期，又用泥土创造了人。因此，在基督教文化中，"创造"一词只属于上帝，而世界的文明来源于上帝的智慧。与此完全不同的是，在中华民族的观念中，文明的产生有另外的线索，从伏羲氏、神农氏到黄帝的传说，在汉代就已家喻户晓。这种文明起源的观念，在世界文化中也属罕见。尤其是关于黄帝的传说，影响最为久远。汉代史学家司马迁将其记录下来，列为《五帝本纪》之首，而后2000多年，历代帝王也好，大众百姓也好，都把黄帝当作文明崇拜的偶像，而用它取代了西方文化中上帝的位置。中国古代关于伏羲氏、神农氏和黄帝的传说，大体上反映了上古时代的中国文明由渔猎到农业而后又进入更高阶段的进程，古代中国人在对于这个进程的理解上，不是依赖于"神"，而是依赖于"人"，不是依赖于超人的力量，而是依赖于探索和劳动。例如，神农尝百草的传说、黄帝巨大脚印的"遗迹"（在今陕西省黄陵县），都具有这样的文化寓意。

人类创造的文明，有两大类内容。一类侧重于物质方面，如渔猎与畜牧，种植与农耕；另一类表现为文物制度与精神文化。在历史的传说记载中，创始于黄帝时期的发明，有养蚕、舟车、文字、音律、医学、算术，这些发明的一个共同特点是，它们已超出一般的农业生产范畴，而表现出更多的人文色彩。与此相对应的一个有趣的文化现象是，古代中国人对黄帝的崇拜远远超出了对伏羲氏与神农氏的崇拜。这是偶然的吗？从后人称黄帝为"人文初祖"来看，人们推崇黄帝的功德，似乎隐喻了这样的文化内涵；相对于物质文明来说，中国人更注重精神文明，这形成了中国文化的人文色彩。

由于中国传统文化自先秦就具有摆脱神学独断的特点，因此在中国历史上，未出现过像欧洲中世纪基督教神学占领思想统治地位的"黑暗时代"（the dark ages）。中国传统的民间宗教信仰，有极大的实用性，而在民间的"烧香拜佛"这样的口头语中，"佛"的含义既可能是释迦牟尼、观音菩萨，也可以是"城隍土地""太上老君""子孙娘娘""妈祖"……这和西方文化中宗教的严格排他性，迥然不同。这种文化现象，在某种程度上亦表现了中国文化的独特智慧。

六、重人伦轻自然的学术倾向

中国文化以"人"为核心，它表现在哲学、史学、教育、文学、科学、艺术等各个领域，乐以成德，文以载道，追求人的完善，追求人的理想，追求人与自然的和谐，表现了鲜明的重人文、重人伦的特色。但是，在对于自然界本身的认识和改造方面受到忽视。儒家思想在这方面的表现特别明显。以孔子为例，有的学者统计，《论语》中有关自然知识的材料共54条，涉及天文、物理、化学、动植物、农业、手工业等方面的现象，不可谓不丰富，但究其内容都是"利用自然知识以说明政治、道德方面的主张，而不以自然本身的研究为目的"。例如，孔子说："仁者乐山，智者乐水。"（《论语·雍也》）后来汉代的学者就把它发挥成如下的对话："子贡问曰：'君子见大水必观焉，何也?'孔子曰：'夫水者君子比德焉，遍予而无私，似德；所及者生，似仁；其流卑下句倨，皆循其理，似义；浅者流行，深者不测，似智，其赴百仞之谷不疑，似勇；绵弱而微达，似察；受恶不让，似包；蒙不清以入，鲜洁以出，似善化；至量必平，似正；盈不求概，似度；其万折必东，似志。是以君子见大水观焉尔也，是知之所以乐也'。"（刘向《说苑·杂言》）可见，从"水"这一自然现象中，可以观察出德、仁、理、义等一系列道德品格，而自然本身，却显得不那么重要。荀子总结先秦学术思想，特别指出了为学的路径，他说："凡可知，人之性也，可以知，物之理也。以可知人之性，求可以知物之理，而无疑止之，则没世穷年不能遍也。"（《荀子·儒效》）这段话是说能够认识事物是人的本性，可以被认识事物的自然之理，以人的认识的本性去探求可知的事物的道理，如果没有一定的目标所止，那就会终身辛苦，甚至到死也不能穷尽事物的道理。如何解决这个矛盾? 荀子提出"知止""止诸至足"的范畴，也就是把知识限定在一定的范围内，这个范围，就是学习做"圣人"的道理。

儒家这种重人伦、轻自然的学术倾向，对中国文化的影响是十分深远的。魏晋时期学术界虽然有关于"才""性"的辩论，但最终并没有解决"德"与"智"的关系问题。唐太宗品评大臣，仍然是："一曰德行，二曰忠直，三曰博学，四曰辞藻，五曰书翰。"（《贞观政要·任贤》）宋明理学家热衷于心性之学，朱熹虽然也发表过关于以自然科学知识的见解，又为《大学》的《格物致知》章做补传，但正如研究者指出的，理学家的目标主要不在于求知识之真，而在于求道德之善。这也就是朱熹教导其弟子时说的："如今为此学而不穷天理，明人伦，讲圣言，通世故，乃兀然存心于一草一木、器用之间，此是何学问! 如此而望有所得，是炊沙而欲其成饭也。"（《答陈齐仲》《朱文公文集》卷三十九）

重人伦、轻自然的思想也表现在教育领域，在封建社会，往往是身份较低的人才去学习自然科学，例如，唐代的"二馆六学"（弘文馆、崇文馆、国子学、太学、四门学、书学、算学、律学），招收弟子依照出身的品次高低，其中"六学"的书、算、律被排在最后，其学生为八品以下官员的子弟以及庶人子弟。这种情况，说明儒学重人伦、轻自然的思想在封建社会的广泛影响。

当然，我们应该看到重人伦、轻自然的不利影响也是存在的，从汉、唐到宋、元、明，中国的科学技术在相当长的时间里居于世界领先地位，这其中的原因是多方面的，从文化史的角度来看，中国传统文化重人伦而轻自然的倾向，也是其中原因之一。世界著名中国科技史专家李约瑟这样评论说："儒家相信宇宙的道德秩序（天），他们使用'道'一词，主要的——如果不是唯一的——是指人类社会里的理想道路或秩序，这在他们对待精神世界和知识的态度上表现得很明显。他们固然没有把个人与社会人分开，也没有把社会人与整个自然界分开，可是他们向来主张，研究人类的唯一适当对象就是人本身。"由于儒学在传统文化中的广泛影响，在古代学术史上，关于严密逻辑结构的理论，关于技术性控制的实验，以及二者之间相互联系验证的操作，都没有得到重视和发展。

七、经学优先并笼罩一切文化领域

中国伦理型文化还有一个突出的外在形式上的特点，这就是它的"经学传统"。所谓"经学传统"，是指中国文化长期以儒家经学为主流，有着一以贯之的传统，形成了独有的特色。

就中国学术的发展脉络而言，在先秦，是诸子之学；在两汉，是经学；而后又有魏晋玄学、隋唐佛学、宋明理学、清代朴学。但从客观上去考察，自汉代以后，一直到五四新文化运动之前，中国两千余年的学术发展，实以经学为一大主流。中国文化的发展，不论是哲学、史学、教育学、政治学、社会学、宗教学，以至医学、科学与艺术，都与经学有着十分密切的关系。可以说，在中国古代，作为一个知识分子，不论他的学习兴趣与研究方向最终怎样，他的首要任务就是学习经书，不可能有其他的选择。孔子说："不学诗，无以言。""不学礼，无以立。"（《论语·季氏》）可见，一个人的一言一行，都不能脱离"经"的指导。

在古希腊，文化的发展虽然还带有综合性的特点，但是已出现明显的学科分支，在数学、几何学、天文学、医学、物理学、生物学等方面，几乎都有相对独立的发展。亚里士多德的一个重要学术贡献，就是他在知识分类方面的功劳。在公元前3世纪中叶左右建立的亚历山大城博学院（museum），就设立有文学部、数学部、天文学部和医学部。科学史专家贝尔纳（J. D. Bernal）写道："这时的科学世界已大到足够培植出为数不多的笃好妙悟的优秀人物，来撰写天文学和数学上极专门化的著作，专门到甚至受过平均教育的公民都读不懂，而下层阶级只好怀着敬畏和猜疑望着它们。这样就使得科学家能够大胆探索复杂而精微的辩难，并由互相批评而得到伟大而迅速地进展。"

经，本来是孔子整理的古代文化典籍。孔子是中国第一个创立私学的伟大教育家，他对古代的文献收集整理，成为他进行教育的内容，同时延续和保存了中国古代文化。孔子编辑整理的古代文献称为"六经"，即《周易》《尚书》《诗经》《礼》《乐》《春秋》。在这些古代文献典籍中，包容了古代的政治、历史、哲学、文学、音乐、典章制度等丰富的文化内涵。

孔子死后，儒家分为八派。在对六经的继承和阐述方面，出现种种繁纷复杂的情况。在先秦诸子之中，儒家是"显学"，其他诸子百家，也与六经有着密切的关系。荀子是先秦诸子中的总结性人物，又三为齐国稷下学宫的"祭酒"（学宫之长）。他说过："学，恶乎始？恶乎终？始乎诵经，终乎读礼。"（《荀子·劝学》）可见，古代经典文献，在春秋战国时期有着重要的地位和影响。

到了汉代，武帝采纳董仲舒的建议，罢黜百家，独尊儒术，"经"的地位被大大提高了。训解和阐述六经及儒家经典的学问，称为"经学"，是学术文化领域中压倒一切的学问，成为汉以后历代的官学。"经"，也不断地扩充与增加。先是有"七经"之说，到了唐朝，经学作为官方学术，确定为"九经"，到宋朝又扩充为"十三经"。作为一切文化学术的指导性经典，十三经往往被刻在石碑上，以显示其不可更改的权威性。在中国历史上，曾有过七次刻经。如今在西安碑林博物馆内，还完整地保存着唐代的"开成石经"。在中国历史上，对十三经的注疏、训解、发挥，层出不穷。仅据清代乾隆年间的《四库全书总目》，"经部"的著录就有1773部，20427卷。可以说，中国文化在汉代以后的发展，经学成为重要的形式。

中国文化的这种经学传统，对中国文化的发展产生了什么影响呢？

首先，是儒家思想对中国文化各个方面的广泛渗透。在先秦，儒学不过是诸子百家中的一家，但是一旦成为"经"，在政治力量的推动下，便渗透在精神文化和物质文化的各个领域。不论是史学、哲学、教育、科学、艺术、法律，无一不渗透着经学的影响。汉代人以"经"为"常道"（班固《白虎通德论·论五经象五常》中说"经，常也，有五常之道"。），意谓不变的原则，因此后人又提出"文以载道""艺以载道"，甚至在衣食住行等社会文化方面，也要遵循着一种"道"的原则。这个"道"，主要就是指儒家思想。

其次，在经学的影响下，科学未能充分独立。经学是一门笼统学科，就五经而言，已经包含了人文科学及某些自然科学，例如，孔子就说过，读诗经，可以增加对鸟兽草木之名的认识。因此可以说，经学本身并不排斥自然科学，相反，儒学中的理性主义以及某些思辨方法，对自然科学甚至还有启发作用。

但问题的关键是，经学以它自成一套的体系，凌驾于一切知识之上，无形中排斥了科学的独立。有人以中国古代融会各门知识的"类书"与西方的"百科全书"进行比较，得出了很有说服力的结论。例如，在唐代类书《艺文类聚》中，共有四十六个"部"，其中以自然为主题的，按字面含义，只有天、地、山、水、火、木、兽、鸟等十六部，其余都是关于人和关于人的创造物的。其他的类书如《北堂书钞》《初学记》《太平御览》《渊鉴类函》等，也都大体如此，关于自然的知识不仅所占比例很小，而且地位也远在经学之下。而在西方，情况就大不相同。从西方的早期百科全书《学问之阶》起，就贯穿着古希腊"以自然本身来说明自然"的哲学观点，基本以事物的客观本质及其相关联的逻辑作为分类的主要依据。因此，在经学的学术体系之下，中国古代科学的发展，只能走自己的独特道路。

再次，经学传统对中国宗教的发展，也产生着一定影响。在世界诸文化体系之中，宗教都占有重要的地位。如基督教在欧洲、伊斯兰教在中东阿拉伯广大地区、佛教在印度及东南亚地区，其文化影响都是极其深远的，而在中国古代，宗教的影响相对而言就比较薄弱。对这一客观的文化现象，虽然可以从不同角度进行研究探索，但从历史的事实来看，经学传统对宗教发展的制约是显而易见的原因。由于以儒家为主体的经学得到历代统治者的大力扶植，佛、道二教始终未能居于中国文化的主导地位，中国历史上也就从未出现像欧洲中世纪基督教居于国教地位的那种情况。如果我们用统计资料来说明问题的话，那么，可以翻检一下中国古代最大也是最后的一部丛书《四库全书》，在其收入和存目的 93551 卷图书当中，佛、道典籍总共不过 57 部，742 卷。

中国古代经学传统对宗教发展的影响，是一个复杂的问题，对它的评价，也应是多层次、多角度的，不可以简单草率。但我们应看到中国传统文化内部不同文化层次的相互影响和制约，具体问题具体分析，这样才能更好地理解和认识中国传统文化。

思考题

①为什么说中国文化是伦理型文化？

②探讨和分析中国文化诸特点产生的原因。

③中国文化的诸特点对中国现代社会有何影响？

表 1.6　中国传统文化课程思政育人示范

课程思政设计	
思政知识点	中国文化是伦理型文化。
思政问题	如何看待宗法社会特定的伦理型文化的影响？
思政内容	伦理型文化是中国文化独有的类型。它既有积极的效用，也有消极的影响。独特的文化传统，独特的历史命运，独特的基本国情，注定了我们必然要走适合自己特点的发展道路。习近平总书记于 2013 年 8 月 19 日的全国宣传思想工作会议上提出"三个独特"深具内涵。每个国家和民族的历史传统、文化积淀、基本国情不同，其发展道路必然有着自己的特色；中华优秀传统文化是中华民族的突出优势，是我们最深厚的文化软实力；中国特色社会主义植根于中华文化沃土、反映中国人民意愿、适应中国和时代发展进步要求，有着深厚历史渊源和广泛现实基础。"提高国家文化软实力，要努力展示中华文化独特魅力。"习近平指出，对我国传统文化，对国外的东西，要坚持古为今用、洋为中用，去粗取精、去伪存真，经过科学的扬弃后使之为我所用。
思政目标	培养学生辩证地看待事物，与时俱进，提高学生的思辨能力。
课程思政设计	
思政知识点	摆脱神学独断的生活信念。
思政问题	中国文化认为道德从哪里来？

课程思政设计	
思政内容	中国文化从宗法中产生道德，而道德成为维系整个社会的根本纽带。注重通过个人的修为，提高自身的道德水平。中华民族在漫长的文明发展历程中，孕育形成了传统道德及其价值观。善、孝、礼、勤、新、业已积淀成为中国人的文化道德基因，成为中华民族生存与发展的基本精神及核心价值观。 "善"的追求与实践是人道之本，在中国传统价值理念中，善的崇尚、追求、实践是一以贯之的主线。中国传统道德要求必须将善在个体及群体的现实生活中全面推进，以实现人道之本。在个体层面，善是爱人和利人的修为与行动。首先要学会自律，做到"己所不欲，勿施于人"。其次要利人，"己欲立而立人，己欲达而达人"。善与爱相连，"老吾老以及人之老，幼吾幼以及人之幼"，要"泛爱众"；最后便是"民胞物与"。善与爱的情怀在人类社会的实践推进就是追求大同社会的实现，"大道之行也，天下为公"。这是个体社会价值观的最高追求，也是鼓励无数志士仁人不断为之奋斗的目标。 在群体层面，善的追求是将个体与他人、家庭、群体联系起来，并在其中有所奉献的价值实践过程，其导向归之于以群体（集体）为本。在群体中，善的实现是以仁爱为根本的。所以，仁爱主义是群体主义的基础。同时，善利群体的价值追求在于以邻为善，互利共生，这构成了群体与群体交往的和平主义的价值理念。群体主义、仁爱主义及和平主义的实现，是中国传统道德价值观谋求的人类共同生存的道德理想。
思政目标	培养学生反思的意识和向善的追求，行有不得，反求诸己。通过追求和实践"善"提升自身的道德修养。

第二编
中国传统文化内涵观念阐释

第一章

中国传统文化的价值系统

价值观是一种评价性的观点，它既涉及现实世界的意义，也指向理想的境界。具体而言，价值观总是奠基于人的历史需要，体现了人的理想，蕴含着一般的评价标准，展示为一定的价值取向，外化为具体的行为规范，并作为稳定的思维定式、倾向、态度，影响着广义的文化演进过程。不同时期的文化创造，总是受到特定价值观的范导，文化本身在某种意义上也可以看作价值理想的外化或对象化。从社会的运行到个体的行为，文化的各个层面都受到价值观的内在制约，因此可以说，价值观在文化中处于核心地位。一般来说，价值观是由一系列价值原则组成的。价值原则凝聚了人们对善恶、美丑的最基本的看法。正是相互关联的价值原则，构成了文化的价值系统。

中国传统文化在其历史发展中，通过对天人、群己、义利、理欲等关系的规定，逐渐展示了自己的价值观念，并在儒、道、墨、法、佛诸派的价值原则中取得了自觉的形成。以儒家的价值原则为主导，不同的价值观念相拒而又交融，相反而又互补，形成了中国传统文化内涵丰富的价值系统。通常认为，中国传统文化表现出重人伦而轻自然、重群体而轻个体、重义轻利、重道轻器的特点，这主要是就儒家的价值取向而言，如果对中国传统文化做一整体系统分析，我们则不能忽略其中包含的多元价值取向，以及它们之间的相互冲突、紧张和内在关联、互补的关系。本章即旨在对中国传统文化的价值系统做一整体的逻辑分析，以便了解它的多方面的内容，同时更准确地把握它的思想核心。

第一节　天人关系上的不同价值取向

注重天人关系，是中国传统文化的显著特点。早在先秦，天人之辨便成为百家争鸣的中心问题之一。它既是一个哲学问题，又具有普遍的文化意义。"天"即广义的自然，"人"则指人的文化创造及其成果。这样，天人关系在某种意义上便构成一种价值关系，而天人之辩论则成为传统文化价值系统的逻辑起点。

一、儒、墨、佛和宋明理学对天人关系的价值取向——人文取向与人道原则

人是否应当超越自然的状态？作为价值观的天人之辩，首先必须对此做出回答。儒家是较早对这一问题做出自觉反省的学派之一。按照儒家的看法，自然是一种前文明的状态，人应当通过自然的人文化，以达到文明的境界。孔子很早就指出："鸟兽不可与同群，吾非斯人之徒与而谁与？"（《论语·微子》）鸟兽是自然的存在，"斯人之徒"则是超越了自然状态而文明化了的人。作为文化的创造者，人不能倒退到自然状态，只能在文化的基础上彼此结成一种社会的联系（群）。在这里，对鸟兽（自然的存在）与"斯人之徒"（社会的存在）的区分，已包含着对人文价值的肯定。

"斯人之徒"是作为类的人。超越自然不仅表现在形成文明的群体，而且以个体的人文化为目标。就个体而言，自然首先以天性的形式存在，而自然的人化意味着化天性为德行（形成道德品格）。儒家辨析天人关系，总是兼及个体，与注重群体的文明化相应，儒家一再强调个体也应当由自然的天性提升为人化的德行。在儒家看来，就天性而言，人与一般禽兽并没有多大区别，如果停留于这种本然的天性，那么，也就意味着把人降低为禽兽。荀子曾指出："水火有气而无生，草木有生而无知，禽兽有知而无义。人有气、有生、有知亦且有义，故最为天下贵也。"（《荀子·王制》）"气""生""知"（知觉能力，如目能视之类）都是一种自然的规定或属性，"义"则超越了自然而表现为一种人文化的观念。人之为人，并不在于具有气、生等自然的禀赋，而在于通过自然禀赋的人化而形成自觉的道德意识（义）；正是这种人化的过程，使人不同于自然的对象而具有至上的价值（"最为天下贵"）。这样，儒家便从群体关联与个体存在两个方面，对人文价值做了双重确认。

作为一种高于自然的人文存在，文明社会应当以什么为基本的价值原则？不同的学派给予不同的答案。早在先秦，儒家的创始人孔子便提出了"仁"的观念。作为原始儒学的核心观念，仁具有多重含义，而从价值观上来看，其基本的规定则是"爱人"（《论语·颜渊》），它体现的，是一种朴素的人道原则。以"仁"为形式的人道原则，首先要求对人加以尊重和关切。当马厩失火被焚时，孔子问的是："伤人乎？"而并不打听火灾是否伤及马（《论语·乡党》）。这里体现的，便是一种人道的观念。因为相对于牛马而言，人更可贵，因此，失火时应首先关心人。当然，这并不是说牛马是无用之物，而是表明牛马作为与人相对的自然存在只具有外在的价值（表现为工具或手段），唯有人才有其内在价值（本身即目的）。这种人道原则体现了儒家基本的价值取向。孟子由仁学引申出"仁政"，要求以德行仁，反对用暴力的方式来压服人。即使在具有神学色彩的董仲舒儒学体系中，同样可以看到内在的人道观念。董仲舒虽然将"天"神化为超自然的主宰，但同时又一再强调"人下长万物，上参天地"，"最为天下贵"（《春秋繁露·天地阴阳》）。他还认为，天地之产生万物，乃是为了"养人"；换言之，一切以人的利益为转移，在神学的形式下，人依然处于价值关怀的中心。

在天人关系上，墨家的看法与儒家固然存在着不少差异，但也有相近的一面。和儒家一样，墨家对自然的状态与人文的形态做了区分，认为处于自然状态中的动物，有羽毛做衣服，有水草做食物，故既不事农耕，也无须纺织。人则不同："今人与此异者也，赖其力者生，不赖其力者不生。"（《墨子·非乐上》）"力"泛指人的活动。在墨家看来，正是通过这种活动，人超越了自然状态中的动物，而建立起文明的社会生活，这里内在地蕴含着化自然为人文的要求。如何使文明社会的秩序得到稳定？墨家提出了"兼爱"的原则。按墨家之见，社会之所以产生争乱，主要便在于社会成员不能彼此相爱，若天下之人能兼相爱，就可以消弭纷争，彼此相亲，国与国之间也可以化干戈为玉帛。"兼爱"观念体现的，同样是一种人道原则，在注重人道原则这一点上，儒墨确实有相通之处。当然，儒家强调的"仁"，是以孝悌为本，它更多地受到宗法血缘关系的制约；墨家的"兼爱"则超越了宗法关系，它体现的人道原则在某种意义上具有更普遍的内涵。

儒墨揭示的人道原则，在佛教那里也得到了某种回应。佛教本是外来的宗教，但随着它的衍变发展，已逐渐融入中国文化之中，其价值观也成为中国传统价值体系的一个组成部分。作为宗教，佛教认为天（自然）与人均虚幻不实，而把彼岸世界视为真实的存在。不过，在论证成佛根据时，佛教常常强调人道胜于天道。人尽管也是宇宙中的一员，但其地位高于其他的存在，在"六道"说中，人便被列于一般动物（畜生）之上。佛教的终极目标固然是要超越现实的人生，但这种超越本身要通过人的自觉活动来完成，所谓由"迷"到"悟"，便意味着从自在状态到自为状态。这样，作为实现终极目标的环节，广义的"人化"过程也得到某种肯定。与以上趋向相联系，佛教提出了慈悲为怀、普度众生的要求，这种教义尽管具有浓厚的宗教色彩，而且其所慈、所悲的对象往往相当宽泛，但是，其中无疑也渗入了某种深切的人道观念；在对人的关怀上，它与儒家的仁义、墨家的兼爱显然有一致之处。从一定意义上来说，佛教的慈悲观念既表现了对儒墨人道原则的吸纳与适应，又从一个侧面强化了中国文化注重人道原则的传统。

在宋明理学那里，人道原则得到了进一步的阐发。理学以儒家思想为主体，同时又糅合了佛道等各家学说。与先秦儒学一样，理学家首先强调"天地之性人为贵"（朱熹《四书集注·孟子》），也是从天人关系的角度肯定了人的内在价值。由此出发，理学家提出了"民胞物与"的观念："民吾同胞，物吾与也。…一尊高年，所以长其长；慈孤弱，所以幼吾幼。"这里确乎充满了人道的温情：人与人之间亲如手足，尊长慈幼成为普遍的行为准则。理学津津乐道的所谓"仁者与天地万物为一体"，也表现了同样的情怀。尽管理学对墨、佛等颇多批评，但"民胞物与"的观念与墨、佛等展示了相近的文化精神，它在一定意义表现为儒家的"仁"、墨家的"兼爱"和佛家的"慈悲"等的融合。可以说，正是通过这种融合，传统的人道原则获得了更丰富具体的内涵，并成为一种稳定的价值定式。

二、道家对天人关系的价值取向——"无以人灭天"

相对于儒墨的突出人道原则，道家则把关注的重点放在自然（天）之上，由此形成一种异于儒墨的价值取向。

在天人关系上，儒墨将自然（天）视为前文明的状态，强调自然应当人文化，也就是说，自然只有在人化之后，才能获得其价值。与之相异，道家认为，自然本身便是一种完美的状态，而无须经过人化的过程。就对象而言，"天地有大美而不言，四时有成法而不议，万物有成理而不说"（《庄子·知北游》），即自然过程和谐而有规律，蕴含着一种内在的美。同样地，最高的社会境界（"至德之世"）也存在于前文明的时代："夫至德之世，同与禽兽居，族与万物并。"（《庄子·马蹄》）这是一种广义的自然状态。儒家一再对人与禽兽之分做了严格辨析，要求由野而文；道家则将"同与禽兽"视为"至德之世"，这一分一合，表现了不同的价值趋向。可以看到，在道家对前文明时代的赞美中，自然状态实际上被理想化了。

从自然状态的理想化这一基本前提出发，道家对人化的过程及其结果（文明）往往持批评和否定的态度。在他们看来，自然作为一种完美的状态有其内在的价值，人化的过程不仅无益于自然之美，而且总是破坏这种理想状态。"牛马四足，是谓天；落（络）马首，穿牛鼻，是谓人。故无以人灭天。"（《庄子·秋水》）这是说牛马有四条腿，是本来如此，属自然（天）；给牛马套上缰绳，则是一种后天的人为。正如络马首、穿牛鼻是对牛马天性的残害一样，一切人化的过程都是对自然之美的破坏。

人化过程不仅表现为驾牛服马（对自然对象的作用），而且展开于社会过程本身，对后者，道家做了更多的批评。随着社会的演进，从技艺到道德规范等各种人文现象也随之出现并不断发展，但按道家之见，文明社会带来的并不是进步，而是祸乱和灾难："民多利器，国家滋昏。"（《老子》第五十七章）"大道废，有仁义；慧智出，有大伪。"（《老子》第十八章）工具的改进，固然增加了社会的财富，但同时诱发了人的好利之心，并导致了利益上的纷争和冲突。文明的规范诚然使人超越了自然，但仁义等规范的标榜，也常常使人变得虚伪化。"窃钩者"虽不免受制裁，但是"窃国者"可以成为诸侯，并获得仁义的美誉（《庄子·胠箧》）。历史地看，文明的发展往往是以二律背反的形式展开，它在推动社会进步的同时，常常带来某些负面的后果，道家的上述批评，多少意识到了这一点。不过，由强调文明进步的负面意义而否定文明，显然又走向了另一极端。

自然的人化既然只具有负面的意义，逻辑的结论便是从文明回到自然。《老子》提出"见素抱朴"的命题已表现了这一意向，庄子更具体地提出了回归自然的要求："故绝圣弃知，大盗乃止；掷玉毁珠，小盗不起；焚符破玺，而民朴鄙；掊斗折衡，而民不争；殚残天下之圣法，而民始可论议。……攘弃仁义，而天下之德始玄同矣。"（《庄子·胠箧》）在此，一切人文的创造，从知识成果到治国手段，从度量工具到社会规范等都被列入摒弃之列，最后回到一种天人玄同的自然境界。

道家将自然状态理想化，反对以人文创造去破坏自然环境，无疑表现了一种消极倾向。但从价值观上来看，其中也有值得注意之处。就人与自然的关系而言，道家主张无以人灭天，也包含着一种尊重自然的要求。它想表达的意思是人的文化创造不应无视自然之理，化自在之物为我之物的过程不能偏离自然本身的法则。道家强调"法自然"，在一定意义上表现了对循天理地注重。在著名寓言"庖丁解牛"中，庄子以生动的语言描绘了庖丁解牛的过程，其一举一动，游刃有余的熟练技巧几乎已达到了美的境界，而庖丁之所以能如此，便是因为他在活动过程中始终"依乎天理""因其固然"，即人为完全合乎天道。在颇受道家思想影响的魏晋思想家那里，这一观念得到了更明确的表述："则天成化，道同自然。"（《王弼集》第626页）"故圣人达自然之性，畅万物之情，故因而不为，顺而不施。"（《王弼集》第77页）依据这种理解，天与人并不呈现为一种对立、紧张的关系，二者本质上融合无间。就天人关系而言，过分强调人化过程的合目的性，往往容易导致人类中心的观念，并且内在地蕴含着忽视自然之理的可能性，循乎天道的自然原则对于化解这种观念，避免天人关系的失衡，有其不可忽视的意义。

广义的天人之辩还涉及天性（Nature）与德行（Virtue）的关系问题。儒家孟子一派认为德行就是天性的内容，荀子一派则认为德行是天性的改造。相对于儒家注重天性的改造，道家更强调对天性的顺导，所谓"无以人灭天"，也意味着反对伤害人的自然本性。在道家看来，自然的天性体现了人的本真状态，人为的塑造则如同络马首、穿牛鼻那样，抑制了人性的自由发展，并使人失去了本真的状态。作为文明社会的主体，人当然应超越天性而培养德行，但是如果将德行的培养仅仅理解为对天性的否定以至泯灭，那么，德行对主体来说便会成为一种异己的存在，并容易趋于虚伪化。儒家从主体存在的角度肯定了人文的价值，但过分地强调对天性的改造，又往往使德行的培养成为一个"反于性而悖于情"（《荀子·性恶》）的过程，由此形成的德行，并不是真正健全的人性。德行作为人化的成果，属于当然。当然的外在形式是社会的规范（当然之则）。天性与德行的对立，往往导致当然对自然的否定，其逻辑结果则是使当然之则成为一种外在的强制，后来理学家的消"天理"，便带有这种强制的性质。总之，自然的人化一旦等同于勃逆天性，则难免导致人性的扭曲和当然之则的异化，而道家反对无条件的"灭天"，对于化解天性与德行、当然与自然的紧张确实也有一定意义。

应当指出，就天人关系而言，儒家的价值取向在传统文化中占着支配的地位。如前所述，儒家要求化自然为人文，并以人道作为社会的基本原则。无疑有其积极的意义。儒家强调的超越自然，主要地是指化天性为德行，其目标在于达到道德上的完美。这种价值追求，使儒家的人道原则带有狭隘和片面的特点——在主张由天性提升为德行的同时，正统儒家往往忽视了对外在自然作为客体的自然界的探索与改造，并相应地表现出了某种重人文而轻自然的趋向。道家虽然崇尚自然，但其自然原则，由于缺乏积极改造作用于自然界的内容，因此也不足以抑制儒家轻自然的倾向。这里确实表现出了传统文化价值观的消极的一面。

三、中国传统文化的力命之辨

天人之辩内在地关联着力命关系问题。"天"的超验化，便表现为"命"。事实上，在中国传统文化中，"天"与"命"常常被合称为"天命"。"命"或"天命"是一个比较复杂的概念，如果剔除其原始的宗教界定，则其含义大致接近于必然性。当然，在"天命"的形式下，必然性往往被赋予某种神秘的、超自然的色彩。与命相对的"力"，一般泛指主体的力量和权能。作为天人之辩的展开，力命之辩涉及的，乃是人的自由问题。

（一）儒家力命观

化自然为人文的基本条件是主体自身的努力，超越自然的要求本质上蕴含着对主体力量的确信。前面已提到在儒家那里，自然的人化更多地指化天性为德行，与这一趋向相应，主体的力量和权能首先表现于道德实践的过程。作为超越了自然状态的存在，人具有选择行为的能力，并能自觉地坚持和贯彻道德原则："为仁由己，而由人乎哉？"（《论语·颜渊》）"有能一日用其力于仁矣乎？我未见力不足者。"（《论语·里仁》）这既是一种道德的自勉，又表现了对自由的乐观信念。从孟荀到汉儒，直到后来的宋明理学家，肯定主体在道德实践过程中的自主权能，构成了儒家文化的主流，其历史影响极为深远。

不过，儒家对主体权能的理解，往往与天命的观念纠缠在一起。在道德实践的领域，行为固然取决于自我的选择，但一旦超出这个范围，人的活动就要受到天命的限制。从社会范围来看，一定时代的政治理想能否实现，最终决定于超验的"命"。"道之将行也与？命也；道之将废也与？命也。"（《论语·宪问》）就个人而言，其生死、富贵也均有定命："死生有命，富贵在天。"（《论语·颜渊》）对天命的这种预设与"为仁由己"的道德自信显然存在着矛盾，二者的对峙，往往展开为"在我者"与"在外者"的分离："求则得之，舍则失之，是求有益于得也，求在我者也。求之有道，得之有命，是求无益于得也，求在外者也。"（《孟子·尽心上》）"求"表现为主体的自觉努力，在一定的范围内（"在我者"），这种努力受制于主体自身，并能达到预期的目标；超出了这一范围（走向"在外者"），则主体便无法决定行为的结果，一切只能归之于天命。儒家所谓"在我者"，主要与主体的德行涵养和道德实践相联系，"在外者"则泛指道德之外的各个领域。从个体的富贵寿夭，到社会历史进程，都可归入广义的"在外者"。二者的区分，在某种意义上表现为自由信念与宿命观念的对立。对主体自由与外在天命的双重确认，构成了儒家价值观的基本特点。从先秦到宋明，儒家在总体上都没有超出这一思维定式，尽管荀子等曾在更广泛的意义上肯定了主体自由，但这种价值取向未能成为儒家文化的主流。

（二）道家力命观

与主张"无以人灭天"相应，道家将"无为"规定为主体在世的原则。按其本义，"无为"既是对违逆自然的否定，又意味着接受既成的境遇，它与改造对象和改造自我的积极努力形成对立的两极。正是从接受既成境遇的前提出发，道家提出了"安命"的观念："知其不可奈何而安之若命，德之至也。"（《庄子·人间世》）在这里，服从超验之命，成为主体的最终选择，在主体作用与外在天命二者之间，天命成了更为主导的方面。这种价值取向多少带有宿命论的性质。不过,在强调"安命"的同时,道家又追求一种"逍遥"的境界,以为通过虚静无为,合于自然,便可以摆脱外在的束缚与限制,逍遥于世。就其形式而言,"逍遥"是一种自由之境,这种自由在道家那里往往与超越感性欲望和功利计较相联系,因而带有某种审美的意义。在道家那里,无为安命的人生取向与逍遥的人生追求交错并存,构成了颇为复杂的形态。这种价值观念与儒家也有某些相近之处,在宿命趋向与自由理想的纠缠上,二者确实彼此接近。不同的是,在儒家那里,自由之境主要与道德努力相联系,而道家的逍遥则趋向于审美的追求。

(三)墨家和法家的力命观

较之儒道对天命的设定,墨家和法家将关注点更多地放在主体的力量上。墨家提出"非命"论,认为命是一种虚幻的超验之物,它往往使人放弃自身的努力,从而导致了社会的惰性。按墨家之见,决定社会治乱、个人境遇的,并不是外在的天命,而是人力。墨家强调"赖其力者生,不赖其力者不生",既从天人关系上肯定了对自然的超越,又从力命关系上突出了主体力量的作用。就社会而言,"强必治,不强必乱";就个体而言,"强必富,不强必贫"。(《墨子·非命下》)这里体现的,是对主体力量的高度自信。更值得注意的是,在墨家那里,主体力量的作用范围已超出了道德实践一隅,而指向了更广的领域,它在相当程度上已扬弃了儒家所谓"在我者"与"在外者"的对峙。墨家在"非命"的同时,批判了儒家的宿命论倾向。

法家与墨家的价值观存在不少差异,但在注重主体的作用与权能上,有相近之处。在法家看来,社会的治乱,国家的强弱,并非取决于天命,而是在于君主能否正确地运用法、术、势。"明于治之数,则国虽小,富;赏罚教信,民虽寡,强。"(《韩非子·饰邪》)尽管法家对主体权能的强调有时不免与君王南面之术纠缠在一起,但确信主体可以在政治实践中掌握自己的命运,则使其价值观区别于命定论。法家的如上价值原则常常被概括为:"当今争于气力。"(《韩非子·八说》)对"力"的这种崇尚固然有可能引向暴力原则,但与墨子所谓"赖其力者生"一样,其内在精神在于高扬主体的力量。

从价值观各自特点来看,儒道徘徊于外在天命与主体自由之间,并表现出某种宿命的趋向,墨法则从不同的角度拒斥了"命"的观念,并对主体力量与权能做了较多的肯定。然而,就现实的形态而言,作为正统的儒家价值观,往往同时又渗入了法家的某些观念,而道家与道教则分别对上层士林和下层民间产生了广泛的影响。因此,在中国传统文化中,"天命"的观念与主体权能的确信总是彼此制约、错综交杂的。

第二节　群己关系的定位

天人之辩主要在主体（人）与外部自然的关系上展开了传统的价值观念，由天人之际转向社会本身，便涉及了群己关系。作为主体性的存在，人既是类，又是个体，二者应当如何定位？这一问题将传统价值体系引向了群己之辩。

一、儒家群己关系定位——"修己以安人"

儒家是最早对群己关系做自觉反省的学派之一。按儒家的看法，每一个体都有自身的价值，所谓"人人有贵于己者"（《孟子·告子上》），便是对主体内在价值的肯定。从这一前提出发，儒家提出了"为己"和"成己"之说。"为己"与"为人"相对。所谓"为人"，是指迎合他人以获得外在的赞誉，其评价标准存在于他人，个体的行为完全以他人的取向为转移。"为己"则指自我的完善，其目标在于实现自我的内在价值，即"成己"。

作为主体，自我不仅具有内在的价值，而且蕴含着完成和完善自我的能力。儒家理解的"为己"和"成己"，主要是德行上的自我实现。在儒家看来，无论是外在的道德实践，还是内在的德行涵养，自我都起着主导的作用。主体是否遵循伦理规范，是否按仁道原则来塑造自己，都取决于自主的选择及自身的努力，而非依存于外部力量。正是在这个意义上，儒家强调求诸己，而反对求诸人："君子求诸己，小人求诸人。"（《论语·卫灵公》）儒家的重要经典《大学》进一步以自我为本位，强调从君主到普通人，"壹是皆以修身为本"。儒家的上述看法，从道德涵养的目标（"为己""成己"）和道德实践、德行培养的方式上，对个体的价值做了双重肯定。

在儒家看来，自我的完善并不具有排他的性质，相反，根据人道的原则，个体在实现自我的同时，应当尊重他人自我实现的意愿，所谓"己欲立而立人，己欲达而达人"（《论语·雍也》），就表明了这一点。如上价值原则往往被更简要地概括为成己而成人：一方面，自我的实现是成人的前提；另一方面，主体又不能停留于成己，而应由己及人。后者在某种意义上构成了自我完善的更深刻的内容。也就是说，正是在成就他人的过程中，自我的德行得到了进一步的完成。

"成己"与"成人"的联系，意味着使个体超越自身而指向群体的认同。事实上，在儒家那里，成己往往以安人为目的，孔子便已提出"修己以安人"

（《论语·宪问》）的主张。"修己"即自我的涵养，"安人"则是社会整体的稳定和发展。道德关系上的自我完善（"为己"），最终是为了实现广义的社会价值（群体的稳定和发展）。后者确认的，乃是一种群体的原则。这种原则体现于人和人的关系，便具体化为"和"的要求。所谓"礼之用，和为贵"（《论语·学而》），"天时不如地利，地利不如人和"（《孟子·公孙丑下》）等等，即表现了这一价值取向。"和"的基本精神是建立人与人之间相互尊重、相互信任的关系。从消极方面来看，"和"意味着化解人间的冲突与紧张，消除彼此的相争；从积极方面来看，"和"则是指通过共同的理想和相互沟通，达到同心同德，协力合作。这种"和"的观念，对中国传统文化产生了深刻的影响。

群体认同的更深刻的意蕴，是一种责任意识。按儒家之见，作为主体，自我不仅以个体的方式存在，而且总是群体中的一员，并承担着相应的社会责任。他固然应当"独善其身"，但更应"兼善天下"。在成己而成人、修己以安人等主张中，已内在地蕴含了这一要求。正是在这种责任意识的孕育下，逐渐形成了"先天下之忧而忧，后天下之乐而乐"的价值传统，它对拒斥自我中心主义、强化民族的凝聚力，无疑具有十分重要的意义。

二、道家群己关系的定位——对个体生命与个性自由的关注

相对于儒家，道家对个体予以了更多的关注。与自然状态的理想化相应，道家理解的人，首先并非以群体的形式出现，而是表现为一个一个的自我，从这一基本前提出发，道家将自我的认同提到了突出的地位。老子已指出："自知者明。"（《老子》三十三章）"自知"即认识自我。它既以肯定"我"的存在为前提，又意味着唤起"我"的自觉。在群己关系上，道家的价值关怀着重指向作为主体的自我。

儒家讲"为己""成己"，实际上已包含着对个体原则的确认，不过，儒家所谓"为己""成己"，主要是德行上的自我完成，即意味着自觉地以仁、义等规范来塑造自我。而在道家看来，以这种方式达到的自我实现，并不是真正的自我认同，相反，它往往将导致对个性的抑制："待钩绳规矩而正者，是削其性者也。"大意是依靠钩绳规矩来使物归于正，这就损害了事物的本性。"自虞氏招仁义以挠天下也，天下莫不奔命于仁义，是非以仁义易其性与？"（《庄子·骈拇》）意思是自虞舜拿仁义为号召会扰乱天下，天下的人都在为仁义奔走，这岂不是用仁义来改变人原本的真性吗？如果说，仁义构成了自我的普遍的即社会化的规定，那么，与仁义相对的"性"则是指自我的个体性规定。道家对仁义与性做了严格区分，反对以普遍的仁义规定，同化自我的内在之性，其侧重之点显然在自我的个性品格。在道家那里，自我首先是一种剔除了各种社会化规定的个体。

作为从社会规范中净化出来的个体，自我不同于德行的主体，而主要展现为一种生命的主体。与儒家注重于德行的完善有所不同，道家对个体的生命存在表现出更多的关切。在他们看来，个体之为贵并不在于其有完美的德行，而在于他是一个独特的生命主体，对个体价值的尊重，主要就是保身全生。道家对个体处世方式的设定，正是以此为原则："为善无近名，为恶无近刑，缘督以为经，可以保身，可以全生，可以养亲，可以尽年。"（《庄子·养生主》）意思是说为善不要图近名，看到为恶的人不要期望他会遭到近刑。这样就会存一颗安静平和之心。顺着自然规律去做，作为处事的法则，就可以保护生命，保全天性，可以养护精神，享尽天伦。道家认为自我首要的价值追求不是德行的升华，而是生命的完成。为了"养其身，终其天年"，主体即使"支离其德"（德行上不健全），也应给予理解和宽容（《庄子·人间世》）。

除了生命存在之外，自我还具有独特的个性。道家反对以仁义易其性，便已蕴含了对个性地注重。在道家看来，仁义等规范造就的是无差别的人格，而人性以多样化为特点。道家对逍遥的追求，实际上已包含着崇尚个性的价值取向。在他们看来，逍遥主要是一种精神境界，其特点是摆脱了各种外在的束缚，使个体的自性得到了自由的伸张。道家的这种观念在中国文化史上产生了重要影响。魏晋时期，嵇康、阮籍等反对以名教束缚自我，要求"舒其意，逞其情"（阮籍《大人先生传》），其中的基本精神，就是道家注重个性的原则。他们正是以逍遥作为自己的理想："谁言万事难，逍遥可终生。"（阮籍《咏怀诗》三十六）李贽在晚明提出性情不可以一律求，反对将自我的精神世界纳入单一的纲常规范，也表现了对个性原则地注重。

过分强化群体认同，往往容易忽视个体原则，并导致自我的普泛化。相对于此，道家关注个体的生命存在和独特个性，无疑有助于抑制这种趋向。不过，由于过分强调自我认同，道家又多少弱化了群体认同。他们强调保身全生，固然肯定了个体的生命价值，但对个体承担的社会责任不免有所忽视。在反对个体普泛化的同时，道家排斥了兼善天下的社会理想。对个性逍遥的追求，使道家更多地转向了主体的内在精神世界，这种价值取向往往容易导向自我中心主义。事实上，《老子》便以"成其私"作为主体的合理追求。道家一系的杨朱，进而走向唯我主义："杨子取为我，拔一毛而利天下，不为也。"（《孟子·尽心上》）尽管自我中心主义并没有成为中国文化的主流，但其历史影响始终存在。在道家思想一度复兴的魏晋，由自我认同而趋向自我中心，已经成为一种相当普遍的现象。阮籍、嵇康等不满于名教的束缚，要求个性的自由伸张（"舒其意，逞其性"），由此而将"超业而绝群，遗俗而独往"（《大人先生传》）视为理想境界，把群体认同推向了边缘。成书于魏晋时代的《列子》，以更极端的形式拒绝一切社会的约束，主张个体的独往独来："亦不以众人之观易其情貌，亦不谓众人之观不易其情貌。独往独来，独出独入，孰能碍之？"（《列子·力命》）这种个体至上的价值观念，往往很难避免自我与社会的对抗，其消极作用是显而易见的。

三、中国传统价值系统群体原则的强化

儒家主张由成己而兼善天下，道家从自我认同走向个体的逍遥，二者在群己关系上各有侧重。从中国文化的主流来看，儒家突出的群体原则显然得到了更多的确认。如前所述，墨家提出了"兼爱"的原则，从天人关系来看，它体现的是一种人道的精神；就群己关系而言，它又渗入了一种群体认同的要求。和儒家一样，墨家对群体予以了更多的关注，"兴天下之利，除天下之害"是其基本的主张。墨家学派摩顶放踵，席不暇暖，为天下之利而奔走，也确实身体力行了上述价值原则。正是由强调群体认同，墨家进而提出了"尚同"之说。"尚同"含有群体沟通之意，其核心则是下同于上："上之所是，必皆是之；所非，必皆非之。"（《墨子·尚同上》）墨家虽然注意到个体的社会认同，但将社会认同理解为服从最高意志，则又弱化了个体的自我认同和独立人格，在上同而不下比的原则下，个体的价值被淹没在统一的意志中。也许正是鉴于此，后来荀子批评墨家"有见于齐，无见于畸"（《荀子·天论》）。

在法家那里，群体原则得到了进一步的强化。墨家重兼爱，法家尚暴力，二者相去甚远。但在群己关系上，法家的主张颇近于墨家的"尚同"。强调君权至上，是法家的基本特点。"法""术""势"在某种程度上都服务于君权，是君主驾驭天下的不同工具。按法家之见，君主即整体的化身和最高象征，个体则总是离心于整体："匹夫有私便，人主有公利。"（《韩非子·八说》）质言之，君权的合理性，就在于它代表了整体的利益。这既是对君权的论证，又渗入了整体优先的原则；而以公私来区分匹夫（个体）和君主（整体的象征），则表现出对个体的贬抑。以君主为象征的所谓"公"，本质上是一种马克思说的"虚幻整体"。对法家来说，个体与这种整体始终处于一种不相容的关系之中，"私行立而公利灭矣"。（《韩非子·五蠹》）在二者的对立中，法家的价值取向是"无私"："明君使人无私。"（《韩非子·难三》）所谓"无私"，并不是一般地杜绝自私行为，而是在更广的意义上使个体消融于君主象征的抽象整体。

也正是从这个前提出发，法家强调以"法"来统治个体的言行："言谈者必轨于法。"（《韩非子·五蠹》）"夫立法令者，以废私也。"（《韩非子·诡使》）"法"代表着与君主相联系的统一意志。这里固然包含着以"法"来维护既定秩序的意思，但"必轨于法""以法废私"的要求，也使主体的个性、独立思考等泯灭于恢恢法网，这种以君主（虚幻整体的象征）之"公"排斥自我之"私"的价值原则，已带有明显的整体主义的性质。

相对于墨法，佛教对群己关系的看法则更为复杂。作为宗教，佛教以走向彼岸为理想的归宿，它追求的首先是个人的解脱，表现为一种疏离社会的趋向。佛教以出家为修行的方式，也体现了这一特点。一方面，佛教无疑淡化了个体的社会责任；另一方面，佛教主张自觉地普度众生。大乘佛教甚至认为，个人的解脱要以众生的解脱为前提，没有众生的解脱，个人便难以真正达到涅槃之境。佛教提出"六度"，其中之一即布施度，它的内容不外是造福他人。这些观念，已表现出某种群体关怀的趋向，它在中国佛教中得到了进一步的发挥。东晋名僧慧远便指出："如令一夫全德，则道洽六亲，泽流天下，虽不处王侯之位，固已协契皇极，大庇民生矣。"（《答桓太尉书》，《弘明集》卷一二）在这里，"出家"的意义似乎主要已不是个人的解脱，而是福泽众生（"泽流天下""大庇民生"）。尽管这里不无调和儒佛之意，但其中也确实流露出了对群体的关怀。它表明，在中国传统文化中，即使是追求出世的佛教，也在相当程度上渗入了群体的意识。

从历史上来看，墨、法、佛教并没有成为中国文化的主流，然而，在群己关系上，其认同群体的趋向与占主导地位的儒家价值观有颇多契合之处。事实上，儒家注重的群体原则，在其衍化过程中，也多方面地融入了墨、法等各家的观念，并呈现不断强化的趋势。在宋明新儒学（理学）那里，便不难看到这一点。理学并不否定个体完善的意义，所谓"治天下有本，身之谓也"（周敦颐《通书·家人睽复无妄》），继承的便是儒家修身为本的传统。不过，理学往往又把自我主要理解为一种纯乎道心的主体："必使道心常为一身之主。"（《朱子语类》卷六十二）"只是要得道心纯一。"（《朱子语类》卷七十八）道心是超验天理的内化。以道心规定自我，多少使主体成为一种普遍化的我，在"道心纯一"的形式下，主体实质上已是"大我"的一种化身；而以个体形式出现的自我，是必须否定的："己者，人欲之私也。"（朱熹《大学或问》）由自我的普遍化，理学进而提出了"无我"的原则，要求"大无我之公"（朱熹《西铭论》）。所谓"无我"，不外是自觉地将自我消融于抽象的"大我"中。这种看法注意到了个体的社会化以及个体承担的社会责任，抑制了自我中心的价值取向，但以"无我"为指归，不免又漠视了个体的存在。事实上，缺乏个体规定、纯乎道心的我，与仅仅满足于一己之欲的我，表现的是两个不同的极端，两者都很难视为健全的主体。

综上所述，从群己关系来看，儒家在肯定"成己"的同时，又较多地强调了对群体的认同。道家则更注重个体的自我认同，二者分别突出了价值观上的群体原则与个体原则。随着中国文化的演进，儒家的群体原则逐渐与墨家的"尚同"观念、法家的"废私"主张等相融合，不断得到强化，并取得了支配的地位。作为传统价值观的主导方面，群体原则确实包含了一些合理的内容，但毋庸讳言，它的过分强化，也有负面的作用。在群体至上的观念下，个体的存在价值，个性的多样化发展，个人的正当权利等等，一直未能得到应有的确认。道家虽然提出了个体认同的要求，但其要求一开始便包含着自身的缺陷，因此注定只能是一种微弱的呼声，难以得到普遍的回应。这样，中国传统价值系统便不可避免地具有重群体、轻个体的特征。

第三节　义利与理欲：价值观的深层展开

群与己的定位并不仅仅体现于抽象的观念认同，它在本质上总是涉及具体的利益关系。如何以普遍的规范来协调个体之利与整体之利？这一问题在传统文化中便展开为义利之辨。义者宜也，含有应当之意，引申为一般的道德规范（当然之则）。利则泛指利益、功效等等。从价值观上看，义利之辩首先关联着道义原则与功利原则，以及二者的相互关系。

一、儒家义利观——"义以为上"的道义原则

辨析义利，是儒家的重要特点，而儒家对义利关系的看法，又对中国传统价值观产生了深远的影响。按儒家的观点，义作为当然之则，本身便有至上的性质："君子义以为上。"（《论语·阳货》）这里首先确认的是义的内在价值。后来的宋明理学进一步通过义与天理的沟通，对义的内在价值做了论证："义者，天理之所宜。"（朱震《论语集注·里仁》）"理"具有普遍必然的品格，义所以具有至上性，即在于它体现了"理"的要求。

其实，义一旦被赋予内在价值，就同时成为评判行为的主要准则。如果行为本身合乎义，那么即使它不能达到实际的功效，也同样可以具有善的价值，所谓"惟义所在"（《孟子·离娄下》）就说明了这一点。事实上，儒家往往将

义（当然之则）理解为一种无条件的道德命令，并把履行道德规范（行义）本身当作行为的目的。这种看法带有明显的抽象道义论的性质。不过，"义以为上"的观念在培养崇高的道德节操等方面，也有不可否认的意义。中国历史上，"惟义所在"往往具体化为"富贵不能淫，威武不能屈"的道德追求，并出现了不少舍生取义的仁人志士。就此而言，道义的原则确实可以给人以正面的价值导向。

儒家肯定"义"的内在价值，但也并不完全否定"利"在社会生活中的意义。儒家并不绝对弃绝功利。比如，孔子到卫国，并非仅仅关心那里的道德风尚如何，相反，开口便盛赞该地人口众多。当他的学生问他"既庶矣，又何加焉"时，孔子回答："富之。"（《论语·子路》）"庶"（人口众多）和"富"在广义上均属于利的范畴。按照儒家的观点，利并不是一种绝对的恶。于社会和个人而言都是如此。"富而可求，虽执鞭之士，吾亦为之。"（《论语·述而》）这里是说，如能致富，哪怕是赶车我也干，如不能，则随我所好。即使圣人，也不能完全不讲利："圣人于利，不能全不较论。"（《二程集》第 396页）不过，利固然不可一概排斥，但利的追求始终必须处于义的制约之下。正是在这个意义上，儒家一再强调要"见利思义"（《论语·宪问》），如果不合乎义，则虽有利亦不足取："不义而富且贵，于我如浮云。"（《论语·述而》）所以，儒家认为相对于义，利始终处于从属的地位。

一般来说，利首先与个人或特殊集团相联系，而个人（或特殊集团）之利往往并不彼此一致，因此，如果片面地以利作为行为的唯一准则，就不可避免地导致社会成员在利益关系上的冲突："若切于好利，蔽于自私，求自益以损人，则人亦与之力争，故莫肯益之，而有击夺之者矣。"（《二程集》第 917~918 页）"义"则不同，它超越了个人的特殊利益，具有普遍性的品格，它能对特殊的利益关系起某种调节作用。历史地看，儒家强调"义"的普遍制约，反对唯利是求，对于避免利益冲突的激化，维护社会的稳定，具有积极意义。

然而，"以义制利"的要求与"义以为上"的观念相结合，往往又导致了对功利意识的过度压抑。按儒家的看法，虽不否定利，但不主张有追求、计较功利之心。"一有谋计之心，则虽正谊明道亦功利耳。"（王阳明《与黄已成书》《王文成公全书》卷十二）这样，合乎义的利虽然得到了某种容忍，但功利意识（"谋计之心"）则完全处于摒弃之列。也就是说，完全不容许有功利的动机。这种看法只注意到了片面强化功利意识将对行为产生消极的影响，却忽视了功利意识在一定条件下也可以成为积极的动因。历史地看，技艺的进步，经济的发展，政治结构的调整等，最初往往直接或间接地是受到功利追求的推动。反之，过分压抑功利意识，则容易弱化社会的激活力量。从这方面来看，儒家以道义原则抑制功利原则，又明显的有负面的影响。

二、墨家、法家的义利观——功利的取向

儒家之外，墨家是对义利关系做过认真考察的一个学派。和儒家一样，墨家对义十分注重，认为"万事莫贵于义"（《墨子·贵义》）。但二者对"义"的理解又颇有不同。儒家强调义的内在价值，并由此剔除了义的外在功利基础。相对来说，墨家更侧重义的外在价值。照墨家的看法，义之所以可贵，主要就在于它能带来功利的效果："义，利也。"（《墨子·经上》）这种界定蕴含着如下观念，即当然之则应当建立在功利的基础之上，"义"本身已内在地蕴含着功利的原则。

（一）墨家的功利取向

从义基于利的前提出发，墨家将功利原则视为评判行为的基本准则。仁固然不失为善的品格，但仁并不仅仅表现德行的完善，它最终必须落实于现实的功利行为："仁人之所以为事者，必兴天下之利，除去天下之害，以此为事者也。"（《墨子·兼爱中》）作为基本的价值原则，兴利除害同时为社会生活提供了具体的范导，墨家的"尚贤""尚同""节葬""节用""非攻"等主张，都是以功利原则为终极根据。如尚贤使能之所以合理，首先在于"天下皆得其利"（《墨子·尚贤下》）；即使是亲子关系，也同样不能离开功利的基础："孝，利亲也。"（《墨子·经上》）在墨家那里，功利追求的合理性得到了普遍的确认。

如果对墨家的功利取向做个评价可知，从价值观上来看，墨家突出功利原则，对扬弃儒家道义原则的抽象性，显然具有积极意义。就其起源、作用而言，作为当然之则的"义"，最终总是以功利关系为其基础，抽去了这一基础，势必弱化其现实性的品格。同时，对功利意识的过度抑制，容易使价值导向片面化，墨家肯定功利追求的合理性，多少有助于价值范导上的重新调整。但是，以功利追求为基本的价值原则，也有其自身的问题。尽管墨家把利首先理解为天下之利，使其功利原则有别于狭隘的利己原则，但是，将"义"界定为"利"，显然又对义的内在价值有所忽视。事实上，义固然有其功利基础，但作为人的尊严、人的理性力量的体现，它又具有超功利的一面。如果完全以"义"的功利基础作为权衡标准，就容易使社会失去健全的价值追求，并使人本身趋向于工具化。在墨家那里，我们已经可以看到这种倾向。照墨家的看法，理想的社会关系是彼此交相利："利人者，人亦从而利之。"（《墨子·兼爱中》）这种关

系本质上具有互为工具的性质，而在彼此计较、相互利用中，人与人之间往往很难避免紧张和对抗，其结果就会走向"兼爱"的反面。当墨家将"害人者，人亦从而害己"（《墨子·兼爱中》）作为与"交相利"相反的原则指出时，便更清楚地显示了这一点。

（二）法家的功利取向

与墨家相比，法家赋予功利原则以更极端的形式。按照法家的看法，追求功利，是人的本性："名与利交至，民之性。"（《商君书·算地》）同样地，人与人之间的关系，也以利益为纽带。就君臣关系而言，臣之事君，旨在求得富贵，君则以爵位俸禄诱使臣为自己效力。"臣尽死力以与君，君垂爵禄以与臣市，君臣之际，非父子之亲也，计数之所出也。"（《韩非子·难一》）这里是说做臣子的，给君主卖命卖力，君主用高官厚禄买臣子出力卖命。君臣关系不是充满亲情的父子关系，而是充满铜臭味儿的利益关系。可见，二者的关系完全是一种利益的交易。同样地，医生为病人吸吮伤口，并非出于人道的目的，而是"利所加也"；造车人希望人们富贵，并不是出于博爱之心，而是因为"人不贵则舆不售。"（《韩非子·备内》）。推而广之，父子、夫妇之间，也都无不"用计算之心以相待"。这种普遍的、赤裸裸的利益关系，使道德规范的作用失去了现实的基础。对法家来说，当社会成员之间完全相互利用、彼此交易时，"行义"（遵循道德原则）只会带来消极的后果："行义示则主威分，慈仁听则法则毁。"（《韩非子·八经》）相对于墨家要求以利为义的基础（以利来确证义），法家对义则更直接地持取消和否定的态度。

作为当然之则的"义"一旦被摒弃，功利原则便成了唯一的原则。行为评判的价值标准，不是看动机端正与否，而是看行为产生的实际功用："夫言行者，以功用为之的彀也。"（《韩非子·问辩》）只要能带来实际效益，便是合理的行为，在此，善恶的评价已为功利的权衡取代。同样地，君主治国，也要利用人们趋利的本性，以功利作为激励手段。既然"利之所在民归之"，因此在治天下时，便应导之以利，"赏莫如厚，使民利之"（《韩非子·八经》）。与墨家一样，法家的如上价值原则以功利作为调节人际关系的基本原则，必然导致功利意识的过度膨胀，并使人的价值追求走向歧途。在导之以利的原则下，人渐渐趋于工具化，并且是在双重意义上：他既是实现君主意志的工具，又是外在功利的附庸。这种个体，显然不能视为健全的主体。同时，尽管法家最终将个体之利纳入以君主为代表的"公利"，但以利摒弃义，则意味着利益计较的公开化和合理化，由此形成的社会往往很难避免紧张与冲突，在法家价值原则占统治地位的秦代，便可以看到这一点。

儒家的道义原则与墨法的功利原则构成了传统价值观在义利关系上的不同取向，二者各有所见，又各有其片面性。总体而言，儒家的道义原则始终居于正统地位，对中国传统文化的影响，也更为明显。但墨法的功利原则也以不同的形式渗入其中，二者相反相融，赋予传统价值体系以复杂的形态。

三、理欲之辩的价值意蕴

义作为普遍的社会规范，总是以理性要求的形式出现，利在广义上则以需要的满足为内容，而这种需要首先表现为感性的物质需要。这样，义与利的关系往往进而展开为理性要求与感性需要的关系，即所谓"理欲关系"。

（一）儒家——理性要求

与肯定"义以为上"相联系，儒家更关注理性的要求。孔子就已指出："君子谋道不谋食………君子忧道不忧贫。"（《论语·卫灵公》）此处的"道"，泛指广义的社会理想（包括道德理想），"谋道"体现的就是理性的追求。在感性欲求（"谋食"）与理性追求（"谋道"）二者之间，后者处于优先的地位。一旦"志于道"，即使身处艰苦的生活环境，也可以达到精神上的愉悦。孔子曾这样称赞其学生颜回："贤哉，回也！一箪食，一瓢饮，在陋巷，人不堪其忧，回也不改其乐。"（《论语·雍也》）这种"乐"，也就是后来儒家（特别是宋明理学）津津乐道的"孔颜之乐"。它的核心是超越感性的欲求，在理想追求中，达到精神上的满足。儒家的这种看法将精神的升华提到了突出地位，并进一步展示了人不同于一般动物的本质特征。

但是，儒家的这种价值追求，同时又蕴含着"理"与"欲"之间的某种紧张。在"谋道不谋食"的主张中，感性的要求无疑受到了轻视和冷落。随着儒学的正统化，理性优先的原则也不断被强化，而感性的欲求则一再被贬抑。到宋明理学，这一关系更趋极端。理学家将感性的欲求称为"人欲"，并赋予它以恶的品格："人欲者，此心之疾疢，循之则其心私且邪。"（朱熹《辛丑廷和奏札（二）》，《朱文公文集》卷十三）作为邪恶的本性，人欲与天理不可并立，二者为截然对立的关系。而所谓"天理"，不外是理性原则的形而上化。既然人欲与天理无法相容，结论就只能是"灭人欲"。"是以圣人之教，必欲其尽去人欲而复全天理。"（朱熹《答陈同甫》，《朱文公文集》卷三六）理学家对理欲关系的这种理解，显然将儒学关于理性优先的原则进一步片面化了。一般而言，人固然应当超越感性层面而达到理性的升华，但如果仅仅注重理性精神的发展而无视乃至抑制感性生命的充实，则理性的精神境界也不免趋向抽象化和玄虚化。在"纯乎天理"的精神世界中，理性的丰富内涵已为抽象的道德律令取代，而主体的创造活力也为"存天理"抑制。

理性从一个方面体现了人的普遍本质，感性则更多地关联着人的个体存在，突出理性的要求同时意味着强化人的普遍本质和漠视人的个体存在。正是从"存天理，灭人欲"的前提出发，理学家得出了"饿死事极小，失节事极大"（《二程集》第 301 页）的非人道结论。因为"守节"是对天理的维护，而生死只涉及个体的存在。相对于"天理"的要求，个体的存在似乎微不足道，在"饿死事极小"的冷峻律令中，包含着对个体存在价值的极度贬抑。

（二）墨家——感性需要

在理欲关系上，墨家的价值取向与儒家有所不同。如前所述，墨家崇尚功利的原则，而所谓"利"，往往又被还原为感性要求的满足："衣食者，人之生利也。"（《墨子·节葬》）"利，所得而喜也。"（《墨子·经上》）这里的"喜"便是与丰衣足食相联系的感性愉悦。从社会范围来看，功利原则的实现，同样以"饥者得食，寒者得衣"（《墨子·尚贤》）为基本的表现形式，衣食满足的，不外是人的感性需要。在墨家那里，功利原则与感性原则是融合为一的。相对于儒家由理性优先而走向"存理灭欲"，墨家对感性要求地注重，自然有其不可忽视的意义。作为现实的主体，人既有理性的普遍本质，又表现为感性的生命存在。停留于感性的层面，固然难以使人成为自为的主体，但忽视了感性的存在，同样也会使人变得片面化。墨家对感性要求的肯定，显然有助于抑制理性的过度僭越。

然而，墨家在确认感性原则的同时，对人多方面的精神需要，往往又不免有所忽视，在其"非乐"的主张中，便不难看到这一点。"乐"泛指艺术审美的活动。按墨家之见，这种活动不仅不能给人带来现实的利益，而且会妨碍人们获得衣食之资："民有三患：饥者不得食，寒者不得衣，劳者不得息。三者，民之巨患也。然即当为之撞巨钟，击鸣鼓，弹琴瑟，吹竽笙，而扬干戚，民衣食之财，将安可得乎？"（《墨子·非乐上》）这里固然有反对统治者沉溺于声乐的一面，但同时有为强化感性需要而抑制以审美形式表现出来的精神追求之意。较之维护人的感性存在，墨家对理性精神的升华，确实注意不够。现实功利带来的感性愉悦（"利，所得而喜也"），往往使主体的理性追求未能获得合理的定位，它在另一重意义上蕴含了"理"与"欲"的紧张。

与义利关系上儒家的道义原则成为主导的价值趋向一致，在理欲关系上，理性优先的原则也逐渐取得了正统的形态。尽管历史上不少思想家反对将"理"与"欲"加以对立，但在传统价值系统中，二者的统一并未真正达到。

第四节 人格理想与价值目标

感性存在与理性本质的辨析，都以人为对象，其中内在地涉及人格的设定。完美的人格应当什么样？传统价值观念得到了更集中的反映。不同的价值目标正是通过人格理想表现为各种具体的形态。

一、儒家——"内圣"的追求

人格的完善，是儒家基本的价值追求。儒家所谓"为己""成己"，其内在旨趣不外是在人格上达到理想的境界，而儒家的价值理想，也最终落实于人格理想。

儒家注重的是人格的内圣规定。"内圣"首先表现为善的德行，而善又以广义的仁道精神为其内容。原始儒学以"仁"为核心。"仁"既体现了人道的原则，同时又为理想人格提供了多重规定。从正面来说，仁德总是表现为对人的尊重、关心，真诚相待。孔子曾把"恭、宽、信、敏、惠"视为仁的具体内容（《论语·阳货》），这些条目同时从不同方面展示了内圣的品格。后来儒家一再强调的仁、义、礼、智、信等，也可以视为人格的内在规定。与确立仁德相联系的是"克己"，即所谓"克己复礼为仁"（《论语·颜渊》）。"成己"是以仁来塑造自我，"克己"则是以仁来净化自我，亦即《大学》所谓"正心、诚意"，二者从不同方面指向善的德行。

除了仁德之外，人格还包括"知"的规定。在儒家那里，仁与知总是联系在一起的。"未知，焉得仁?"（《论语·公冶长》）而内圣在某种意义上即表现为仁与智的统一。"仁且智，夫子既圣矣。"（《孟子·公孙丑上》）"知"是一种理性的品格，按儒家的看法，缺乏理性的品格，主体往往会受制于自发的情感或盲目的意志，从而很难达到健全的境界。只有通过理性升华，才能由自在走向自为，形成完善的人格，并赋予行为以自觉的性质。从先秦儒家到宋明理学，都把理性自觉看作成圣的必要条件。《大学》强调"欲修其身者，先正其心；欲正其心者，必诚其意；欲诚其意者，先致其知"，便概括地表现了儒家的这种思路。如果说，在天人关系上，儒家着重突出了人道原则，那么，在人格境界上，儒家则把作为人道核心的"仁"与理性融合为一，从而体现了人道原则与理性原则的统一。

其积极意义是：人格的理性规定与理欲之辩上的理性优先相联系，使儒家形成了一种理性主义的价值传统。不过，在突出理性原则的同时，儒家往往又将其涵盖于仁道之下，孔子就把"知"主要理解为"知人"。所谓"知人"，不外是对社会人伦的体察。孟子更明确地指出："仁之实，事亲是也；义之实，从兄是也；智之实，知斯二者弗去是也。"（《孟子·离娄上》）依据这种界定，"知"的功能便在于把握仁、义等当然之则，并在行为中自觉加以贯彻。也就是说，理性的作用主要限于道德实践的领域，而理性本身也取得了某种伦理化的形式。事实上，在儒家那里，理性优先就是道德理性优先，是伦理性的优先。这种看法注意到德行对理性的制约，它可以避免理性走向歧途，抑制人格的异化。

其负面影响是：理性的伦理化同时意味着理性的狭隘化。与确立伦理性的主导地位相应，对事实的认知往往被置于边缘的地位，"知人"往往压倒"知物"。孔子强调"君子不器"（《论语·为政》），固然含有人格不能偏向一端之意，但同时流露出对认知理性或技术理性的轻视。这种轻视在宋明理学中表现得更为明显。理学家对"德行之知"与"见闻之知"做了严格区分。所谓"见闻之知"，泛指基于感性见闻的事实认知，与之相对的"德行之知"则主要是与分辨善恶相联系的道德评价。在理学家看来，见闻之知乃"物交而知"，它对人格的完善没有什么意义；唯有德行之知，才构成人格的真正本质。从这一前提出发，理学家对道德理性之外的事实认知往往采取贬抑的态度："大端惟在复心体之同然，而知识技能非所与论也。"（王阳明《传习录》中）这种看法不仅忽视了人格的多方面发展，而且使理性原则变得片面化了，它使认知理性或技术理性始终难以得到应有的地位。

从人格取向来看，儒家在"内圣"之外又讲"外王"。所谓"外王"，是指治国平天下的事功。儒家的某些代表人物甚至还把"外王"提到十分引人注目的地位，如荀子就认为，理想的人格应当具有"经纬天地而裁官万物"的本领，但就儒家总的价值趋向而言，"内圣"始终处于主导地位，外王事功不过是其逻辑的必然结果。《大学》提出"修身、齐家、治国、平天下"的思想，修身旨在达到内圣之境，治国平天下则属广义的外王，而"壹是皆以修身为本"的纲领，便使内圣具有了本体的地位。在理学家那里，内圣进一步压倒了外王。理学家将"醇儒"视为理想的人格典范，而醇儒的特点就在于到达了"惩忿窒欲、迁善改过"的内圣境界，与之相对的则是外在的事功。"向内便是入圣贤之域，向外便是趋愚不肖之途。"（《朱子语类》卷一一九）。这种内向要求，多少弱化了理想人格的实践品格。

儒家将"仁"与"知"规定为理想人格的双重品格，由此而确认了仁道原则与理性原则的统一。就其深层内涵而言，"仁"表现为一种完美的德行，"知"则是指在德行制约下的伦理理性或道德理性，二者从不同方面展示了"善"的品格。这样，走向内圣之境，总体上便表现为一种善的追求。

二、道家——"逍遥"的境界

相对于儒家的注重"善"，道家更多地赋予理想人格以"真"的品格，其人格典范也被称为"真人"。与天人关系上突出自然原则相应，人格上的真，首先表现为合于自然。"不以心捐道，不以人助天，是之谓真人。"（《庄子·大宗师》）所谓"不以心捐道"，也就是顺从与遵循自然之道。在道家看来，理想人格并不是自然的对立物，相反，它总是融入天地之中，与万物为一体，所谓"天地与我并生，而万物与我为一"（《庄子·齐物论》），便强调了这一点。当然，这种"为一"，并不是一种本体论意义上的存在状态，更多的是一种精神境界。在这种境界中，主体不再把自然视为异己的对象，而是不断地化解与自然的紧张和对立，使小我与宇宙大我达到内在的统一，"独与天地精神往来，而不傲倪于万物"（《庄子·天下》）。正是在与自然的契合中，人格达到了一种逍遥之境。道家的这种看法固然带有抽象的性质，但同时多少注意到了理想人格应当是一种自由人格，而人格的自由之境又以合规律性为前提。

其积极意义是：作为人格境界，"真"与"伪"相对。道家心目中的理想人格总是"其知情信，其德甚真"（《庄子·应帝王》）。这里的"德"，并不是儒家的仁德。在道家看来，以仁德规定人格总是不免走向外在的矫饰："技于仁者，擢德塞性以收名声。"（《庄子·骈拇》）这种人格显然悖逆了自然之道而趋于虚伪化。道家对仁义做了种种抨击，从人格理想的角度来看，这种批评同时表现了对德行虚伪的不满。与外在的矫饰相对，完善的人格应当如明镜一样显示其本真的品格："至人之用心若镜，不将不迎，应而不藏。"（《庄子·应帝王》）就是说，"与道为一"的精神境界，应当以本然的、真实的形态出现，它既不应迎合他人以获得外在的赞誉（"收名声"），也不有所执着（"不藏"），总之，内在品格与外在表现应当完全一致。"真在内者，神动于外；是所以贵真也。"（《庄子·渔夫》）一般来说，德行一旦虚伪化，就会导致内在之"我"（内在的人格）与外在之"我"（人格在社会中的展现）的分裂，亦即形成二重人格。人格的这种二重化，实质上也就是人格的异化。道家对"仁"的批评，固然忽视了人格的德行内涵，但其"贵真"的价值取向，对于人格的异化，无疑也有某种抑制作用。

人格作为真实的我，总是有其个性特征。道家以本真的人格扬弃仁德的矫饰，同时意味着确认人格的个体品格。庄子曾说："吾所谓臧者，非所谓仁义之谓也，在其性命之情而已矣。"（《庄子·骈拇》）这里的"臧"是指善。按道家的看法，人格的追求并不表现在以普遍的仁义规范来塑造自我，它的旨趣在于尊重自我的个性，并使之得到真实的流露。所谓"贵真"，便包含着"天下欣欣焉，人乐其性"（《庄子·在宥》）的要求，"人乐其性"就是通过个性认同而达到的人格境界。在人格取向上，儒家更多地将德行理解为仁义等普遍规范的内化，其基本的人格模式是"圣人"。这种看法多少蕴含着人格的单一化或划一化趋向。相对来说，道家"人乐其性"的主张，对人格的个性规定则予以了较多的关注。道家以"任其性"否定普遍规范对人格的制约当然有其片面性，但它将"贵真"与尊重个性联系起来，显然又有助于人格的多样化发展。

儒家将德行与理性融合为一，以"内圣"为人格目标，这种价值追求是中国传统文化的主导方面。按其本义，"内圣"主要表现为一种道德理想，以"内圣"为追求的目标，即意味着将伦理学意义上的"善"视为最高价值。这种价值观对中国传统文化产生了多方面的影响，从传统政治结构到个体行为，都在不同程度上包含着某种伦理化的倾向。这种价值观念对精神境界的升华有其积极意义，但伦理价值的过度强化也有其负面的效应。就社会领域来说，在道德的完善成为主要目标的背景下，政治结构的变革（包括法制的有效运作）往往很难得到应有的重视；就人与自然的关系而言，在道德关注压倒一切的前提下，对自然的认识与作用往往被置于视野之外。与此同时又形成一种重道（广义的"道"，包括道德理想）轻器（包括社会及自然领域的具体对象）的传统。可以看到，以德行对理性的支配为出发点，善的追求与"道"的涵盖相互交错，构成了传统价值体系的显著特点。

从总体上来看，中国传统的价值观呈现为一个颇为复杂的系统，它既涉及多重价值关系，又交错着人们对价值关系各个方面的不同侧重和强化，而儒、道、墨等各家各派则从理论的层面，对价值观做了自觉的概括，并提出一系列基本的价值原则。它们既从不同方面反映了人们在历史演进过程中的文化追求，又渗入了多样的价值理想，并规范着人们的行为。传统价值系统给我们留下的是一份具有双重意义的遗产，我们既不能简单地全盘否定，也不能无批判地将其中的某些价值原则现成地拿过来。我们应在更高的基础上化解天与人、自由与必然、群与己、义与利、理与欲等的紧张，扬弃人道原则与自然原则、群体原则与个体原则、道义原则与功利原则、理性原则与感性原则的对立，重建真、善、美统一的价值理想，这是在走向现代的历史进程中面临的时代课题。

思考题

①价值观在中国传统文化中具有何种地位？

②天人之辩的价值观内涵是什么？

③如何理解儒家的群己关系论？

④传统义利之辩有何现代意义？

⑤儒道的人格学说分别代表了何种价值取向？

表 2.1　中国传统文化课程思政育人示范

课程思政设计	
思政知识点	儒家——"内圣"的追求。
思政问题	你如何理解儒家的人格理想为"内圣外王"的追求？
思政内容	人格的完善，是儒家基本的价值追求。"内圣外王"四个境界是修身，齐家，治国，平天下。"内圣外王"如今被认知为儒家的主要思想，更是儒家理想人格的集中体现。其从本质上来说，"内圣外王"可以说是儒家学者对"如何培养人""培养什么样的人"的社会深入思考。若一位君子想要修身立德，真正深入地研习儒家学问，抑或想更好处理个人和社会关系，就需要认真了解"内圣外王"的哲学运思方法。君子修身需求"内圣外王"之境界。从践行之道来说，"格物、致知、诚意、正心、修身、齐家、治国、平天下"八个条目（步骤）被视为实现儒家"内圣外王"的途径。其中，格物、致知、诚意、正心、修身被视为内圣之业，而齐家、治国、平天下则被视为外王之业。其思想内涵与孔子在《大学》提到的"大学之道，在明明德，在亲民，在止于至善"这一统治天下的准则相一致，即把个人修身的好坏看成政治好坏的关键。内圣，通过自身的道学修炼达到某种高尚境界；外王，把人的主体修养体现到其所在社会领域。内圣和外王互为表里、互相统一。践行"为天地立心，为生民立命，为往圣继绝学，为万世开太平"。
思政目标	培养学生通过完善自身的修养，追求向善的理想人格。通过对传统价值观的深入解读，促进学生自觉提升自身的道德修养。
课程思政设计	
思政知识点	中国传统价值系统群体原则的强化。
思政问题	你是如何看待传统价值系统中的群体原则的？

续表

课程思政设计	
思政内容	从历史上来看，墨、法、佛教并没有成为中国文化的主流，然而，在群己关系上，其认同群体的趋向与占主导地位的儒家价值观有颇多契合之处。随着中国文化的演进，儒家的群体原则逐渐与墨家的"尚同"观念、法家的"废私"主张等相融合，不断得到强化，并取得了支配的地位。作为传统价值观的主导方面，群体原则确实包含了一些合理的内容，它强调以群体为中心，以群体利益为核心利益，个人只是群体的组成部分，强调个人对家族、社会等群体的责任、义务和贡献。群体原则的遵循，使中华民族具有强大的凝聚力，向心力。中国人非常重视家庭、家族关系，重视责任，把群体的利益放在个人利益之上，重视和谐的价值观。这样的责任感、群体观、集体主义的和谐观念，都是群体本位的具体表现。但毋庸讳言，它的过分强化，也有负面的作用。在群体至上的观念下，个体的存在价值，个性的多样化发展，个人的正当权利等等，一直未能得到应有的确认。道家虽然提出了个体认同的要求，但其要求一开始便包含着自身的缺陷，因此注定只能是一种微弱的呼声，而难以得到普遍的回应。这样，中国传统价值系统便不可避免地具有重群体、轻个体的特征。
思政目标	培养学生辩证地看待中国传统文化。通过剖析群体原则的正、负面影响，潜移默化提高学生的思辨能力。

第二章

中国古代的哲学传统

中国哲学在中国文化系统中起着主导的作用。中国传统文学、艺术、教育、科学、宗教、风俗等，都受到哲学思想的引导和影响。中国哲学凝聚了中华文化的基本精神，是中华民族数千年文明发展的结晶。在西方文化中，宗教处于核心的地位，然而在中国文化中，宗教的功能基本上是由哲学承担的。自古以来，中国人对宇宙的看法，对人生的看法，他们生活的意义，他们的价值信念，他们赖以安身立命的终极根据，都是透过中国哲学加以反映、凝结和提升的。要深入了解或把握中国文化的精髓，不能不了解中国传统哲学。

在中国，哲学与知识分子人人有关。在旧时，一个人只要受教育，就是用哲学发蒙。儿童入学，首先教他们读"四书"，即《论语》《孟子》《大学》《中庸》。"四书"是新儒家哲学最重要的课本。有时儿童刚开始识字，就读《三字经》，这是个识字课本，可是它，开头两句是"人之初，性本善"。这是孟子哲学的基本观念之一。

一、哲学在中国文化中的地位

哲学在中国文化中的地位相当于西方的宗教。西方人看到儒家思想渗透中国人的生活，就觉得儒家是宗教。其实，儒家并不比柏拉图或亚里士多德的学说更像宗教。"四书"曾经是中国人的"圣经"，但是"四书"里没有创世纪，也没有讲天堂、地狱。冯友兰先生认为：哲学就是对于人生的有系统的反思的思想。每一个人，只要他没有死，他都在人生中。但是对于人生有反思的思想的人并不多，其反思的思想有系统的人就更少。哲学家必须进行哲学化；这就是说，他必须对于人生反思的思想，然后有系统地表达他的思想。（冯友兰《中国哲学简史》第一章 第1页）

宗教也和人生有关系。每种大宗教的核心都有一种哲学。事实上，每种大宗教就是一种哲学加上一定的上层建筑，包括迷信、教条、仪式和组织。所以不能认为儒家是宗教。人们习惯于说中国有三教：儒教、道教、佛教。实际上，儒家不是宗教。至于道家，它是一个哲学的学派；而道教才是宗教，二者有其区别。道家与道教的教义不仅不同，甚至相反。道家教人顺乎自然，而道教人反乎自然。举例来说，照老子、庄子讲，生而有死是自然过程，人应当平静地顺着这个自然过程。但是道教的主要教义则是如何避免死亡的原理和方术，显然是反乎自然而行的。

作为哲学的佛学与作为宗教的佛教，也有区别。受过教育的中国人，对佛学比对佛教感兴趣得多。中国的丧祭，和尚和道士一齐参加，这是很常见的。中国人即使信奉宗教，也是有哲学意味的。

高于道德价值的价值，可以叫作"超道德的"价值。比如，爱人，是道德价值；爱上帝，是超道德价值。事实上，对超乎现世的追求是人类先天的欲望之一，中国人并不是这条规律的例外。他们不大关心宗教，是因为他们极其关心哲学。他们在哲学里满足了他们对超乎现世的追求。他们也在哲学里表达了、欣赏了超道德价值，而按照哲学去生活，也就体验了这些超道德价值。

按照中国哲学的传统，它的功用不在于增加积极的知识（积极的知识，笔者是指关于实际的信息），而在于提高心灵的境界——达到超乎现世的境界，获得高于道德价值的价值。《老子》说："为学日益，为道日损。"（第四十八章）中国哲学传统里有为学、为道的区别。为学的目的就是笔者所说的增加积极的知识，为道的目的就是笔者说的提高心灵的境界。哲学属于为道的范畴。中国人是哲学的而非宗教的。

在西方，宗教与科学向来有冲突。科学前进一步，宗教就后退一步；在科学进展的面前，宗教的权威降低了。不过幸好除了宗教还有哲学，为人类提供了获得更高价值的途径——一条比宗教提供的途径更为直接的途径，因为在哲学里，为了熟悉更高的价值，无须采取祈祷、礼拜之类的迂回的道路。通过哲学而熟悉的更高价值，比通过宗教而获得的更高价值，甚至要纯粹得多，因为后者混杂着想象和迷信。在未来的世界，人类将要以哲学代宗教，这是与中国传统相合的。

二、中国哲学的问题和精神

要了解中国哲学的精神，必须首先弄清楚绝大多数中国哲学家试图解决的问题。世界上有各种人，对于每一种人，都有最高的成就。例如，从事政治的人，最高成就是成为大政治家。从事艺术的人，最高成就是成为大艺术家。如果专就一个人来说，最高成就是成为什么呢？照中国哲学家说，那就是成为圣人，而圣人的最高成就是个人与宇宙的同一。问题就在于，人如欲得到这个同一，是不是必须离开社会，甚至必须否定"生"？中国哲学家的回答是不一样的。佛家就说，生就是人生的苦痛的根源。柏拉图也说，肉体是灵魂的监狱。

有些道家的人"以生为附赘悬疣，以死为决病溃痈"。这都是以为，欲得到最高的成就，必须脱离尘罗世网，必须脱离社会，甚至脱离"生"。只有这样，才可以得到最后的解脱。这种哲学，即所谓"出世的哲学"。

儒家注重社会中的人伦和世务。这种哲学只讲道德价值，不会讲或不愿讲超道德价值。即所谓"入世的哲学"。从入世的哲学的观点来看，出世的哲学是太理想主义的、无实用的、消极的。从出世的哲学的观点来看，入世的哲学太现实主义了，太肤浅了。它也许是积极的，但是就像走错了路的人的快跑：越跑得快，越错得很。

从表面上看中国哲学，无论哪一家思想，都是或直接或间接地讲政治，说道德。在表面上，中国哲学注重的是社会，不是宇宙；是人伦日用，不是地狱天堂；是人的今生，不是人的来世。孔子有个学生问死的意义，孔子回答说："未知生，焉知死？"（《论语·先进》）孟子说："圣人，人伦之至也。"（《孟子·离娄上》）照字面讲这句话是说，圣人是社会中的道德完全的人。从表面上来看，中国哲学的理想人格，也是入世的。不过这只是从表面上看而已，事实上，中国哲学既入世又出世。入世与出世是对立的，就好比现实主义与理想主义是对立的。中国哲学的任务，就是把这些反命题统一成一个合命题。如何统一起来？这是中国哲学所求解决的问题。求解决这个问题，是中国哲学的精神。

中国哲学以为，一个人不仅在理论上而且在行动上完成这个统一，就是圣人。他是既入世又出世的。他的人格是所谓"内圣外王"的人格。内圣，是就其修养的成就说；外王，是就其在社会上的功用说。圣人不一定有机会成为实际政治的领袖。就实际的政治来说，他大概一定是没有机会的。所谓"内圣外王"，只是说，有最高的精神成就的人，按道理说可以为王，而且最宜于为王。至于实际上他有机会为王与否，那是另外一回事，也是无关宏旨的。

照中国的传统，圣人的人格既是内圣外王的人格，那么哲学的任务，就是使人有这种人格。所以哲学讲的就是中国哲学家所谓"内圣外王之道"。

儒家认为，处理日常的人伦世务，不是圣人分外的事。处理世务，正是他的人格完全发展的实质所在。他不仅作为社会的公民，而且作为"宇宙的公民"，即孟子说的"天民"，来执行这个任务。他一定要自觉他是宇宙的公民，否则他的行为就不会有超道德的价值。他若当真有机会为王，他也会乐于为人民服务，既作为社会的公民，又作为宇宙的公民，履行职责。

由于哲学讲的是内圣外王之道，所以哲学必定与政治思想不能分开。就像柏拉图的《理想国》既代表他的整个哲学，同时又是他的政治思想。

举例来说，名家以沉溺于"白马非马"之辩而闻名，似乎与政治没有什么联系。可是名家领袖公孙龙"欲推是辩以正名实而化天下焉"（《公孙龙子·迹府》）。公孙龙以为，这种名不副实的关系必须纠正。这是"化天下"的第一步。

由于哲学的主题是内圣外王之道，所以学哲学不单是要获得这种知识，而且是要养成这种人格。哲学不单要知道它，而且要体验它。金岳霖教授在一篇未刊的手稿中指出的："中国哲学家都是不同程度的苏格拉底。其所以如此，因为道德、政治、反思的思想、知识都统一于一个哲学家之身；知识和德行在他身上统一而不可分。他的哲学需要他生活于其中；他自己以身载道。遵守他的哲学信念而生活，这是他的哲学组成部分。他要做的事就是修养自己，连续地、一贯地保持无私无我的纯粹经验，使他能够与宇宙合一。显然这个修养过程不能中断，因为一中断就意味着自我复萌，丧失他的宇宙。因此在认识上他永远摸索着，在实践上他永远行动着，或尝试着行动。这些都不能分开，所以在他身上存在着哲学家的合命题，这正是合命题一词的本义。他像苏格拉底，他的哲学不是用于打官腔的。他更不是尘封的、陈腐的哲学家，关在书房里，坐在靠椅中，处于人生之外。对于他，哲学从来就不只是为人类认识摆设的观念模式，而是内在于他的行动的箴言体系；在极端的情况下，他的哲学简直可以说是他的传记。"

三、中国哲学家表达自己思想的方式

初学中国哲学的西方学生经常遇到两个困难。一个当然是语言障碍，另一个是中国哲学家表达他们的思想的特殊方式。

人们开始读中国哲学著作时，会觉得这些言论和文章都很简短，没有联系。打开《论语》，你会看到每章只有寥寥数语，而且上下章几乎没有任何联系。打开《老子》，你会看到全书只约有五千字，不长于杂志上的一篇文章；可是从中能见到老子哲学的全体。可以这么说：中国哲学家的言论、文章没有表面上的联系，是由于这些言论、文章都不是正式的哲学著作。在中国，没有正式的哲学著作的哲学家，比有正式的哲学著作的哲学家多得多。若想研究这些人的哲学，只有看他们的语录或写给学生、朋友的信。

中国哲学著作为什么都很简短呢？当然有些哲学著作，像孟子和荀子，还是有系统的推理和论证的。但是与西方哲学著作相比，它们还是不够明晰。这主要是由于中国哲学家惯于用名言隽语、比喻例证的形式表达自己的思想。《老子》全书都是名言隽语，《庄子》各篇大都充满比喻例证。这是很明显的。但

是，甚至孟子、荀子著作，与西方哲学著作相比，还是有过多的名言隽语、比喻例证。名言隽语一定很简短；比喻例证一定无联系。正因为中国哲学家的言论、文章不很明晰，所以它们暗示的几乎是无穷的。

富于暗示，是一切中国艺术的理想，诗歌、绘画以及其他无不如此。中国艺术这样的理想，也反映在中国哲学家表达自己思想的方式里。

照道家说，道不可道，只可暗示。言透露道，是靠言的暗示，不是靠言的固定的外延和内涵。言一旦达到了目的，就该忘掉。所谓"得意忘象，得象忘言"。

公元三四世纪，中国最有影响的哲学是"新道家"，史称"玄学"。南朝·宋·刘义庆《世说新语·文学》记载："阮宣子（修）有令闻，太尉王夷甫（衍）见而问曰：'老、庄与圣教同异？'对曰：'将无同？'太尉善其言，辟之为掾。"世谓"三语掾"（《太平御览》卷二百九〈职官部七·三公府掾属·太尉掾〉）。阮修因三个字而被任命官员。有人问阮修老、庄与孔子的异同。回答说："将无同？"意思是：莫不是同吗？太尉非常喜欢这个回答，马上任命做他的秘书，当时称为"掾"，由于这个回答只有三个字，世称"三语掾"。阮修不能说老、庄与孔子毫不相同，也不能说他们一切相同。所以他以问为答，的确是很妙的回答。

郭象是《庄子》的大注释家之一。他的注，本身就是道家文献的经典。庄子原文的暗示，郭象注的明晰，二者之中，哪个好些？人们仍然会这样问。后来有一位禅宗和尚说："曾见郭象注庄子，识者云：却是庄子注郭象。"（《大慧普觉禅师语录》卷二十二）对中国哲学的地位，精神，问题和表达方式有了大致的了解后，我们来具体阐述中国哲学的思想资源和思想传统，中国哲学的宇宙观念和人生境界，中国传统的思维方式和行为方式。

第一节　中国哲学的思想资源和思想传统

中国哲学思想源远流长，博大精深；其中关于宇宙人生根本问题的最高智慧，隽永深澈，韵味无穷。古代哲学萌芽于殷周之际。西周初年的《尚书·洪范》提出五行学说，以水、火、木、金、土为构成世界最基本的事物。殷周时期有了原始的"阴阳"观念。《周易》古经以乾（天）、坤（地）、震（雷）、艮（山）、离（火）、坎（水）、兑（泽）、巽（风）八卦说明自然现象和社会关系。《周易》本是占卜之书，是原始宗教、原始哲学与当时的社会风俗的结合。春秋战国时期诸子蜂起，百家争鸣，哲学思想异常活跃，涌现出了许多重要的思想家，如孔子、墨子、老子等，形成儒家、墨家、道家、名家、法家、阴阳家、兵家、农家等学派。诸子百家各引一端，崇其所善，相反相成，相灭相生。在3 000多年中国哲学发展史上，有各种各样的思想资源和思想传统，成为我们民族精神文化的不同基因，至今仍起着这样或那样的作用。其中，影响最大的，有四大思想资源和思想传统，即原始儒家、原始道家、中国佛学和宋明理学。这四大思想传统的一个共同点是，它们的智慧都是人生的智慧。中国哲学的智慧是从伟大精神人格中、从哲学家的实践行为中流露或显现出来的。中国哲学家透视现在，玄想未来，"究天人之际，通古今之变"，把高尚的理想拿到现实世界来实现。

一、原始儒家

原始儒家的代表人物有孔子、颜子、曾子、子思、孟子、荀子等。儒家有五圣。至圣孔子，复圣颜回，宗圣曾子，述圣子思，亚圣孟子。我们先说说关于孔子在中国历史上的地位。西方对于孔子的了解，可能超过了对于其他任何中国人的了解。可是在中国，孔子的历史地位在各个时代却有很不相同的评价。按历史顺序说，他本来是普通教师。但是他死后，逐渐被认为是至圣先师，高于其他一切教师。到公元前2世纪，他的地位更加提高。当时许多儒家的人认为，孔子曾经真的接受天命，继周而王，根据可以在《春秋》的微言大义中找到。他们把《春秋》说成是孔子著的表现其伦理、政治观点的一部最重要的政治著作，而不是孔子故乡鲁国的编年史。再到公元前1世纪，孔子的地位提高到比王还高。据当时的许多人说，孔子是人群之中活着的神，这位神知道在他以后有个汉朝（公元前206—220年），所以他在《春秋》中树立一种政治理想，竟能完备得足够供汉朝人实施而有余。这种神化可以说是孔子光荣的顶点吧，在汉朝的中叶，儒家的确可以叫作宗教。但是这种神化时期并没有持续很久。公元1世纪初，就不再认为孔子是神了，但是他作为"至圣先师"的地位仍然极高。直到19世纪末，孔子受天命为王的说法固然又短暂地复活，但是不久以后，随着民国的建立，他的声望逐渐下降到"至圣先师"以下。首先，在现在，大多数中国人会认为，他是中国的第一位教师，他确实是一位伟大的教师。其次，原始儒学的经典，有被称为经书的六经：《诗》《书》《礼》《乐》《易》《春秋》（《乐》经不传，是为五经）。另外，我们还可以通过《论语》《孟子》《荀子》和《礼记》中的《中庸》《大学》等来把握原始儒家的思想。

原始儒学的精神，首先是创造性的生命精神，是人对宇宙的一种根源感。

《周易·系辞传》说："天地之大德曰生。""生生之谓易。"意思是说，天地的根本性质是"生生不息"。照《易传》的看法，宇宙是一刚健的生命，不停息的变化流行，人也应该效仿它而自强不息。我们人有一种刚健自强、生生不已的主体精神，能够开拓创新、穷通变易。人效法天地、德配天地、宏大天性，就是要发扬创造性的生命精神，全面发挥人的禀赋与潜能。"人能弘道，非道弘人。"（《论语·卫灵公》）这是一种"尊生""主动"的传统，肯定人的创造可以与天地的创造相配合，相媲美。"唯天下之至诚，为能尽其性。能尽其性，则能尽人之性。能尽人之性，则能尽物之性。能尽物之性，则可以赞天地之化育。可以赞天地之化育，则可以与天地参矣。"（《礼记·中庸》）这就是说，一旦人能充分地护持住自己的道德理性，就能全面发挥其本性，并且尊重每个人及每一物的生存，使之"各遂其性"；这样就能回应天地的生命精神，提高人的精神境界，与天地鼎足而三，理性地适应并进而辅相天地。人在宇宙中的地位，人的生活意义，由此确立。原始儒家的"天道""地道""人道"思想，"天""地""人"三才的思想，都是讲创造的生命精神贯注于天上、地下、人间；人可以与天地相协调、相鼎立，完成自己的生命理想；并以平等精神体察宇宙间一切存在的价值，完成其生命；最终通过"正德、利用、厚生""立德、立功、立言"，在实际行动中实现人生的价值与意义。

孔子哲学的基本观念是"仁"。首先，"仁"是人之所以为人的根本，故曰："仁者，人也。"（《礼记·中庸》）其实，"仁"就是生命的相互感通，是天地、人、物、我之间的普遍联系与相互、滋养润泽。其次，"仁"又是主体内在的意识，是自己决定自己的，所以孔子说："为仁由己。"（《论语·颜渊》）"我欲仁，斯仁至矣。"（《论语·述而》）内在的仁具有伟大崇高的道德价值。再次，"仁"的具体含义是"爱人"，就是一种博大的同情心。凡是人都有仁性，天生就有恻隐之心，能对别人的痛苦与欢乐产生共鸣。有仁德的人会用爱心去对待人，既自爱，又爱人，既自尊，又尊人。最后，"仁"就是一种宽容的精神。孔子说："己所不欲，勿施于人。"（《论语·颜渊》）"夫仁者，己欲立而立人，己欲达而达人。"（《论语·雍也》）自己要站得住，同时让别人站得住；自己要事事行得通，同时让别人事事行得通。从忠的方面来说，就是推己及人、尽己为人；从恕的方面来说，就是自己不喜欢的，决不强加给别人。儒家的理想，是要把仁爱的精神，由爱自己的亲人推广到爱周围的人，爱所有的人，爱宇宙万物。这就是孟子所说的"老吾老以及人之老，幼吾幼以及人之幼"（《孟子·梁惠王上》）；"亲亲而仁民，仁民而爱物"（《孟子·尽心上》）。我们爱自己的亲人，进而爱人类、爱草木鸟兽、爱自然万物。所以，仁者把自己和天地万物看成一体。儒家主张通过仁爱之心的推广，把人的精神提扬到超脱寻常的人与我、物与我之分别的"天人合一"之境。在文明间矛盾与冲突相当普遍的当今世界，以"己所不欲，勿施于人"的宽容诚恕之道，彼此尊重，加强沟通、理解与对话，是调节人与人、国家与国家、族群与族群、宗教与宗教之间关系的良方，也是克服人与自然对立造成的生态危机的思路。

孔子的精神修养发展过程。在道家的著作《庄子》中，可以看到道家的人常常嘲笑孔子，说他把自己局限于仁义道德之中，只知道道德价值，不知道超道德价值。从表面上来看，他们是对的，实际上他们错了。请看孔子谈到自己精神修养发展过程时说的话，他说："吾十有五，而志于学。三十而立。四十而不惑。五十而知天命。六十而耳顺。七十而从心所欲。不逾矩。"（《论语·为政》）孔子在这里说的"学"，不是我们现在说的学。《论语》中孔子说："志于道。"（《述而》）又说："朝闻道，夕死可矣。"（《里仁》）孔子的志于学，就是志于这个道。我们现在说的学，是指增加知识；但是"道"是我们用来提高精神境界的真理。孔子还说："立于礼。"（《论语·泰伯》）又说："不知礼，无以立也。"（《论语·尧曰》）所以孔子说他三十而立，是指他这时候懂得了礼，言行都很得当。他说四十而不惑，是说他这时候已经成为知者。因为如前面所引的，"知者不惑"。孔子一生，到此为止，也许只是认识到道德价值。但是到了五六十岁，他就认识到天命了，并且能够顺乎天命。换句话说，他到这时候也认识到超道德价值。在这方面孔子很像苏格拉底。苏格拉底觉得，他是受神的命令的指派，来唤醒希腊人。孔子同样觉得，他接受了神的使命。《论语》记载："子畏于匡，曰：'……天之将丧斯文也，后死者不得与于斯文也；天之未丧斯文也，匡人其如予何'！"（《子罕》）有个与孔子同时的人说："天下之无道也久矣，天将以夫子为木铎。"（《论语·八佾》）所以，孔子在做他所做的事的时候，深信他是在执行天的命令，受到天的支持；他所认识到的价值也就高于道德价值。不过，我们将会看出，孔子体验到的超道德价值，和道家体验到的并不完全一样。道家完全抛弃了有理智、有目的的天的观念，而代之以追求与混沌的整体达到神秘的合一。因此，道家认识、体验的超道德价值，距离人伦日用更远了。上面说到，孔子到了七十岁就能从心所欲，而做的一切自然而然地正确。他的行动用不着有意的指导，他的行动用不着有意的努力。这代表着圣人发展的最高阶段。

综上所述，儒家精神是一种"极高明而道中庸"的精神，也就是伟大寓于平凡、理想寓于现实的精神。就是说，我们要有道德勇气，有强烈的正义感，敢于担当道义，甚至不惜杀身成仁。但在平常的生活中，我们不必做什么惊天动地的事情，在现世伦常的义务中，在某种社会角色和社会位置上，我们每个人都可以非常崇高地生活，忠于职守，勤劳奋发，不苟且，不偷惰。只要我们对生活有高度的觉解，我们做的平常事就有不平常的意义。能否成就某种外在的功业，有赖于各种机缘；但只要我们顺着本性内在的禀赋有所发挥创造，我们的内心得到了某种精神的满足，这就实现了我们生活的目的。儒家认为，人存在的价值，就在于成就道德人格。只要挺立了道德自我，以良知做主宰，我们就能超越世间各种境遇，超越本能欲望，以超越的精神，干日常的事业。

二、原始道家

原始道家的代表人物是老子和庄子。《老子》文约义丰，《庄子》诙诡谲奇。《老子》《庄子》不独表达了特殊的人生智慧，而且代表了特殊的中国艺术精神，以诗与寓言，以多义的比兴、隐喻来表达形而上学的意涵，堪称世界文化的奇葩。《老子》《庄子》诗意盎然，哲理宏博，汪洋恣肆，生机勃勃，暗示性无边无涯，涵盖面无穷无尽。

《老子》第一章曰："道可道，非常道；名可名，非常名。无名天地之始，有名万物之母。故常无，欲以观其妙；常有，欲以观其徼。此两者同出而异名，同谓之玄。玄之又玄，众妙之门。"首先，"道"是一个终极实在的概念。它是整体性的，在本质上既不可界定也不可言说。不能以任何对象来限定，也不能将其特性有限地表达出来。它是不受局限的、无终止的一切事物的源泉与原始浑然的总体。"道"又不是一静止不变的实体，而是一流转与变迁的过程。其次，道是整体与过程的统一。道具有否定性和潜在性，它创造和维护了每一个肯定的和实在的事物。在这一历程中，潜在变为现实，否定变为肯定，空无变为实有，一变为多，同时，又伴随着相反的历程。在这里，相反相成的辩证公式决定了变迁的过程。再次，在人生论上，老子强调"不盈""不争""致虚极，守静笃"。老子的这一原则叫作"无为而无不为"，即不特意去做某些事情，依事物的自然性，顺其自然地去做。最后，老子主张"为学日益，为道日损"。就是说，学习知识要积累，要用加法，一步步肯定；而把握或体悟道，要用减法，一步步否定。道家认为，真正的哲学智慧，必须从否定入手，一层层除去表面的偏见、执着、错误，穿透到玄奥的深层去。也就是说，面对一现象，要视之为表象；得到一真理，要视之为相对真理；再进而层层追寻真理的内在本质。宇宙真相与奥秘，是在层层偏见剥落之后才能一步步见到的，最后豁然贯通在我们人内在的精神生命中。

其实道家与儒家殊途同归，最终都是强调个人与无限的宇宙契合，"天地与我并生，万物与我为一"（《庄子·齐物论》）。与儒家努力尽自己的社会人伦义务和社会责任、积极入世、遵守社会规范的主张不同，道家通过否定的方法，否定知识、名教，否定一切外在形式的束缚，包括儒家仁义的束缚，以化解人生之忧。道家追求的自由是精神的超脱解放，不是指放浪形骸的情欲。如果执着于外在物欲、功名利禄，束缚于名言名教，那就会被物主宰，不仅不自由，而且形成"机心""芒昧"，阻隔人与天地的合一。所以，庄子要化解物形，才能做逍遥无待之游，达到"独与天地精神往来"的境界。

庄学讨论了人的生存处境。此身有限，吾生有涯。以有形有限之生投入宇宙大化，人要面对无限的时空、知识、意义、价值，这一"无限"令它不安。在熙熙攘攘的人世和各色人等的不同欲望的追逐竞争中，人心承受了巨大的压力和痛苦，人往往不知道自己身在何处。如何化解这些痛苦、困惑？庄子的人生哲学提示人们由现实到理想，由有限到无限，致广大，尽精微，遍历层层生命境界，求精神之超脱解放。庄学将人提升为太空人，超越有待，不为俗累，宛若大鹏神鸟，遗世独立，飘然远行，背云气，负苍穹，翻翔太虚。

《庄子·逍遥游》强调得其自在，歌颂生命自我的超拔飞越；《庄子》第一篇题为《逍遥游》，这篇文章纯粹是一些解人颐的故事。这些故事所含的思想是，获得幸福有不同等级。自由发展我们的自然本性，可以使我们得到一种相对幸福；绝对幸福是通过对事物的自然本性有更高一层的理解而得到的。这些必要条件的第一条是自由发展我们的自然本性，为了实现这一条，必须充分自由发挥我们自然的能力。这种能力就是我们的"德"，"德"是直接从"道"来的。庄子对于道、德的看法同老子的一样。例如，他说："泰初有无。无有无名，一之所起。有一而未形。物得以生谓之德。"（《庄子·天地》）所以我们的"德"，就是使我们成为我们。我们的这个"德"，即自然能力，充分而自由地发挥了，也就是我们的自然本性充分而自由地发展了，这个时候我们就是幸福的。联系着这种自由发展的观念，庄子做出了何为天、何为人的对比。他说："天在内，人在外……牛马四足，是谓天。落马首，穿牛鼻，是谓人。"（《庄子·秋水》）他认为，顺乎天是一切幸福和善的根源，顺乎人是一切痛苦和恶的根源。天指自然，人指人为。万物的自然本性不同，其自然能力也各不相同。可是有一点是共同的，就是在它们充分而自由地发挥其自然能力的时候，它们都是同等地幸福。《逍遥游》里讲了一个大鸟和小鸟的故事，两只鸟的能力完全不一样，大鸟能飞九万里，小鸟从这棵树飞不到那棵树。可是只要它们都做到了它们能做的，爱做的，它们都同样地幸福。所以，万物的自然本性没有绝对的同，也不必有绝对的同。《庄子》的《骈拇》篇说；"凫胫虽短，续之则忧。

鹤胫虽长，断之则悲。放性长非所断，性短非所续，无所去忧也。"这是获得相对幸福的方法。

　　如果要获得绝对的幸福，庄子认为，除了万物自然本性的相对性之外，还需要达到人与宇宙的同一。要达到这种同一，人需要更高层次的知识和理解。由这种同一得到的幸福才是真正的绝对幸福，《庄子》的《逍遥游》里讲明了这种幸福。这一篇里，描写了大鸟、小鸟的幸福之后，庄子说有个人名叫列子，能够乘风而行。"彼于致福者，未数数然也。此虽免乎行，犹有所待者也。"他所待者就是风，由于他必须依赖风，所以他的幸福在这个范围里还是相对的。接着庄子问道："若夫乘天地之正而御六气之辩，以游无穷者，彼且恶乎待哉？故曰：至人无己，神人无功，圣人无名。"庄子在这里描写的就是已经得到绝对幸福的人。他是至人、神人、圣人。他绝对幸福，因为他超越了事物的普遍区别，他也超越了自己与世界的区别，"我"与"非我"的区别。所以他无己，他与道合一。道无为而无不为，道无为，所以无功，圣人与道合一，所以也无功。他也许治天下，但是他的治就是只让人们听其自然，不加干涉，让每个人充分地、自由地发挥他自己的自然能力。道无名，圣人与道合一，所以也无名。

　　《庄子·齐物论》强调蕲于平等，肯定物我之间的同体融合。齐物论包含齐物、齐论。庄子认为，世界万物包括人的品性和感情，看起来千差万别，归根结底却又是齐一的，这是"齐物"。庄子还认为，人们的各种看法、观点，看起来也是千差万别的，但世间万物既是齐一的，言论归根结底也应是齐一的，没有所谓"是非"和"不同"，这是"齐论"。《庄子·逍遥游》讲适己性，《庄子·齐物论》讲与物化。也就是说，逍遥无待之游只有在天籁齐物之论的前提下才有可能。这一自由观的背景是反对唯我独尊，主张宽容，承认自己的生存、利益、价值、个性自由、人格尊严，必须以承认别人的生存、利益、价值、个性自由、人格尊严为先导。这种平等的价值观肯定、容忍各种相对的价值系统的意义，决不抹杀其他的人的利益、追求，或其他的学派、思潮的存在空间。这样，每一个生命就可以从紧张、偏执中超脱出来，去寻求自我超拔的途径。人们从超时空的境界中还要再回到现实中来，道家理想也必须贯注到现实人生之中。

　　儒家和道家处世态度我们可以通过对《沧浪之水歌》的不同理解看出端倪。"沧浪之水清兮，可以濯吾缨；沧浪之水浊兮，可以濯吾足。"（春秋战国时期的《孺子歌》）道家认为，沧浪之水清的话，我用来洗帽带，沧浪之水浊的话，我用来洗脚，不管是好环境还是坏环境，我都拿来为我所用，我们不必考虑如何改变环境，关键是考虑如何适应环境。儒家孔子教诲弟子说：清水用它洗帽缨，浊水用它来洗脚。全凭自己来决定。孟子进而阐发：人先有自取其辱的行为，人们才侮辱他；家必有自取毁坏的因素，别人才毁坏它；国必有自取讨伐的原因，别国才会讨伐它。

三、中国佛教哲学

公元前后印度佛教传入中国后，通过由汉代到唐代600余年的消化，中国人创造了自己的中国化了的佛教哲学。中国佛学渗透了中国哲人的智慧，特别是道家、儒家和魏晋玄学的哲理。中国化了的佛教宗派，主要有天台宗、华严宗和禅宗。

中国佛教哲学的特点大体有三，首先，与道家相近，佛教智慧也用否定、遮拨的方法（当然不限于这一方法），破除人们对宇宙一切表层世界或似是而非的知识系统的执着，获得精神上的某种自由、解脱。佛教启迪人们空掉一切外在追逐、攀缘、偏执，破开自己的囚笼，直悟生命的本性、本真。佛教的反本归极、明心见性、自识本心、见性成佛之论及一整套修行的方法，是要人们寻找心灵的家园，启发一种内在的自觉，培养一种伟大的人格。与儒家的成圣成贤、道家的成至人、成真人一样，佛家的成菩萨、成佛陀，也是一种道德人格的薪向。而佛家的诸佛平等境界和与众生一起拯救世界的热忱，同样是一种宝贵的思想资源。

其次，佛教哲学以双遣对破等解构的方法来消解心灵上的执着，使人自知其限制，自虚其心，自空其说，以求容纳别人。如同儒之"诚恕""道之齐物"一样，这不单单是个体修养身心的方法，也是现代社会共存互尊的必须。佛教让人们反观自己心灵的无明，对治一切贪、瞋、痴、慢、疑、恶见，拓阔自己的心灵，从种种狭隘的偏见中超脱出来，使自己日进于高明之境，而不为无明所缚。禅宗教人"了生死"。生死能了，则一切外在的执着都可以放下，人们不再为自己的有限性而惶惑；他的"紧张""不安"可以消解，他的创造性反而可以爆发出来；这样，有限的生命便进入到无限的境界。因此，佛教的人生智慧，自有与儒、道相通之处。中国佛教哲学，削减了宗教的意识，更加世俗化。其"担水运柴，无非妙道""一阐提皆得成佛"等论旨，都受到了儒、道思想的影响。

最后，从思辨上来讲，中国佛学确有一套自己独特的运思模型。天台宗的智慧是圆融的智慧。天台宗不取层层推进的分解的表达方式，而取层层圆而无偏、遍无遗漏的辩证综合的方式。其"三谛圆融"说，把一心同时观照的表象世界之空无、假有、非空、非有等各方面，互不妨碍、彼此圆融地统一起来。

华严宗也提倡开放的心灵，其主张的"理无碍、事无碍、理事无碍、事事无碍"和"一即一切，一切即一"的主张，把本体与现象、现象与现象之间的关系都看作互为依恃、互为因果、相即相入、圆融无碍的。它把世界看作无限丰富的世界，看作融摄了不同层次的相对价值系统的一个更高价值系统。在一无限和谐的实在中，主体和客体也是互为依藉、互相关联的。禅宗主张不立文字，当下自识本心，强调自性是佛，平常即道。一旦见到自己的真性（本性）和本有心灵，我们就了解了终极的实在和得到了菩提（智慧）。禅宗主张，在实际的人生中才有涅槃（自由），在涅槃中才有实际的人生。禅宗以创造性的生活和自我觉悟的日常途径，来揭示人生的秘密，化平淡为神奇，寓神奇于平淡。禅宗极大地张扬了人的主体意识，肯定每一个人都可以成佛，都可以成就人格。它用烘云托月的方法，不说不可言说的东西是什么，只说它不是什么。禅宗甚至不用语言，而以各种身体动作，或以"棒喝"之类的方法，开悟心灵，启发人大彻大悟。

四、宋明理学

宋明理学（或称"道学"）是我们前述儒、道、释三大资源与传统在宋元明时期的新的综合。它以儒学为主干，融摄佛道的智慧，建立了以理气论、心性论为中心的道德形而上学体系。宋明理学把汉唐以来注疏五经的传统一变而为讲求四书（《论语》《孟子》《大学》《中庸》）义理，讨论身心性命修养问题的传统，并以民间自由讲学之书院为依托，把传统精英文化进一步世俗化了。作为一种文化现象，理学是整个东亚文明的体现。它不仅在元、明、清三朝成为中国的官方意识形态，而且在14—20世纪对东亚各民族产生了广泛而深刻的影响。它的精华与糟粕至今仍然积淀在东亚各民族的文化心理中，对东亚现代化起着这样那样的作用。

朱熹是宋代理学的集大成者。他集中讨论了理气关系与心性关系问题。朱子认为，宇宙间事物的法则、规律在逻辑上要先于个别的事物。如果把"理"设定为人之所以为人的道理，即作为"类"的人的本质规定（区别于禽兽等），那么它在逻辑上要先于或高于实际的人，即具体的个别人。这就在一定意义上强调了道德理性对于与血肉之躯相连的情感欲望的制约。他以心的"未发"状态指心之体（或性），以心的"已发"状态指心之用（或情）。心是性、情的统一。性是人的本质规定，是情的根据或根源，情则是性的表现。所谓"心统性情"之"统"，含有"兼"和"主宰"两义，亦即心兼含有性（内在的道德理性）和情（具体的情感欲念，包括道德的情感与非道德的情感），又指"心主宰性情"。这里又强调了意识主体和理性对于情感的主导、控制。所以他主张以"居敬""穷理"的方法涵养心性。"居敬"就是专心致志,"穷理"就是深入研究。他还阐发了"格物致知"的方法,其中包含有科学求知的精神。

王阳明是宋明理学中心学的集大成者。"知行合一"说与"致良知"教是他的颇有特色的学说。他肯定知行之间的相互联系、相互包含和动态统一,甚至把"一念发动处"的意念、动机都看作行之开始。"良知"本是孟子讲的,指辨别是非善恶之心,即人内在的道德判断与道德评价作用。良知是人固有的,不需要向外求索。王阳明的"致良知"就是扩充良知,一方面除去心中的自私念头和不正当欲望,保持善良的心地;另一方面在现实生活中接受磨炼,切实践行,把心中的善意具体地表现出来,不能只是口头说说而已。良知不仅表现为"知是知非""知善知恶"的先验原则,又表现为"好善恶恶""为善去恶"的道德自觉与实践。"致良知"也就是一套修养德行的功夫。王阳明教人要身体力行,在实践中追求自己的人生理想。如果说朱子强调道德理念、规范与知识的话,王阳明则强调道德情感、直觉与体验。这就是程朱理学与陆王心学的不同。在方法论上,前者主张"道问学",后者主张"尊德行"。

整个宋明理学将道德提高为本体,重建了人的哲学。理学家的最高理想是"孔颜乐处",即"天人合一"的精神境界。他们常常讲"开拓胸次","处处表现圣者气象"。王阳明的弟子说:"满街都是圣人。"正是因为他自己的价值标准、修养境界提高了,不以鄙陋之心看人类,而以其价值理想看人类,人类的真正价值便立刻显现出来。理学的根本精神可以用张载的不朽格言为代表:"为天地立心,为生民立命,为往圣继绝学,为万世开太平。"(《张载集》,第376页)宋明理学在培养气节操守、重视品德、讲求以理统情、自我节制、发奋立志等建立主体意志结构方面起了重要的作用,把道德自律、人的社会责任感、历史使命感和人优于自然等方面,提扬到本体论的高度,空前地树立了人的道德主体性的庄严伟大。另外,由于理学成为后期封建社会的官方意识形态,其末流,特别是被统治阶级利用的部分,维护了封建专制主义的等级秩序,以一整套规范压制和扼杀人的本性,造成了伦理异化,给中国社会和中国人民曾带来了灾难。对于其正负面效应,我们应当具体地、历史地加以分析。

第二节　中国哲学的宇宙观念和人生境界

一、宇宙观——创化的宇宙、创造的人生

中国哲学的宇宙观，是生生不已、大化流行的宇宙观。什么是宇宙？宇宙是至大无外的。惠施说："至大无外，谓之大一。"（《庄子·天下》引）这里的"大一"就是宇宙。古人把东西南北、上下四方的空间称作"宇"，把古今旦暮、古往今来的时间称作"宙"。《庄子·庚桑楚》界定"宇"为有实在而无定处可执者，界定"宙"为有久延而无始末可求者。宇宙就是无限的时空及其包含的一切。孔子说："天何言哉？四时行焉，百物生焉。天何言哉？"（《论语·阳货》）子在川上曰："逝者如斯夫，不舍昼夜。"（《论语·子罕》）荀子说："阴阳大化，风雨博施。"（《荀子·天论》）这些都是肯定变易是这个世界最根本的事实，一切事物莫不在变易之中，而宇宙是一个变易不息的大流。老子说："大曰逝，逝曰远，远曰反。"（《老子》二十五章）宇宙是逝逝不已、无穷往复的历程。庄子说："万化而未始有极也。"（《庄子·大宗师》）一切都在变动流转之中，变化是普遍的，没有终极的。

讲宇宙变化最详密的《周易·系辞传》说："在天成象，在地成形，变化见矣。""易穷则变，变则通，通则久。"《易传》最突出的特点是视变化为创新："富有之谓大业，日新之谓盛德，生生之谓易。"宋人张载说，生生犹言进进。这就是说，宇宙是一个生生不已的大流，这就叫作"易"。一阴一阳，生生之易，发生在天地之间。"'易'之为书也不可远，为道也屡迁，变动不居，周流六虚，上下无常，刚柔相易，不可为典要，唯变所适。"（《周易·系辞传》）这是说，《周易》这部书，人们是不可以离开它的。它讲的道理，常常变化迁移而不是静止的，它普遍流动于阴阳六爻的地位。所以爻位的上下是不固定的，爻的刚柔是互相变化的，不可以定出准则和纲要来，只有适应它的变化。变易本身没有什么刻板的公式可循，一切都在创新发展着，宇宙是日新无疆的历程。中国哲学家从来不把宇宙看成一个封闭的系统，相反，把它看成开放的、交融互摄、旁通统贯、有机联系的整体。中国哲学家从来不把宇宙看成孤立、静止、不变不动或机械排列的，而是创进不息、常生常化的。中国哲学家有一个信念，就是人类赖以生存的宇宙是一个无限的宇宙，创进的宇宙，普通联系的宇宙，它包举万有，统摄万象，无限丰富，无比充实。

对宇宙创化流衍的信念，实际上也就是对人的创造能力的信念。在宇宙精神的感召之下，人类可以创造富有日新之盛德大业，能够日新其德，日新其业，开物成务，与时俱进，创造美好的世界。人们效法天地的，就是这种不断进取、刚健自强的精神。《礼记·大学》引述《尚书》和《诗经》说："汤之《盘铭》曰：'苟日新，日日新，又日新。'《康诰》曰：'作新民'。《诗》曰：'周虽旧邦，其命维新。'是故君子无所不用其极。"汤盘上的铭词说："真有一天能够获得新的进步，就要一天一天都有新的进步，还要再继续天天有新的进步。"《康诰篇》说："要改变旧的习惯，作一个新人。"《诗经》上说："周虽然是一个旧的国家，它接受的天命却是新的。"所以君子是没有地方不用尽他的心力的。无论对我们民族来说，还是对我们个人来说，我们不能不尽心竭力地去创造新的，改革旧的，这是天地万象变化日新昭示给我们的真理。

这就是说，人在天地之中，深切体认了宇宙自然生机蓬勃、盎然充满、创进不息的精神，进而尽参赞化育的天职。这种精神上的契会与颖悟，足以使人产生一种个人道德价值的崇高感。如此，对天下万物、有情众生的内在价值，也油然而生一种博大的同情心，洞见天地同根，万物一体。不同学派道德价值的目标不同：儒家利己利人、成己成物、博施济众、民胞物与的仁心，道家万物与我为一、天籁齐物的宽容，佛家普度众生、悲悯天下的情怀，都是这种精神的结晶。由此产生了真善美统一的人格思想，把生命的创造历程看作人生价值实现的过程，天道的创化神力与人性的内在价值，德合无疆，含弘光大。

如何实现这一道德价值呢？儒家有诗教、礼教、理学的传统，讲"志于道，据于德，依于仁，游于艺"，讲"尽善尽美"，将理想贯通于道德生活与艺术生活，成为富有"美""善"的价值世界。道家讲超越的价值，认为只有在智慧的修养、精神的锻炼达到极致的程度，才能进入"天地与我并生，万物与我为一"的境界，于此才能把握宇宙的真相和最高的价值。总之，使人格向上发展，不离开现实世界又要超越现实世界的种种限制，培育真善美统一的理想人格，是中国哲学的真谛。

二、宇宙观——天人之际、性命之源

在天人关系问题上，中国哲学有"天人合一"的主张，也有"天人交胜"的主张。《易传》提出人"与天地合德"的理想，又提出"裁成天地之道，辅相天地之宜"（《泰卦·象传》）及"范围天地之化而不过，曲成万物而不遗"（《易·系辞上》）的原则。天人关系问题，是人在宇宙间的位置的问题。人在宇宙中的位置问题，也就是人生之意义的问题。"中国哲学中天人合一观点有复杂的含义，主要包含两层意义。第一层意义是，人是天地生成的，人的生活服从自然界的普遍规律；第二层意义是，自然界的普遍规律和人类道德的最高原则是一而二、二而一的……中国哲学家认为肯定天人合一才达到人的自觉，这可谓高一级的自觉。把人与自然界区别开，是人的初步自觉；认识到人与自然界既有区别也有统一的关系，才是高度的自觉。"

中国哲学家把人看作"最为天下贵"者。之所以如此，是因为人得天地之全德、五行之秀气；人承受的天地之性，是性之极致，因而人有道德理想、有智慧能力（当然中国哲学中也有认为人是渺小的。微不足道的，例如，庄子外篇及杂篇中就有这种议论）。众多讲"天人合一"的思想家，都把人在宇宙中的卓越地位加以彰显。但彰显人在天地间的突出地位的，也有不主张"天人合一"之说的。荀子讲"明于天人之分，则可谓至人矣"（《荀子·天论》）。他的意思是说天与人各有自己的职分，例如，社会治乱在人不在天，人应尽力完成自己的职任。但荀子并不否认天与人有统一的关系。唐代刘禹锡也讲"天与人交相胜"。刘氏强调天与人各有一定的功能，不相互干预，在一定意义上人胜于天，并且区别了自然规律和社会生活的准则，对"天人感应""人副天数"等汉代以来流行的"天人合一"学说的负面影响有所驳正。

儒家的人文理想，使天德下贯为人德，人德上齐于天德，且归于天人同德。《诗·大雅》："天生烝民，有物有则，民之秉彝，好是懿德。"《吕氏春秋·去私》："天无私覆也，地无私载也，日月无私烛也，四时无私行也，行其德而万物得遂长焉。"真可谓天道荡荡，大公无私。正因为天地宇宙本身即涵有价值，所以这宇宙是值得生存的宇宙，而我们实现人生的价值，不必再另追求外在于人间的天国或彼岸世界。以天、天道、天命代表至善，因此儒家肯定人性、人道、圣教均源于天。《中庸》"天命之谓性，率性之谓道，修道之谓教"及《孟子·尽心》"尽其心者，知其性，知其性则知天矣"，"君子所性，仁义礼智根于心"，都把宇宙看作人性之源，把天命与人性合而为一。人心是意义、价值的一个源泉，人心又源于宇宙本体的"天"。

从中国哲学的主导倾向来说，儒、释、道三大传统，大体上肯定：一个真正的人的博大气象，乃是以自己的生命通贯宇宙全体，努力成就宇宙的一切生命。这就是人类生命的价值与归宿。正是在这样的意义上，中国哲学家以公正平和的心态，使一切生命、万物万有在不同的存在领域中各安其位。人性为天命所授，人在宇宙的万象运化中，领受、秉持了于穆不已的创化力，成为宇宙的枢纽。人在本质上，在精神本性上与宇宙同其伟大，宇宙创造精神与人之间，无有间隔，人自可日新其德，登跻善境。中国传统哲学本体论、宇宙论、人生论的这些思想，有助于解决当代人的"精神的惶惑""形上的迷失"和"存在的危机"，有助于救治当代人"上不在天，下不在地，外不在人，内不在我"的荒谬处境。

三、人生境界

境界说是中国人生哲学的一大特色。这里所说的境界，是中国哲学家追求的理想人格之极致的一种精神状态、精神天地。宋明理学家经常讨论的一个问题就是"孔颜乐处"。孔子周游列国，颠沛流离，困厄万端；颜渊一箪食，一瓢饮，穷居陋巷。这本身并无乐处可言。但孔颜化解了身处逆境或物质匮乏引起的外感之忧，便自得其乐，体悟以一种理性的愉悦。这种快乐，乐于扬弃了外在之物、外驰之心，自我意识到自身与天道合其德，同其体，也就是直观自身、认同自身，体认到个体自身的内在完美，即自己具有的真善美高度统一的自由人格。

境界是一种精神生活的方式，是一种精神的天地、世界或宇宙。儒家追求的道德宇宙，道家追求的艺术天地，佛家追求的宗教境界，即表明各学派、人物追求的精神意境并不完全一致。但其出发地与终极地是一致的，就是说，他们都是对各自所处的突然的（事实的）状态的超越，而进入应然的（价值的）追求之中。境界虽带有理想的特征，但又不是玄妙不可捉摸的。只要我坚持我的文化思想，按照它去做平凡的事情，有小小的创造，我的生命爆发了小小的火花，那就是天地之化的具体呈现，我在天壤之间就不会感到孤独，有限的生命就可以通向无限与永恒。我们做的事各有不同，有各种意义，只要我们觉解到它的意义，就进入了一层境界。层层递进，就可以上达最高境界。

儒家主张"立人极"，以圣贤人格为向度，以个体的道德自觉，卓然挺立于天壤间，不断地追求自我实现。儒家的境界用程颢的话来说："仁者以天地万物为一体。"（《二程全书》卷十二）道家追求精神的逍遥与解脱。道家的诗人或艺术家的灵感气质，更加有助于超越私欲，摒弃奔竞媚俗。那种飘逸洒脱、高洁绝尘的风骨神韵，历来是道家中人的内在境界的表现。佛家追求不断地净化超升，向往"涅槃"境界。禅宗的境界，简易直截，顿悟成佛，当下进入佛即我、我即佛的超越之境。程颢有一首《秋日》诗："闲来无事不从容，睡觉东窗日已红。万物静观皆自得，四时佳兴与人同。道通天地有形外，思入风云变态中。富贵不淫贫贱乐，男儿到此是豪雄。"这种从容的气度，把儒的真性、道的飘逸、禅的机趣融合起来，我们可以从中体会中国哲学的境界。

如果我们把每个人的人生境界抽象一番，划分几个等级，那么大体上可以分成：自然境界、功利境界、道德境界、天地境界，这是近人冯友兰在《新原人》中的分法。如果一个人只能顺其本能或社会风习去做，对自己所做之事毫无觉解，他的人生境界就是自然境界。如果一个人做的事，动机是利己的，其事对于他有功利的意义，他的人生境界就是功利的境界。如果一个人自觉他是社会整体的一员，他自觉为社会利益做各种事，做的事都有道德的意义，他的人生境界就是道德的境界。如果一个人了解到超乎社会整体之上，还有一个更大的整体，即宇宙，觉解自己不仅是社会的一员，而且是宇宙的一员，就是孟子所说的"天民"。他自觉为宇宙的利益而做各种事，并觉解其中的意义，这种觉解为他构成了最高的人生境界，就是天地境界。道德境界有道德价值，天地境界有超道德价值。"按照中国哲学的传统，哲学的任务是帮助人达到道德境界和天地境界。"

有什么样的人就有什么样的境界，人境之间有一种相互呼应的关系。由于生活的复杂，同一个人在不同的主客观处境中也可能有不同的心灵境界，从而出现多重人格。不同的宇宙观、人生观使人生处于不同的意义与价值的网络之中。人们的价值观念离不开他对存在的观念。存在的多重性使境界有了差别：物质世界、生命世界、心灵境界、艺术境界、道德境界、宗教境界，以及存在与人性相合于其巅峰的至人之境，即不可思议、玄之又玄的境界。它们之间有着互动的关系，而不一定是直线递进的关系。

第三节 中国传统思维方式和行为方式

一、逻辑分析、辩证综合

中国哲学各家各派有着各不相同的思维方式。一般来说，中国哲学家欣赏整体动态，辩证综合与直觉体悟的思维方式。但这并不是说，中国没有逻辑分析的传统。

孔子兼重学思，强调"学而不思则罔，思而不学则殆"（《论语·为政》）。孟子提出"心之官则思"的命题，宣称"思则得之，不思则不得也"（《孟子·告子上》）。《中庸》提出"博学之，审问之，慎思之，明辨之，笃行之"的为学五步骤。又说："故君子尊德行而道问学，致广大而尽精微。"这都是肯定思必须慎，辨必须明，提倡微细的分析。儒家中比较推崇"名辨"即逻辑之学的，是荀子及其后学。荀子主张形式逻辑的类推原则，倾向于对事物及其类别的确定性加以研究，有实证分析的认知倾向。后期墨家比较重视分析方法，《墨子》书中保存的《墨经》显示出墨家分析思维的光辉成就。墨家严格地确立了概念、判断、推理的逻辑程序和规则，《墨经》指出的"故""理""类"的归纳推理和类比推理的步骤和方法，也有精到之处。名家对于分析思维也有贡献。惠施的"历物"十事，即表现了辩证思维，也表现了分析思维。公孙龙讲"离坚白"，所谓"离"即分别之意。法家韩非也很强调分析性、确定性的认知方式。宋明理学家中，朱熹比较重视分析。他曾讲学问之道云："盖必析之有以极其精而不乱，然后合之有以尽其大而不余。"（《大学或问》）这就是兼重分析与综合。

中国传统哲学思维方式的缺点是分析方法的薄弱，但并不是完全没有分析思维。应当避免语言、概念、观念、判断、推理的空洞、游移、不确定、不严密，避免忽视实证、实验之严谨的工具、步骤、方法，避免以情绪代替逻辑，将怀疑视为结论，把主观估计的或然的东西当作客观实在的必然的判断。

中国儒释道推崇的整体、流动、当下体悟的方法，是悟道的方法，与面对现象层面的方法确实有很大区别。由于我们民族久远以来的生存方式及汉字语言等各方面特性的缘故，我国传统思维方式特别发达的是辩证思维和直觉思维。

辩证思维方式强调的是整体、对待、过程、流衍、动态平衡。中国哲人观察宇宙人生，以一种"统观""会通"的方式，即着眼于天地人我、人身人心都处在不同的系统或"场"之中，肯定各系统、要素之内外的相互依存、密切联系。人体小宇宙是一个有机联系的整体，天地大宇宙也是一个有机联系的整体。古代哲学以"统体""一体"，或者以"道""一""太极""大全""太和"等表明这个整体。以《周易》《老子》《大乘起信论》等为代表的辩证方法论模型，是"一物两体""一体两面""一心二门""整体—对待—流行"的模型，或者说是"二元对待归于机体一元"，进而发展"两面互动"的模型。例如，以易、道、天、太极、太虚为"一体"，以阴阳、乾坤、形神、心物、理气、翕辟、动静等为"两面"。此两面并不是均衡的、平行的或平等的。两面的相反相成，其动力即来自这两面的不平衡。所谓"一阴一阳之谓道""反者道之动""阳中有阴，阴中有阳""动静无端，阴阳无始"等，既不是把矛盾双方的对立看成僵死的、绝对的，也不是把矛盾的统一看成双方的机械相加，或一方吃掉一方，而是在互相补充、互相渗透、互为存在条件的前提下，由矛盾主动方面对于被动方面（例如，体对于用、心对于物、理对于气、辟对于翕）的作用，从而构成新的均衡稳定、动态和谐的统一体。这个统一体又处在一个有机的系统之中。如道体分一为二即阳（肯定的力量）与阴（否定的力量），相互作用，此消彼长。阳为主导，阴阳相反而相成，合二以一，构成新的统一体。承认内在矛盾推动事物发展，承认"分一为二"与"合二以一"是一条长链中的不同环节，肯定事物就是涵盖了肯定与否定的辩证过程，使这一思维模式具有有机性、整体性、系统性和连续性。这是一个弹性很强的诠释模式和思想架构。这种整体综合的方式，如果能以前述分析思维为基础，则将更加具有科学性和现代性。

二、直觉体悟

《周易》借助于具体的形象符号，启发人们把握事物的抽象意义，崇尚一种观物取象、立像尽意的思维方式。《周易·系辞传》："夫象，圣人有以见天下之赜，而拟诸其形容，像其物宜，是故谓之象。"卦象是《周易》的骨骼，舍象则无"易"。借助卦象，并通过象的规范化的流动、联结、转换，具象地、直观地反映思考的客观对象的运动、联系，并借助六十四卦系统模型，推断天地人物之间的变化，这种思想方式渗透到中医和中国古代科技之中。道家庄子主张"得鱼而忘筌""得意而忘言"（《庄子·外物》），魏晋玄学家王弼提出"得意在忘象，得象在忘言"（《周易·明象》）的命题，表明了中国思维穿透语言，领略语言背后之象，进而穿透形象，领略其背后之意蕴的特点。

中国儒、释、道三家都主张直觉地把握宇宙人生之根据和全体。儒家的道德直觉、道家的艺术直觉、佛家的宗教直觉，都把主客体当下冥合的高峰体验推到极致。中国哲学认为，对于宇宙本体，不能依靠语言、概念、逻辑推理、认知方法，只能靠直觉、顿悟加以把握。

什么能引发直觉呢？道家认为，心灵的虚寂状态最容易引发直觉思维。因此，人们要尽可能地摆脱欲望、烦恼的困扰，保持心境的平和、宁静。而要使直觉思维真实呈现，则离不开默思冥想的"玄览"。老子主张"涤除玄览"。"涤除"即否定、排开杂念，"玄览"即深入静观。这是在高度精神修养的前提下才具备的一种思维状态。庄子主张"心斋""坐忘"。"心斋"即保持心境的虚静纯一，以便直接与道契合。"坐忘"即心灵空寂到极点。忘却了自然、社会，甚至忘却了自己的肉身和智慧，物我两忘，浑然冥同大化之境。

儒家孔子的"默而识之"，孟子的"不虑而知""不学而能"的良知良能，荀子的"虚壹而静""大清明"，张载的"大其心则能体天下之物"，朱熹的"豁然贯通焉"，"众物之表里精粗无不到，吾心之全体大用无不明"，陆九渊的"吾心"与"宇宙"的冥契，王阳明的"致良知"，都是扬弃知觉思虑，直接用身心体验宇宙终极的实在，达到对道德本体之契合的一种境界或方法。

佛家更是强调一种精神性的自得和内心的体验,彻见心性之本源。禅宗的参究方法是不立文字,教外别传,直心而行,无念为宗,触类是道,即事而真。不执着外物,种种言行纯任心性之自然。禅宗的顿悟成佛,排除语言文字、逻辑思维工具,主体直接切入客体(人生的本性或宇宙的实相),与客体融合为一。这种思维活动的过程与结果是只可意会,不可言传的,有赖于每个人自己体悟,别人只能暗示、启发,而不能替代。

直觉体悟是一种思维状态,即"众里寻他千百度,蓦然回首,那人却在灯火阑珊处",当下得到了对于生活和生命,对于自然世界和精神世界之最深邃的本质的一种整体的、综合的洞悉。但这种状态实际上是在多次反复的理性思维的基础上产生的。没有理性思维的铺垫,这种灵感或悟性就不可能出现。直觉体悟也是一种思维方式,其特点是主体直接渗入客体。主体对于最高本体的把握,不是站在我们的生活之外做理智分析,而是投身于日常生活之中的一种感性体验,以动态的直接透视,体察生动活泼的宇宙生命和人的生命,以及二者的融会。只有切实的经验,与自家的身心交融成一体的经验,设身处地,体物入微,才能直接达到和把握真善美的统一。这种思维状态、思维方法,又是一种境界,一种智慧。它可以是道德的、艺术的或宗教的境界与智慧。儒释道共通的、最高的智慧与境界,是彻悟最高的存在。

另外,从哲学思想方法而言,直觉与理智乃代表同一思想历程之不同的阶段或不同的方面,并无根本的冲突。当代世界哲学的趋势,在于直觉方法与理智方法的综贯。直觉方法一方面是先理智的,另一方面是后理智的。首先用直觉方法洞见其全,深入其微,其次以理智分析此全体,以阐明此隐微,这是先理智的直觉。先从事于局部的研究、琐屑的剖析,积久而渐能凭直觉的助力,以窥见其全,洞见其内蕴之意义,这是后理智的直觉。直觉与理智各有其用而不相背。没有一个用直觉方法的哲学家而不兼采形式逻辑与矛盾思辨的,也没有一个理智的哲学家而不兼用直觉方法及矛盾思辨的。所以,东西方思维方式并不是绝对的直觉与理智的对立。我们要善于把东西方各自的形式逻辑、辩证思维、理性方法、直觉方法等综合起来,为现代化建设服务。只用直觉体悟,不要科学分析,是有弊病的。

三、知行动态统合

知行关系问题是中国哲学家特别重视的问题之一。它涵盖的是理论理性与实践理性的统一。中国哲学家偏重于践行尽性,履行实践。古代哲学家的兴趣不在于建构理论体系,不是只把思想与观念系统表达出来就达到了目的,而在于言行一致、知行统一，自己讲的与自家身心的修炼必相符合。他们强调知行的互动，即按照自己的哲学信息生活，身体力行，付诸行动，集知识与美德于一身，不断把自己修养到"无我"的境界。

宋元明清时期，知行问题的讨论渐趋成熟，广泛涉及知行的先后、难易、轻重、分合及格物致知的方法与判断真善美的标准等问题。程颐、朱熹强调"以知为本""知先行后"。这里说的知行，主要属道德范畴。"知行常相须，如目无足不行，足无目不见。论先后，知为先；论轻重，行为重。"（《朱子语类》卷九）朱子对于知行问题的根本见解是：从逻辑上讲，知先行后，知主行从；从价值上讲，知行应合一，穷理与履践应兼备。也就是说，知与行之间有了时间上的距离；要征服时间上的距离与阻隔，需要努力方可达到或实现。王阳明提出"知是行的主意，行是知的工夫；知是行之始，行是知之成"（《传习录》上）。又说："知之真切笃实处便是行，行之明觉精察处便是知。"（《王文成公全书》卷六）王阳明说的见父自知孝，见兄自知悌，见孺子入井自知往救等，即自动的、率直的、不假造作的、自会如此的知行合一，既非高远的理想，亦非自然的冲动，更非盲目的本能。即心即理，即知即行，如好好色，如恶恶臭，如此直接、当下、迅速。王阳明虽反对高远理想的分而后合的知行合一，但他所持的学说，仍是有理想性的，有价值意味的，有极短的时间距离的知行合一说。

明清之际的思想家王夫之批判地继承朱王，把知行统一建立在"行"的基础上，反对"离行以为知"，提出了"行先知后"说。王夫之批评王阳明的"知行合一"说是"不知其备有功效而相资"，批评朱熹的"先知后行"说是"立一划然之秩序"。也就是说，他强调的是知行的分而后合，肯定知与行各有功效。在此基础上，他仍然认为"知行终始不相离""相资以互用""并进而有功"。这样，王夫之较为辩证地解决了知与行的关系问题。当然，王夫之说的"行"，主要还是个人的"应事接物"，即道德修养、道德实践方面的内容。从根本上来说，他的知行观，还是理想的价值的知行统一观。

在朱熹、王阳明和王夫之的知行观中，我们可以知道，中国传统的行为方式的特点。首先，中国哲学家的行为方式是理想与理性的统一，价值与事实的统一，理论理性与实践理性的统一。追求言行一致，知行统一。自己讲的与自家身心修炼必相符合，表现为"文如其人"。其次，他们各自强调的侧面虽有不同，但把价值理想现实化，实践出来，而且从自我修养做起，落实在自己的行为上，完全出自一种自觉、自愿、自由、自律。强调知行的互动，即按照自己的哲学信息生活。身体力行，付诸行动，集知识与美德于一身，不断把自己修养到"无我"的境界。

关于传统知行观的现代改造，首先，应由单纯的德行和涵养性情方面的知行，推广应用到自然知识和理论知识方面，作为科学思想和道德以外的其他一切行为（包括经济活动、工商行为及各种现代职业等）的理论根据。其次，这个"知"是理论的系统，不是零碎的知识，也不是死概念或抽象的观念，更不是被动地接受外界印象的一张白纸，而是主动的、发出行为或支配行为的理论。最后，这个"行"不是实用的行为，而应是严格意义上的社会实践。它是实现理想、实现所知的过程，又是检验所知的标准。

总之，在传统哲学中，"道""易""诚""仁""太极"等本体是超越的又是内在的本体。就人与世界的基本"共在"关系而言，在传统哲学中是通过天人、体用、心物、知行之契合来加以沟通和联结的。天人之间，形上形下之间，价值理想与现实人生之间没有不可逾越的鸿沟。中国哲学由"内在超越"的理路，使天道与心性同时作为价值之源，开掘心性，即靠拢了天道；落实行为，即实现了理想。中国哲学的宇宙观念、人生智慧、思维方法、行为方式在现代仍然是全人类极其宝贵的思想传统和思想资源，是中国现代化事业的源头活水之一。

思考题

①什么是原始儒家的精神？
②什么是原始道家的智慧？
③试谈中国哲学关于创造变化、与时俱进的观念。
④中国哲学思维方式的特长与缺失是什么？
⑤孔子、孟子、荀子思想学说的主要内容和影响。
⑥董仲舒的儒家思想与先秦儒家思想的区别。
⑦朱熹对儒家思想的继承和改造。
⑧儒家思想的内涵及其对传统文化的影响。
⑨老子思想学说的主要内容和影响。
⑩庄子思想学说的主要内容和影响。
⑪道家思想的内涵及其对传统文化的影响。

表 2.2　中国传统文化课程思政育人示范

课程思政设计	
思政知识点	知行动态统合。
思政问题	你如何理解中国传统行为方式的特点？
思政内容	首先，中国哲学家的行为方式是理想与理性的统一，价值与事实的统一，理论理性与实践理性的统一。追求言行一致，知行统一。自己所讲的与自家身心修炼必相符合，表现为"文如其人"。其次，他们各自强调的侧面虽有所不同，但把价值理想现实化，实践出来，而且从自我修养做起，落实在自己的行为上，完全出自一种自觉、自愿、自由、自律。强调知行的互动，即按照自己的哲学信息生活，身体力行，付诸行动，集知识与美德于一身，不断把自己修养到"无我"的境界。知行合一并不是空洞虚幻的哲学思想，它可以体现在不同的领域。习近平总书记在中央党校中青年干部培训班开班式上说："要牢记空谈误国、实干兴邦的道理，坚持知行合一、真抓实干，做实干家。"勉励广大干部特别是年轻干部要在知行合一中主动担当作为，做起而行之的行动者、不做坐而论道的清谈客，当攻坚克难的奋斗者、不当怕见风雨的泥菩萨。为干部正心修身树立了重要准则，为干事创业指明了行动方向。作为新时代的大学生要知行合一，让自己的价值理想现实化，从自我修养做起，落实在自己的行为上，把高尚的道德践行到现实生活中，不断提升自己的道德境界。
思政目标	培养学生树立正确的三观，养成知行合一的行为方式。理论与实践相结合，使学生的道德境界高阶化。
课程思政设计	
思政知识点	原始儒家。
思政问题	为什么儒家思想能够成为封建社会中的主流思想？

课程思政设计	
思政内容	儒家思想自产生之日起就颇受瞩目，其侧重社会取向的价值观，富有伦理特色的政治观，追求自我完善的道德观，在中国封建时代长期成为官方的统治思想。儒家思想，在世界观方面，它是理性的；在人生目的方面，它是功利的；在处理人际关系的态度方面，它是和谐的。凡此都与现代社会的观念有着相似或相通的地方。所以说，在市场经济的今天，儒家思想依然有其正面的价值和积极的影响。可以说，儒家思想是构建社会主义市场经济伦理不可或缺的重要思想资源，挖掘它的积极面，对市场经济有着建设性作用，对现代管理也具有重要的借鉴意义。2014年9月24日习近平总书记在纪念孔子诞辰2565周年国际学术研讨会暨国际儒学联合会第五届会员大会开幕会上的讲话《论中华文明：培育了中国人民的崇高价值追求》中说：孔子创立的儒家学说以及在此基础上发展起来的儒家思想，对中华文明产生了深刻影响，是中国传统文化的重要组成部分。儒家思想同中华民族形成和发展过程中所产生的其他思想文化一道，记载了中华民族自古以来在建设家园的奋斗中开展的精神活动、进行的理性思维、创造的文化成果，反映了中华民族的精神追求，是中华民族生生不息、发展壮大的重要滋养。中华文明，不仅对中国发展产生了深刻影响，而且对人类文明进步做出了重大贡献。
思政目标	通过掌握儒家学说思想的内涵及其对传统文化发展的影响。使学生了解中国传统文化的主流思想。以儒家看待宇宙、社会、人生的积极态度培养学生树立正确的价值观和人生观。
课程思政设计	
思政知识点	原始道家
思政问题	你认为道家思想对现代社会的积极影响？
思政内容	第一，按照自然规律行事。"道法自然"提出人类应按照道的规律来行动，反对妄为。人的行为应该合乎天道，这些思想对现今仍有着重要的借鉴意义。我们在处理人与自然的关系上，人需要顺应自然之道以实现人与自然的和谐相处。具体表现在人与资源和环境的问题上，人与自然的关系紧张，导致人类的生存环境恶化，人类无节制与不合理的对待资源，产生由资源导致的人与人关系紧张，甚至产生资源大战。老子"道"的思想就要求人们应该按照自然规律行事，不凌驾于自然之上。第二，反对世俗之"伪"，守护人"真"性。"法天贵真"是道家哲人用来揭示生命与生存内涵的思想主张。在一个人性被世俗的情欲、名利、财货牵引，以至于物欲横流、虚伪丛生的社会里，如何安顿生命和生存，是道家哲人思考与关注的重心。现代人往往不敢以真面目示人，他们严严实实地把自己包裹起来，行事完全背离了自己的真性情，所谓"法自然"在如今的时代成了奢望。可见，道家关于生命和生存要"法天贵真"，内在地具有反对世俗之"伪"，守护人"真"性的价值诉求。

课程思政设计	
思政目标	通过掌握道家思想学说的精髓，培养学生辩证看待宇宙、社会、人生的思维方式，提高学生的思辨能力。找寻失意人生的精神力量，培养学生健康的身心素养。

第三章

中国古代的伦理道德传统

在文化系统中，伦理道德是对社会生活秩序和个体生命秩序的深层设计。伦理道德是中国传统文化的核心，也是中国文化对人类文明最突出的贡献之一。即使在今天，经过批判扬弃和创造发展的中国传统伦理道德智慧，对于人类社会的价值提升仍具有普遍意义和时代意义。

第一节　传统伦理道德与中国文化

如前所述，中国传统文化的形成有两个重要的基础：一是小农自然经济的生产方式；二是家国一体，即由家及国的宗法社会政治结构。在这个基础上产生的必然是以伦理道德为核心的文化价值系统。那这是为什么呢？首先，因为家族宗法血缘关系本质上是一种人伦关系，是建立在伦理的基础上通过人们的情感信念来处理的关系。其次，家族本位的特点，一方面使家族伦理关系的调节成为社会生活的基本课题，家族伦理成为个体安身立命的重要基础；另一方面，在家国一体社会政治结构中，整个社会的组织系统是家族—村落（在一般情况下，村落是家族的集合或膨胀）—国家，文化精神的生长路向是家族—宗族—民族。家族的中心地位使伦理在社会生活秩序的建构和调节中具有至关重要的意义。最后，在传统社会中，人们社会生活是严格按照伦理的秩序进行的，服式举止，洒扫应对，人际交往，都限制在"礼"的范围内，否则便是对"伦理"的僭越。这种伦理秩序的扩充，便上升为中国封建社会政治体制的基础——家长制。家长制的实质就是用家族伦理的机制来进行政治统治，是一种伦理政治。

如果举例说明的话，大家熟知的曹植和曹丕争夺太子的十年斗争中，曹植最终因僭越了礼而失败。在古代的食仪中也体现了复杂的礼。中国古代，在饭、菜的食用上都有严格的规定，通过饮食礼仪体现等级区别。如王公贵族讲究"牛宜秩，羊宜黍，象直穆，犬宜粱，雁直麦，鱼宜涨，凡君子食恒放焉"。大意是牛肉宜配合稻饭，羊肉宜配合黍饭，猪肉宜配合稷饭，狗肉宜配合粱饭，鹅肉宜配合麦饭，鱼肉宜配合菰米饭，凡是君子的膳食都应该遵守这种调配原则。不仅讲求饮食规格，而且连菜肴的摆设也有规则，《礼记·曲礼》说："凡进食之礼，左肴右胾，食居人之左，羹居人之右。脍炙处外，醯酱处内，葱片处右，酒浆处右。以脯脩置者，左朐右末。"就是说，凡是陈设便餐，带骨的菜肴放在左边，切的纯肉放在右边。干的食品菜肴靠着人的左手方，羹汤放在靠着人的右手方。细切的和烧烤的肉类放远些，醋和酱类放在近处。蒸葱等伴料放在旁边，酒浆等饮料和羹汤放在同一方向。如果要分陈干肉、牛脯等物，则弯曲的在左，挺直的在右。这套规则在《礼记·少仪》中也有详细记载，上菜时，要用右手握持，而托捧于左手上；上鱼肴时，如果是烧鱼，以鱼尾向着宾客；冬天鱼肚向着宾客的右方，夏天鱼脊向宾客的右方。

在用饭过程中，也有一套繁文缛节。《礼记·曲礼》载："共食不饱，共饭不择手，毋抟饭，毋放饭，毋流歠，毋咤食，毋啮骨。毋反鱼肉，毋投与狗骨。毋固获，毋扬饭，饭黍毋以箸，毋嚃羹，毋刺齿。客絮羹，主人辞不能烹。客歠醢，主人辞以窭。濡肉齿决，干肉不齿决。毋嘬炙。卒食，客自前跪，撤饭齐以授相者，主人兴辞于客，然后客坐。"

与此相适应，伦理道德学说在各种文化形态中便处于中心地位。其表现为，首先，中国哲学是伦理型的，哲学体系的核心是伦理道德学说，宇宙的本体是伦理道德的形而上的实体，哲学的理性是道德化的实践理性。因此人们才说，西方哲学家具有哲人的风度，中国哲学家则具有贤人的风度。其次，中国的文学艺术也是以"善"为价值取向的。"文以载道"，美善合一，是中国文化审美性格的特征。最后，即使在科学技术中，伦理道德也是首要的价值取向。中国传统科技的价值观是以"正德"即有利于德行的提升为第一目标，然后才考虑"利用、厚生"的问题。因此，中国文化价值系统的特点是强调真、善、美统一，而以善为核心。中国文化的普遍信念是"人为万物之灵"，而人之所以能为万物之灵，就是因为有道德，因而特别重视人与人之间的"道"，以及遵循这种"道"而形成的"德"。老子曾从本体论的高度说明"万物莫不尊道而贵德"的道理。孟子说："饱食暖衣，逸居而无教，则近于禽兽。圣人忧之，使契为司徒，教以人伦。"（《孟子·滕文公上》）在中国家国一体的社会结构中，尊卑、长幼、德行成为确定人的地位、建立秩序的三个要求："天下有达尊者三：爵一、齿一、德一。朝廷莫如爵，乡党莫如齿，辅世长民莫如德。恶得有其一，以慢其二哉。"（《孟子·公孙丑下》）三者之中，官级、年龄、辈分是外在的、既定的，唯有德行方能主观能动地实现自己。尊道贵德的基本精神，就是强调人兽之分，突显人格尊严，以德行作为人兽区分的根本。孔子说："富与贵，是人之所欲也，不以其道得之，不处也；贫与贱，是人之所恶也，不以其道得之，不去也。"（《论语·里仁》）因而中国人都以成德建业、厚德载物为理想。早在孔子前，鲁国大夫叔孙豹就提出过"立德、立言、立功"的"三不朽"思想："太上有立德，其次有立功，其次有立言，虽久不废，此谓三不朽。"（《左传·襄公二十四年》）由此形成一种以道德为首要取向的具有坚定节操的文化人格。"君子谋道不谋食""君子忧道不忧贫"（《论语·卫灵公》），为追求仁道，虽箪饭陋巷，不改其乐，这是一种道德至上的价值取向与文化精神。

第二节 中华民族的传统美德

中华民族的传统美德，是中国古代道德文明的精华，是中国这个民族大家庭共存共荣的凝聚剂和内聚力，它在价值的意义上形成中华民族道德人格的精髓或精魂。传统美德的总结与认同，是继承和发扬民族优良伦理道德传统的关键，也是现代中国道德文明建设极为重要的源头活水。

一、传统道德规范与传统美德

中华民族在漫长的历史发展中，建构起了十分成熟的道德价值体系，形成了丰富多样的个人伦理、家庭伦理、国家伦理，乃至宇宙伦理的道德规范体系，从内在的情感信念，到外在的行为方式，都提出了比较完备的德目。传统美德就是传统道德规范体系中的基本内核或合理内核。

一般来说，传统道德规范或德目有两种：一是由伦理学家概括出来的，或者由统治阶级提倡并上升为理论的规范；二是那些虽然未能在理论上体现和表述出来，上升为德目，但在世俗生活中得到了广泛认同与奉行的习俗性规范。前者比后者更自觉，后者比前者更丰富，并且往往比前者更纯朴、更直接地体现着某个民族的品格。在中国道德史上，《尚书·皋陶谟》把人的美德概括为九项：宽而栗，柔而立，愿而恭，乱而敬，扰而毅，直而温，简而廉，刚而塞，强而义。孔子建构起了第一个完整的道德规范体系，他以知、仁、勇为三达德，在此基础上提出礼、孝、悌、忠、恕、恭、宽、信、敏、惠、温、良、俭、让、诚、敬、慈、刚、毅、直、克己、中庸等一系列德目。孟子以仁、义、礼、智为四基德或母德，将它扩展为"五伦十教"，即君惠臣忠，父慈子孝，兄友弟恭，夫义妇顺，朋友有信。法家代表人物管仲则提出所谓"四维七体"。"四维"是礼、义、廉、耻。"七体"为：孝悌慈惠，恭敬忠信，中正比宜，整齐撙诎，纤啬省用，敦蠓纯固，和协辑睦。这些德目，后人把它们综合为"六德"（知、仁、圣、义、中、和）、"六行"（孝、友、睦、姻、任、恤）、"四维"（礼、义、廉、耻）"八德"（忠、孝、仁、爱、信、义、和、平）。董仲舒以后，"三纲"（君为臣纲、父为子纲、夫为妻纲）、"五常"（仁、义、礼、智、信）成为不可动摇的金科玉律。这些德目，当然并不都是中华民族的传统美德，有一些是包含封建糟粕的东西，我们必须加以具体分析。所谓"传统美德"，是指在自觉的或习俗的道德规范中那些为大多数人接受并实际奉行的，而且是古今一以贯之的，在现代仍发挥着积极影响的那些德目。

二、中华民族十大传统美德

为了对中国传统美德进行完整的、有机的认识，我们从人与自身、人与他人、人与群体的关系三个方面来把握。据此可以概括出中华民族十大传统美德。仁爱孝悌，谦和好礼，诚信知报，精忠爱国，克己奉公，修己慎独，见利思义，勤俭廉正，笃实宽厚，勇毅力行。

（一）仁爱孝悌

这是中华民族美德中最具特色的部分。"仁"可以说是中华民族道德精神的象征，虽然它曾为统治阶级利用，但并不能由此否认它是中华民族的共德和恒德。"仁"不仅在各个历史时期，在各种道德中是最基本的也是最高的德目，而且在世俗道德生活中也是最普遍的德行标准。在中国文化中，"仁"与"人""道"是同一的，是人之所以为人的根本特性。"仁也者，人也。合而言之，道也。"（《孟子·尽心下》）"仁远乎哉？我欲仁，斯仁至矣。"（《论语·述而》）"仁"发端于人类共同生活中形成的"恻隐之心"，即"同情心"，基于家族生活中的亲情。"仁"德的核心是爱人，"仁者爱人"。其根本是孝悌，"孝悌也者，其为仁之本欤"（《论语·学而》）。孝悌之德的基本内容是父慈子孝、兄友弟恭，它在社会道德生活中具有崇高的地位，得到普遍的奉行。由此形成一种浓烈的家族亲情，对家庭关系，从而也对中国社会的稳定起了极为重要的作用，是民族团结的基石。中华民族之所以形成坚韧的伦理实体并经久不衰，与这种孝悌之德的弘扬及其形成的稳固的家庭关系有着不可分割的联系。孝悌之情的扩展就有所谓"忠恕之道"。"忠恕"是由"仁"派生出来的，是"仁"由家族之爱走向泛爱的中介环节。孔子把"恕"作为"一言以终身行之"的道德准则，认为"忠恕之道"是"为仁之方"。忠恕之德的基本要求是以诚待人，推己及人。具体内容是：己立立人，己达达人；己所不欲，勿施于人。在忠恕之德的基础上，中国人形成了"四海之内皆兄弟""老吾老以及人之老，幼吾幼以及人之幼""不独亲其亲,不独子其子"的宽广情怀和安老怀少的社会风尚,形成中华民族大家庭社会生活中浓烈的人情味和生活情趣。爱人、孝悌、忠恕,是仁德的基本内容,也是中华民族传统美德的集中体现。在中国传统社会中既出现了无数孝子慈父、仁兄贤弟,也培养了许多为民请命、杀身成仁的仁人志士。

(二) 谦和好礼

中国是世界闻名的礼仪之邦,"礼"是中国文化的突出精神。好礼,有礼,注重礼仪是中国人立身处世的重要美德。中国文化认为,首先,礼是人与动物相区别的标志。"凡人之所以为人者,礼义也。"(《礼记·冠义》) 其次,礼也是治国安邦的根本。"礼,经国家,定社稷,序民人,利后嗣者也。"(《左传·隐公十五年》) 最后,礼同时又是立身之本和区分人格高低的标准。《诗经》言:"人而无礼,胡不遄死?"孔子更是说:"不学礼,无以立。"中国伦理文化从某种意义上可以说是"礼仪文化"。"礼"是中华民族的母德之一。作为道德规范,它的内容比较复杂。作为伦理制度和伦理秩序,我们称"礼制""礼教";作为待人接物的形式,我们称"礼节""礼仪";作为个体修养涵养,我们称"礼貌";用于处理与他人的关系,我们称"礼让"。"礼"根源于人的恭敬之心、辞让之心,出于对长上、对道德准则的恭敬和对兄弟朋友的辞让之情。作为一种伦理制度,"礼教"在历史上曾起过消极的作用;但作为道德修养和文明的象征,礼貌、礼让、礼节是中华民族传统美德的体现。"礼"和仁德是相互联系、分不开的。

礼之运作,包含有"谦和"之德。谦者,谦虚也,谦让也。中国人自古就懂得"满招损,谦受益"的道理。老子曾以江海处下而为百谷王的事实,告诫人们不要"自矜""自伐""自是"。谦德也根源于人的辞让之心,其集中体现就是在荣誉、利益面前谦让不争,以及人际关系中的互相尊重。中国历史上的许多故事,如"将相和"、三顾茅庐等都是以谦德为主题。与此相联系,有所谓"和德"。"和德"体现在待人接物中为"和气",在人际关系中为"和睦",在价值取向上为"和谐",而作为一种德行为"中和"。"喜怒哀乐之未发谓之中,发而皆中节谓之和。"(《中庸》第一章)中国传统文化以"和"为重要的价值取向。孔子言:"礼之用,和为贵。"《论语·学而》《中庸》也把"致中和"作为极高的道德境界。"和"被认为是君子的重要品质:"君子和而不同,小人同而不和。"(《论语·子路》) 由此和睦家族、邻里,最终协和万邦。"礼""谦""和"都体现了中华民族的美好情操。

（三）诚信知报

中国传统美德由于性善的信念占主导地位，强调发挥自主自律的精神，所以特别重视"诚"与"信"的品德。"诚"即真实无妄，其最基本的含义是诚于己，诚于自己的本性。《大学》言："所谓诚其意者，毋自欺也。""诚"既是天道的本然，也是道德的根本。"诚者天之道也，思诚者人之道也。"（《孟子·离娄》）真实无妄是天道，而对诚的追求则是人道，故"养心莫善于诚"（《荀子·不苟》）。以"诚"为基础，中国人形成了许多相关的道德，如为人的"诚实"，待人的"诚恳"，对事业的"忠诚"。正如《中庸》所说，"不诚无物"。"信"与"诚"是相通的品德。《说文解字》云："信，诚也，从人言。"孔子把它作为做人的根本。"人而无信，不知其可也。"（《论语·为政》）"信"之基本要求是言行相符，"言必信，行必果。""信"可以训练人诚实的品质，也是取得他人信任的前提。"朋友有信"历来是中国人交友的基本准则。孔子就把"老者安之，朋友信之，少者怀之"（《论语·公冶长》）作为自己的志向；在为政中，把"足食、足兵、民信之矣"作为三个要领。三者之中，"信"又是最根本的，因为"自古皆有死，民无信不立"（《论语·颜渊》）。董仲舒以后，中国传统道德更是把"信"和仁、义、礼、智并列为"五常"。守信用、讲信义是中国人公认的价值标准和基本的美德。在人伦关系中，中华民族不仅有诚与信的德目，还有"报"的德行。"报"即知恩思报。回报既是中国人的传统美德，也是道德生活的重要原理与机制。中国古人早就有"投之木瓜，报之桃李"的道德教训。孔子把"孝"的准则诉诸回报的情理。"滴水之恩，当涌泉相报"在世俗生活中是公认的美德，是"义"的重要内容。中国人强调要报父母养育之恩、长辈提携之恩、朋友知遇之恩、国家培养之恩等。与此相反，"忘恩"与"忘本""负义"是同义的，必然会受到严厉的道德遣责。在漫长的文化积淀中，"知报"已经成为中国人道德良知和道德良心的重要组成部分，是中国道德质朴性的重要表征。

（四）精忠爱国

中华民族在长期的生存和发展中，逐步凝结成对祖国深厚的爱国主义情感，形成精忠爱国的浩然正气和民族气节。这种爱国主义可以说是最质朴的情感和品性，它是爱亲爱家爱乡之情的直接扩充。因为在中国社会中，家—家乡—国家是直接贯通的，中国人总是把自己的国家称作"祖国"，不仅是衣食之源，而且是情感之源，对其具有强烈的依恋意识。爱国主义作为一种"千万年来巩固起来的对自己的祖国的一种深厚的感情"，它是爱亲爱家情感的升华，由此形成一种捍卫民族尊严、维护祖国利益的崇高品德。在中国传统道德中爱祖国、爱民族历来被看作"大节"。虽然在封建社会中它与忠君联系在一起，具有时代的局限性，但它在本质上是把君作为国家的代表，"忠君"的背后，是一种深层的国家意识。这种精忠爱国的精神是中华民族的巨大凝聚力，也是推动民族发展的巨大精神力量。特别是当国家民族处于危急存亡之际，各族人民都起来反对外来的侵略和压迫，"保家卫国"，不屈不挠，不惜以身殉国。中华民族在几千年的发展中，在多次外族入侵面前之所以没有亡国，与这种爱国主义传统有着直接的联系。我国历史上曾出现过许多著名的爱国主义者和民族英雄，如爱国诗人屈原、陆游，不辱使节的苏武，前赴后继抵御外族入侵的杨家将，尽忠报国的岳飞、文天祥，还有鸦片战争时期的林则徐、关天培，中日甲午战争中的邓世昌等，都是中华民族爱国美德的杰出代表。

（五）克己奉公

中华民族由于家族本位的社会结构和礼教文化的传统，培育了一种整体主义的精神，并在此基础上形成克己奉公的美德。在传统宗法社会中，由于家族的整体利益关乎每一个家族成员，因此要求把维护家族整体利益作为首要的价值取向。"礼"的精神本质上是一种秩序的精神，突出的是整体秩序对个体的意义，要求个体服从并服务于整体。中国伦理道德历来强调公私之辨，把"公义胜私欲"作为道德的根本要求，乃至把"公"作为道德的最后标准。朱熹曾说："凡事便有两端，是底即天理之公，非底即人欲之私。"（《朱子语类》卷一三）"公"之核心是去私意，"背私之谓公"。因而奉公就必须克己，克尽已私便是公，亦即天理。"克己"即克制己私超越自我，服从整体。当然，传统伦理中的公私观具有整体至上主义的倾向，它被统治阶级利用后便成为封建专制主义的工具。但中国道德并不完全反对私利，关键看它是否合乎道德。孟子说："非其道，则一箪食不可受于人；如其道，则舜受尧之天下，不以为泰。"（《孟子·滕文公下》）克己奉公的精神，本质上是先公后私，个人私利服从社会公利的精神，中国人历来以"廓然大公""天下为公"作为价值理想。中国文化中的大同境界，其基本精神就是一个"公"字。"大道之行也，天下为公，选贤与能，讲信修睦。故人不独亲其亲，不独子其子，使老有所终，壮有所用，幼有所长，矜寡孤独废疾者皆有所养……是谓大同。"（《礼记·礼运》）这种"公"的精神培育是强化对社会、民族的义务感和历史责任感。在这种精神培育下，我国历史上曾出现过无数爱国爱民，为民族为社会，舍小家顾大家的杰出人物，他们创造了无数可歌可泣的业绩，成为中华民族的骄傲。

（六）修己慎独

性善的信念和性善论的传统，使中国伦理道德，乃至整个中国文化，都建立在对人性尊严的强调与期待上。中国传统伦理深信，人性中具备了道德的一切要素与可能，因而"为仁由己"，只要安伦尽份，反躬内求，便是道德的完成。由此形成向内探求的主体性道德精神，集中体现为以律己修身为特征的道德修养学说。这种修养学说强调自主自律、自我超越以维护人伦关系和整体秩序，建立道德自我，其基本精神是"求诸己"。孔子说："君子求诸己，小人求诸人。"（《论语·卫灵公》）"君子不怨天，不尤人"（《论语·宪问》），"躬自厚而薄责于人"（《论语·卫灵公》）。儒家把修己、养身看作立身处世、实现人的价值的根本，"自天子以至于庶人，壹是皆以修身为本"（《大学》第一章）。"知所以修身，则知所以治天下国家矣。"（《中庸·第二十二章》）在中国伦理史上，形成了一整套富有民族特色的修养方法，如慎独、内省、自讼、主敬、集义、养气等，最有代表性的就是曾子所说："吾日三省吾身：为人谋而不忠乎？与朋友交而不信乎？传不习乎？"（《论语·学而》）中国传统道德历来有"慎独"的告诫："君子戒慎乎其所不睹，恐惧乎其所不闻。莫见乎隐，莫显乎微，故君子慎其独也。"（《中庸》第一章）慎独就是在自我独处时要严于律己，戒慎恐惧，"如临深渊，如履薄冰"。修己、慎独的修养传统培养了中华民族践履道德的自觉性与主动性，造就了许多具有高尚品质和坚定节操的君子人格。

（七）见利思义

对义利关系的处理集中体现了中国伦理道德的价值取向。传统义利观的内容十分复杂，重义轻利的倾向也曾影响中国社会经济的发展，但应当说先义后利、以义制利才是传统义利观的基本内容和合理内核，也是中华民族十分重要的传统美德。孔子强调"见利思义"，并把它作为区分君子小人的重要标准。孟子要求"先义而后利"，培养"配义与道"的浩然正气。荀子明确提出："先义而后利者荣，先利而后义者辱。"（《荀子·荣辱》）宋明理学在把义利与公私联系的同时，又把义利与天理人欲等同，一方面强调"正其义不谋其利"；另一方面认为"正其义而利自在，明其道而功自在"，从而得出了"利在义中""义中有利"的结论。宋明理学虽有重义轻利的倾向，但整个传统价值观的基调和主流是先义后利。明清之际的思想家批判了宋明理学的义利观，提出"正义谋利"，"天理寓于人欲之中"，强调的仍然是"义中之利"，实际上还是遵循"先义后利"的原则。以义为人的根本特点和价值取向，是中华道德精神的精髓，它升华为"生以载义""义以立生"的人生观："将贵其生，生非不可贵也；将舍其生，生非不可舍也……生以载义，生可贵；义以立生，生可舍。"（王夫之《尚书引义》卷五）它升华为中华民族"杀身成仁""舍生取义"的崇高道德境界。孟子的表述，集中体现了这一精神境界："鱼，我所欲也；熊掌，亦我所欲也。二者不可得兼，舍鱼而取熊掌者也。生，亦我所欲也；义，亦我所欲也。二者不可得兼，舍生而取义者也。"（《孟子·告子上》）由此形成"以身任天下"的坚贞之志，"宠不惊而辱不屈""生死当前而不变"。这种道德观念是鼓舞志士仁人为民族大业义无反顾地献身的重要精神力量，也是中华民族崇高道德人格的光辉写照。

（八）勤俭廉正

中国人民历来就以勤劳节俭、廉明正直著称于世。他们以劳动自立自强，形成了热爱劳动、吃苦耐劳、诚实勤奋的优秀品质。与此相联系，中华民族又有尚俭的传统。对劳动者来说，"俭"是对自己劳动成果的珍惜。"锄禾日当午，汗滴禾下土，谁知盘中餐，粒粒皆辛苦"的诗句就反映了"俭"与"勤"的天然联系。孔子把"温、良、恭、俭、让"作为重要的德目，强调勤俭戒奢。老子提出为人处世的"三宝"是"一曰慈，二曰俭，三曰不敢为天下先"（《老子》第六十七章），要求"去甚，去奢，去泰"（《老子》第二十九章）。比较接近下层劳动人民的墨家更是主张"节用""节葬"。三国时，诸葛亮提出"俭以养德"的思想，要求"淡泊明志，宁静致远"。对为政者来说，"俭以养德"的德，主要是廉德。廉既是对为政者的要求，也是一般人应有的品德，因为无"廉"则不"洁"，无"廉"则不"明"。"廉者，清不滥浊也。"（《周礼·小宰注》）清白不污，纯正不苟，为"廉洁"；能辨是非，以义取利，是"廉明"；能自我约束而不贪求，是"廉俭"。"廉犹俭也。"（《淮南子·道训》）"廉"的根本是在取予之间，取道义，去邪心，严格自我约束。孟子把这样的人格称为"廉士"。正因为如此，法家把"礼、义、廉、耻"作为"国之四维"。有了"廉"，便可能做到"正"。"正"体现在品格上是"正直"，表现在待人是"公正"，作为境界又有所谓"正气"。正人必先"正己""正心"，是为根本。"正"即遵循公义和道德，因而又与"诚""中"等德目相通。"大学之道"就把"正心"作为重要的条目。勤俭廉正既是中华民族共同的价值取向，也是中国人共有的美德。中华民族之所以能在极其艰苦的条件下和各种困难的环境中不断发展，与这些美德的具备是分不开的。鲁迅先生曾把那些埋头苦干、拼命硬干、为民请命、舍身求法的人称为"我们民族的脊梁"。历史上的那些清官谏臣，在某种程度上正是体现了"廉正"的美德，才受到人民的称颂和尊敬。

（九）笃实宽厚

中国是一个以农业为主要生产方式的国家，长期的农耕生产，形成了中华民族质朴的品格和务实的精神。中国传统道德崇尚质朴、朴素，儒家虽然重视

"礼"的节文，但也要求以质朴为基础。道家更是主张"见素抱朴"，以"返朴归真"为最高境界。中国人在为人处事方面，以"实"为标准，反对虚伪、虚妄。老子说"信言不美，美言不信"，孔子认为"巧言令色，鲜矣仁"，要求君子"讷于言而敏于行""耻其言之过其行"。在长期的道德实践中，中华民族形成了许多以"实"为价值标准的规范和美德，如老实、诚实、求实、踏实、平实、实在，形成崇尚实干、反对空谈的务实精神和实践精神。在待人方面，中华民族一向以宽厚为美德，严于律己，宽以待人，"躬自厚而薄责于人"。在人与人关系中，中国人以"将心比心""以心换心"为原则和原理，推己及人，设身处地为他人着想，在互动中达到人伦的和谐与人格的实现。现实生活中德化、感化、感通的实质就是以宽厚的道德人格打动别人，达到人我沟通的目的。日常生活中的"宽容大度""宽宏大量""厚德载物""忠厚长者"等道德评价，都是中华民族宽厚品德的体现。笃实宽厚的美德形成中国民族精神的崇实性和包容性，使中华民族这个大家庭能够和睦相处，形成连绵不断的民族历史和民族活力。

（十）勇毅力行

勇毅力行是中华民族在践履道德方面具有的德行，或者说是在道德意志方面所体现的美德。中国自古就有"勇"的德目。孔子以"知、仁、勇"为三达德，其中仁是核心，知所以知仁，勇所以行仁，三者形成知、情、意一体的德行。孟子认为，人格修养要达到"不动心"，即道德信念不被利益得失动摇的境界，就必须具有"勇"的品格。他把勇分为三种，凭力气的血气之勇，凭意志的意气之勇，理直气壮、恪守坚定的道德信念的"大勇"。"杀身成仁""舍生取义"就是这种大勇的体现。"勇"与"毅"相联系。"毅"即在艰难困苦中坚持下去的毅力，以及在遵循道德准则方面的毅力。孔子说："刚毅木讷近仁。""毅"的美德的突出体现就是养气守节，固守高尚的情操。"富与贵，是人之所欲也；不以其道得之，不处也；贫与贱，是人之所恶也，不以其道得之，不去也……君子无终食之间违仁，造次必于是，颠沛必于是。"（《论语·里仁》）厉害当前，择善固执，抱持坚定信念，勇往直前，义无反顾，"见利不亏其义""见死不更其守""往者不悔，来者不豫，过言不再，流言不报""可亲而不可劫""可近而不可道，可杀而不可辱"（《礼记·儒行篇》），这些都是说的坚毅、刚毅的品格。还有"士之为人，当理不避其难，临患忘利，遗生行义，视死如归"（《吕氏春秋·士节篇》），"三军可以夺帅，匹夫不可以夺志""富贵不能淫，贫贱不能移，威武不能屈"的"大丈夫"人格，也是以坚毅、勇毅为基础和前提的。要坚持实现成圣成仁的目标，就必须强调"力行"，因此中国人十分重视"力行"的美德。中国文化认为，人格的完善，社会的进步，重心不在知与言，而在于行。"力行近乎仁。""君子讷于言而敏于行。""知之者不如好之者，好之者不如乐之者。"只有身体力行，才能成圣成仁。至王阳明，更是提出"知行合一"的命题，把力行的美德提高到哲学的高度。正是这种勇毅力行的美德，使中华民族在各种险恶的环境中能够化险为夷，自强不息，不断前进。德国著名诗人歌德十分推崇勇毅力行，他说"你若失去了财产——你只失去了一点儿，你若失去了荣誉——你就丢掉了许多，你若失掉了勇敢——你就把一切都丢掉了"。

综上所述，十大传统美德的内在联系为：一切伦理道德都以仁为核心，有了仁，就会孝悌、谦和、诚信、大公无私、勤俭廉政、申明大义、无私无畏。

三、传统美德与典范道德人格

中华民族的传统美德在中国社会的发展中起了十分重要的作用。它形成一种崇高的民族精神，建立起一种具有丰富内涵的民族道德人格。当然，对传统美德本身也要进行历史的分析。一般来说，传统美德集中体现了我们民族的共性，它们具有普通的和永恒的价值。有些德目在历史上虽然曾经为统治阶级提倡和利用，但还需加以区分，一方面，要把统治阶级的道德和统治阶级某些成员身上体现民族共性的那些美德相区分，把统治阶级的利用和传统美德本身相区分；另一方面，统治阶级之所以用某些道德来标榜自己，正是因为它们是深入人心的、最有号召力的本民族公认的美德。当然，由于传统美德长期践履于中国传统社会尤其是封建社会这样一个特定的环境中，必有其历史的局限性。这说明传统美德在历史的实践过程中是具有两面性的。

传统美德在历史上造就了各种道德人格，这些道德人格按照其体现道德理想的不同程度可分为：圣人、贤人、仁人、大人、君子、成人、善人等。正是这些理想人格的存在，在中国历史上的各种生死危亡关头才涌现出了许多挺身而出、不顾个人安危维护民族大义的志士仁人。民族英雄文天祥在《正气歌》中如数家珍般地做了赞颂："时穷节乃见，一一垂丹青。在齐太史简，在晋董狐笔，在秦张良椎，在汉苏武节。为严将军头，为嵇侍中血，为张睢阳齿，为颜常山舌。或为辽东帽，情操厉冰雪。或为出师表，鬼神泣壮烈。或为渡江楫，慷慨吞胡羯。或为击贼笏，逆竖头破裂。"（《文山全集》卷十四）他们是中华民族传统美德的人格结晶和自觉体现。

第三节　中国伦理思想的发展及原理

中国是一个尊道贵德的国家，不仅整个社会的风尚重视伦理道德，尊重有德之人，而且思想家也十分重视伦理道德方面的理论建构，总结、提升中国伦理精神，建立了丰富、多样并且不断发展、完善的各种伦理思想体系。中国传统伦理思想体系，有两个基本特点；首先，它是中华民族的各种文化精神互摄整合而形成的有机体，儒家、道家、佛家是其基本结构要素，其中儒家伦理是主流与主体；其次，它随着中华民族与中国社会的发展而生长发育，在此过程中阶级性与民族性、时代性与普遍性交错并存，浑然一体，相辅相成，相补相协。把握中国伦理文化的真谛，就必须对中国伦理思想的历史发展过程进行考察，由此才能发现中国伦理之深邃的人文原理与道德智慧。

一、中国伦理思想的发展

中国伦理思想的历史发展，经历了孕育展开—抽象发展—辩证综合的辩证过程，它与中国社会历史发展的三大阶段（先秦—汉唐—宋明）正相符合，体现了逻辑发展与历史发展的一致性。

（一）先秦——中国伦理精神孕育展开阶段

在上古神话和《周易》中，我们可以大致发现中国伦理精神的某些基因。中国古神话有三个重要特点：一是崇德不崇力；二是惩恶扬善，善恶报应；三是重天命而轻命运。《周易》建构了中国伦理精神的原初的哲学模式：天人合一的宇宙论体系；"自强不息"，"厚德载物"的精神；善恶报应的信念；阴阳二分的思维方式。它们体现了中国人最初建构自己的精神世界时的价值取向，对中国伦理思想的发展产生了普遍和永恒的影响。

西周确立了一个适合当时中国国情的、对中国社会与中国文化的发展产生了深远影响的伦理秩序和意识形态，这就是"周礼"。周礼成功地把氏族社会的原理转换为文明社会的伦理政治秩序，为日后中国社会建立了伦理生活的范式。西周以后，出现了春秋战国时期的社会大变动和思想意识形态上的百家争鸣，以此为契机，中国伦理精神得以展开，形成儒家、道家、墨家、法家等各种思想文化流派，其中以孔孟为代表的儒家的伦理设计最积极、最准确地体现了中国社会传统的特点，故影响最深远。

儒家孔子站在中国文化的历史性转折点上，通过对春秋以前中国文化成果的总结，成功地对中国社会的生活秩序进行了伦理化、道德化的提升，创造了以礼、仁、中庸为内核的伦理思想体系，为儒家伦理提供了一个基础。"仁"是孔子对中国伦理学最突出的贡献，是中国伦理精神由自发走向自觉的标志。"仁"以爱人的道德意识和道德情感为根基，"仁者爱人"，其出发点是以"孝悌"为核心的亲亲之情；由此通过"忠恕"的环节推己及人，己立立人，己达达人，扩充为社会的伦理原理与道德情感。"仁"既是一切德行的生命根源和发端，又是最高层次的品德和德行的最高境界；同时还是道德行为的推动力。"为仁由己"，只要克己修身，笃实躬行，便可成为"仁人"。孔子以后，孟子从主观能动的方面发挥了孔子的伦理思想。他的五伦说、性善论、修养论，以及仁、义、礼、智的价值体系，成为儒家伦理发展完善的重要环节，因而在中国文化史上，将孔孟并列，合称为"孔孟之道"。在中国，当诞生了儒家伦理的同时，就诞生了道家伦理，二者是一对孪生儿。在中国重血缘亲情的入世文化中，儒家伦理具有必然性，但仅此还不足以使中国人确立安身立命的基地，儒家伦理精神的运作还需要道家的人生智慧作为结构上的补充。于是，入世与隐世，人伦情感与人生智慧，心与身，构成中国伦理理想性与世俗性、进取性与柔韧性的互补。中国伦理思想体系结构中还有法家与墨家。但法家的政治伦理精神以政治代替伦理，最后导致了非道德主义。墨家的社会伦理精神代表了小生产者的理想，在精神取向与文化原理上又游离于"家""国"之间，缺乏生长的根基，秦以后便中绝。因而，只有儒、道两家才成为对日后中国伦理精神的发展产生广泛深远影响的两个基本理论形态。

（二）汉唐——中国伦理思想的抽象发展和大一统、封建化阶段

在先秦时期，中国伦理思想体系的基本要素已形成具备，但并没有一家能占主导的或统治的地位。汉唐是中国伦理思想继续发展和大一统、封建化的时期，这一社会发展的必然性与文化选择的能动性相结合的过程又可分为三个小阶段：两汉儒家、魏晋玄学、隋唐佛学。

儒家伦理之所以能在两汉以后占主导地位，就是因为它最能体现中国社会的特质和国情，同时其理论本身发展得最为完备。秦汉之际，《礼记》成书，由此作为日后中国伦理精神生长的元典和本体的《四书》伦理体系事实上已经形成。《大学》《中庸》是《礼记》中的两篇，它是先秦儒家伦理思想的提炼和概括。《大学》提出"三纲领八条目"，从"明明德"即复明自己光明的德行出发，经过"亲民"即亲亲仁民的过程，最后止于君仁臣忠、父慈子孝、朋友有信的"至善"境界。这一过程具体展开为八个阶段：格物、致知、诚意、正心、修身、齐家、治国、平天下。"大学之道"是培养统治阶级理想人格的途径，所

谓"大学精神"就是"内圣外王"的精神，它体现了中国社会家国一体的原理和儒家伦理政治的本质。《中庸》揭示了儒家伦理"天人合一"的中庸境界与精神模式。从此，"极高明而道中庸"成为中国人修身养性的最高境界。《大学》《中庸》是儒家伦理成熟的标志，然而，它并不是封建伦理，中国封建伦理的真实形态是董仲舒的"三纲五常"论。儒学的独尊，董仲舒伦理体系的出现，标志着中国伦理精神的封建化和抽象化的统一。"三纲五常"与以孔孟为代表的古典儒家伦理既有内在联系又有原则区别。"三纲"由"五伦"发展而来，它抓住了五伦中最重要的"三伦"，以此作为人伦的根本，应该说，这种提炼突出了中国家国一体的社会结构和君主专制政治体制中最本质的方面。但是，先秦儒家讲的"五伦"关系是一种双向的相对关系，而"三纲"关系则是单向的以人身依附和服从为原则的绝对关系。"五伦"虽然强调宗法等级秩序，有"夫义妇顺"之类歧视妇女的内容，但它是以君臣、父子等的互惠互动和在上者的率先垂范为前提，具有较浓的人情味；而"三纲"则使伦理关系完全服从于封建政治关系，使双向的人伦义务变成片面的等级服从，使人对人的关系，变成人对理、人对份位、人对纲常的单方面的服从、义务关系。因此，在一定意义上可以说，"三纲"是先秦原始儒家伦理思想的异化，其内容包含了封建性与民族性的深刻矛盾。

董仲舒以后，以"三纲五常"为核心的儒家伦理成为不可动摇的名教或礼教。魏晋南北朝时期的社会大动荡，使儒家伦理陷入尖锐的冲突之中，潜在的道家精神，使中国伦理精神系统又出现了一种新的形态——玄学伦理。玄学伦理是试图把儒道结合以克服人的精神和伦理生活中的矛盾的一种努力，其特点是"托好老庄"，用道家的"自然"价值观对儒家的"名教"进行评判。但它的片面发展，形成一种苟且偷安、纵欲混世的人生态度。于是中国伦理又出现了新的精神形态——隋唐佛学。隋唐佛学以生死轮回、因果报应的虚幻形式克服了传统伦理中"德"与"得"、道德与命运的内在矛盾，在基本精神取向上又与儒家伦理契合，特别是禅宗的即心即佛，其宗教修行方式与儒家的修身养性理论实有相通之处，因此它又成为向儒家伦理回归的中介环节。

（三）宋元明清——中国伦理思想辩证综合阶段

汉唐时期的社会发展表明，单一的儒家纲常伦理，或儒与道、儒与佛的简单结合，都不能满足中国封建社会的需要，而这一时期伦理思想的发展又为建立一个整合的伦理体系提供了可能。于是，宋明时期以儒学为核心的理学便应运而生。但这时的儒学，已不是孔孟的古典儒学，也不是董仲舒的官方儒学，而是融合了道玄与佛学的"新儒学"。

新儒学伦理最重要的学派是程朱理学和陆王心学。程朱理学建立了以"天理"为核心的伦理思想体系。"天理"是以纲常名教为核心的伦理道德本体。"人伦者，天理也。"（二程《外书》卷七）"理者，五常而已。"（朱熹《晦庵文集》卷七十四）人伦五常就是天理。经过这个转换，人间的伦常之理便上升为天道的法则，实现了"天道"与"人道"的统一。这种理论不仅为纲常名教找到了本然的根据，而且使之具备了神圣性与永恒性，它表面上是以"天道"说"人道"，实际是把"人道"上升到"天道"的高度。在此基础上，程朱理学提出了"存天理，灭人欲"的口号，认为天理人欲，不容并列，其本质的区别是"公"与"私"的对立，"己者，人欲之私也；礼者，天理之公也"（朱熹《论语或问》卷一十二）。二者对立的实质就是对纲常礼教秩序的维护或破坏。这种伦理思想，一方面提倡整体价值观，在理欲对立中突出人性的尊严和道德的能动性；另一方面它与封建政治结合而沦为道德专制主义，成为"以理杀人"的工具。

陆王心学的基本范畴也是"理"，其基本宗旨也与程朱理学相同，即维护封建政治秩序的长治久安。二者的区别在于，陆王心学认为"理"不是外在的客观实体，而是人的"心"或"良知"的先验结构。心与理是一个东西，社会伦理规范与主观道德观念都是根源于人心，因而提出所谓"良心"概念，认为它不但是道德的根源，而且先验地具有辨别善恶的能力，人的道德修养不需要像朱熹那样格物致知，大费手脚，而只要自识本心，存心明性。陆王心学的伦理思想受孟子的影响较大，而其思维方式又与禅宗的"即心即佛"一脉相承。陆王心学的根本目的也是要维护封建的"天理"，但"心"的主体能动性的充分发挥，在理论上又会导致对"理"的反思与理性考察，甚至导致对"理"的怀疑与否定。王阳明的"致良知"说要人们"破心中贼"，能动地进行封建道德修养，但由于他在理论上强调发挥主体的能动性，倡导怀疑精神，结果适得其反，在客观上造成了对封建道德的离心力，最终导致了陆王心学的自我否定，因此当戴震大破理学体系，揭露其"以理杀人"的实质后，陆王心学便失去了存在的合理性，中国传统伦理也必然要为近现代伦理代替。

二、中国伦理学的结构和基本原理

由以上分析可知，中国伦理思想的发展，一方面受社会关系的制约，随着社会关系的变化而变化；另一方面又有其内在的原理与发展逻辑。在中国传统伦理思想体系中，既有时代性、阶级性（主要是封建性）的内涵，又有某些普遍性、民族性的因素。封建性与民族性的区分是准确把握和认识中国伦理思想的关键。儒家伦理能在中国伦理学中占主导地位，当然与统治阶级的利用与提倡分不开，但统治阶级之所以选用它，很大程度上是因为它体现了我们民族的特点，适合于传统中国社会的国情，也就是说，它具备了相当程度的民族性。民族性构成中国伦理思想的普遍性与合理性，也就是"中国特色"最重要的体现。

中国伦理思想体系主要由三方面内容构成：人伦关系原理，道德主体品格要求和人性的认同。概括地说，就是人伦、人道、人性。"礼"的法则，"仁"的原理，修养的精神，构成中国伦理体系的基本结构要素。

"礼"是中国文化人伦秩序与人伦原理的最集中的体现和概括，可以说，中国伦理的秩序就是"礼"的秩序。中国伦理思想体系的建构过程，从某种意义上说就是"礼"的创造性转化的过程：通过西周的维新，把氏族社会作为习俗法规的礼转化为文明社会的秩序，即"周礼"；在春秋时期"礼崩乐坏"的背景下，孔子对"礼"进行了伦理化、道德化的提升，实现了"礼"的第二次转化；两汉时期，董仲舒把"礼"转化为"三纲五常"大一统的封建礼教，这是"礼"的第三次转化；宋明时期，新儒学面对新的社会矛盾和伦理危机，把"礼"转化为神圣的、绝对的"天理"。纵观"礼"的这四次转化，从伦理思想的层面说，其所包含的民族性因素主要有三个方面。第一，五伦设计。五伦是"礼"的基本构成，是中国伦理的范型，它贯穿于中国伦理思想发展的始终。五伦是以家族为本位，把家族血缘的情理上升扩充为社会伦理的原理和国家政治的原理，建构起身、家、国、天下四位一体的伦理系统，和以返本回报为原型的互惠互动的双向的伦理关系，形成以"孝悌"为本的道德价值取向。以五伦为范型的中国伦理以仁爱为根本精神，其思路和运作过程是亲亲—忠恕—仁道，从而达到个人伦理—家族伦理—社会伦理—国家伦理—宇宙伦理的贯通，建立起"亲亲仁民""民胞物与"的道德情怀。第二，整体主义。礼的精神，五伦的精神，首先是一种强调整体秩序的精神。它把整体秩序作为最高的价值取向，个体应在既有的人伦秩序中安伦尽分，维护整体的和谐。正因为如此，中国伦理从孔子开始就强调公与私的对立，并把它作为义与利的重要内容，到宋明理学更是以公私作为判断天理人欲的标准，从而形成整体至上主义。当这种精神被统治阶级利用时，它助长了中国的封建专制主义。但是也不可否认，这种建立在家族精神基础上的整体主义又是爱国主义和民族凝聚力的重要基础。第三，伦理政治。这是儒家人伦设计的实质。五伦设计的根本原理是血缘—宗法—等级三位一体，血缘—伦理—政治直接同一，把家族关系中的长幼之序上升为一般伦理法则，成为社会上的尊卑等级之别，在"亲亲尊尊"的基础上形成所谓"君君、臣臣、父父、子子"的礼治秩序。于是，伦理政治化了，政治也伦理化了。一方面，政治的等级尊卑从血缘亲疏中引申出来，具有神圣的、天经地义的性质；另一方面，十分强调政治的道德价值与伦理机制。家国一体的社会结构成为"伦理政治"的基础，因此，传统伦理在中国社会中起到了某种准宗教的作用。

人伦既立，就要求按照人伦之理为人、待人，挺立道德主体，形成中国伦理的"人道"。这种"人道"的核心是"仁"，其内涵主要有以下几点。第一，人伦决定人格。中国传统伦理认为，"仁也者，人也"。人在以血缘为本位的各种关系中确定自己扮演的地位，如果抽掉了这些关系，抽掉了人在各种关系中扮演的社会角色，人格就不可能存在。由于人伦设计中的家族本位、血缘亲情构成道德人格的基础，人们对人伦规范认同的过程主要就是情感内化的过程，各种伦理关系的处理，主要是家庭血缘之情的推广。于是便使客观伦理及其规范变成情感认同的对象，而不是理性思考的对象；也使伦理关系和道德行为具有情感化的倾向，具有较浓的人情味。第二，仁、义、礼、智的价值体系。在中国传统道德的发展中，虽然出现过许多的道德规范，价值体系也呈多元趋向，十分复杂，但仁、义、礼、智总是主体，贯穿于整个中国伦理学的发展。四者之中，"仁"是核心，其他诸德都是"仁"的运作与体现。可以说，仁、义、礼、智就是"中国四德"，它与理智、正义、节制、勇敢的"希腊四德"形成对照，体现了不同的民族精神。第三，德行主义。中国伦理道德以"修己安人"为模式，以"内圣外王"为目标，不但追求道德人格的建立和提升，而且追求圣贤人格的实现，从尽己之性到尽人之性，从尽人之性到尽物之性，最后赞天地之化育，与天地参，实现天人合一的境界。因此，中国伦理的"人道"，不但是为人之道，待人之道，而且是治人之道。为人、待人、治人统一，才是中国式"人道"的完整结构。

人性论是中国伦理思想体系的基础。中国传统伦理根植于血缘亲情，血缘亲情出自人的本性，要论证伦理的合理性与道德的可能性，首先就必须到人性中去寻找根据。中国人性思想有以下特点。第一，强调人兽之分，凸显人的尊严。中国人性论是在人兽之分的意义上定义人性，把人性看成人之异于、贵于禽兽者，把道德行为作为人性的主要内容。性善论始终是中国人性论的主流，有的论者即使指明人性中有恶的可能，也是为了在战胜、克服动物性的过程中凸显人性的崇高和伟大。可以说，整个中国伦理学就是建立在对人性的信任和期待上的。第二，人格均等，人人可圣。中国传统伦理虽然认为人的社会政治地位是有尊卑等级差别的，但认为道德人格是均等的，君子与小人在伦理生活中是可以转化的。每个人都有道德高尚的可能，也都有成圣成贤的可能。"人皆可以为尧舜"成为中国伦理的普遍信念。这就把道德的主动权同时也把道德的责任交给了个体：既然人格是均等的，能否成圣成贤，关键就是自己努力不努力。

第三，修身养性，向内探求。中国传统伦理认为，人性之中具备了道德的一切要素，"万物皆备于我"，"反身而诚，乐莫大焉"。因此，全部道德生活的实质就是如何克己修身，反求诸己，成己成人，修己治人。于是形成了中国伦理的修养传统。"修养"的实质就是不断超越自身，在个体欲望、现实利益与社会秩序、道德理想发生矛盾的时候，宁可克制自己的欲望，也不放弃道德境界的追求。这种修养传统，形成一种主体性伦理精神，这也是中国伦理思想的一大特点。

思考题

①为什么说中国传统伦理道德是中国优秀传统文化中的核心？

②"仁"德的基本内涵有哪些？它在中华民族传统美德中占有什么地位？试对中国伦理的"仁爱"与西方伦理的"博爱"进行文化比较。

③"孝，降"之德对中华民族的发展具有怎样的历史意义？在21世纪，它是否还具有合理的道德价值？

④在市场经济条件下，为什么还要讲"诚信"？

⑤什么是"礼"？它有哪些伦理道德内涵？

表 2.3　中国传统文化课程思政育人示范

课程思政设计	
思政知识点	精忠爱国。
思政问题	你如何理解忠君背后深层的国家意识?
思政内容	在中国传统道德中爱祖国、爱民族历来被看作"大节"。虽然在封建社会中它与忠君联系在一起,具有时代的局限性,但它在本质上是把君作为国家的代表,"忠君"的背后,是一种深层的国家意识。这种精忠爱国的精神是中华民族的巨大凝聚力,也是推动民族发展的巨大精神力量。中华民族在几千年的发展中,在多次外族入侵面前没有亡国,与这种爱国主义传统有着直接的联系。作为新时代的大学生要继承这一优秀的中国传统美德。深植家国意识,永怀报国情怀。家国情怀是中华民族在长期的实践中形成的对家国共同体的认知、情感、道德和实践的统一体。家是最小国、国是千万家,家是国的家、国是家的国,这是家国情怀的认知基础。这种体认是对中华民族命运共同体的拥抱,凝聚成了中华民族精神气脉中最本真的、最动人的情感。习近平总书记在纪念五四运动 100 周年大会上的重要讲话指出,五四运动以全民族的力量高举起爱国主义的伟大旗帜,新时代中国青年要有家国情怀,让爱国主义的伟大旗帜始终在心中高高飘扬。
思政目标	培养学生家国情怀。在这种自然情感基础上,升华出从爱亲敬长到忠于人民、报效国家的道德追求。最终,体现为对国家民族休戚与共的担当和超越功利得失的作为。
课程思政设计	
思政知识点	勇毅力行。
思政问题	谈谈中国传统美德勇毅力行对你的启示。
思政内容	中国文化认为,人格的完善、社会的进步,重心不在知与言,而在于行。"力行近乎仁。"只有身体力行,才能成圣成仁。至王阳明,更是提出"知行合一"的命题,把力行的美德提高到哲学的高度。正是这种勇毅力行的美德,使中华民族在各种险恶的环境中能够化险为夷,自强不息,不断前进。要坚持实现成圣成仁的目标,就必须强调"力行",因此中国人十分重视"力行"的美德。新时代大学生必须具备坚强的意志品质。实现中华民族伟大复兴的历史任务,光荣而艰巨,是需要我们一代又一代的中国人不懈地为之共同努力,空谈误国,实干兴邦,坚定不移地朝着中华民族伟大复兴的这样一个历史目标奋勇前进。
思政目标	培养学生勇敢、坚毅、身体力行的品质,锤炼意志。

第三编
中国传统文化内涵专题阐释

第一章

中国古代教育

第一节　古代学校和教育的发展历程

　　教育是文化的重要组成部分，是中国传统文化得以传播、弘扬、发展和更新的载体。通过考察中国古代学校与传统教育的若干特点，对我们深入地理解和把握源远流长的中华民族文化及其精神是十分有益的。中国古代早就产生了学校，先后出现了官学和私学等办学形式，并在长期的办学实践中形成了完整的教育管理体制，积累了丰富的教学经验和教育思想，体现了独特的风格。下面我们将循着历史发展的轨迹，对中国古代学校源流略做概述和分析，以寻觅中国传统办学的独特风格和魅力。

一、原始自然形态的教育

　　我国教育起源很早，可以上溯到原始社会。从原始人群打制和使用石器开始，便产生了以传授劳动经验和原始礼仪为内容的教育。在漫长的原始社会时期，一般说来，教育是在劳动和生活实践过程中进行的，没有专门的组织形式，表现为自然形态。根据考古发现，距今约50万年前的"北京人"已能打制简单的石器工具，并懂得用火。为了使年轻一代能更好地生存下去，力争在人与自然的关系上能够获得更多的自由，长辈很自然地会把制造石器和运用火种的知识传给晚辈，人类开始了对下一代的教育。古籍中记载的燧人氏教民以渔，钻木取火，教民熟食；伏羲氏教民以猎；神农氏制耒耜，教民农作等传说，所反映的正是原始社会生产和教育的历史。这种教育没有固定的场所和特定的对象，其教育内容是根据一时一地的生产和生活需要而定，表现出随意性、简单性等生产教育或生活教育的特点，属于人类最初的教育形式——原始自然形态的教育。

　　原始社会的教育不单是传授生产和生活知识，还要进行集体意识和风俗道德习惯等方面的教育。考古资料表明：西安半坡村遗址，是六七千年前的一个典型的母系氏族公社的村落。这个村落密集地排列着四五十座房屋作为氏族的住房，其中有一座160平方米的大房子，考古学家和历史学家断定是氏族公社的公共活动场所，氏族会议、节庆和宗教性的活动，都在这里举行。这些公共活动在当时很自然地起着集体意识、道德风俗习惯的教育作用。

二、夏商西周奴隶制官学体系的建立

进入奴隶社会以后，由于生产力的发展和社会分工的扩大，社会文化事业比原始社会大为繁荣，出现了专门从事脑力劳动的知识分子，向奴隶主贵族子弟单独传授礼、乐、射、御、书、数。教育开始从生产劳动中分离出来，并且被奴隶主贵族所垄断，形成了奴隶社会的教育。

我国的学校起源于何时，历来看法不一致。一些古籍记载夏代已有学校。如《孟子》《说文解字》《汉书·儒林传序》等说："夏曰校。"《礼记·王制》说："夏后氏养国老于东序，养庶老于西序。"但无文物佐证。迄今所知，有文物佐证的学校最早的时代在商代。甲骨文里记载了商代学校的名称有庠、序、学、瞽宗等。从文献记载来看，大约"庠""序"属于教育平民子弟的乡学；"学"则属于培养贵族子弟的国学；而"瞽宗"则可能是学习祭礼的学校。学校的教师由国家职官担任，教学内容包括宗教、伦理、军事和一般文化知识。这就是中国最早的官学的雏形。

西周继承夏、商学校制度，建立了典型的政教合一的奴隶制官学体系，形成了文武兼备的"六艺教育"。据古籍文献记载，西周学校包括国学和乡学两个系统。国学是中央官学，分小学和大学两级，周天子的大学叫"辟雍"，诸侯国的大学叫"泮宫"。乡学是地方官学，设在郊外的乡、州、党、闾等地方行政区之中，分"庠""序""校""塾"等。国学中的教师由大司乐、乐师、师氏、保氏、大胥、小胥、大师、小师、龠师等官吏担任；乡学中的教师由大师徒、乡师、乡大夫、州长、党正、父师、少师等官吏担任。由此可见，西周"学在官府"，学校的教师都是由官吏兼任，官即是师，师即是官。西周的国学不仅是教学的场所，也是举行祭神祀祖、军事会议、献俘庆功、练武奏乐等社会活动的场所。而乡学既是教学之地，又具有议政和教化的功能。因此，西周的教育制度呈现出"官师合一""政教合一"的特点，这种办学模式对后代社会产生了重要的影响。后世的学校虽然已从官府中独立出来，教师也是专任，但地方官"亦政亦教"，关心和重视教育，这是中国传统文化的一大特色。

西周国学的教学内容包括德、行、艺、仪四个方面，而以礼、乐、射、御、书、数等六艺为基本内容。"六艺"教育萌芽于原始社会末期，商朝时已有初步发展，至西周时达到较为完备的形态。"礼"是政治伦理课，包括了整个宗法等级世袭制度，道德规范和仪节。"礼"是大学中最重要的课程，其教学内容是贵族生活中所常见的"五礼"，即吉礼、凶礼、宾礼、军礼和嘉礼，旨在教育贵族子弟知礼、行礼，使其在政治活动、外交场合及道德生活中的言行合乎"礼"的规范，有利于任官和治民。因此，"礼"既是贵族子弟修身之要，也是他们用世之具。"乐"是综合艺术课，包括音乐、诗歌和舞蹈。西周大学教育中强调"礼"与"乐"的密切配合。《礼乐·父王世子》说："凡三王教世子，必以礼乐。乐所以修内也，礼所以修外也。"礼的作用在于约束人们的外部行为，具有一定的强制性；而乐则重在陶冶人们内心的情感，使本来具有一定强制性的礼变成能获得自我满足的内在精神需要。这种礼乐内外交修的教育对于改变社会习俗、稳定社会秩序、调解社会矛盾，加强各诸侯国与王室之间的联系，起了重要的作用。礼乐教育是西周六艺教育的核心。"射"和"御"是军事训练课，"射"指射箭，"御"指驾车。西周贵族子弟到了入小学的年龄，就要接受正规的射箭训练，达到一定的年龄还要进行驾车技术的训练。"书"与"数"是基础文化课。"书"是指书写文字，"数"是指计算、算法。"六艺"是西周官学的基本教学内容，无论是国学、乡学都必须学习，仅是在要求上有一定的差别。大学以诗、书、礼、乐为重点，小学则以书、数为重点。通过"六艺"教育的内容可知，西周的官学旨在培养善于"射""御"以卫护社稷，又精于"礼""乐""书""数"以管理国家的文武兼备之士。"六艺"教育体现了西周教育文武兼备、诸育兼顾的特点。此外，西周还建立了初步的教育考核制度，对学生的考核兼重学生的德、行两个方面，并建立了相应的奖惩措施，以培养和造就符合贵族需要的合格人才。

三、春秋战国时期私学的兴起

商周两代的学校教育，都是由国家来管理，即"学在官府"。到了春秋战国时期，由于社会生产力的发展，封建生产关系开始产生，作为上层建筑的教育制度也随之而改变，出现了"天子失官，学在四夷"的局面，一些知识分子——"士"聚众讲学，宣传自己的主张，由此产生了中国古代教育的另一系统——私学。

春秋战国时期的私学，在办学方针、教学内容、教学方法和教育对象上都有别于当时的官学。在教育对象上，私学没有等级限制，向全社会开放；在教学内容和教学方法上，私学更注重学术研讨，提倡百家争鸣，按照各学派的学术主张来办学，当时的孔子、墨子、孟子、荀子等都是著名的私学大师。春秋战国时期，私学的创立，是中国古代教育史上划时代的革命，私学产生的重要意义有四：其一，它使学校开始从官府中解放出来，并从政治活动中逐渐分离出来，有利于学校教育的独立化；其二，它承担了封建社会的启蒙教育任务，扩大了教育对象范围，弥补了国家官方办学的不足，促进了我国古代文化的传播与发展；其三，私学的产生，还促使人们更好地研究教育的本质和规律，并在实践中积累了丰富的经验，从而形成了相当自由的办学方针和独特的教学风格，直接推动了各种学派的发展和百家争鸣局面的形成，推动了中国封建社会学术思想发展和科技文教事业的综合发展；其四，私学创立后，官学、私学并重，形成了中国古代教育的双轨制。因此，私学的产生，不仅是中国古代教育史上的大事，也是中国传统文化史上的一件大事。

春秋战国时期私学的主要代表有以孔子、孟子、荀子为代表的儒家私学。他们认为，教育的核心是道德教育，目的在于施行"仁政"或"礼治"。他们所强调的是教育在社会发展和人格形成上的作用。为社会培养"贤士"。因此，儒学注重诗、书、礼、乐之学的教育又重视言、德、政、文等才能的培养。以墨子为代表的墨家私学。墨家因与儒家的政治观点不同，因而教育观也大不相同。墨家培养的目标是"兼士"，因而重视科技（如力学、光学、几何学等）知识的研究，实际生活能力的培养和武艺的学习。以老子和庄子为代表的道家私学。道家反对后天人为的教育，主张回到无知、无欲、无私和无我的状态，这是一种无教育的教育观。还有法家私学。法家主张培养"耕战之士"，提出"以法为教，以吏为师"的教育方针。总之，这一时期各派因政治观点不同，导致所持的教育观和教学内容也不同，它们程度不同地对中国古代教育的发展产生了影响，其中以儒家的教育思想最丰富，影响也最大。

战国时代，随着经济和文化的发展、官学也有了相当的规模，教育管理制度已初具规模，尤其是出现了融教育、学术研究和政治咨询为一体的高等学校。如齐宣王在都城设立的"稷下学宫"，由国家主持招纳当时社会上流动的著名学者讲学。有儒家、道家、法家、阴阳家、兵家、名家等诸子百家自由讲学、论辩，并提供优厚的物质条件和学术环境，使稷下学宫成为学术争鸣的场所。稷下学宫"有教无类"，吸引近千名学生前来求学，并制定了统一的学则，即《管子·弟子职》，这是中国古代学校教育史上出现的第一个学生守则，有利于建立正常的教学秩序。为了管理和组织教学及学术活动，学宫里设有祭酒等领导人。由此可见，学宫中已形成了较完整的教育管理制度。

四、汉至清代的多样化学校教育网络

从公元前 221 年秦王嬴政兼并六国，建立了中国历史上第一个统一的专制主义中央集权的封建王朝，到 1840 年鸦片战争前的清朝，是中国历史上封建社会教育时期。这一时期，教育的主要特点是以儒家思想教育为核心的多样化学校教育网络的形成。

（一）汉代学校教育制度的确立和儒学独尊地位的形成

秦始皇统一六国后，下令统一文字，不但为秦代政策法令的顺利推行扫清了障碍，也为文化的传播和学校教育的普及创造了有利条件。但是，秦始皇崇尚"以法为教""以吏为师"，即以法律代替教育，以官吏代替教师；实行"焚书坑儒"，对学校采取否定的态度，使儒家经典和官、私学校遭到摧残。到汉武帝时期，中国封建官学制度才初步形成，后经历代王朝的不断发展而趋于完善。汉武帝充分认识到教育在培养人才和教化百姓中的作用，在"独尊儒术"思想政策的指导下，积极兴办学校，逐渐形成了儒学独尊的学校教育制度系统，为中国封建教育的发展奠定了基础。

1. 官学

汉代的学校也分官学和私学两大类，而以官学最为发达。汉代的官学确立了中央和地方两大系统。中央官学有太学、鸿都门学、四姓小侯学等。地方官学按行政区划分别设立郡国学和校、庠、序等。汉代的太学是汉武帝时始设，是汉代京都长安西北城郊的最高学府，也是中国历史上第一所大学。初建时只有太学生 50 名，太学发展速度非常快，到汉成帝时已增至 3000 人。东汉建都洛阳，太学设于城南，到汉顺帝时来自全国各地的学生达 30000 余人，甚至连匈奴也派子弟来求学。太学之外则是鸿都门学，它创设于东汉灵帝时期，校址在洛阳的鸿都门，学生专攻辞赋、小说、尺牍、书法、字画等，它是我国、也是世界历史上最早的文化艺术专科学院，学生多时达千余人。四姓小侯学创设于东汉明帝时期，是外戚集团创办的贵族学校，这是中国、也是世界历史上最早的幼儿教育学校。汉代地方学，按行政区划设置，郡国设"学"，县邑设"校"，乡设"庠"，聚（村落）设"序"。这样就正式形成了从中央到地方的封建官学教育体系。汉代设有教育行政机关，中央官学由太常兼管，地方学校则由各级行政长官兼管。

2. 私学

汉代的私学也比较发达，分为"蒙学"和"精舍"两种形式。蒙学即童蒙学习的地方，也称"书馆"，学习内容主要是识字、习字。精舍或称"精庐"，

相当于太学，由经师大儒教授，一些经师鸿儒受业弟子百人以上，甚至千人以上。

3. 教学内容

汉代的学校教育，尤其是官学以儒家经典为主要教学内容。自汉武帝采纳董仲舒"罢黜百家，独尊儒术"的建议后，儒学成为历代统治思想。儒家学说对社会影响的主要途径是通过各类学校教育，尤其是官学。汉代太学设五经博士为教官，"学"与"校"设经师一人，"庠"与"序"设孝经师一人，目的在于传道授经，推广教化，以维护封建统治秩序。

4. 教学管理

汉代太学中形成了班级授课制和自修相结合的教学制度，并建立了较严格的考试制度。汉代太学盛行的是经师大班讲课与学生课外自修相结合的教学形式。当时经师大班集体教学，同时听课人数多在几百人以上，称"大都授"。学生还须在正课外自修研读，而且自修时间往往多于集体听课时间。因此，太学生必须有较强的自学能力。汉代太学确立了"设科射策"的考试办法，每年一次称"岁试"。具体办法是由老师把疑难问题分为甲、乙两科，写在简策上，让学生抽签应试，然后根据考试成绩，择优授予不同官职，由此将读书、应试、做官联系在一起，为勤奋好学之士开拓了一条入仕之路。

（二）魏晋南北朝时期国子学的设立和专科学校的萌芽

魏晋南北朝时期，由于战乱，太学时兴时废，官学教育有所削弱，但也出现了一些新情况。

第一，西晋武帝在太学之外，创设国子学。设国子祭酒、博士各一人，教授学生，规定五品以上子弟许入国子学，而太学则成为六品以下子弟求学之所，这是我国古代于太学之外专为士族子弟另设国子学之始。国子学与太学的分立，直接影响了后代学校教育制度。

第二，专科学校的萌芽。三国魏明帝时置律博士，教授刑律，这是我国古代法律专科学校的开始。西晋武帝时设书博士，教习书法，这是我国古代书法专科学校的开始。南朝宋文帝开办儒、玄、史、文四个学馆，相当于大学下属的四个系科。这种分科的教学制度，是后代分科大学的开端。南朝宋文帝还设医学，北魏时也设太医博士及助教教授弟子，这是我国古代医学专科学校的开端。魏晋南北朝时期我国古代专科学校的萌芽，对以后专科学校及分科教育制度的发展产生了影响，也表明学校教育中"儒学独尊"逐渐为"儒、佛、道"并行的局面所取代，科学技术的传授也开始在学校教育中取得了一定地位。

（三）隋唐时期中国封建学校教育网络的形成和专科学校的发展

隋代，是中国古代学校教育制度发展史上的重要阶段，从中央到地方都设有官学。隋文帝时在中央设立国子寺，置祭酒，总管全国的学校教育工作；隋炀帝时，改国子寺为"国子监"，成为独立的教育领导机构（相当于后来的教育部）。隋代是我国历史上设立专门教育行政部门和设置专门教育长官的开始。国子寺下设立五学：国子学、太学、四门学、书学、算学。前三者是儒学，后二者是以教授学科知识为目的的专门学校，培养数学人才的算学自隋代首创。隋代还有些专门学校与行政业务机构结合在一起，如大理寺设律博士、太医署设医学博士等，这些都为以后专科学校的发展奠定了基础。

唐代，承袭隋代的学校教育制度，并发展到相当完备的程度。

一是由中央到地方的官学系统更加完备。中央设立的学校分直系和旁系两大类，通称为"六学二馆"。"六学"属于中央直系学校，直属于国子监，包括国子学、太学、四门学、书学、算学、律学。前三学属于大学性质，后三学属于专科性质。"二馆"指崇文馆和弘文馆，属于旁系，都是大学性质。弘文馆归门下省直辖，崇文馆归东宫直辖。此外还有附属于某些行政机构的玄学、医学、兽医学、天文学、音乐学、工艺学等专科学校。唐代地方有府学、州学、县学、市学、镇学，到开元年间（713—741 年）府州县学已具有一定的规模并形成相对完备的制度。唐朝已形成了规模庞大的从中央到地方的官学教育网络，这不仅在中国历史上是空前的，在当时世界上也是独一无二的。

二是唐代学校管理制度趋于完备。唐代中央设立国子监掌管中央官学，各类官学对学生入学的身份、年龄、入学手续、学习期限、录取名额都有规定。如国子学名额 300 人，限文武三品以上子弟入学；太学名额 500 人，限文武五品以上官员子弟入学；四门学名额 1300 人，其中，限文武七品以上官员子弟 500 人入学，其余 800 人可由庶民子弟补充。地方官学主要收地方官员和中小地主子弟。由此可见，唐代官学的教育对象主要是官僚贵族子弟，充分显示出封建教育的阶级性和等级性特点。唐代官学各学分科都按其学习内容规定修业年限，同时还要对学生进行旬试、岁试及毕业试的考核，不及格必须重学，三次不及格者延长学习期限 9 年，仍不及格则勒令退学。唐代各类学校还制订有详细的教学计划，规定了各类学校教师的资格和教学方法。

三是唐代明确了学校的办学目的是为科举考试服务，为封建统治培养人才。唐代除律学、书学、算学等专科学校外，其他各学校学生的学习内容，主要是儒家经典。不过由于唐代科举考试的科目较多，内容较广泛，因此，唐代学校教学内容比起汉魏六朝以来的学校要宽泛得多。

四是唐代的专门学校范围广、门类多，包含有律学、算学、书学、医学、兽医学、天文学、音乐学、工艺学等诸多领域，反映出唐代学校教育形式和内容的多样化特点，也说明中国古代的专科教育到唐代已正式形成。这是世界上最早出现的专科学校，比欧洲早 1000 多年。

五是唐代成功地实施了留学生教育，为与唐通使的许多个国家和地区培养人才。唐代国力强盛，国都长安不仅是全国政治、经济、文化的中心，而且是亚洲各国经济文化交流的中心。日本、新罗、百济、高丽、尼婆罗、天竺、林邑、真腊、诃陵、骠国、狮子国等国家都派遣过留学生到长安，学习中国经、史、法律、礼制、文学和科技。唐代留学生教育是中外文化交流之桥梁，唐文化通过留学生的来往而传播于东西方各国；同时，通过留学生学习、借鉴外国学术文化，丰富唐文化。唐代留学生教育有力地促进了中外文化交流，具有重要的文化价值。唐代留学生教育其规模之大、影响之深远在世界古代教育史上是空前的。

六是唐代私学昌盛。唐代私学遍布城乡，既有名士大儒传道授业，又有村野启蒙识字的私立小学，私学已深入农村。

（四）宋辽金元时期学校教育的发展和书院的兴起

就官学而言，宋代加强了对地方官学的领导。从宋神宗起，设置诸路学官和诸路提举学事司，作为地方专门教育行政机构，这在中国古代教育发展史上具有创新意义，从而完成了从中央到地方的专门的教育行政管理机构的建立，推动了地方官学的发展。宋代还先后进行了"庆历新学""熙宁兴学""崇宁兴学"三次教育改革，将北宋官学教育事业向前推进了一大步。

就私学来说，宋代私学教育的主要成就是书院的兴起和发展。书院是中国古代特有的一种教育组织形式，从宋代到清末，历时 1000 多年。书院的名称始于唐中叶贞元年间官方设立的"丽正书院"和"集贤书院"，其职责是收集整理、校勘、修订图书，供朝廷咨询，兼作皇帝侍读、侍讲。唐末五代初，许多士子隐居避乱，读书山林，聚徒讲学，并常以书院名之，至五代末年，基本形成了具有讲学性质的书院。经北宋的初步发展和南宋的突飞猛进，一些著名书院如白鹿洞书院（今江西庐山）、岳麓书院（今湖南长沙）、嵩阳书院（今河南登封）、石鼓书院（今湖南衡阳）、应天府书院（今河南商丘）、茅山书院（今江苏江宁）等脱颖而出，形成了自己独特的办学风格，为人才培养和学术繁荣做出了重要的贡献。

就书院教育的特点而言，首先，宋代书院的性质既不同于官学，又与一般私学有区别，是中国古代私学发展的高级形式，类似于今天的私立大学。书院的教学是以学术研究为主，多数书院往往都是某一学派的活动中心或研究基地。书院是学校，又是研究机构，同时还是一个学术团体。而一般私塾、社学、义学等多属启蒙性质的教育，主要是识字、日用常识、基本伦理、行为规范的灌输和训练、应试备考的初步准备。因此，一般私塾、社学、义学属初等教育或基础教育范畴，而书院基本上属于高等教育范畴，是一种高级形态的私学。

其次，宋代书院形成了独特的办学风格。一是讲学与学术研究紧密结合，形成了学术研究的自由争鸣风气。中国古代的学校教育是以儒家教育为主线，书院也离不开对儒家经典——"四书""五经"的教学。但与官学不同，书院教学不只是一般地灌输经典知识，更强调在学术研究的基础上进行教育活动。一方面，书院的主办者或主持人都是名师大儒，将自己的学术研究心得和成果传授给学生；另一方面，书院聘请不同学派的名师来书院讲学、开展论辩，探究不同学派之异同。如朱熹邀陆九渊至白鹿洞书院讲"君子喻于义，小人喻于利"。书院由此而培养和形成了学术研究自由争鸣风气，促进了学术思想的深化和学术研究的深入开展。二是学生自修与教师指导密切结合，着眼于学生独立研究能力的培养。书院继承了中国传统教育中大班授课与学生自修相结合的教学方式，并有所发展。一方面，组织集体讲学，通常由书院主持者主讲，每讲立一主题，讲授其研究心得和研究成果。生徒边听讲、边质疑问难，形成讨论式教学；另一方面，书院的教学强调学生以个人自学钻研为主，书院提供充分的书籍条件，教师则着重于读书和研究方法的指导，鼓励学生质疑论辩的精神，培养学生独立思考和独立研究的能力。书院的教学形式和教育思想在中国传统教育中占重要地位。

辽、金、元三代除了承袭唐宋学校教育制度兴办官学外，还分别创建了女真太学、女真国子学、女真小学、蒙古国子学、回回国子学等培养少数民族人才的学校。尤其是回回国子学，专门培养懂得波斯文字的专门人才，它对当时中西文化交流起到了积极的促进作用。元代还在地方设立培养天文、历算人才的学校，这是元代的创新，使专科学校由中央发展到地方，有利于从多方面培养人才的社会需要。此外，元代还在农村设立社学，规定50家为一社，"择通晓经书者为师"，农闲时使农家子弟入学（《新元史·食货志》）。社学对于发展农村文化教育事业具有一定的意义。

（五）明清时期的学校教育制度

明清的学校教育制度相近，官学依承前制，仍分为中央官学和地方官学两大系统而略有变化。

明代中央官学有国子监，宗学和武学等。明代国子监与前代不同，它已取代国子学，兼有行政机关和最高学府两种职能。明代国子监分南北两监（南系和北系），在监读书的除贵族子弟和少数民族子弟外，还有留学生。国子监的最高官员为祭酒，一般都由学识渊博、声望较高的儒家学者担任；国子监的副职是司业；授课由博士及助教担任。国子监的学生叫"监生"，因入学资格不同分四类：在京会试落第的举人，由翰林院择优选送入监就读的叫"举监"；从各地学校选拔入监就读的叫"贡监"；三品以上官员子弟靠父荫入监就读的叫"荫监"；因监生缺额由普通人家捐资而特许其子弟入监就读的叫"例监"。此外还有外国留学生在监就读，称为"夷生"。国子监学生学习的主要课程是程朱学派注释的《四书》《五经》《资治通鉴》等，八股文是必修的课程。学生在监成绩采用三级积分制，积分满可派充官职。明朝还创立了监生历事制度（相当于实习），即监生学习到一定年限，分拨到政府各部门实习，学习政事，熟悉政务，为以后为官做必要的准备。这是明代在教学实践方面的一项创举，有利于监生较早地接触社会，获得从政经验。明代的宗学是专为贵族子弟设立的贵胄学校；明代的武学是为武官子弟开设的学校，教师多用文武重臣。

明代的地方官学有府学、州学、县学，按军队编制的是都司儒学、行都司儒学、卫儒学，在谷物财货集散地设置的是都转运司儒学，在土著居民地区设立的是宣慰司儒学和安抚司儒学。此外，明代地方官学中还有武学、医学和阴阳学等专门学校。明代还在全国各地普遍设置社学，以作为社会基层的地方官学，其教育任务是对民间少年儿童进行初步的文化知识、伦理道德教育。

清代的中央官学除国子监外，还有宗学、觉罗学、旗学、俄罗斯文馆等。宗学是为清宗室子弟设立的学校；觉罗学是为整个爱新觉罗氏子弟设立的学校，属宗学性质；旗学是为八旗子弟设立的学校；俄罗斯文馆是为清代培养俄语人才而设立的一所俄文学校。清代地方官学基本同于明代，除府、州、县学外，在乡镇地区也广设社学，并规定凡在社会中学习成绩优秀者经考试都可以升入府、州、县学学习，肯定了社学与府、州、县学在学制上的相互联系。

五、中国古代的家庭教育和蒙学

（一）中国古代的家庭教育

家庭教育是指在家庭中实施的教育，通常多指父母或其他年长者对子孙晚辈进行的教育，也指家庭成员之间的相互影响。

中国古代家庭教育源远流长，其萌芽于原始社会的氏族大家庭教育。进入奴隶社会后，开始了宗法制度下的家庭教育。由于个体家庭包容在宗族体系之中，因此，其家庭教育的权力掌握在宗族的首领手中。宗族首领负责对宗族成员进行生产、生活、军事、祭祀等方面的教育，个体家庭的家长对家庭成员的教育只能与整个宗族家长实施的教育相一致。因此，夏、商、西周的家庭教育具有很强的宗族教育色彩，还不是真正意义上的个体家庭教育。

夏、商、西周时期的家庭教育除具有宗族教育色彩外，还具有明显的等级性特点。贵族子弟，尤其是王家子弟的家庭教育，旨在培养和造就贵族统治阶级的接班人，因此十分重视君德修养。伊尹是我国古代第一个见过甲骨文记载的老师，他把对汤王子孙的人格塑造和道德培养看作关系社稷千秋大业的大事。伊尹申诫太甲说："惟天无宗，克敬唯亲。"即要自己克敬、克明、克诚，才能取得臣民的忠顺和亲近。继伊尹后的又一位王室贵族子弟的大教育家是西周时期的周公，他不仅继承了伊尹的道德教育思想，还把王室子弟的道德修养看作造就未来君王的头等政治大事。他提出了系统的贵族子弟的家教内容，除了"六艺"外，主要还有体恤下民，力戒贪逸；勤勉从政，谨言慎行；知人善任，勤于求贤等内容。为实现其教育目的，他还亲手制定《世子法》，具体规定天子之家的家教制度、教育内容、教育方法、教育原则和教育目的等。《世子法》是我国古代文献记载中的第一个专门以世子（太子）为对象的法令性教育文件，对以后2000多年的宫廷保傅教育影响极大。周公还在总结前代王室家教经验基础上，建立周王室的家教师（教导其知识）、傅（辅导其德义）、保（保护其身体）制度，使王室子弟在德、智、体诸方面得到发展，为进入国学接受正规教育做必要的准备。

除王室贵族家庭教育之外，更具有普遍意义的是"四民"家庭教育。春秋战国时期，随着井田制和宗法家族制的崩溃，使真正意义的个体家庭大量出现。根据社会分工，可将统治阶层以下的社会成员分为士、农、工、商四大类型，即"四民"，其家庭教育也表现出教育内容和培养方向的不同。士人家教，以"六艺"为主要内容，注重文化知识的传授和做官素养的训练，以为其子弟入仕做准备；农民家教的主要内容是传授农业生产技术和生产经验以及劳动态度的教育；工民家教主要内容是做工技术的传授，从而使世业家传；商民家教的主要内容是经商知识和经验的传授，旨在使其子弟掌握经商本领。总之，由于各阶层在社会中所处的政治、经济地位不同其对子孙的家庭教育的内容和目的也有明显的不同，并充分反映出奴隶社会家庭教育的阶级和等级性特点。

封建社会的家庭教育主要包括三种类型：以皇家宗室为主体的贵族家庭教育，以在职文官为代表的官宦家庭教育和广大生活在社会底层的平民家庭教育。封建社会的家庭教育更具阶级性和等级性特点。

其一，皇家的家庭教育主要在于培养储君，对皇太子及诸王子的教育特别的重视，乃至成为国家的一件大事。因此，皇家的家庭教育具有特权性。一是尽一切努力收集天下图书，将其垄断，以作为宗室教材；二是收买天下第一流学者充任教师；三是建立一整套宫廷教师制度和教学制度。

其二，官宦之家的家庭教育，其目的在于造就其子孙的德才学识，教学内容主要是为官之道，所以十分强调儒家经典的学习，其家庭教师也多是当地的名儒。

其三，平民之家的家庭教育，各因其经济条件和文化环境之不同，而有所区别。富商大贾或从事教育职业的文人之家，一般注重儒学教育；但绝大多数平民百姓之家多以传授社会生活知识和生产技能为主要内容，在道德教育上其内容与统治阶级推行的封建纲常教化是一致的，主要是孝悌之教。

以孝道立教是中国封建社会家庭教育的又一特点。中国人重孝道，孔子把孝道上升到理论的高度，认为孝不仅是尊长爱幼的人生义务，伦理核心，而且是政治道德的根本，是齐家治国平天下的灵魂。汉代以后，由于儒家特殊地位和影响，封建士大夫家庭和一般家庭，把忠、孝、节、义作为家庭教育的基本内容。此后，历代统治者及其思想家极力鼓吹孝道，提倡"以孝治天下"，要求以孝道立教，以培养在家孝敬父母，出门和睦乡里，为官忠于上司乃至天子"君父"的"忠臣孝子"。以孝道立教，在客观上有利于扶幼赡老，有利于个体家庭和社会的稳定。但是，对家长权威的绝对敬重，以家长的是非为是非的"孝道"尺度，在很大程度上扼杀了子女的独立意识和创造精神，束缚了子女的个性发展和人格的健全，这是中国封建教育的一大弊端。中国封建社会关于孝道教育的教材很多，如《孝经》《礼记》《家礼》等。尤其是始于元朝的《二十四孝》，选自虞朝、周朝、汉朝、魏朝、晋朝、唐朝、宋朝等历朝历代的孝子24人，上至帝王，下至平民百姓，具有广泛的代表性，对中国封建社会家教中的孝道教育产生了深远的影响。

（二）蒙学

蒙学即蒙童学习的地方，汉代称之"书馆"，元明为"社学"，清代有"蒙馆""家塾""族学"等多种名称。蒙学属基础教育，受到社会，尤其受许多教育家的重视，经历代发展，形成了独特的办学形式、教育内容、教学方法，还形成了自己的教材体系。以明清为例，蒙学有三种办学形式：一是坐馆或教馆（指地主士绅豪富聘教师在家进行教学）；二是家塾或私塾（指教师在自己家内设馆教学）；三是义学或义塾（指地方或个人出钱资助，在公用场所设馆教授贫寒子弟，带有慈善事业的性质）。鲁迅早年读书的"三味书屋"就属于私塾。

入学塾就读的学生叫"学童"，年龄一般在5～13岁。为适应青少年生理和心理特点，中国古代教育家在长期教学实践中编写出一整套融知识性、伦理性和趣味性于一体的启蒙教材。大致可分为两类：一类是综合性教材，如《急就篇》《三字经》《百家姓》《千字经》等；另一类是专门性教材，如《千家诗》《十七史蒙求》《名物蒙求》《性理字训》等诗歌、历史、自然常识、伦理道德等方面的读物。这些将知识性、伦理性和趣味性融于一体的教材，使学生在识字和读书中不仅获得一定的文化知识，而且在不知不觉中受到伦理道德的熏陶和教育。

蒙学主要进行的是读书、习字和作对等方面的教学。为学生进入官学、书院及应科举考试做基础准备，其教学方法主要是个别教授法。读书：学童六岁入学后先集中识字，识至千字后，开始学《三字经》《百家姓》《千字文》《四书》等，具体的教学方法是学童立于教师案旁，教师先读，然后学童自读，直至倒背如流，教师才逐句进行讲解。习字（书法课）：先由教师手把手教儿童用毛笔，而后描红，进而临帖书写，逐日练习，直至写出一手好字。作对：经过反复训练使学生掌握声律、词类、造句的知识和规律，为写作打基础。

学塾中的教学因材施教，教学进度以学童的接受能力为转移，遵循由易及难、由浅入深的原则，尤其重视温故知新教学方法的运用，使学塾的教学充分注意到少年儿童的身心特点。学塾教学还注意对学生做人规则和基本功训练，使其形成良好的行为习惯。但学塾中的规矩极严，甚至实行体罚，对少年儿童的健康产生了不良的影响。

第二节　古代著名教育家的教育思想

中国教育的发展源远流长，形成了许多独有的特点和优良传统，涌现出众多的教育思想家和实践家，积累了丰富的教育经验。

一、孔子的教育思想

孔子（公元前551年—公元前479年），姓孔名丘，字仲尼，鲁国陬邑（今山东曲阜）人。孔子任教40余年，积累了丰富的教学经验，所提出的教育思想与主张为后世的教育事业提供了坚实的理论基础。

在教育对象上，孔子招收弟子，没有贵贱、族类的限制，所谓"有教无类"。这是针对当时奴隶主教育的有教有类提出来的，并与之相对立。奴隶主的有教有类表现为两方面：一是中原地区的奴隶主阶级称华夷诸族为"异族非类", 当然不会把他们看作接受礼仪的教育对象; 二是在华夏族中除居于统治地位的氏族有受教育的机会外, 被奴役的氏族同教育无缘, 这叫作"礼不下庶人"。孔子的"有教无类"冲破了这两个界限, 不仅把教育及于蛮夷之邦, 而且打破了"礼不下庶人"的等级制度。

在教学内容上, 根据《论语》, 人们可以从不同的角度概括孔子的教学内容。一曰子以四教: 文、行、忠、信。以文学、品行、忠诚和信实教育学生, 是指教学内容包括四个基本方面; 二曰礼、乐、射、御、书、数, 是指孔子教学的主要科目; 三曰《诗》《书》《礼》《乐》《易》《春秋》等"六书", 是奴隶主的文化典籍, 是孔子所使用的基本教材。总之, 孔子的教学内容应该包括道德教育、文化知识和技能技巧的培养三个部分。孔子对这三方面不是等量齐观的, 他认为"行有余力, 则以学文"(《论语·学而》), 把道德和道德教育放在首位, 为三者的重心, 也是孔子教育思想的核心。

在教学方法和教学态度上, 首先引导弟子在学习上"求诸己"(不断自己提升的过程, 立足于自身)。他说: "知之者不如好知者, 好之者不如乐之者。"(懂得它的人不如爱好它的人, 爱好它的人, 又不如以它为乐的人)其次, 他主张启发教学。他说: "不愤不启, 不悱不发。举一隅不以三隅反, 则不复也。"(不到他努力想明白而不得的程度不要去开导他; 不到他心里明白却不能完善表达出来的程度不要去启发他。如果他不能举一反三, 就不要再反复地给他举例了)(《论语·述而》)孔子还主张因材施教。孔子的教育态度是"诲人不倦", 教育方法是"循循然善诱人"。

在学习方法上, 孔子主张"学"与"习"并重, "学"与"思"不能偏废, "学"与"问"相配合。他说: "学而时习之, 不亦说(悦)乎?""学而不思, 则罔(迷惑)。思而不学, 则殆(疑惑)。""敏而好学, 不耻下问。"(《论语·公冶长》)在学习态度上, 孔子主张要老实, 要虚心, 更要勤勉。他说: "知之为知之, 不知为不知。"孔子还主张学习要去掉一些主观的东西。他主张: 毋意(不主观臆测)、毋必(对事情不绝对肯定)、毋固(不拘泥固执)、毋我(不要自以为是)。

二、孟子的教育思想

孟子(约公元前 372—前 289 年), 名轲, 战国时期鲁国邹邑(今山东邹县)人。他曾经游历齐国、宋国、滕国、魏国、鲁国等国, 前后有 20 多年, 晚年回到故乡, 从事教育和著述。

孟子的教育思想在继承孔子的基础上又有所发展, 形成了一套较为系统的教育理论，在我国教育史上占有重要地位，对后世教育思想的发展有着巨大的影响，尤其是关于学习态度和教学方法的某些论述，极富深刻的哲理，至今仍有积极的启发和借鉴意义。

孟子的教育思想是以性善论为基础的。他认为人与禽兽相区别的是四个"善端"："恻隐之心，仁之端也；羞恶之心，义之端也；辞让之心，礼之端也；是非之心，智之端也。"（《孟子·公孙丑上》）因此，孟子强调教育的作用在于存心养性，人之"善端"扩大而称为"善德"。

孟子在性善论的基础上，提出了一系列道德教育的内容和方法。孟子把仁义视为道德教育的核心，包括"亲亲，仁也；敬长，义也"。为了更好地贯彻道德教育的内容，使学生真正成为有道德的治世之才，孟子还提出了一整套修养身心的方法：尚志寡欲、反求诸己、知耻改过及在艰难困苦中磨炼意志等（"行有不得，反求诸己"《孟子·离娄章句上》儒家政治强调从自身做起，从身边做起。行为得不到预期的效果，都应该反来检查自己）。

孟子提出了很多切实可行的教学方法和原则。在"教"的方面，继承了孔子的"因材施教"思想，他提出必须采用多种不同的教育方法，"君子之所以教者五：有如时雨化之者，有成德者，有达财者，有答问者，有私淑艾者。此五者，君子之所以教也"（《孟子·尽心上》）。大意为君子教育人的方式有 5 种：有像及时雨一样滋润化育的；有成全品德的，有培养才能的；有解答疑问的；有以学识风范感化他人使之成为私淑弟子的。私淑弟子指私下拾取，不是直接作为学生，而是自己仰慕而私下自学的。孟子认为，教育者必须以正确的思想道德教育学生，即"教者必以正"（《孟子·离娄上》），端正自己，做到以身作则。孟子主张教育者应采取"言近旨远，守约施博"（《孟子·尽心下》）的教学方法。在"学"的方面，孟子认为，对于学生来说最重要的就是树立自求深造的学习意识，"心之官则思，思则得之，不思则不得也"（《孟子·告子上》）。要求学生要高瞻远瞩，循序渐进，专心致志，反对"一曝十寒"，半途而废。

三、墨子的教育思想

墨子，名翟，关于他的生平和籍贯，文献记载不多，司马迁没有为他单独立传，仅在《孟轲荀卿列传》后附有二十四言："盖墨翟，宋之大夫，善守御，为节用。或曰并孔子时，或曰在其后。"

墨子认为教育的目的是为国家培养大量的"兼士"，以"兴天下之利，除去天下之害"，从而进一步实行天下之"公义"或"正义"。《墨子·耕柱》篇云：

"能谈辩者谈辩，能说书者说书，能从事者从事，然后义事成也。"可见，墨子所说的教育内容可分为"谈辩、说书、从事"三类。"谈辩"是指学习谈话、论辩的方法与技巧；"说书"是指阐明书本中的理论与原理；"从事"是指学习科技、农业、工业、商业、兵器等方面的知识，以用之于生产实践。墨子的教学方法包括：因材施教，不叩则鸣；以名举实，察类明故；务本约末，量力所至；言行一致，合其志功等。

四、荀子的教育思想

荀子（约公元前313年—前238年），名况，字卿，又称孙卿，战国末期赵国（今山西南部）人。为了实现自己的政治抱负，曾到赵国、齐国、楚国、秦国等国进行政治活动。荀子晚年从事著述，在中国教育史上占有重要的地位。

荀子教育思想的理论基础是他提出的"性伪之分"，即"然人之性恶明矣，其善者伪也"（《荀子·性恶》）。在肯定"性恶"的同时，荀子又提出了"性伪合（性伪合一）"的主张，肯定"性"与"伪"之间的联系和统一。他认为，教育不仅可以使人由愚转化为智，由恶转化为善，而且可以改变一个人的政治和经济地位。

荀子认为教育的目的就是要培养推行"礼""法"结合的封建官僚"卿相士大夫"的后备军。这种人是"积文学，正身行，能属于礼义"的"贤能"之士（《荀子·王制》）。为了培养"法后王"而"一制度"的人才，荀子在教育的内容上不但传授诸经，而且他对诸经的不同的教育作用，即各门课程的特点，做了画龙点睛式的精辟阐述。但他的重点是放在《礼》上，不仅主张"终乎读礼"，而且认为"《礼》者，法之大分，类之纲纪也"（《荀子·劝学》），是学习的总纲。

荀子认为教学认识过程包括"闻""见""知""行"几个阶段，较正确地论证了知对行的依赖关系，具有辩证法的因素。荀子明确地指出，学习的目的不仅是为了积累知识，而是要付诸应用，"不务说其所以然，而致善用其材"。

五、董仲舒的教育思想

董仲舒（公元前179年—前104年），广川（今河北省景县）人，主要生活在西汉中期。他一生从教多年，通过讲学为汉王朝培养了一批人才。

董仲舒从理论上阐明了教育的作用：重申儒家的德治学说，高度评价教育的社会政治作用；发展了儒家的人性学说，进一步指出教育对人性发展的意义。董仲舒关于"圣人之性""中民之性""斗筲之性"的思想，是我国古代"性三品"论的先驱。他的人性学说，丰富和深化了教育与人的发展关系的理论，在教育史上具有一定的意义和价值。

在教学思想方面，董仲舒从他的教学目的出发，主张以"六经"为教材。从培养人才的角度分析，它包括德育、智育、美育几个方面。除此之外，他还对学生施以养生之道的体育之教。董仲舒在教学方法方面也积累了丰富的经验：注重多种教学原则综合实施；要求读书不可就事论事，而应融会贯通，做到"合而通之，缘而求之"（《春秋繁露》）；提倡"强勉"精神；学贵专一等。

"三纲""五常"是董仲舒提倡的道德教育的主要内容。他继承了儒家的传统，把伦理教育作为道德教育的中心，并提出了一套关于道德教育的原则与方法，主要是"以仁安人，以义正我"；"必仁且智"（《春秋繁露》）；重义轻利；"经"和"权"相结合等。

六、韩愈的教育思想

韩愈（公元769—824年），字退之，邓州（今河南省邓州市）南阳人。他一生先后做过四门博士、国子博士、国子祭酒，直接从事教育与教学工作。

韩愈继承和发展了孟子、荀子、扬雄等儒家传统的人性观，提出了"性三品"说，表述了他对人性及教育在人的发展中的作用的看法。

韩愈的《进学解》集中论述了学习态度和学习方法的问题。关于学习态度，他提出了"业精于勤，荒于嬉；行成于思，毁于随。"的观点，强调无论是进德还是修业，都要严格要求自己。关于治学方法，实际上是他的读书方法，韩愈认为读书学习唯有勤奋，方能有所得。

韩愈在教育史上的最突出的贡献是他关于"师道"的论述。他认为师和"道"是密切结合，不可分离的。"道之所存，师之所存也"（《师说》）。"道"是师存在的基础，是师存在的前提条件，师道不可分离。教师的任务是传道、授业、解惑。"圣人无常师"，他认为，人不分"贵贱、长少"，只要有传道授业的本领，就具备了做教师的条件。这些卓越的见解，不但丰富了我国古代教育理论，而且对我们今天正确理解教师职责、政治与业务、教书育人、教师与学生之间的关系，均具有启发意义。

七、王安石的教育思想

王安石（1021—1086年），字介甫（一作介父），号半山。江西抚州临川人，人称临川先生。晚年封号荆国公，人称王荆公。

熙宁二年（1069年），王安石在宋神宗支持下积极变法，推行新政。有关文化教育方面的主要有三项：一是改革科举考试制度，废除明经诸科，只设进士科；二是改革学校教育制度，首先改革太学，其次整顿州县学，发展地方教育事业，最后建立武学、律学和医学，提高和确立了专门学校的地位；三是设置经义局，修《诗》《书》《周礼》三经义，并颁行于学官。学校教育以《三经新义》为官定统一教材，科举考试也以此为基本内容和标准答案，最终达到统一思想、培养支持变法人才的目的。

王安石在教育理论上也发表了不少精辟的见解，接触到许多基本的教育理论问题。一是重视学校教育的地位和作用。他认为，国家要统一思想，培养人才，必须发展教育，而办教育的重点是由国家各级政府兴办各级各类学校。二是学校教育应培养能"经世应务"的有用人才。他认为国家兴学设教的根本目的在于培养实用人才，使"学士所观而习者，皆先王之法言德行治天下之意，其材亦可以为天下国家之用"（《上仁宗皇帝言事书》）。三是王安石在教育、教学的基本理论问题上，坚持了唯物主义的认识论，而且具有丰富的辩证法因素。他强调后天学习锻炼的重要性，反对天才论；学习和教育还需有正当合理的方法，遵循固有的规律。

八、朱熹的教育思想

朱熹（1130—1200年），字元晦，后改为仲晦，号晦庵，晚年号晦翁、云谷老人、沧州病叟等。祖籍婺源（原属安徽徽州，现属江西婺源县），出生在福建南剑（今福建南平）尤溪县。他在长期的教育实践中形成的教育思想和总结的教育经验，极大地充实和丰富了古代教育思想宝库。

朱熹主张把学校教育划分为小学、大学两个阶段。划分教育阶段的依据不是人的尊卑贵贱，而是人的年龄和心理特征，特别是思维的发展水平。把道德教育放在学校教育的首位，朱熹所提倡的道德教育，其基本内容就是以"三纲五常"为中心的封建伦理道德。

朱熹提出了许多有价值的教学原则和方法：一是启发诱导；二是学思结合；三是博专兼顾；四是温故知新。温故而知新，包含两个方面的意义：既要正确处理旧知与新见的关系，又要处理继承与创新的关系。

重视读书并总结了一套自己读书治学和指导学生读书学习的经验，是朱熹教育思想的一个组成部分。后人将他的读书经验归纳为六条，称为"朱子读书法"："循序渐进""熟读精思""虚心涵泳""切己体察""着紧用力""居敬持志"。朱熹的六条读书法是一个整体，相互之间有内在的联系，而且不是单纯谈方法，而是贯穿着对道德修养、治学精神和学习态度的要求。包括读书的量力性原则、巩固性原则、客观性原则、结合实际原则、积极性原则、目的性原则。

九、王守仁的教育思想

王守仁（1472—1528 年）字伯安，号阳明，浙江余姚人。死后谥"文成"，后人亦称王文成公。他继承和发展了陆九渊的哲学、教育思想，形成了与程朱理学相径庭的"心学"体系，对封建社会后期以至近代的教育思潮产生了重要影响。

"致良知"是王守仁哲学思想的组成部分，也是他的学习论。就是将良知推广扩充到事事物物，是在实际行动中实现良知，知行合一。他说："吾平生讲学，只是'致良知'三字。"反复强调学习就是"致良知"。首先，学习的目的是"致良知"；其次，学习的过程就是"致良知"的过程；最后，学习的成效也要看能否"致良知"。

在如何进行教学问题上，王守仁提出"随人分限所及"而施教的思想。"随人分限所及"而施教，对不同的人来说即"因材施教"。就每个人来说，"随人分限所及"而施教，指的是循序施教的意思。王守仁的循序施教的"序"，是指学生不同年龄的学习能力。他将教学和学生的不同年龄的生理、心理特点联系起来，是王守仁在教学论上的杰出贡献。

王守仁关于儿童教育的主张，是他的教育思想中最精彩的部分之一。他在《训蒙大意示教读刘伯颂等》和《教约》等文中，对儿童教育提出了系统的改革主张：第一，在教育方法上，采取"诱""导""讽"的"栽培涵养之方"；第二，在教学内容上，发挥各门课程多方面的教育作用；第三，在教学程序上，要动静搭配、体脑交叉。

十、黄宗羲的教育思想

黄宗羲（1610—1695 年），字太冲，号南雷，又号梨洲，学者尊称南雷先生或梨洲先生。浙江余姚黄竹浦人。他讲学先后近 50 年之久，不仅是一位大思想家，而且是一位大教育家。

黄宗羲在讨论教育问题时，总是激烈地抨击八股取士的科举制度。"科举之弊，未有甚于今日矣！"（《科举》）科举制度败坏了政风、文风，更败坏了学风。因此，黄宗羲一生主张改革科举，到了晚年明确提出"罢科举"的主张，这可以说是发出了近代"废科举兴学校"的先声。

黄宗羲从当时的社会现实情况出发，提出改革学制，实行普及教育。他认为作为国家最高学府的太学，还应保存，不过要实行民主管理和"清议"的学风。全国郡县皆应设立学宫、置学官。乡村"民间童子十人以上"者，则设立小学，由蒙师教之。黄宗羲的这套从大学（太学）、中学（郡县学）、小学（蒙学）和书院所构成的完整的学校体系，贯穿着普及教育的民主思想，颇似近代学制的萌芽。

在教育内容方面，第一，他主张"文武合一"。学生既学文又学武，以适应当时社会的需要。第二，注意自然科学方面的东西，开中国近代学校设置自然科学的先河。第三，具有一定的"实用性"。可以说黄宗羲提出的教育内容既有针对性，又有科学性，是时代发展的产物。

在教学方法方面，黄宗羲主张学问与事功为一。他大力提倡为教为学应当"著实"，必须有"真见""真行"，努力做到"学用一致"，注意"实行"。

第三节　古代教育的特点和优良传统

一、古代教育的特点

如前所述，在中国古代不同的历史时期中，教育的状况有很大的差别，但正如中国传统文化所表现出的世所罕见的连续性一样，中国古代教育也表现出相当强的连续性和共同性，这种共同性就是中国古代教育的特点。这些特点，一般来说就是中国古代生产方式、思维方式和生活方式的特点在教育上的投影。而中国古代教育的特点又对中国古代生产方式、思维方式和生活方式起着极大的作用，使之得以继承和发展。

（一）政教合一

此处的"政教合一"包括两层含意：一是政治和教育在中国古代社会中的一致性，教育是为政治服务的，在中国古代从来没有过脱离政治使教育独立发展的思想；二是政府与教育机构的合一，教育机构即为政府部门之一。《礼记·乐记》说："乐也者，圣人之所乐也，而可以善民心，其感人深，其移风俗，故先王著其教焉。"《韩非子》说："德明教行，则能以民之有为己用矣。"《春秋繁露》说："教，政之本也；狱，政之末也。"诸子百家都把教育视为治国之本即政治。因此，历代王朝都十分重视教育。西周的"学在官府"，秦始皇的"以吏为师"，汉代的"兴办太学"乃至隋唐至清从中央到地方封建官学教育网络的形成等事实说明，中国古代教育已成为政府的一项事业。中国古代教育的主要目的就是培养各级官员，这是"政教合一"，是教育的一个根本特色。中国古代历代王朝的教育政策都十分注意人才培养（教育）和人才选拔（选士）、任用（任官）各个环节的联系，尽量做到培养人才的教育制度和选拔任用人才的官吏制度的统一。隋唐时期确立的科举制度为培养官员的教育的直接目标左右了中国教育长达 1300 年。中国古代"政教合一"的特点是中国古代社会官僚政治的直接产物，是君权至上——君王通过教育培养忠于自己的官员的政治目的的必然结果。

（二）突出道德、伦理教育

中国古代教育极其重视道德伦理教育。儒家的创始人孔子最先在教学上建立并实践了"伦理本位"课程体系。他在教学上继承了西周"六艺"教育传统，又较之广泛而深刻。他在 40 多年的教学实践中将收集到的历史文化材料精编成教学用书，即《六经》。其中，《诗》可以抒发人的情感、志向，加深对社会人生的了解观察，增强集体意识和合作精神，培养学生忠君孝父的道德情操。《书》可以向青少年传授奴隶制国家的统治经验，把握先王是如何以伦理精神来治理国家政事的。《礼》是用来教育青少年遵守宗法等级制度，并掌握与之相适应的道德规范和礼仪制度。《乐》与《礼》相配合，其作用在于陶冶人的情操，进行政治道德教育。《易》的内容主要是儒家伦理、政治和哲学思想的阐明。《春秋》是以蕴含着浓厚的伦理政治色彩的鲁国的编年史，培养符合儒家标准的德治人才。《六经》确立了"伦理本位"的课程体系，符合中国古人重视血缘特点和中国古代社会政治结构中"家国同构"的特点，因而成为中国封建社会历代官学与私学的基本课程。奠定了中国传统教育伦理本位精神基础，并由此而引发和形成了中国传统教育重道德培养，轻技能培养、轻创造发明的特点。

纵观中国传统教育的历史，伦理本位课程结构，即德育始终占据主体地位，专业教育处处受到经学的影响，史学、医学、艺术、律学、农学、工程建筑等等，无处不打上经学的烙印，有的甚至成为经学的附庸。尽管自然科学、文学艺术等专业教育也有绵延发展，出现一些专科学校，但为了摆脱封建政府的束缚，它们更多的是通过民间传播或私学传递的形式进行，这就导致了中国传统教育重师承、重家学渊源的特点。这种教育结构是农业文化和宗法封建社会相对稳定导致的结果。随着世界近代科学的兴起和工业文明的传入，中国传统教育开始落伍了，并成为中国近代科技落伍的主要原因之一。

（三）兼顾综合教育

虽然中国古代教育具有伦理教育的特点，"道德至上"的观念有碍于人的全面发展，但从教育内容、社会需要和教育实践来看，中国古代教育又是一种独特的综合教育，有利于受教育者在以下诸方面得到发展。

1. 六艺教育

"六艺教育"是西周的主要教育内容，后世也一直把六艺作为一定时期、一定程度的教学内容。礼、乐、射、御、书、数六艺，包括了伦理教育（政治的、道德的、生活方式的教育）、美学教育、军事教育、数学教育、历法知识教育、文学教育等诸多方面。因此，六艺教育具备了文武并重、诸育兼备，智能兼求（把知识的传授与实用技能训练结合在一起）相成相济等特点。六艺教育开中国古代综合教育之端，并奠定了中国古代诸育兼备教育思想的基础。

2. 经学教育

"经学教育"从汉代起成为教育的主要内容，一直持续到清末。经学指的是儒家经典及其对它的阐述、研究。经学本身是一种未分化的学问，因而经学教育包括了后世许多学科的内容。如《春秋》中对日食、流星、彗星的精确记载，属现代天文学的内容；《周礼》中有关人文知识、农业生产知识、物候学、生态学知识等多种学科知识。所以，经学教育也是一种综合教育，当然是以人文知识教育为主的教育。

综合教育适应了中国古代社会经济结构和政治结构特点，向学生提供从事任何服务所必需的最基本知识，为封建政府培养了大批胜任于组织社会生产、生活的官员。因此，2000多年间，中国教育虽然有时分科，甚至有较细的分科，但其综合性的要求都是一贯的。从现代教育的角度看，这种通才式的综合教育具有一定的科学性和借鉴价值。

二、古代教育的优良传统

中国古代教育在其漫长的历史发展进程中，形成了久远而深厚的教育传统，其精华至今仍发挥着重要作用，在学习中国传统文化的过程中，应给予充分重视并加以发扬光大。

（一）尊师重教

中国古代有悠久的尊师传统，给予教师以很高的地位。《尚书·泰誓》中已有"天佑下民，作之君，作之师"的说法，将君师并重。荀子把天、地、君、亲、师并列起来，将师提到同样崇高尊贵的地位。从社会发展的整体趋势来看，由于重教而使尊师的传统得以发扬。中国古代非常重视教育，从夏、商、周开始奴隶主阶级就认识到教育在社会发展中的重要意义，设立庠、序、学、校等从事教化，培养人才。孔子把人口、财富、教育作为"立国"的三大要素。《礼记·学记》中更明确地将教育的作用概括为"建国君民，教学为先"；"化民成俗，其必由学"。这就是说，教育一是为国家培养所需的人才，二是能形成良好的社会风尚。因此，历代统治者，尤其是一些有作为的君主非常重视教育，确定和颁布各种教育政策制度，以促进教育的发展。

纵观中国古代教育发展的历程，无论是春秋战国时代官学和私学的兴盛，还是宋、明、清三代书院的蔚兴，都与尊师重教的传统有直接的联系。正是由于尊师重教的优良传统的发展、延续，才有各党派师承相传、才有中华文明的代代相传，才有中国传统文化的高峰迭起。

中国古代教育的发展历程告诉我们：教育乃立国之本，尊师乃教育发展之关键所在。我们必须继续发扬中国传统教育中尊师重教的优良传统，使其在科教兴国和全民族素质提高中发挥更大的作用。

（二）学校教育、家庭教育和社会教育三位一体

中国古代在重视学校教育的同时，也非常注重家庭教育和社会教育。上至帝王之家，下至平民百姓都普遍对儿童和少年实施家庭教育，只是教育的内容有所区别而已。官宦之家重为官之道的教育，平民之家以传授社会生活知识和生产技能为主，但在道德教育上其内容是一致的，学习儒家经典，将忠、孝、节、义作为其主要内容。中国古代还非常注重社会教育，主要是向一般民众传播生产知识和生产经验，灌输伦理道德和礼节习俗。社会教育的形式多种多样，如祭祀天地祖先，旌表贞节忠孝，说唱民歌、戏曲、故事，制定乡约、族规、宗训等，使人们随时随地接受教育。中国古代还十分强调社会环境的教育作用，墨子就是比较早地意识到环境对人的影响的古代教育家。他认为"人性"如"素丝"，"染于苍则苍，染于黄则黄"（《墨子·所染》）。儿童天性善良，如果长期生活于恶劣环境中，其固有的善心就会丢失。孟母"三迁居所"就是重视社会环境的教育作用的千古佳话。

中国古代将学校教育、家庭教育和社会教育有机地结合起来，互相配合，使教育活动渗透到社会的各个方面和各个角落。中华民族能在世界古代历史上创造出辉煌灿烂的文化，这与全社会重视教育、实施教育密不可分。

中国古代学校教育、家庭教育和社会教育三位一体，有力地促进了中华民族素质的提高和传统文化的发展。它不仅是中国古代教育的成功经验之一，也是中国古代教育的优良传统之一。在现代化教育的今天，对儿童和青少年的培养、教育虽然主要依托学校来进行，但对学生的培养不仅是学校和教师的责任，也是家长和社会的责任。社会越发展、越进步、越开放，越是需要为孩子创造有利于其健康成长的社会环境。因此，学习和继承中国古代家庭教育和社会教育思想中的合理因素，具有重要的现实意义和实践价值。

（三）教育理论研究与教育实践相结合

中国古代教育家既重视理论研究，又重视教学实践，并在教学实践中不断积累和总结经验，以丰富教育理论和教育思想。孔子、孟子、朱熹等著名的教育家几乎倾尽毕生的心血从事教学实践，并在实践中探讨教育的重要性、必要性和可能性等重要理论问题。总结出因材施教、启发诱导、长善救失、循序渐进、言传身教、身体力行、教学相长等教学原则和学、思、行相结合的学习原则。中国古代教育家不仅注意到上述教学原则的普遍指导意义，还更深层次地注意到学生的个性差异，并根据学生的特点和实际情况，采取相应的教学方式。如孟子的"有如时雨化之者，有成德者，有达材者，有答问者，有私淑艾者"；王守仁的"量其资禀能二百字者，止可授以一百字"等，都是强调教学方式不能千篇一律，要随时随地根据不同的条件和环境而变换。教学方法的原则性与灵活性的统一，是中国古代教育实践对教育理论的丰富与发展的又一体现。中国古代教育理论，多是从实践中总结，又回到实践中运用，使之不断得到完善和发展。教育理论研究与教育实践相结合是中国古代教育的又一优良传统，应很好的继承和发扬。

思考题

①中国古代各历史时期教育发展的概况及主要成就。

②孔子的教育思想。

③墨子的教育思想。

④朱熹的教育思想。

⑤中国古代教育的特点和优良传统。

⑥中国古代教育对现代教育的启示。

⑦中国古代重视教育的传统对中国文化的传承和发展起了什么作用？

表 3.1 中国传统文化课程思政育人示范

课程思政设计	
思政知识点	隋唐时期中国封建学校教育网络的形成和专科学校的发展。
思政问题	中国古代科举制对现代教育的借鉴意义?
思政内容	1. 科举制促进了文化教育发展。科举制把读书、考试、做官三者联系起来，把权位、学识结合起来，现如今这套模式还在继续使用中。 2. 科举考试作为人才与文化的筛选器，在传承中华民族传统文化、艺术的创造和传播、民众文明教化等方面的作用无可替代，从多方面推动了中国教育事业的发展。 3. 儒家的思想和文化也因为和科举的紧密结合而得到了前所未有的弘扬和传承。如儒家学说倡导血亲人伦、现世事功、修身存养、道德理性，还有其中心思想"孝、悌、忠、信、礼、义、廉、耻"等，都深入现代教育中。
思政目标	尽管科举制已经废除，并被现代人不断地抨击。但事物都有两面性，培养学生客观辩证地看待任何事物才不失偏颇。
课程思政设计	
思政知识点	孔子的教育思想。
思政问题	孔子在学习上的"求诸己"和孟子的"行有不得，反求诸己"的启示。
思政内容	孟子说："行有不得，反求诸己。"意思是说，如果做什么事情无法达到预期效果，先别急着怨天尤人，而要从反省自己的过失出发。孔子和孟子的教育思想都说明自主学习的重要性。现代教育教学改革提倡由教师的教向学生的学转变。自主合作探究式学习方法的推广。说明古代教育家已经认识到了自主学习对培养君子的重要作用，我们今天的教育工作者仍在承袭千年之下的教育思想。再次证明了中国传统文化具有永不褪色的时代价值。
思政目标	对中国古代教育的全面了解，古为今用培养学生熟悉古代教育规律，创新教育理论为当代教育服务。
课程思政设计	
思政知识点	古代教育的优良传统。
思政问题	因材施教的当代教育意义。

续表

课程思政设计	
思政内容	所谓因材施教，是指在教学过程中，教育者应该尊重和承认学生的个性差异，从学生的实际出发，使教学的深度、广度、进度适合学生的知识水平和接受能力，同时，考虑学生的个性特点和个性差异，使每个人的才能品行都能得到发展。在学校教学中，学生的个体差异尤其明显，所以学校教育应以人为本，尊重学生个性差异，促进学生个性发展。因此教学应视学生具体情况予以个别对待、因材施教。作为教师的我们应当以负责任的态度，带着爱心去实践因材施教，为那些在学习上需要帮助的学生提供有效的援助，做到有教无类，使每个学生都能找到适合自己的学习方法，快乐地学习。这就是因材施教在当代教育中的意义。
思政目标	培养学生的爱心，做灵魂的唤醒者。通过对中国古代教育规律的总结，培养学生创新现代教育理论，古为今用指导当代教育，继承尊师重教的优秀传统，突出素质教育的教学理念。

第二章

中国古代文学

中国古代文学是世界上历史最悠久的文学之一，他经历了长达 3000 多年的发展历程。它是中国传统文化当中最重要最具活力的一部分。深刻生动地体现着中国文化的基本精神。以其辉煌成就成为全人类文化遗产中的瑰宝。

第一节 中国古代文学在中国文化中的地位

一、文学作品在古代文化典籍中比重

由于中华民族先民的世界观和人生观，都具有特别鲜明的审美观照的意味。因此当他们创造自己的灿烂文化时，文学就始终是一个极为重要的组成部分。上古时期：文学尚未取得独立地位，但在文化活动中已经占有很大比重。比如，商代的甲骨卜辞当中就有富有诗意的词句："今日雨，其自西来雨，其自东来雨，其自北来雨，其自南来雨。"（《卜辞通纂》375）到了魏晋时期，文学觉醒，曹丕提出"经国之大业，不朽之盛事"的文学观，一时文人才士辈出。唐代文学发达：作家、作品之多、作家身份之复杂，为世界文化史上所罕见。

在传统的文化典籍四大部类"经、史、子、集"中，经：儒家经典。史：史学著作。子：诸子百家学说。集：主要指文学作品。从数量上来看，"集"类文学作品的比重是首屈一指的，其数量相当可观，以至于无人能统计出历代究竟有多少文学作品。比如，仅《全唐诗》收录的唐诗就有近 50000 首，陆游一人留传下来的诗歌就有 9000 多首。如果把诗词、曲、赋、散文、小说、戏剧都放在一起加以统计，肯定是一个令人吃惊的数字。可见，古代文学确是中国古代文化中一个极为重要的组成部分。

二、中国古代文学的发展历程

中国文学在文字诞生之前就已经产生了。从有文字记载的历史看，中国古代文学大约走过了 3000 年的历程，在这个阶段当中。高峰迭起。王国维曾评价

说："楚之骚，汉之赋，六代之骈语，唐之诗，宋之词，元之曲，皆所谓一代文学，后世莫能继焉者也。"古代文学有悠久的历史，可谓"一代有一代之所胜"。下面我们从诗歌、散文和叙事文学三个方面简单介绍中国古代文学的发展历程。

（一）诗歌：是中国文学中产生最早的艺术形式之一，其主要功能是抒情，艺术上追求情景交融的意境。

《诗经》是中国最早的诗歌总集，最早的诗篇产生于西周初年，以四言诗为主，是中国文学现实主义创作的源头。《楚辞》大约产生在公元前4世纪的荆楚之地，是杂言体诗，句末多以感叹词"兮"字结尾，是中国文学浪漫主义创作的源头。《离骚》是其代表作。后世将《诗经》和《离骚》合称"风骚"。汉魏六朝，出现了带有民间文学色彩的乐府诗歌创作，强烈的现实感，是它们的主要特征。《陌上桑》《孔雀东南飞》《木兰诗》是其代表作。五言诗和七言诗逐渐成熟。齐梁间以沈约为代表的"永明体"为诗歌在声律和丽辞方面做好了充分的准备。唐代，五、七言律诗的格律成熟。此时，古体诗继续发展，近体诗进入全面鼎盛时期。出现了李白、杜甫、白居易等伟大诗人。

宋代，"倚声填词"渐成风尚，这是诗歌和音乐经过长期发展演变后，形成的一种新的、音乐化的文学样式。到宋代，词家林立，词的现实内容和表现形式达到了完美统一的程度，成为可与唐诗并峙的另一座高峰。出现了苏轼、李清照、辛弃疾等一大批词作家。

元代，"胡乐"和北方民间"俚曲"相结合而形成了新的诗歌样式——散曲，给诗坛注入清新的空气。散曲在元代迅速发展，与唐诗、宋词一起成为后代难以企及的"华岳三峰"。宋、元、明、清各代仍然有大量的诗歌创作，并且各具特色，其中五、七言古体诗和律诗一直极受重视，但总体成就都没有超过前代。

（一）散文：散文是与诗词并列的文学正宗。有三大功能，即叙事、论说、抒情。散文创作的渊源，可追溯至甲骨卜辞和铜器铭文。

《尚书》是中国文学史上第一部记叙文和议论文的集子。它是上古历史文件和部分追述古代事迹著作的汇编，虽然文字佶屈聱牙，但已略能叙事，初具文学特质。春秋战国，群雄争霸，士人们纷纷献计献策、著书立说，形成了百家争鸣的局面，散文亦得以迅速发展。其中，主要是偏重记述的历史散文和偏重论说的诸子散文。历史散文以《左传》《国语》《战国策》为代表，诸子散文以《论语》《孟子》《庄子》《荀子》《韩非子》为代表。秦汉时期，散文更讲究文采，对偶句增多，有辞赋化倾向。司马迁的《史记》获得极大成功。此时，散文分古和骈文两大类。古文以散行的单句为主；骈文以骈偶的对句为主，但二者也有互相交融的情形，二者发展的不平衡。魏晋六朝时期，骈文形成并占据了文坛的主导地位。唐宋时韩愈等人提倡古文运动，古文又渐渐地确立了它的统治地位，有"唐宋八大家"之称，直至近代白话文兴起为止。

（三）叙事文学：中国叙事文学的源头可推至上古神话和史传作品。有小说和戏曲两大门类。

小说的源头虽可追溯到上古神话和史传作品。但真正的文学创作始于魏晋小说，有志怪和轶事两大类。到了唐代，传奇小说已开始有意识的虚构作品，在情节结构、人物描写等方面已达到了很高的成就。至宋代，在民间说话艺术发展的基础上，产生了成熟的白话话本小说。经过上述发展阶段，在明清时代出现了许多优秀的长篇章回小说，《三国演义》《水浒传》《西游记》《聊斋志异》《儒林外史》《红楼梦》等，均为文学珍品。标志着古典小说达到了高峰。叙事文学的另一个门类是戏曲。它萌芽于汉代百戏，经过唐戏和宋金杂剧的阶段，到元杂剧而臻于成熟，出现关汉卿、王实甫等戏剧大师，之后进一步演变为明清传奇与近代戏曲。元明清时期，《窦娥冤》《西厢记》《牡丹亭》《桃花扇》等，都成为文学园地中的不朽之作。唐代传奇小说比西方最早的短篇小说作家薄伽丘（1313—1375 年）和乔叟（1340—1400 年）早 5 个世纪。而关汉卿、王实甫则比莎士比亚（1564—1616 年）早 3 个世纪，说明中国的小说、戏剧是世界上最早进入成熟阶段的。

三、中国古代文学的现代意义

杰出的文学作品都具有永久的魅力。中国古代文学当他的某种样式在某个时代达到巅峰之后，其艺术成就很难被后人超越。从而成为后代作家永久性的艺术典范，并成为后代读者永久性的审美对象。唐诗宋词中的名言警句至今脍炙人口，元杂剧、明清小说中的故事人物至今家喻户晓，是最有力的证明。因为中国古典文学以生动而具象的方式，体现了中国文化的基本精神和中华民族的文化心理特征，比如，唐诗对唐代书画、舞蹈艺术的描绘，宋诗对禅宗思想的表述等。所以它的审美功能及认识功能历久弥新。

中国古代文化是传统文化中最容易为现代人理解、接受的一种形态，哲学、历史、宗教无法与文学相比；是沟通现代人与传统文化的最直接的桥梁，通过文学作品我们可以回到几千年前的古代社会，与古人同悲同喜；是世界其他文化背景中的人民了解中国文化的最佳窗口。现代人（包括外国人）了解中国古代文化的最佳途径是观赏古装电视剧、电影、阅读古代文学作品。

第二节 中国古代文学的辉煌成就

在有文字可考的 3000 多年的历程中，中国古代文学也走过了 3000 多年的发展历程，在群星闪耀、丰富多彩的中国文学史上，中国文学表现出多层次的内容，多样化的风格。诗、词、曲、赋、散文、小说、戏剧等，交相辉映，美不胜收。我们只能从中撷取少许精华，以期对中国古代的文学成就有一个大概的了解。

一、《诗经》与《楚辞》

（一）《诗经》

1.《诗经》概说

《诗经》是我国第一部诗歌总集，原名《诗》，或称"诗三百"，共有 305 篇，另有 6 篇笙诗，有目无辞。全书主要收集了周初至春秋中叶 500 多年间的作品，最后编定成书，大约在公元前 6 世纪。产生的地域，约相当于今陕西、山西、河南、河北、山东以及湖北北部一带。作者包括了从贵族到平民的社会各个阶层人士，绝大部分不可考。

《诗经》共分风、雅、颂三类，其中风包括十五"国风"，有诗 160 篇；雅分"大雅"和"小雅"，其中大雅 31 篇，小雅 74 篇，共 105 篇；颂分"周颂""鲁颂""商颂"，有诗 40 篇。风即音乐曲调，国风即各地区的乐调；雅即正，是西周王朝直辖地区的音乐；颂是宗庙祭祀之乐。从创作时代来看，大致可以确定："周颂"的全部和"大雅"的大部分是西周初年的作品；"大雅"的小部分和"小雅"大部分，是西周末年的作品；"国风"的大部分和"鲁颂""商颂"的全部则是东周以后至春秋中叶的作品。

2.《诗经》的主要内容

（1）祭祖颂歌和周民族史诗。主要保存在"大雅"和"三颂"中，其中以"大雅"中的五篇作品《生民》《公刘》《绵》《皇矣》《大明》为代表，叙述了自周始祖后稷建国至武王灭商的全部历史。

（2）描写古代田猎、畜牧和农业生产的情景。《臣工》《噫嘻》《丰年》等，其中《七月》一诗叙述了农夫一年四季劳动的过程以及衣食不足的贫困处境。

（3）描写战争和徭役的情形。如《小雅·采薇》《东山》等，控诉了战争对人民和平生活的破坏。

（4）控诉统治者对人民的残酷剥削。如《魏风·伐檀》《魏风·硕鼠》等，对那些不劳而获的贵族统治者进行了辛辣的讽刺。

（5）描写爱情和婚姻。如《周南·关雎》《秦风·蒹葭》是反映美好爱情的诗；《卫风·氓》是反映不幸婚姻的诗。

3.《诗经》的艺术特征

其一，赋比兴手法。赋、比、兴最早见于《周礼》，它们与风、雅、颂合称"六义"。赋、比、兴的运用，既是《诗经》艺术特征的重要标志，也开启了我国古代诗歌创作的基本手法。赋就是铺陈直叙，即诗人把思想感情及其有关的事物平铺直叙地表达出来；比就是比方，以彼物比此物；兴就是触物兴词，客观事物触发了诗人的情感，引起诗人歌唱，以现实主义创作为主，就表现手法而言分为赋、比、兴三类，它和风、雅、颂一起被称为《诗经》六义。

其二，《诗经》的句法和章法。《诗经》的句式以四言为主，四句独立成章，隔句用韵，但并不拘泥，富于变化。许多诗常常冲破四言的定格，而杂用二言、三言、五言、六言、七言或八言的句子，因此显得错落有致，具有自然的节奏。《诗经》在章法上多为重章叠唱的复沓结构，即每章字句基本相同，只换少数词语，反复咏唱。这样的结构增强了诗歌的音乐感和节奏感，同时，对动作的进程和诗人情感的变化起作用。除叠章以外，《诗经》往往还叠句叠字，尤其是双声叠韵字，对刻画形象，详尽地表达感情，起到了很好的修辞效果；同时，诗歌在演唱或吟咏时，音节舒缓悠扬，更富音乐美感。

4.《诗经》的文学地位和影响

《诗经》是我国文学光辉的起点，它的出现以及它的思想性和艺术成就，奠定了我国诗歌的优良传统，哺育了一代又一代诗人，我国诗歌艺术的民族特色由此肇端而形成。在我国乃至世界文化史上都占有极高的地位。

首先，《诗经》中的作品大多是抒情言志之作，自此，抒情诗成为我国诗歌的主要形式。而且《诗经》表现出的关注现实的热情、强烈的政治和道德意识、真诚积极的人生态度，被后人概括为"风雅"精神，直接影响了后世诗人的创作。

其次，《诗经》创立的比兴手法成为我国古代诗歌独有的民族文化传统。比兴后来成为一个固定的词，用来指诗歌的形象思维，或有所寄托的艺术表现形式。《诗经》对我国后世诗歌体裁结构、语言艺术等方面都产生了深广的影响。

（二）《楚辞》与《离骚》

《楚辞》是战国时期以屈原为代表的楚国人创作的诗歌，是《诗经》之后的一种新体诗。它的形式是杂言体，比如，屈原的《离骚》《湘君》《山鬼》

《橘颂》。西汉刘向编集的《楚辞》、东汉王逸的《楚辞章句》是我们今天研究《楚辞》的主要文本。《楚辞》的作者主要有屈原,还有宋玉。

1.《楚辞》的来源

《楚辞》的产生有其复杂的原因,绝不是偶然的。春秋以来,楚国在长期独立的发展过程中,形成了自己独特的楚国地方文化。宗教、艺术、风俗习惯等都有其特点。与此同时,楚国又与北方各国频繁接触,吸收了中原文化,也发展了固有的文化,这一南北合流的文化传统就是《楚辞》产生和发展的重要基础。大体说来,《楚辞》的主要来源有以下几个方面。其一,南方地区的民歌是《楚辞》的渊源。楚地古老的民歌流传下来极少,但一些记载中提到的民歌如《涉江》《采菱》《阳荷》(《招魂》)、《接舆歌》(《论语》)、《沧浪歌》(《孟子》)、《越人歌》《楚人歌》(《说苑》)等,都与《楚辞》有着渊源关系。其二,巫歌。如《楚辞》中的《九歌》,就是楚国各地包括沅、湘一带的巫歌。其三,楚国的地方音乐。楚地音乐具有特殊的色彩,春秋时就有"南风"与"北风"之别,这些也都是《楚辞》产生的渊源。

2.《离骚》的思想内容

屈原是《楚辞》的最主要代表人物。约生于公元前339—前278年间,名平,是楚国的贵族。他"博闻强记"善于外交辞令,洞察政治风云。屈原曾身居要职,参与楚国内政外交方面的重大政治活动,但后来楚怀王听信谗言,疏远屈原。楚怀王入秦,屈原谏不听,被留割地,竟死于秦。顷襄王即位,屈原复为亲秦派所排挤,被放逐江南,遂自投汨罗江而死。屈原的作品有《离骚》《九歌》《天问》《九章》《远游》等,据汉书记载共25篇,有的已失传。其中影响最大的是长达373行,共有2490个字的《离骚》,这是我国古典文学中最长的抒情诗,也是一篇光耀千古的浪漫主义杰作。"离骚"是遭遇忧患的意思。

《离骚》一诗是屈原用他的全部心血熔铸而成的,诗中表现了诗人举贤授能,遵循法度,希望国家长治久安的政治理想。由于这种理想的破灭,诗人满怀悲愤,痛斥奸邪党人的贪得无厌、陷害贤能、祸国殃民的罪行,并且决心以死来殉他的理想。具体说来,《离骚》的思想意义表现在三个方面:一是表现了作者强烈的爱国主义热情并以此为特色;二是表现了诗人不屈不挠的斗争精神及宁死不屈的个性;三是通过诗人的悲剧遭遇揭露了楚国社会的黑暗。

3.《离骚》的艺术特色

《离骚》充满了大胆、丰富的幻想和想象,它把各种神话传说、历史人物交织在一起,把地上、天上、人间、仙境、过去和现在交织在一起,完全超越了时空的限制,构成了五彩斑斓、奇特非凡的幻想世界。《离骚》采用了比兴、象征的艺术手法。屈原以香草美人意象构成了一个完整的象征比喻系统，或是比喻君王，或是自喻，充分表现了他对楚国、对楚王深厚而复杂的感情，以及他自己所具有的高洁人格。《离骚》在语言修辞上独具特色，以独特的语言句式，突破了《诗经》以四言为主的格局，句式长短参差，富于变化，通篇隔句句尾加"兮"字，句中还配有其他虚字，用以协调音节，增强了诗中咏叹、抒情的气氛，便于朗读。此外《离骚》句与句之间，又多用对偶，一句之中又常常以双声配双声，叠韵配叠韵，更增强了诗歌的音乐性。《离骚》大量使用楚地方言，因此，诗歌具有浓厚的南方情调和鲜明的地方特色。

在中国文学史上，诗歌创作一直是文学的主基调，其中《诗经》是现实主义的源头，而《离骚》则被视为浪漫主义的先河，二者被后世文人合称为"风骚"，成为我国诗歌的两大源头。

二、先秦散文及汉赋

（一）散文发端

我国散文的最早源头，可以追溯到甲骨卜辞。甲骨卜辞是商周时期刻在龟甲兽骨上的记录占卜的文字。甲骨卜辞反映出当时书面语言的运用已达到一定水平，可以看作先秦叙事散文的萌芽。同样地，未经后人加工的商周青铜器铭文，反映了我国早期记事记言文字由简至繁的发展过程。商代铭文记事简单，形式一律。周代铭文字数增加了，内容复杂了，不仅有记事文字，还出现了与《尚书》诰命类似的记言文字。《尚书》是商周记言史料的汇编，包括《虞书》《夏书》《商书》《周书》四部分。《尚书》文字古奥典雅，语言技巧超过了甲骨卜辞和铜器铭文，对先秦历史叙事散文的成熟有直接的影响。

《春秋》本是周王朝和各诸侯国历史的通称，后特指经过孔子修订的鲁国的编年史，文字简短，但文字技巧及在史事编排上，比起《尚书》来，都有显著的进步。中国古代散文的主要功能有三个：一是叙事，二是论说，三是抒情。

（二）先秦散文

就历史散文而言，中国古代很早就有史官的建制，《汉书·艺文志》记载说"左史记言，右史记事"，史官的记录成为史书，也就是所谓的历史散文。先秦史书内容丰富，形式多样，主要有编年体的《左传》，国别体的《国语》《战国策》，专记个人言行的《晏子春秋》等。其中《左传》是《春秋》三传中文学价值最高的一种。《左传》的作者据说是左丘明，但后人颇有疑义。作者大概是战国初年一个充分掌握春秋各国史料的人。《左传》最突出的成就是长于叙事，它以《春秋》的记事为纲，记载了春秋时代 250 多年间各国的政治、外交和军事活动，增加了大量的历史事实和传说，描写了形形色色的历史人物，把《春秋》中的简短记事，发展为完整的叙事散文。《左传》的叙事艺术表现在三个方面：其一，叙事极富故事性、戏剧性，紧张动人的情节；其二，善于描写复杂的战争事件，战前的部署、交战的情况、战后的检查和措施，头绪纷繁而有条不紊，如秦晋殽之战等；其三，善于通过人物的语言和行动表现人物形象和性格，如重耳、郑伯、楚灵王等人物都描写得栩栩如生。《国语》是国别史，虽依年代先后编纂，但实际上都是比较原始的史料。《国语》和《左传》体例不同，不是一个系统。成书约在战国初年或稍后。《国语》以记言为主，其记言文字在形象思维和逻辑思维方面都很缜密，又有通俗化、口语化特点，生动活泼而富于形象性。《战国策》作者大概是战国后期纵横家，也可能有若干篇章是秦汉间人所做，最后由西汉刘向整理成书，定名为《战国策》。其基本内容是战国时代谋臣策士纵横捭阖的斗争和权术谋诈。他们的说辞是春秋时代"行人"辞令的进一步发展。《战国策》长于写人，人物形象生动，富于个性化；长于叙事，文辞明白流畅，估计形势，分析利害，往往细致准确；长于写说辞，铺张扬厉，气势纵横；又善于通过巧妙生动的譬喻和丰富的寓言故事增强语言的说服力。

先秦历史散文对后世历史家和古文家的写作产生了深远的影响。它们的叙事传统和语言艺术对史传文学、散文和小说创作影响尤为明显。以司马迁为代表的后世史书都继承了《春秋》的褒贬义法和《左传》直书无隐的精神。唐宋以来的古文家无论是在语言上，还是在表现手法上，很多受了先秦历史散文的影响。此外，先秦历史散文的叙事艺术对我国古代小说的产生发展，也有很深的影响，古代小说的叙事和写人都从历史散文中得到借鉴。

就诸子散文而言，先秦诸子散文的发展经历了一个由萌芽到成熟的时期。第一个阶段，约在春秋末年和战国初期，此时的散文以语录体为主，有《老子》《论语》《墨子》等，《论语》是其代表作。第二个阶段，是在战国中期，有《孟子》《庄子》，这时散文文辞繁富，说理畅达，由语录体向对话体过渡。第三个阶段，是在战国末期，散文发展为专题论著，代表作是《荀子》《韩非子》，文章逻辑谨严，结构严密，分析深入，文辞富赡，《论语》到《韩非子》，可以明显看出先秦散文由语录体向论著体的逐步发展。

《论语》是语录体，记载孔子及其弟子的言行。《论语》的语言明白简练，有一种雍容和顺、迂徐含蓄的风格。有的篇章有记事成分，并通过简单的对话和行动展示了人物的形象，表现了人物的性格，因而具有一定的文学价值。如《先进》篇的记子路、曾皙、冉有、公西华等人侍坐，是《论语》中最具文学性的篇章。思想深刻、哲理性强，但语言简练明白、深入浅出、人物个性突出。

《孟子》是对话体。据说孟子受业于子思之门人，孟子学说与子思的主张有相近之处，所以后人将他们合在一起称为"思孟学派"。《孟子》的中心思想是"行仁政"，这是对孔子学说的发展。《孟子》散文的特点有三。其一，孟子文章不仅清畅流利，而且气势充沛，感情强烈，笔带锋芒，富于鼓动性，有纵横家、雄辩家的气概，充分反映了战国时代尖锐激烈的阶级斗争。其二，善用机巧，引人入彀，先纵后擒，使人无法躲避。其三，文章中常用比喻，寓言来陈说事理，辩论是非，既能吸引人们的注意，又加强了说服力。《老子》五千言，文约而意丰。其文谈玄论道，意蕴深邃，具有较为完整的思想体系。其艺术特点有三。一是韵散结合的特殊文体；二是寓理于形的表现手法；三是语言凝练精妙，多用格言、警句。《庄子》是战国时期庄周的作品，是先秦文学中成就最高的散文。《庄子》一书的艺术特点非常鲜明：第一，庄子散文风格独特，想象奇幻，富于浪漫精神；第二，善于使用寓言，把深刻的哲理形象地寄寓于扑朔迷离、真伪莫辨的虚妄情节中，在一种超现实的氛围中巧妙地表现自己的真实思想；第三，庄子描写极为生动传神，语言恢宏瑰奇，具有很高的文学价值。

以《荀子》《韩非子》为代表，基本上是学术论文集。荀子是先秦时期集大成的思想家。他的思想理论，批判地吸取了先秦各家学说的成果，明显地带有综合百家的倾向。荀子的政治主张是"天下为一"，在认识论上，他主张"以心知道"，认为人生来就具有认识能力，《荀子》第一篇就是《劝学》，荀子的人性论是性恶论；在历史观上，荀子主张法后王，也与孔子、孟子的法先王不同，这些在当时都是非常进步的思想。荀子对文学的看法，认为言辞辩说都要合乎礼义，合乎道，以圣人及其经典为准则，强调儒家正统。这对后人文章须明道、宗经的观点产生了影响。《荀子》说理文擅长论辩，说理清晰，说辩透辟，逻辑严密。同时，整体理论系统严密，各篇之间颇有照应，故而绵密严谨，恢宏博大，风格浑厚。韩非子是荀子的学生。他是战国末期最后一个大思想家，在哲学思想上他也是"百家争鸣"思潮的集大成者。他在批判道、儒、墨、名等学说的基础上使自己的法家学说更加系统化、完整化。《韩非子》散文的特点，第一，机锋锐利，说理透辟，峻峭犀利，锋芒毕露，咄咄逼人。第二，具有高度概括、综合、分析、归纳的能力，对各种矛盾、利害，都能条分缕析，鞭辟入里；同时，又对世态人情揣摩细致入微，因而所论都能切中其弊。第三，《韩非子》善于使用寓言故事，并因此形成其特色。

（三）汉赋

1. 汉赋的形成和发展

汉初辞赋一方面接受骚体的传统，另一方面因时代不同，受战国后期的游说之辞影响开始向新赋体转化，汉武帝时是汉赋发展的鼎盛期。枚乘《七发》是汉赋形成的主要标志。大赋是汉代文学的主要样式，司马相如是其代表，他的赋表现出汉王朝极盛时期的气魄，奠定了汉大赋的基本格局，为后世所模仿。汉赋的特点是散韵结合、不歌而颂、铺陈扬厉、曲终奏雅。汉以后，赋仍然有所发展，魏晋六朝时有骈赋，唐代有律赋，宋代有文赋，各有其特色，但总体成就最高的仍推汉赋。

2. 汉赋的分类、特点及其代表作

汉大赋是指以铺陈排比为主要手法的"体物大赋"。多用对偶和排比句，辞藻华丽，韵散结合，形式上多为一问一答。如汉初枚乘的《七发》，司马相如的《子虚赋》《上林赋》都是大赋的代表作，这两篇赋假托子虚、乌有先生、亡是公三人的对话，夸饰诸侯国楚、齐的苑囿之盛、物产之富，最后以亡是公盛夸天子的苑囿和田猎压倒了楚、齐，生动地描绘出大一统中央王朝无可比拟的富庶、繁荣及声威，表现出汉王朝盛世气象。这两篇赋在描写上极尽铺陈排比之能事，规模宏大，气势恢宏。所用辞藻繁富，具有表现力，但又往往堆砌生僻字，难免读之令人生厌。此外，《子虚赋》《上林赋》主旨在于讽谏，但赋的主体部分却是劝励，故武帝读后大悦，这种"劝百讽一"的缺点，造成了汉赋的内在矛盾。司马相如的赋是后代赋家的典范，赋的体制由此固定，形成了一种赋颂传统。

扬雄是司马相如之后在西汉后期文坛取得突出成就的作家，代表作品以《甘泉赋》《河东赋》《羽猎赋》《长杨赋》四篇最为著名。这四篇赋都是从讽谏的基本点出发，但由于铺写的华美，都让读者对作者要批判的内容印象深刻。所以扬雄晚年对汉赋的功能进行了深刻的反思，认为辞赋是"雕虫小技"，无补讽谏，"于是辍不复为"。扬雄的赋驰骋想象，铺排夸饰，表现出汉赋的基本特征，又有典丽深湛、词语蕴藉的特点。但与司马相如比，创造性不多。当时人称司马相如和扬雄二人为"扬马"。此外，东汉班固的《两都赋》、张衡的《二京赋》，也是大赋的代表作，但这些作品在描写时更注意实际的地理形式及物产民俗等内容。

抒情短赋是以抒情述志为特征。如汉初贾谊的《吊屈原赋》，表现作者对自身遭遇的感慨。东汉张衡的《归田赋》，汉末赵壹的《刺世嫉邪赋》是抒情短赋中的代表作，揭露和斥责了东汉政事朽败，批判了汉王朝"宁计生民之命，唯利己而自足"。文章中抒情和议论有机结合，互为补充，相得益彰。

三、唐诗

中国是一个诗的国度，唐诗是诗国中最为辉煌的高峰。诗歌是中国古代文学创作的主基调，从诗经开始，中国古典诗歌经过了漫长的发展、成长过程。诗经之后，四言诗势微，楚辞在江南一带兴起，中原地区除汉赋之外，五言诗逐渐走上诗坛。两汉时期的乐府诗已经是比较成熟的五言诗，其中"古诗十九首"代表了两汉五言诗的最高成就。魏晋南北朝是中国各种诗歌体裁的孕育发展阶段，曹操以其帝王之尊，"外定武功，内兴文学"，开创了魏晋文学"彬彬之盛"的先河，在曹氏父子周围出现了以"建安七子"为中心的邺下文人集团，一时间诗境拓展，风骨凛然。曹操的诗全部都是乐府歌辞，其辞"慷慨悲凉"，他的四言诗是四言诗中最后出现却又是最好的作品。被称为"压卷之作"。曹丕的《典论·论文》是中国文学批评和文艺理论的开山之作，他的两首《燕歌行》是灵活自由的七言诗，为后来的七言律诗开创了一个新时期。曹植是建安时期最负盛名的作家。《诗品》称其为"建安之杰"，说他的诗"骨气奇高，词采华茂"。曹氏父子之后渐次有陶渊明的田园诗，谢灵运的山水诗，鲍照的边塞诗，谢朓的新体诗等，在诗坛上此起彼伏，各呈华彩，随着诗歌的反复繁荣，诗歌创作的理论探讨日渐深入，为唐代诗人提供了可资借鉴的各种诗歌艺术经验。特别是齐、梁间"永明体"的出现，为诗歌走向格律化做好了充分的准备。也就是说唐诗的空前繁荣，既是唐代经济、政治、文化繁荣的反映，也是诗歌自身发展规律的必然。

唐代诗人之众和作品之多，都超过了以往各代。仅《全唐诗》所录，就有2900多人，流传至今的作品有55000多首诗。唐诗在题材走向、格律形式、艺术手段、风格倾向等各个方面都取得了巨大的成就。唐诗一般分为四期，即初唐、盛唐、中唐和晚唐，其中，盛唐50年诗歌成就尤为辉煌。初唐，即唐玄宗以前，这是唐诗发展的初级阶段。一方面，南朝宫体诗仍然在诗坛上占据统治地位，从唐太宗到上官仪等大唐君臣，无不大写华丽婉媚的作品；另一方面，诗歌改革的序幕正在悄然拉开。

初唐诗人的代表是在诗歌史上被称为"初唐四杰"的四个诗人，即；王勃、杨炯、卢照邻、骆宾王。初唐著名的诗人还有沈佺期、宋之问、刘希夷、王绩、陈子昂等。张若虚以《春江花月夜》独立华表，被后人称为"孤篇横绝，竟为大家"。盛唐是指唐玄宗开元年间至唐代宗时期，这一时期经济繁荣，国力强大，唐诗也出现了全面繁荣。除李白、杜甫外，成就较高的还有以孟浩然，王维为代表的山水田园诗人和以高适，岑参为代表的边塞诗人。盛唐山水田园诗人的代表是王维、孟浩然。他们以清新秀丽的语言描绘宁静的田园和优美的山水，写农家生活简朴而亲切，写故人情谊淳淡而深厚，写自然景色空灵而美丽。他们的诗歌创作，带有受禅宗思想影响的文化意蕴，将禅的静默观照与对山水的审美体验合而为一，并常常通过诗境来表现禅境。如王维《终南别业》："行到水穷处，坐看云起时。"那宁静淡泊、自然闲适的"云"，实际上正是诗人无忧无虑的心态的写照。盛唐边塞诗人的代表是高适、岑参、王昌龄，他们用诗抒写了边疆的大漠风光，塑造了边关健儿保家卫国的形象，既有英雄气概的激昂豪迈，也有缠绵婉转的儿女柔情。他们的诗较山水诗来说，更鲜明地的表现了时代精神和盛唐气象。同时，集中体现了中华民族热爱和平、反对侵略、不畏强暴的民族性格。

盛唐诗人的代表是李白与杜甫。李白（公元701—762年），字太白，祖籍陇西成纪（今甘肃秦安）人，他是盛唐文化孕育的天才诗人。他的人格和气度，充分体现了盛唐士人的时代性格和精神风貌。他主要生活在盛唐开元时期，一生大致分为五期。第一，蜀中时期（26岁之前）。此时他广泛涉猎"百家之言"和"奇书异闻"，学习道教和纵横之术，并喜行侠仗义，对他一生创作影响深远。第二，第一次漫游期（26至42岁）。李白26岁时离蜀，以安陆（今湖北安陆）为中心长期漫游各地，并独往长安求仕，失望而归。第三，长安求仕期（42至45岁）。天宝元年，奉唐玄宗征召入京，供奉翰林，但其思想一直处于得志与失望的矛盾中。后因受权贵谗毁，仅一年多时间，被赐金放还。第四，再度漫游期（45至55岁）。这一时期李白行踪遍及燕赵、梁宋、江浙，求仙访道，放情山水，对黑暗社会的不满促使诗歌创作感情更加激愤。第五，安史之乱后期（56至62岁）。他入永王幕，永王和肃宗发生权力之争而致失败，李白受到牵连，流放夜郎，中途遇赦东还，晚年流寓当涂而死。

李白有儒家"济苍生""安黎元"的用世思想和政治抱负，道教神仙信仰在他的思想中也占有重要地位。他一生保持着建功立业、大济苍生的政治热情和追求自由、不受拘束的傲岸品格，保持着独立不羁、飘逸洒脱的气质。李白一生浪游祖国名山大川，喜爱奇丽的大山、江河和瀑布，留下了900多首诗篇，著名的有《古风》《蜀道难》《梦游天姥吟留别》《丁都护歌》《将进酒》《望天门山》《早发白帝城》等。

李白对各种创作手法的综合运用更是出神入化，他的大部分诗歌豪迈奔放，表现了诗人独特的个性，如"安能摧眉折腰事权贵，使我不得开心颜""君不见黄河之水天上来，奔流到海不复回。君不见高堂明镜悲白发，朝如青丝暮成霜。人生得意须尽欢，莫使金樽空对月。天生我才必有用，千金散尽还复来"（《将进酒》），"仰天大笑出门去，我辈岂是蓬蒿人"，等等。

李白的诗对后世产生了巨大的影响。他一反"文以载道"的传统创作手法，在诗歌创作中追求理想、追求自由，批判黑暗，开拓了诗歌创作的新的艺术境界，形成了对传统美学规范的强大冲击，而这正是李白诗歌的人格力量和独特个性的魅力所在。

杜甫（公元 712—770 年）字子美，原籍襄阳，迁居巩县（今河南巩义），杜审言之孙，他的诗与李白齐名，是唐代现实主义诗人。他的一生可分为四个时期。第一，读书与壮游时期（35 岁之前）。第二，困守长安时期（35 至 44 岁），此时杜甫科举考试失败，献赋自荐，做了个小官。第三，陷贼与为官时期（44 至 48 岁）。安史之乱爆发后，杜甫陷于叛军之中，后只身投奔行在，不久被贬官，杜甫弃官而去。第四，漂泊西南时期（48 至 59 岁）。入蜀后定居成都，生活较为安定，后来蜀中战乱连年，杜甫再次流浪，最后卒于湖南。杜甫的一生，信守"仁政爱民""匡时济世"的儒家思想，"致君尧舜上，再使风俗淳"是他的最高理想。"穷年忧黎元""济时肯杀身"是他的一贯精神，在我国文学史上有"诗圣"之称。

杜甫生活在唐帝国由盛而衰的急剧转变时代，经历了开元之治、天宝之乱和乱后的动荡时期。他的诗能够以清醒的洞察力和入世精神反映社会现实，杜甫诗的内容博大精深，举凡民生疾苦、社会时事、自然景物、名胜古迹、个人生活、题咏赠答，以及绘画、音乐、建筑、舞蹈等，莫不摄之于诗，可以说是一部中唐文化史，因而被称作"诗史"。他的代表作有《丽人行》《自京赴奉先县咏怀五百字》《春望》《闻官军收河南河北》《三吏》（《新安吏》《石壕吏》《潼关吏》）、《三别》（《新婚别》《垂老别》《无家别》）等。杜诗的主要风格是沉郁顿挫，这种风格的感情基调是悲慨的。动乱的时代、个人的坎坷遭遇，使他的诗有一种深沉的忧思，无论是写生民疾苦、思友怀乡，还是写自己的穷愁潦倒，都蕴含着一种深沉阔大的力量，然而，他的仁者之心，他的儒家涵养所形成的中和处世的心态，对每欲喷薄而出的感情往往产生一种节制，于是形成了沉郁顿挫的诗风。杜甫的诗风还表现出多样性。既有平淡自然之作，也不乏明快流丽之作，风格的多样化正是一个伟大作家艺术上高度成熟的标志。

中唐，即唐代宗至唐文宗时期，这也是唐诗精彩纷呈的时期，承接盛唐气势，这一时期有优秀诗人仍不失英雄本色。这一时期的最大特点是诗派林立，诗人的个人风格极为突出，从开始时的"大历十才子"，到后来的"韩孟诗派"，无不如此。中唐诗坛主要有两大流派，一是以白居易为首的"元白诗派"，也称"新乐府诗派"，包括元稹、张籍、王建、李绅等，他们的诗有"重写实、尚通俗"的特点，正视现实、抨击黑暗，强化了诗歌的讽谏美刺功能；语言通俗流畅、风格平易近人。二是以韩愈为首，包括孟郊、贾岛、李贺等的"韩孟诗派"。他们着力于新途径的开辟，新技法的探寻以及诗歌新理论的阐发，创作出大量富于创新意味的各体诗歌。集中表现为语言新颖独特，风格奇崛、多样的特点。

晚唐，指唐文宗即位至唐亡。此时唐帝国已经出现明显的衰败之势。统治集团腐败，科场风气败坏，士人仕进机会极少，国家大事无望，个人抱负落空，于是悲哀、感伤与华艳构成了这个时期诗歌的主要特色。李商隐"夕阳无限好，只是近黄昏"之句，正是这一时期诗歌的真实写照。晚唐著名诗人有杜牧、李商隐、温庭筠、皮日休等。其中，杜牧、李商隐被称为"小李杜"，他们的诗成为唐代灭亡前夕美丽的"挽歌"。

四、宋词

词是一种音乐文学，是与乐器相配合的歌辞，在词的初期，歌辞依附于乐曲，所以词被称为"曲词"或"曲子词"。"曲"指的是音乐。"词"指的就是与音乐相配套的文辞。最初，这二者是不可分离的，清人刘熙载在《艺概》中说"词既曲之词，曲既词之曲"即是此意。

关于词的产生，较普遍的看法是，词是配合隋唐时期燕乐（胡乐与北方民间音乐结合而形成的一种新的音乐系统）曲调的歌唱，是以"倚声填词"的方式创作出来的，以长短句为其主要形体特征。词的普遍化是在中唐以后才正式形成的，到宋代达到极致。

宋朝时期，词的用途非常广泛，无论是朝廷盛典、士大夫的宴会，还是长亭离人送别、歌楼艺人卖唱，都离不开词，同时，宋代几乎与外患相始终，少数民族的金戈铁马，使宋朝人枕不安席，于是收复中原、伤时忧国，成为词人咏叹的又一主题。在这种大背景下，前者形成了"婉约词派"，后者形成了"豪放词派"。

婉约词派：以"艳科"为主，描写男女爱情，笔法细腻、柔靡、委婉含蓄。北宋的词坛几乎是婉约派的一统天下。晏殊、欧阳修的词反映了士大夫的雅致生活，而柳永的词则以青楼歌伎为主要描写对象，迎合了市民情趣。晏几道、秦观、女词人李清照及姜夔、吴文英等分别以清新、空灵和深密的艺术风格丰富了婉约词的词风。晏几道、秦观也是宋代著名的婉约词作家。

柳永（公元 987—1053 年），原名柳三变，字景庄，行七，亦称柳七，改名永。祖籍河东（今山西永济），徙居崇安（今属福建）。因做过屯田员外郎，所以人称"柳屯田"。柳永生当宋初经济繁荣，市民享乐意识膨胀之际，柳永凭着高超的词艺水平受到乐工和风尘女子的推崇，成为当时最负盛名的通俗歌曲作家。他在词史上的贡献有两个方面。其一，他是长调的倡导者；其二，他用民间俗语填词，因此为广大人民所喜爱。他的词以青楼歌伎为主要描写对象，迎合市民情趣。《雨霖铃》《八声甘州》是其代表作。

李清照（1081—1155 年），号易安居士，济南章丘人，是"南渡词人"中最有成就的词人。她的词以靖康之难为界，分前后两期。前期，她生活在少女、少妇的温馨和美而充满诗情画意的氛围中，其词景物雅致，意象清疏，淡淡的清愁中时时透出闺中的温馨惬意。题材集中于写自然风光和离别相思。她的词虽多是描写寂寞的生活，抒发忧郁的感情，但从中往往可以看到她对大自然的热爱，也坦率地表露出她对美好爱情生活的追求。如《如梦令》《醉花阴》等。李清照南渡后的词和前期相比迥然不同。国破家亡后政治上的风险和个人生活的种种悲惨遭遇，使她的精神很痛苦，因而她的词作一变早年的清丽、明快，而充满了凄凉、低沉之音，主要是抒发伤时念旧和怀乡悼亡的情感。如《声声慢》形象地表现出李清照孤苦伶仃的生活和凄凉哀怨的心境。

李清照的词长于抒情，善于创造新颖生动的艺术形象，以不同于其他词人的新视角抒写女性特有的情感体验，表现女性独特的内心世界，深刻细腻，真切精妙。语言清新自然，明白如话而又流转如珠，富于声调美。如以"黄花瘦"比人，用"绿肥红瘦"比花，皆信手拈来，增添了许多新鲜生动的情味。又如，《声声慢》的开头一连用了 14 个叠字，其独创性历来为评论者所盛赞。

总的来看，婉约派的词人写的都是自我情愫，但也能够从个人情感中写出一种普遍的人生境界，打动人心，为后人传诵不绝。李清照的"知否，知否，应是绿红肥瘦"，李煜的"问君能有几多愁，恰似一江春水向东流"，柳永的"今宵酒醒何处？杨柳岸晓风残月"，晏殊的"无可奈何花落去，似曾相识燕归来"都包含着耐人寻味、不可言传的意蕴。

豪放词派：是指那些以高妙、慷慨激昂和沉郁悲凉为其风格特征的作品。豪放词的兴起比较晚，代表人物有范仲淹、苏轼、辛弃疾。在北宋词坛上，苏轼突破词必香软的樊篱，创作了一批风貌一新的词章，为词体的长足发展开拓了道路。南宋的辛弃疾在用武无地、报国无路、恢复无望的情况下，将其全部精力与才情用于填词，对于词的艺术世界进行了多方探索，成为南宋最杰出的词人。

苏轼（1037—1101 年），宋代文学家、书画家。字子瞻，一字和仲，号东坡。字子瞻，号东坡居士。生活在北宋中期。眉州眉山（今属四川）人。出身于寒门地主家庭。幼年承受家教，深受其父苏洵的熏陶，母程氏也曾"亲授以书"。既长，"学通经史，属文日数千言"（苏辙《东坡先生墓志铭》）。神宗初年，他在京任职，因反对王安石变法，贬为州官。后又因作诗反对新法，被诬下狱，此即"乌台诗案"，出狱后贬至黄州。宋哲宗即位后，旧党执政，苏轼又与旧党产生分歧，再次遭贬出京。59岁时，新党再次执政，他被一贬再贬，直至海南，65岁遇大赦北归，病逝于归途常州。从今存三百四五十首词来看，苏轼对词体的革新是多方面的。苏轼扩大了词反映社会生活的功能，苏轼不但用词写爱情、离别、旅况等传统题材，而且用词抒写报国壮志、农村生活、贬居生涯等，扩大了词境，前人有"无意不可入，无事不可言"之评（《艺概》）。他以健笔刻画英气勃勃的人物形象，来寄托立功报国的壮志豪情，如《江城子》"老夫聊发少年狂"等篇。

辛弃疾（1140—1207年），南宋词人。原字坦夫，改字幼安，别号稼轩居士。历城（今山东济南）人。出生在金人统治下的北中国，青年时期就组织参加了抗金农民起义，南归之后在政治、军事上表现出卓越的才能，但他的政治主张和当权的主和派对立，因而不断遭到打击。他对于词的艺术世界进行了多方探索，成为南宋最杰出的词人。据唐圭璋所辑《全宋词》及孔凡礼《全宋词补辑》统计，辛弃疾存词629首，是宋人词集中最丰富的一家。他的词根据题材的不同分为三个主要内容。第一，表现杀敌报国的雄心壮志和恢复中原的理想抱负。如《破阵子》（醉里挑灯看剑）、《鹧鸪天》（壮岁旌旗拥万夫，锦襜突骑渡江初）、《水龙吟》（算平戎万里，功名本是，真儒事，君知否？）（渡江天马南来）等。第二，借登临怀古抒发自己壮志难酬的苦闷忧患和对社会的理性批判。如《菩萨蛮·书西江造口壁》《水龙吟·登建康赏心亭》（楚天千里清秋）等。第三，描写农村的田园生活和隐逸情趣。如《清平乐》（茅檐低小）和《西江月·夜行黄沙道中》（明月别枝惊鹊）等，展示出丰富多彩的乡村图景和平凡质朴的乡村人物。

在南宋词坛上，成就最高、影响最大的是辛弃疾。另外，陈亮、刘过、刘克庄、汪元量等也都是豪放词派的作家。

四、元杂剧

（一）元曲

广义的"元曲"包括元代散曲和元代杂剧，但元杂剧也可单独称为"元曲"。元代散曲是元代流行于北方的由唐诗宋词及北方少数民族乐曲融合而成的一种新的诗歌体裁。它是一种用于抒情写景、叙事的一种文学题材，历来与唐诗、宋词并称，其特点是口语化，雅俗共赏。

散曲分"小令"和"套数"两大类。套数多由同一宫调的数个曲子组合而成，一韵到底。如睢景臣的《高祖还乡》，共由 8 支曲子组成，把刘邦贫贱时的无赖行为与当了皇帝后的趾高气扬做了鲜明的对比，撕下了帝王身上那块神圣的遮羞布，并对那些趋炎附势的乡绅，施以辛辣的讽刺，是戏剧化的散套。小令只有一支曲子组成，有固定的格式，可以加衬字。如马致远《天净沙·秋思》："枯藤老树昏鸦，小桥流水人家，古道西风瘦马，夕阳西下，断肠人在天涯。"精心选择秋天旅途景物，写出了天涯游子的凄凉心境。另外，还有张养浩的《潼关怀古》："峰峦如聚，波涛如怒，山河表里潼关路。望西都，意踌躇。伤心秦汉径行处，宫阙万间都做了土。兴，百姓苦；亡，百姓苦。"

元曲的代表作家有关汉卿、马致远、白朴、张可久、睢景臣等。其中，作品最多，成就最大的是马致远。现存元曲小令 4000 余首，套曲 400 多篇。散曲散失较为严重。

（二）元杂剧的代表作家及其作品

元杂剧是融汇了歌唱、舞蹈、说白、杂技等多种技术形式的一种综合艺术，是中国独特的戏剧形式——戏曲的第一种成熟形态。元杂剧的剧本主要有唱词、对白（有口语，兀自，也么哥）动作三个部分，一般分为四折一楔子，内容多为一个完整的故事。元杂剧是中国文学史上出现的第一种鸿篇巨制。杂剧在元代极为兴盛，涌现出一大批优秀作家和作品。其中，最伟大的杂剧作家是关汉卿。

关汉卿（1227—1297 年），号已斋叟，大都人。他是我国戏剧史上最伟大的作家。他创作了大量的散曲和杂剧，向来被列为元曲四大家之首。有目可考的达 67 种，今存 18 种。散曲存小令 57 首，套曲 13 篇。他的作品主经写儿女之情和闲放之意。关汉卿是个博学能文、滑稽多智、多才风流的文人，具有世俗化的玩世不恭情调和叛逆传统的性格。他在《不伏老》散曲里自称"我是个蒸不烂、煮不熟、捶不匾、炒不爆、响当当一粒铜豌豆。子弟每谁叫你钻入他锄不断、斫不下、解不开、顿不脱慢腾腾千层锦套头……我是个普天下郎君领袖，盖世界浪子班头"。作者在这里塑造的下层文人放浪不羁的人格形象，是元代落魄文人士大夫绝望于现实之后对传统文人观念的大胆叛逆，是以玩世而求避世的最极端的表现。他既是剧坛的领袖，又是个大编剧，还能亲自登台演出。在元杂剧作家中，关汉卿属于本色当行派，王实甫属于文采派。所谓"本色"主要指语言的本色（通俗口语化），所谓"当行"主要指符合演出要求。关汉卿、马致远、白朴、郑光祖被称为"元曲四大家"。关汉卿代表作有《窦娥冤》《鲁斋郎》《单刀会》。马致远代表作有《汉宫秋》。白朴代表作有《墙头马上》。郑光祖代表作有《倩女离魂》。另外著名的剧目还有王实甫的《西厢记》和纪君祥的《赵氏孤儿》。

（三）元杂剧的主要类型

第一类，爱情剧：歌颂青年男女勇敢的爱情追求，代表作有《西厢记》《墙头马上》《梧桐雨》。《西厢记》具有鲜明的反封建主题，提出了"愿天下有情人皆成眷属"的响亮口号。在封建的礼法氛围中写出了一曲男女追求爱情幸福的赞歌，成为我国古代"才子佳人"模式的典范作品，为后世人们喜闻乐见而传诵不断。白朴的《梧桐雨》则描写了李隆基和杨玉环的凄婉动人的爱情故事，并借以表现李唐王朝由盛转衰的历史过程。在一定程度上批评了李隆基的荒淫误国，同时，对其爱情的不幸表示同情，是一出半是诅咒半是哀婉的悲剧。白朴的《梧桐雨》是在白居易的长篇叙事诗《长恨歌》的基础上演义而来的。

第二类，公案剧：一般通过刑事案件的审理，揭露社会黑暗、批评现实。代表剧目有《窦娥冤》《鲁斋郎》《陈州粜米》等。关汉卿在《窦娥冤》当中写窦娥的悲剧命运，突出了她善良而坚强的性格，为我国悲剧艺术提供了典范。尤其是窦娥在临刑前向天地发出的一番义正辞严的控诉，表现了作者对黑暗社会的无情揭露和批判精神，历来具有震撼人心的力量。"为善的贫苦更命短，造恶的富贵又寿延。天地也，做得个欺软怕硬，却原来也这般顺水推舟。地也，你不分好歹何为地？天也，你错勘贤愚枉做天！"

第三类，水浒剧：主要描写梁山好汉除暴安良、解民倒悬的侠义行动，其中尤其以歌颂好汉李逵的戏为多。如康进之的《李逵负荆》等。

第四类，世情剧：主要揭露社会上形形色色的丑恶现象，批判矛头集中于统治阶级对妇女朝三暮四的行径以及守财奴、败家子、伪君子之类的人物，代表作有关汉卿的《救风尘》、郑廷太的《看钱奴》、秦简夫的《东堂老》等。

第五类，历史剧：借历史题材歌颂中华民族崇高的道德力量。曲折地表达人们的道德观念。代表剧目有《赵氏孤儿》《汉宫秋》《单刀会》。《汉宫秋》所讲的王昭君的故事与历史事实有很大出入，王昭君出塞后曾生儿育女，并没有投江自尽。作者虚构昭君自杀，是借王昭君对汉朝的忠贞，表现元代在异族统治下，知识分子的民族愿望。纪君祥的《赵氏孤儿》也是展示道德力量的历史剧，此剧写的是春秋时晋国奸臣屠岸贾诬陷忠臣赵盾，将赵门300多人斩尽杀绝，还千方百计要搜杀赵氏孤儿以斩草除根。而一批志士仁人则想方设法保护孤儿，当屠岸贾为诛杀赵氏孤儿下令将晋国所有的同龄婴儿全部杀掉时，程婴等人合谋定计，分别以舍子献身的壮烈举动制止了这场浩劫。从而保全了赵氏孤儿，最后伸张正义，复仇除奸。赵氏孤儿在 18 世纪传入欧洲，被法国伏尔泰等改编上演，叫《中国孤儿》。该剧上演使西方人为中国人的"义气""见义勇为""舍生取义"等民族精神而赞叹不已。

（四）元杂剧的文化意义

元杂剧高扬了反抗精神，抨击邪恶势力，歌颂不畏强暴，反抗压迫，争取自由的叛逆形象。如《窦娥冤》中的窦娥是个与邪恶势力斗争到死的叛逆形象；《西厢记》中的崔莺莺、红娘也是封建礼教的叛逆者。元杂剧褒贬分明，剧中人物的忠奸美恶判若泾渭，这种体现大众意志的价值判断是具有民族倾向和进步意义的。如《赵氏孤儿》中程婴等人的行为体现了中国人讲义气，舍生取义的价值判断，因此受到世代中国百姓的喜爱。体现了中国戏剧文学的一个显著特征，以浪漫的理想化方式处理现实主义题材。其中，号称"元杂剧双璧"的是《窦娥冤》和《西厢记》。

五、明清小说

（一）中国小说的发展阶段

中国叙事文学的源头可推至上古神话传说和先秦散文中的叙事片段以及汉史传作品，但真正的文学创作则始于魏晋小说。

魏晋小说有志怪小说（如干宝的《搜神记》）和志人小说（如刘义庆的《世说新语》）。之后，中国小说经历了先唐笔记小说、唐代传奇小说和宋元话本小说三个发展阶段，到明清臻于极盛，涌现了一批长篇章回小说，其中有被称为明代"四大奇书"的《三国演义》《水浒传》《西游记》《金瓶梅》四部著作和被称为"清代双璧"的两大巨著——《儒林外史》和《红楼梦》。

笔记小说产生于初盛唐时期。其最明显的特征是：叙述者不仅提供有关故事本身的信息，而且经常公开自己的叙述者身份，交代故事的来源、创作动机、插入对人物事件的看法等。因此，笔记小说在中国文学史上第一次造就了与众不同的、小说化的读者。代表作有《古镜记》《白猿传》《游仙窟》。传奇小说的繁荣期是在唐开元、天宝之后，大约公元 8 世纪以后的 100 多年间。其特征是故事情节复杂，人物形象鲜明，有明显的创作意图。代表作有陈玄佑的《离魂记》、元稹的《莺莺传》和陈鸿的《长恨歌传》。之后出现宋元话本小说，"话本"就是民间"说话"艺人讲故事所用的底本。后来，一些文人参与其中，专门为说话艺人编写话本，话本小说即由此而产生，并且成为宋元时期颇为盛行的一种文学形式。话本大致分"小说""讲史""说经""合生"四类，成为明清长篇小说创作的先声。宋元话本在小说史上占有重要地位，是古代通俗文化的典型代表。主要作品有《京木通俗小说》《清平山堂话本》《李师师外传》《五代史平话》《宣和遗事》等。

（二）中国古典六大小说

《三国演义》（全名《三国志通俗演义》），作者罗贯中。是根据陈寿的史书《三国志》及裴松的注释"七实三虚"演绎而成的第一部长篇章回小说、也是历史演义小说的开山之作。小说通过全景式的历史图画，把动荡时代的智术权谋在政治、军事、外交斗争中的运用深刻、生动地展示给了平民百姓。《三国演义》是一部以塑造人物形象为中心，通过故事情节来反映社会生活的最典型的代表。作者从儒家的政治道德观念出发，融合着千百年来人民大众对明君贤相的渴望心理，把刘备、诸葛亮等作为美好理想的寄托，希望"天下土地，唯有德者居之"，这种尊刘贬曹的倾向反映了民众对清明两朝政治的向往。但历史的发展恰恰相反，暴政战胜了仁政，奸邪压倒了忠义，全知全能、超凡入圣的诸葛亮竟无力回天。小说最后有诗说："纷纷世事无穷尽，天数茫茫不可逃；鼎足三分已成梦，后人凭吊空牢骚。"作者无可奈何地将这一场历史悲剧归结为"天意"或"天数"，所谓"天数"，与其说是肯定了客观历史进展的理则，还不如说是流露了作者对于理想的幻灭、道德的失落、价值的颠倒所感到的一种困惑和痛苦。全书表现了作者在理想与历史、正义与邪恶、感情与理智、"人谋"与"天时"的冲突中，带着一种悲怆的心理，对于传统文化精神的苦苦追寻与呼唤。正是在这个意义上，它是一部悲剧，也是一部呼唤民族大众传统文化精神的史诗。《三国演义》长于叙事，尤善写人。有意突出和夸大人物的性格，创造了一批具有特征化性格的艺术典型，如奸绝曹操、智绝诸葛亮、义绝关羽。

《水浒传》作者施耐庵，完成于明朝初年。它描写了北宋末年以宋江为首的108人聚义反抗官府的故事，是一部英雄传奇小说。作者站在造反英雄的立场上，沿着乱自上作、官逼民反的思路，提示了封建社会的基本矛盾，批判了封建统治阶级的腐朽和凶恶，热情歌颂了起义英雄，艺术地再现了中国古代农民起义的发生、发展和失败的全过程，并从中总结了一些带规律性的东西。从这个意义上，可以说《水浒传》是一部雄壮的农民起义的史诗。《水浒传》塑造了众多的英雄人物，个性鲜明生动。宋江性格的两面性，正是传统忠义之士两面性的体现，也是传统文化精神两面性的体现。小说在歌颂宋江等"全仗忠义"的同时，揭露了上自朝廷、下自地方的贪官污吏、恶霸豪绅的"不忠不义"。

《西游记》是明代吴承恩所做的一部神魔小说。它的内容分两个部分：一是孙悟空出世、学艺及大闹天宫；二是孙悟空与猪八戒、沙和尚保护唐僧西天取经。《西游记》的思想倾向比较复杂，它一方面肯定孙悟空大闹天宫，体现了蔑视统治者的权威，反对不合理社会秩序的叛逆精神；另一方面又肯定孙悟空等人护法取经，体现了维护既定秩序的观念，这一点与《水浒传》一样，反映了传统文化精神的两面性。

关于《西游记》的主题，争论很大，有政治主题说、哲理主题说、游戏说、无主题说、折中说等。我们认为《西游记》对明代吏治的黑暗和腐败有所揭露和批判。但《西游记》不限于对现实的直接反映。小说通过对取经成员的描写，对我们民族性格的几种类型进行了高度的概括。唐僧形象是对儒家文化和佛教文化的深刻批判，反映了儒家文化的诸多消极面。孙悟空的形象是一曲英雄主义的赞歌。九九八十一难，充分体现了我们民族征服人间一切困难的英雄气概。在故事从宗教主题向社会主题演变的过程中，取经成佛的结局逐渐淡化，成为小说表层的东西，没有必要夸大这一意义。实际上，孙悟空的思想性格在成佛前后并没有本质的变化。猪八戒则是抱着一如既往的世俗愿望，走过了他的人生历程。《西游记》塑造人物的主要方式是神性、人性和动物性的和谐结合。它以丰富的想象力，表现出神魔小说特有的魅力，并对后世的神魅小说创作产生了深远的影响。

《金瓶梅》成书于明朝万历年间，作者署名"兰陵笑笑生"，是第一部由文人独立创作而成的长篇小说，也是我国第一部以商人家庭生活为题材的世态人情长篇小说。《金瓶梅》在揭露社会腐败与黑暗、揭示人性当中"恶"的方面具有独特的价值。作品通过对西门庆一生及其他周围各色人物的描写，暴露了西门庆等疯狂追求财富和情欲的罪恶。它打破了传统手法中善恶对立的模式，对社会的黑暗面做了无情的揭露，对世态炎凉做了犀利老辣的讽刺，《金瓶梅》深刻反映了封建社会末期道德规范彻底崩溃时人们的迷茫，是文化转型前夕的失序社会的艺术再现。

《儒林外史》作者吴敬梓（1701—1754 年）。本书以知识分子为描写的中心，对封建社会晚期知识分子的精神面貌、生活道路和历史命运做了深刻的反省，旨在批判科举制度和这个制度在知识分子的生活中所产生的极端恶劣的影响。作品一开始就通过周进、范进中举前后之悲喜剧，揭示了在科举制度摧残下，知识分子麻木空虚、卑微猥琐的精神状态。书中对世态的刻画，突出了围绕知识分子的社会环境。未中举之前是穷书生只能鄙躬屈节，受人嘲弄；一旦中举就众人献媚，平步青云，升官发财，作威作福。反映了在科举制度之下虚伪势利的社会风气。《儒林外史》采用画廊的形式，表现了百丑图式的内容。小说最突出的成就是讽刺艺术的运用。

　　《红楼梦》又名《石头记》，一般认为前 80 回是曹雪芹所做，后四十回是高鹗所续。曹雪芹的《红楼梦》作为封建社会的百科全书是我国古代文学中最优秀的现实主义作品。揭示了封建社会必然没落的历史命运，对封建的国家政治制度、家庭宗法制度、婚姻制度、科举制度以及依附于这些制度的伦理道德、价值规范进行了大胆的否定和批判，成功地塑造了贾宝玉、林黛玉这一对封建官僚家庭的叛逆者形象。《红楼梦》一方面凝聚着优秀传统文化的精华，发扬了崇尚理性，追求真、善、美的精神；另一方面又体现了对传统文化，尤其是对重群体轻个体的价值取向的深刻反思。

　　《红楼梦》以贾宝玉、林黛玉的爱情悲剧，贾宝玉、薛宝钗的婚姻悲剧为中心，以一个由盛而衰的百年望族为背景，展开广阔的社会风俗画卷。在对小说传统的写法上有了全面的突破与创新，它彻底摆脱了说书体通俗小说的模式，极大地丰富了小说的叙事艺术，对中国小说的发展产生了深远的影响。

　　作者以他独特的方式去感觉和把握现实人生，形成了独特的叙事风格，这就是写实与诗化的完美融合，既显示了生活的原生态又充满诗意朦胧的甜美感，既是高度的写实又充满了理想的光彩，既是悲凉慷慨的挽歌又充满青春的激情。作者借景抒情，移情与景，从而创造出诗画一体的优美意境，把作品所要歌颂的爱情、青春和生命加以诗化，唱出了美被现实毁灭的悲歌。其中，象征手法的运用，引领读者伴随弦外之音，去参透人生的奥秘，也使作品像诗一样具有含蓄、朦胧的特点，给读者留下了更多的想象空间，成为长久探索的课题。曹雪芹彻底突破了中国古代小说单线结构的方式，采取了多条线索齐头并进、交相联结又互相制约的网状结构。《红楼梦》采用"草蛇灰线，伏脉千里""注此写彼，手挥目送"的方法，使每一个情节都具有多方面的意义，故事和画面之间的转换非常自然，不着痕迹。把大小矛盾、大小事件错综结合着写，有大有小，以小积大。全书以元春探亲、宝玉挨打、抄检大观园、黛死钗嫁等重大事件为分水岭，把大大小小的事件和人物组织起来，条理清晰，首尾相连，互为因果，连环勾牵，毫不间断。

　　《红楼梦》的索隐派代表是王梦阮、沈瓶庵（《红楼梦索隐》）、蔡元培（《石头记索隐》），考证派有胡适（《红楼梦考证》）、俞平伯（《红楼梦辨》）。

第三节　中国古代文学的文化特征

中国古代文学具有自己的鲜明特征。一方面，由于受到儒家思想的哺育，中国文学表现出深厚的现实主义传统；另一方面，受到道家思想的影响，由于中华民族的苦难和作家人生境遇的挫折，因此，中国古代文学表现出对命运的沉重的忧患意识和不为现实所屈服的洒脱的超越精神，大量作品富有浪漫主义色彩。

一、关注现实的理性精神

中国古代文学具有特别鲜明的人文色彩和理性精神。中国古代文学作品关注的焦点是人间而不是天国，崇拜代表自身力量的人间英雄而非上天神灵。中国古代的神话大都反映了先民征服大自然的愿望。例如，"女娲补天""后羿射日""大禹治水"中的女娲、后羿、大禹等神话故事人物其实就是人间的英雄、氏族的首领。"夸父追日""精卫填海"实际上反映了当时先民征服自然的愿望，他们身上具有鲜明的人文色彩。

中国上古传说中有巢氏、燧人氏、神农氏、嫘祖、仓颉等人物，实际上都不是作为人类的异己力量出现的，而是人类自身力量的凝聚和升华，因此，都是关注现实的历史人物在文学作品中的投影和古代先民理性精神的体现。因此中国的上古神话或多或少具有信史化的倾向，许多神话人物一直都被看作真实的历史人物在神话传说中的投影，可见人文色彩和理性精神正是中国上古神话所体现的中国文化特征。

在整个古代文学中，无论是抒情文学还是叙事文学，诸多作家都把目光对准人间而不是天国。即使浪漫主义作品，也都是现实世界中悲欢离合、真善美丑的虚化反映。《离骚》虽然神游天地上下求索，但表现的是现实生活中的抒情、主人公的人生追求。无论写的是神还是怪，表现的都是人的情感和愿望。《西游记》中借助神佛的天界和妖魔鬼怪的混沌世界，表现的仍然是现实生活中人们反抗邪恶势力的理想。

二、"文以载道"的教化传统

中国古代的文学家都是在以儒家思想为主的传统思想哺育下成长起来的。"治国平天下"的入世思想是大多数作家共同的人生目标，而"兼济天下"与

"独善其身"互补的人生价值取向，则是他们的共同心态。在这种背景下，以诗文为教化手段的文学功用观成为古代最重要的文学观念。

春秋战国时期，儒家首先提出诗教，目的就是要以文学作为人文教化的工具。先秦诸子著书立说，目的也都是宣扬自己的政治理想和社会设计，体现了对现实政治的强烈关注。唐宋古文家明确以"文以载道"为目的，奠定了整个古代文学的基本精神。文学的目的要通过"载道"来提高和完善人的道德理想，进而宣扬政治，服务于社会。宋代理学家认为"文以载道"是指文学的价值在于阐述经典的道理，在于它的社会功利性。近代，梁启超等所理解的"道"已不再是儒家思想，而是强调文学对社会人生的影响通过形象评价人生，发挥文学的感化教育功能。

"文以载道"思想对中国古代文学有正、负两方面的深刻影响。正面影响是文以载道的传统，为古代文学注入了政治热情、进取精神，培养和浇灌了文学家的社会责任感和使命感，使作家重视国家和人民的群体利益。负面影响是它使文学沦为政治的附庸，从而削弱了其主体意识和个性自由。这种影响不仅体现在文人士大夫的诗文作品中，也体现在小说、戏曲等叙事文学中。

三、写意手法与中和之美

（一）写意手法

中国古代文学中发展得最成熟的样式是以抒情为主要功能的诗歌，因此可以说，中国文学最重要的性质是抒情。例如，《史记》就因洋溢着司马迁的悲愤情感，而被鲁迅称为"无韵之离骚"。中国古代文学抒情所用的手法不是追求写实，而是追求言外之意、韵外之致的巨大容量与可塑性，亦即所谓的诗之境界。例如，山水田园诗，本来可以处理成叙事性或描述性的作品，但在唐代王维、孟浩然的诗中，却往往以抒情手段虚化了极目所见的景象，他们诗中的山水田园其实是他们宁静心境和淡泊志趣的外化。古人为文造句又常常强调"以意为主""意在笔先""以神统形"，特别是古诗创作，往往以表现意境为主。唐诗、宋词、元曲之美，主要在于意境之美。那种为历代文学家所憧憬的变幻莫测、言有尽而意无穷的化境，正是在精炼含蓄的艺术表现形态上才可能达到的目标。

抒情性质和写意手法使中国古代文学产生了以下文化特征。首先，中国古代文学是古代中国社会的生动图卷，更是古代中国人的心灵记录，这使它成为我们了解中华民族传统文化的最好窗口。假如我们要想了解禅宗思想和理学思想对宋代士大夫的影响，你只要阅读王安石、苏轼、黄庭坚等的诗歌，就能对宋人融儒释道为一体的思想面貌有直观而真切的把握。其次，中国古代文学所追求的艺术境界不是真实而是空灵,不是形似而是神似,那种为历代文学家所憧憬的变幻莫测、言有尽而意无穷的化境,正是在精炼含蓄的艺术表现形态上才可能达到的目标。

"玉阶生白露,夜久侵罗袜。却下水晶帘,玲珑望秋月。"这是李白的《玉阶怨》,虽曲名标有"怨"字,诗作中却全不见一个"怨"字。无言独立阶砌,以致冰凉的露水浸湿罗袜,足见夜色之浓,伫留之久,怨情之深。"罗袜",体现人之仪态、身份形神兼具。夜凉露重,罗袜知寒,不言人而已见人之幽怨如诉。二字似写实,实用曹子建"凌波微步,罗袜生尘"之意境。怨深,夜深,不禁幽独之苦,于是由帘外入帘内,及至下帘之后,反又不忍使明月孤寂。似月怜人,似人怜月;若人不伴月,则又有何物可以伴人?月无言,人也无言,只是一味望月。而画面中主人公的幽怨已侵袭每一个读者。本因为夜深、怨深,无可奈何而入室。入室之后,却又怕隔窗明月照见此室内幽独,因之下帘。帘既下矣,却更难消受此凄苦无眠之夜,于更无可奈何之中,又去隔帘望月。此时忧思徘徊,直如李清照"寻寻觅觅、冷冷清清、凄凄惨惨戚戚"之纷至沓来。"却"字统领以下两句,即"却下水晶帘""玲珑望秋月",在这两个动作之间,有许多愁思转折返返,所谓字少情多,以虚字传神。"玲珑"二字,看似不经意之笔,实则极具匠心。以月之玲珑,衬人之幽怨,从反处着笔,非正面涂抹堪及。

诗中不见人物姿容与心理状态,而诗人似也无动于衷,只以人物行动见意,引读者步入诗情之最幽微处,使诗情无限辽远,无限幽深。以此见诗家"不著一字,尽得风流"之意。

(二)中和之美

"中和"就是在文学创作中反对片面化和极端,要求中正、和谐,无过也无不及。儒家倡导的中庸精神对中国古代文学有深刻的影响。儒家"诗教"强调温柔敦厚的创作手法,在文学作品中表现为有节制地宣泄情感,而不是把情感表达得过分强烈。在这种文学思想的指导下,发展起来的中国古代文学,在整体上呈现出一种中和之美。一般说来,中国古代文学中很少有剑拔弩张的表达狂喜或狂怒的作品,多数古代诗人都自觉或不自觉地遵循着诗教的精神,以"怨而不怒""婉而多讽"的方式来批判现实。情感宣泄的适度和表现方式的简约使中国古代文学在总体上具有含蓄深沉、意味隽永、怨而不怒的艺术特征,实际上,正是中华民族平和、宽容、偏重理性的文化性格在古代文学中的积淀。例如,苏轼的《满庭芳》:"蜗角虚名,蝇头微利,算来着甚干忙。事皆前定,谁弱又谁强!且趁闲身未老,须放我、些子疏狂。百年里,浑教是醉,三万六千场。思量，能几许？忧愁风雨，一半相妨。又何须抵死，说短论长。幸对清风皓月，苔茵展、云幕高张。江南好，千钟美酒，一曲《满庭芳》。"

这首词以议论为主，具有浓厚的哲理意味，也有强烈的抒情色彩。从词中表现的内容来看，它的写作年代当为苏轼谪贬黄州之后。此作情理交融，奔放舒卷，尽情地展示了词人在人生道路上受到重大挫折之后既愤世嫉俗又飘逸旷达的内心世界，表现了他宠辱皆忘、超然物外的人生态度。词人以议论发端，用形象的艺术概括对世俗热衷的名利做了无情的嘲讽。他一开始就引用《庄子》中的一个寓言故事，以蔑视的眼光，称为"蜗角虚名、蝇头微利"，进而以"算来着甚干忙"揭示了功名利禄的虚幻，并由世俗对名利的追求，联想到党争中由此而带来的倾轧以及被伤害后的自身处境，叹道："事皆前定，谁弱又谁强。""事"，指名利得失之事，谓此事自有因缘，不可与争；但得者岂必强，而失者岂必弱，因此也无须过分介意。以上几句，既是对蝇营狗苟世俗观念的奚落，也是对政治派系内部倾轧的厌倦和批判，大有洞悉人生之慨。所以，"且趁闲身未老，须放我、些子疏狂。百年里，浑教是醉，三万六千场"，试图在醉中不问世事，以全身远祸。一"浑"字抒发了以沉醉替换痛苦的悲愤，一个愤世嫉俗、怨言满腹而又渴求摆脱尘世羁绊的文人形象呼之欲出。

过片"思量、能几许"，承上"百年里"说来，谓人生能几；而"忧愁风雨，一半相妨"，宦海浮沉，辗转流迁，命运多舛，饱经忧患。这几句是作者的人生自叙，隐含着身受惨祸、壮志难酬的沉痛哀叹。"又何须抵死，说短论长"，是因"忧愁风雨"而彻悟之语。此句愤激地表达了词人对于忧患人生的失望和怅惘，读来令人感慨万千。下面笔锋一转，以"幸清风皓月，苔茵展、云幕高张"，作者在大自然中因精神与浩大无穷的宇宙合而为一，而得到了纾解和宁静，他的愁怨之气顿时消失得无影无踪。结尾"江南好，千钟美酒，一曲《满庭芳》"，充满了飘逸旷达、超凡脱俗的闲适至乐之情，表明作者终于摆脱了世俗功名的苦海，获得了精神的超脱与解放。

全篇援情入理，情理交融，真抒胸臆，既抒发了作者饱经沧桑、愤世嫉俗的沉重哀伤，又洋溢着对于精神解脱和美好理想的追求与向往，既有节制地宣泄了情感，又充满了怨而不怒的理性精神，可谓一曲感人至深的生命的觉醒和呼唤。

思考题

①为什么说中国古代文学是中国传统文化的重要组成部分？

②中国古代文学的辉煌成就在哪几个方面表现得最为突出？哪些作家和作品最具代表性？

③中国古代文学在哪些方面体现了中国传统文化的基本精神？

④简述汉赋的文化意蕴内容及元杂剧的文化意义。

⑤简述古代诗歌、散文和叙事文学的发展历程（各时期的著名作家及作品）为什么说唐诗宋词是交相辉映的艺术宝库？

⑥为什么把杜甫的诗称作"诗史"？

⑦简述古代文学的现实意义？

表 3.2　中国传统文化课程思政育人示范

课程思政设计	
思政知识点	先秦诸子散文。
思政问题	孟子"浩然之气"体现出的政治智慧？
思政内容	所谓浩然之气，就是刚正之气，就是人间正气，是大义大德造就一身正气。孟子认为，一个人有了浩气长存的精神力量，面对外界一切巨大的诱惑也好，威胁也好，都能处变不惊，镇定自若，达到"不动心"的境界。也就是孟子曾经说过的"富贵不能淫，贫贱不能移，威武不能屈"的高尚情操。 孟子的大丈夫"浩然之气"精神，使中华文化有了不屈之梁，影响了一代代刚正不阿的中国人。在孟子思想影响下，知识分子都有一种家国的担当，他们有修身治国平天下的理想情怀，使他们在国家、民族遭遇危难的时刻能做出舍身取义的决定，为中华民族挺身而出，捍卫国家尊严。
思政目标	通过学习，使学生更加深入地了解中国古代文学与文化的关系，理解文学作品的文化内涵、人文魅力，以便进一步增强爱国情感，树立民族自信。
课程思政设计	
思政知识点	古代文学辉煌成就——唐诗宋词。
思政问题	唐诗宋词的当代价值？
思政内容	唐诗宋词是一种艺术，艺术具有审美价值，欣赏唐诗宋词产生的共鸣和联想，能够起到陶冶情操、净化心灵、启迪人生等作用。唐诗宋词描写涉及的内容广泛，囊括唐宋时期人们生活的方方面面，对于很多方面的研究都有参考价值，尤其是历史、文化的发展和传播，都有重要作用。
思政目标	培养学生从社会和审美等多角度看待问题的能力。
课程思政设计	
思政知识点	宋词豪放派。
思政问题	南宋爱国词人的出现意味着什么？

课程思政设计	
思政内容	词在一般宋人心目中，通常只是一种吟风弄月、抒写私生活环境中产生之感情的文体，因此从晚唐五代到北宋的词篇中，很少写到重大的社会题材与生活内容，基本未能反映出词人作为"精英阶层"（因为其中很多是参与社会政治、文化生活的高层次文人）对于社会的高度责任感和使命感。只有到了南宋，由于前不久所发生的靖康国难和当时宋金对峙的严峻局势，词中才勃涌进了一股强劲的爱国忧政思潮，这就使士人的社会责任和历史使命感得以在原先被视为"小道"的词体中获得了充分的展示和前所未有的张扬。例如，"时穷节乃现，一一垂丹青"（文天祥《正气歌》），在这些产生于国家多事之秋的词篇中，人们终于重新感知了中国古代士大夫的高风亮节。
思政目标	培养学生学会用知人论世的方法追根溯源，透过现象看本质。

第三章

中国古代艺术

中国艺术源远流长，18000 年前山顶洞人的装饰品，说明当时已经产生了审美观念。10000 年至 3000 年前的北方岩画，更透露了远古艺术观念的信息。其中，阴山岩画和古代昆仑山岩画中为数众多的、形象生动的动物画至今仍称为原始的艺术奇观。虽然远古岩画处于边疆少数民族地区，它与当时正在萌芽中的华夏文化的关系还不清楚，但是岩画中的人面、麋、舞蹈等形象却与彩陶图像显出相似之处，而 6000 年至 4000 年前的彩陶处于华夏文化的核心是无疑的，因此，一般中国艺术史著作都从彩陶讲起。远古艺术的辉煌成就集中体现在原始彩陶和青铜纹饰这两大方面。

中国原始彩陶的时间是从 6000 年前的仰韶文化到 4000 多年前的大汶口文化，其发展空间大体分为三个区域：中原地区、西北地区、东南沿海地区。在陶器的造型上有模拟植物造型、动物造型、人物造型、器物造型，但最常见的还是符合陶器本身功能需要的碗、罐、盆、壶、斗、瓶、鼎等十余种。在装饰图案类型上，有人物纹样（人面纹、群舞纹、蛙人纹等）、动物纹样（鱼、鸟、蛙、猪、蜥蜴、壁虎等）、植物纹样（花瓣纹、树纹、谷纹、叶纹等）、几何纹（方格纹、网纹、三角纹等），其中最多的是几何纹。世界著名艺术理论家里德认为，希腊彩陶突出的是静态和谐，中国彩陶突出的是动态和谐，在世界艺术史上有很高的地位。中国彩陶有很多世界级的珍品，例如，西安半坡的人面鱼纹图案、马家窑的波浪图案、庙底沟的花朵图案等，中国彩陶图案的变化明显地表现出一种由具体形象到抽象图案的演化历程。

中国艺术的另一个高峰是青铜纹饰，中国青铜时代形成于公元前 2000 年，经夏、商、周和春秋，大致经历了 15 个世纪。其中，商周青铜器由于文化意识形态的核心，具有更重要的意义。青铜器的类型有农具、工具、兵器、饮食器、酒器、乐器、车马器等，其中最重要的是与意识形态最相关的礼器。青铜器的纹饰有兽面纹类、龙纹类、凤纹类等各种动物纹类，各种兽体变形纹、火纹、几何纹、人面纹。中国的青铜器也有许多世界级珍品，如商代的司母戊鼎，西周前期的伯矩鬲，战国的宴乐渔猎攻战纹壶等。最具代表性的是饕餮纹，代表重组变形法则，由两个或两个以上动物组合而成，饕餮也被认为是龙形象演化的一个阶段。

中国古代艺术的整体构成可分成几个显著的时期。远古—春秋，艺术与中国文化从原始向理性的演化相联系；战国—两汉，各门艺术以其自身的功能在寻找自己的定位；魏晋以后，各门艺术在文化整体中的位置基本确定。中国古代艺术并没有被古代学者作为一个整体把握过，因为各门艺术不像在西方那样具有大体相等的地位，而是等级高低不一，其中诗文最高，其次是绘画与书法，再次才是建筑、雕塑等。虽然在中国没有一部像黑格尔《美学》那样统一论述各门艺术的著作，但是在中国，各门艺术既发挥自身的特殊功能，又按照中国文化的总体要求，展示了各自的风采，达到了辉煌的高度。本章主要梳理一下书法，绘画和建筑艺术。

第一节　中国古代书法艺术及成就

一、书法艺术的发展史

书法是汉字的书写艺术，汉字在漫长的演变发展的历史长河中，一方面起着思想交流、文化继承等重要的社会作用，另一方面它本身又形成了一种独特的造型艺术。书法不同于文字这种只具有单纯社会实用功能的交际符号，而是一种借以表达书法家思想、修养、爱好、情感等审美情趣的艺术符号，蕴涵着各个历史时期浓郁的文化观、历史观和人生观，是与观念文化并行不悖的有形文化，也是表达各种文化信息的媒体。追寻3000年书法发展的轨迹，我们清晰地看到它与中国社会的发展同步，强烈地反映出每个时代的精神风貌。

（一）先秦时期的书法

先秦的文字统称"古文字"或"大篆"，包括甲骨文、金文、籀文和石鼓文，经历了夏、商、周、春秋、战国几个朝代的演变。

甲骨文可称为中国书法的滥觞，其笔法已有粗细、轻重、疾徐的变化，具有一定的节奏感，笔画转折处方圆皆有，为中国书法特有的线条艺术奠定了基调和韵律。金文的特点是大小均匀，结构绵密，笔画流畅，较之于甲骨文更为粗壮有力，风格多样化程度也有了很大提高。籀文又称"大篆"，其特点是变曲峻奇，如藤盘根，古质端凝。石鼓文字行方正、大方，用笔起止均为藏锋，圆融浑劲，结体促长伸短，匀称适中。石鼓文是集大篆之成，开小篆之先河，在书法史上起着承前启后的作用，是由大篆向小篆衍变而又尚未定型的过渡性字体，被历代书家视为习篆书的重要范本，故有"书家第一法则"之称誉。

（二）秦汉时期的书法

在中国历史上，秦王朝虽存在短短的十几年，但在书法艺术的历史上却做出了重要的贡献。

秦始皇统一六国后废除了原来六国通行的文字，以小篆作为全国统一的标准字体，从此以后，汉字开始朝着笔画化、符号化、定型化、规范化的方向发展，并且书法脱离了工艺美术而逐步发展为一种独特的艺术门类。

汉字发展到汉代时，各种字体均已具备，尤以隶书最为成熟。西汉的隶书，还有些秦篆的遗意，平实而朴拙。到东汉，尤其是后期，便趋于工整精致，结体扁平，笔间出现波磔，脱尽篆意，其字体的肥瘦大小，结体运笔富有变化，各尽其妙。隶书的出现是中国文字的又一次大改革，不但使汉字趋于方正楷模，而且在笔法上突破了单一的中锋运笔，为以后各种书体流派奠定了基础，使中国的书法艺术进入一个新的境界，是汉字演变史上的一个转折点，奠定了楷书的基础。与此同时，草书诞生，标志着书法开始成为一种能够高度自由地抒发情感、表现书法家个性的艺术。

东汉时期，出现了专门的书法理论著作，第一部书法理论专著是东汉时期崔瑗的《草书势》，并且出现了第一位书法理论家蔡邕。汉人论书，主要是围绕书法的"形势"问题，讲了"意"和"象"的关系，指出书法形象绝非自然的简单模拟，只有当感性形式的美显示较高的道德精神时，才算达到了书法的最高境界。这种书法理论，在古代，也为中国的一切造型艺术所遵奉。

（三）魏晋南北朝书法艺术

在中国书法的发展历史中，魏晋是一个重要的时期。在这一时期，篆隶真行草诸体咸备俱臻完善，尤其是真书、行书、草书的定性和美化无疑成为汉字书法史上的又一巨大改革，具有承上启下的重大历史意义。钟繇、王羲之、王献之三位大书法家揭开了中国书法发展史的新的一页，树立了真书、行书、草书美的典范，此后历朝历代，乃至东邻日本，学书者莫不宗法"钟王"。其后，由于东晋偏安，书法上形成了"南北书法四大差异"：一，南士北民（南朝书法是士人创造的，北朝书法是工匠制作的）；二，南帖北碑；三，南行北楷；四，南秀北雄。南北两派竞芳争艳，虽未出传世名家，但从总体上将书法艺术推向更高的层次。

（四）隋唐时期书法

隋朝居书史承前启后的地位，隋楷上承两晋南北朝沿革、下开唐代规范的新局，有《龙藏寺碑》《启法寺碑》等石刻书法传世。

唐朝是中国历史上光辉灿烂的时代，也是书法史上的黄金时代。唐代书法艺术，可分初唐、盛唐、中唐、晚唐四个时期。初唐以继承为主，尤其崇尚王羲之，尊重法度，刻意追求晋代书法的劲美，并逐渐从六朝的遗法中蝉蜕出来，以一种新的姿态显现出来。唐初以楷书为主流，发展到了极盛时期，形成了所谓的"唐楷"，代表人物有被称为"初唐四家"的虞世南、褚遂良、薛稷、欧阳询。盛唐时社会形态追求的是一种浪漫忘形的方式，促成了"颠张醉素"（张旭、怀素）之狂草。至此中国书法文体已全部确定下来，呈现出前所未有的繁盛景象。中唐诸多书法家中以颜真卿最为杰出，开创书法史上又一流派，与二王并行于世，影响深远。晚唐由于国势衰弱和离乱，因此，书法艺术也形成了凋落衰败的总趋势，除柳公权外，以书名世者寥寥。

（五）宋及以后的书法艺术

宋代时，书法成为士大夫普遍爱好的一项艺术，书法开始以一种尚意抒情的新面目出现在世人面前。宋朝书法尚意，创作中个性化和独创性的因素很重要，因此，在唐代用来书写丰碑的楷书逐渐被可以随意挥洒的行书代替。宋朝书法的代表人物是被称为"宋四家"的蔡襄、苏轼、黄庭坚和米芾。他们在表现自己的书法风貌的同时，凸显出开拓创新的姿态，使笔墨之间流露出深厚的书卷气，并给人以一种新的审美意境。

元朝的士大夫政治地位低下，精神上彷徨苦闷。书画创作成为精神寄托，在书法上便表现出一种专心领略笔墨技巧趣味的趋向，形成复古之风。代表人物是赵孟頫。他的书法对二王派书法的精妙之处颇有独到的领悟，表现为"温润娴雅""秀研飘逸"的风格面貌。

明朝不同时期的书法艺术形态不尽相同，明初严酷的文化政策造成了"一字万同"的台阁体，以"三宋"，即宋克、宋璲、宋广为明初书坛代表人物，而沈度、沈粲兄弟则是著名的台阁体书法家。台阁体的作品大多工整平稳，功力颇深，但艺术独创性欠缺。明中叶一些文人突破了台阁体的束缚，产生了"吴门三家"——以祝允明、文徵明、王宠为代表的中期书法，上接晋唐，取法弥高，迈入倡导个性的新境界。后期则有董其昌继承传统。

清朝初年，受朝廷的影响，一方面出现了步台阁体后尘的馆阁体，把书法艺术引向程式化。而另一方面是继承了明末书坛放浪笔墨、狂放不羁的衣钵，在中期出现了以"扬州八怪"为代表的书画怪杰。扬州八怪，并不专指某八个人，实际上是泛指代表扬州画坛艺术个性鲜明、风格怪异的一批画家，他们已经是职业化的文人画家或是已经文人化的职业画家。他们的共同特点是：师造化、抒个性、用我法、专写意、重神似、端人品和博修养。除帖学之外，清代的金石考据之学也非常盛行，石刻文字给清代后期衰微的书法带来了新的契机，形成了一个"碑学"期。

二、文房四宝

书法能成为一种独特的艺术乃有赖于独特的书写工具——素有"文房四宝"之称的笔、墨、纸、砚。这四样宝物不仅承载着书法、绘画等中华文明的独有艺术，本身也成为优秀传统文化的一个重要组成部分，备受历代文人的喜爱和珍藏。

笔：传统的毛笔不但是古人必备的文房用具，而且在表达中华书法、绘画的特殊韵味上具有与众不同的魅力。毛笔的制造历史非常久远，最早的毛笔，大约可追溯到2000多年之前。毛笔之源一般人都以为是秦代的蒙恬，但考殷墟出土之甲骨片上所残留之朱书与墨迹，系用毛笔所写。由此可知，毛笔起于殷商之前，而蒙恬实为毛笔之改良者。古笔的品种较多，从笔毫的原料上来分，就曾有兔毛、羊毛、羊须、马毛、鹿毛、虎毛、狼尾、狐毛、獭毛、胎发、人须、茅草等。从性能上分，则有硬毫、软毫、兼毫，笔之种类甚多。现在所使用的，以紫毫、狼毫、羊毫及兼毫最为重要。笔有"四德"，即"尖、齐、圆、健"，其特点在于运笔酣畅，来去自然，便于书写。历代各地名笔迭出，争奇斗艳。东晋时，王羲之盛赞宣州陈氏笔；唐宋时，宣州诸葛氏笔为世所重；南宋后，浙江吴兴的制笔尤为著名。因吴兴元代属湖州路，又称"湖笔"。湖笔以清朝乾隆六年创建的王一品最负盛名，"湖笔争传一品王"，历来为书法家所喜爱。

墨：古人云："有佳墨，犹如古人之有良马。"一方优质墨往往影响书画家的情绪与创作。借助于这种独特的材料，中国书画奇妙的艺术境界才能得以实现。在人工制墨发明之前，一般利用天然墨或半天然墨来作为书写材料。墨的发明大约要晚于笔。至汉代，人工墨品出现。东汉时期，官府设有专管笔、墨、纸的人员，也出现了较大的制墨作坊。三国时韦诞制出的佳墨"一点如漆"，于是被称为墨的发明人。到了晋代，以胶和墨，质量又有提高。如二王墨迹，用墨书写，千余年无损，可为证明。后代的墨系煤烟所成，其原料不同，可分为油烟墨、漆烟墨、松烟墨。油烟墨的特点是色泽黑亮，有光泽；松烟墨的特点是色乌，无光泽。我国制墨业发达，其中徽墨为墨中上品。徽墨因产于古徽州府而得名，制作已有1000多年的历史，素有拈来轻、磨来清、嗅来馨、坚如玉、研无声、一点如漆、万载存真的美誉，为历代书法家所珍爱。为了方便，目前一般书画都采用墨汁，以一得阁和曹素功所产为佳，但讲究用墨的人仍采用研磨徽墨的办法，创作书画。

纸：纸是中国古代四大发明之一，曾经为历史上的文化传播立下了卓著功勋。即使在机制纸盛行的今天，某些传统的手工纸依然体现着它不可替代的作用，焕发着独有的光彩。古纸在留传下来的古书画中尚能一窥其貌。

按照传统的说法，东汉蔡伦开始造纸。但近年的考古发掘，却对此提出了疑问。随着西北丝绸之路沿线考古工作的进展，许多西汉遗址和墓葬被发现，其中也不乏纸的遗物。但纸的质地较为粗糙，制造技术处于初级阶段，而蔡伦在对造纸术进行改进之后，不仅扩大了造纸原料，而且所造之纸更为实用，使用也更为广泛。魏晋时，造纸原料更为广泛，有楮、藤、桑、竹、苔、檀、草等。魏晋造纸术的另一贡献是加入小柏碱濡染，以避虫害。隋唐时期是造纸业的全盛时期，纸的质量较魏晋时有所提高，产量相当可观，种类繁多，特别是有"纸中之王"美誉的宣纸便是这一时期的名品。宋元时期，造纸技术更胜前朝。明清是我国古代造纸技术集大成时期，在总结历代造纸技术基础上，创造了染色、加蜡、研光、描金、洒金银、加矾胶等技术，品种更为繁多，质感更为上乘。

纸中上品为宣纸。中国古代书法绘画多用此纸。宣纸起于唐代，历代相沿。宣纸的原产地是安徽省的泾县。宣纸具有"韧而能润、光而不滑、洁白稠密、纹理纯净、搓折无损、润墨性强"等特点，并有独特的渗透、润滑性能。写字则骨神兼备，作画则神采飞扬，成为最能体现中国艺术风格的书画纸，再加上耐老化、不变色，少虫蛀，寿命长，故有"纸中之王、千年寿纸"的誉称。我国流传至今的大量古籍珍本、名家书画墨迹，大都用宣纸保存，依然如初。

砚：砚是用来磨墨、盛墨及舐笔的工具，但因集书法、绘画、雕刻诸艺术为一体，因而成为"四宝"之首，历来受到文人雅士的喜爱，有"润色先生""无池""石虚中""即墨候""万石君""石乡侯""铁面尚书"等别号。中国造砚的历史也非常久远，大概在殷商初期，就有了用于陶器彩绘的砚台雏形了。其后历史上更出现过石砚、铜砚、陶砚、漆砚、瓷砚等多种材质的砚。到了唐宋时期，端、歙、洮、澄泥"四大名砚"（广东肇庆的端石、安徽歙州的歙砚、甘肃临洮的洮河砚、山西绛县的澄泥砚。）出现后，砚不仅具有磨墨的实用功能，还成为一种欣赏品。在四大名砚中，端砚为最上乘，名声最大，有"群砚之首""天下第一砚""文房四宝的宝中之宝"的美誉。端砚问世于唐代，因产于端州（今广东肇庆）而得名。《端溪砚史》称赞它"体重而轻，质刚而柔。摩之寂寂无纤响，按之如小儿肌肤，温软嫩而不滑"。它的优点，一是下墨，二是发墨，三是不损毫。除此之外，端石还有着美丽的纹理，从最初的讲求实用逐渐走向审美观赏，加工日愈繁细，除了形式多样的形质，还依其纹理雕刻以山水、人物、花草、鸟兽等各种图案。

除文房四宝之外，书画时还要一些辅助工具。如笔有笔筒，墨有墨床，纸有卷筒，砚有砚匣，还有镇纸、笔洗、笔架、毛毡、印章、绫绢（装裱），用以保护文房四宝，与文房四宝同珍。

在中国书法艺术异彩纷呈的笔墨线条背后，蕴涵着中国上下五千年绵延不绝的文化。在中国，没有哪一种艺术类型能够像书法这样完好地传达出中国文化的主要特征与精神，传统文化的主要构成因素——儒释道精神，在书法艺术中得到了集中诠释。总的来说，中国古代书法艺术体现了刚柔相济、贵和尚中、虚实相生、天人合一的文化特征。

三、书法名家名品举要

1. 蔡邕

蔡邕（公元 132—192 年），东汉文学家、书法家。字伯喈，陈留圉（今河南杞县南）人。汉献帝时曾拜左中郎将，故后人也称他"蔡中郎"。蔡邕能画、工书，尤以隶书著称，结构严整，点画俯仰，体法多变，有"蔡邕书骨气洞达，爽爽有神力"之评。汉灵帝熹平四年，蔡邕等正定儒家经本六经文字，蔡邕亲自书丹于碑，命工镌刻，立于太学门外，碑凡 46 块，这些碑称《鸿都石经》，又称《熹平石经》，其结构精致法度森严，立一代汉碑风范。同时，蔡邕受工匠以扫白粉的帚在墙上写字的启发，创造了"飞白书"。这种书体独特，笔画中丝丝露白，似用枯笔写成，唐代张怀瓘《书断》评论蔡邕飞白书时说"飞白妙有绝伦，动合神功"。

蔡邕不仅是东汉的大书法家，而且是汉代书法理论的集大成者。他在《笔论》和《九势》中提出"书者，散也""书肇于自然，自然既立，阴阳生焉；阴阳既生，形势出矣"等著名论断和重要思想，为中国书法的发展奠定了理论基础，在中国书论史上占有重要地位。

2. 钟繇

钟繇（公元 151—230 年），字元常，颍川长社（今河南长葛）人，官至太傅，故世称"钟太傅"。师曹喜、刘德升、蔡邕，唐代张怀瓘《书断》称"其真书绝妙，乃过于师，刚柔备焉。点画之间多有异趣，可谓幽深无际，古雅有余，秦汉以来，一人而已。"钟繇以楷书为长，其书法古朴、典雅，字体大小相间，整体布局严谨、缜密，在书法史上首定楷书，对于汉字书法的创立、发展、流变有着重要的影响，被誉为"中国书史之祖"。钟繇之后，许多书法家竞相学习钟体，如王羲之父子就有多种钟体临本。后张旭、怀素、颜真卿、黄庭坚等在书体创作上都从各方面吸收了钟体之长、钟论之要。钟繇的传世刻本有《宣示法》《贺捷表》《力命表》等，古雅绝伦，确立了楷书的典范。

3. 王羲之

王羲之（公元321—379年），字逸少，东晋书法家、文学家。琅琊临沂人，后移居会稽山阴（今浙江绍兴），曾任右将军、会稽内史等职，世称"王右军"。书法史上最具影响力的书法家，有"书圣"之称，与钟繇并称为"钟王"，与儿子王献之并称为"二王"。其行书《兰亭序》被誉为"登峰造极，风神盖代"的奇书，"天下第一行书"。《兰亭序》的书法，信手拈来，浑然天成。纵有行，横无列。行与行之间略带曲折，相映成趣。结字变化多姿，如其中的"之"，多次出现，各具其妙而绝不雷同。其笔势飘若浮云，矫若惊龙。王羲之自己曾临摹多次，"叹为不可企及"。后《兰亭序》真迹流失，只能看到摹本而已。

4. 王献之

王献之（公元344—386年），字子敬，生于山阴，王羲之第七子，东晋著名书法家。由于其书艺超群，因此历来与王羲之并称"二王"，在书法史上被尊称为"小圣"。王献之的书法艺术，主要是继承家法，但又不墨守成规，而是另有所突破。他的书法，兼精楷、行、草、隶各体。其楷书以《洛神赋十三行》为代表，用笔外拓，结体匀称严整，如大家闺秀，姿态妩媚雍容。"稿行之草"的行草是王献之独创的书体，《鸭头丸帖》是这种书体的代表作，后人称此帖"书法雅正，雄秀惊人，得天然妙趣，为无上神品也"（清代吴其贞《书画记》）。在草书上，王献之创建了"一笔书"，变其父上下不相连之草为相连之草，往往一笔连贯数字，由于其书法豪迈气势宏伟，故为世人所重。米芾称他"运笔如火箸画灰，连属无端末，如不经意，所谓一笔书"。草书名作《中秋帖》就是其"一笔书"的代表作，共22字，笔势连续不断，宛如滔滔江河，一泻千里，表现出一种雄姿英发的爽爽之气，世人评价甚高，清朝乾隆皇帝将它收入《三希帖》，视为"国宝"。

5. 颜真卿

颜真卿（公元709—785年），字清臣，京兆万年人。因曾任平原太守，鲁郡开国公，故后世称为"鲁平原"或"鲁国公"。在书法史上，颜真卿是继"二王"之后成就最高、影响最大的书法家。颜以楷法盖世，其真书雄秀端庄，结字由初唐的瘦长变为方形，方中见圆，具有向心力。用笔浑厚强劲，"点如坠石，画如夏云，钩如屈金，戈如发弩，纵横有象，低昂有志，自羲、献以来，未有如公者也"（朱长文《墨池编》），朱长文的赞誉形象地描写出颜书大气磅礴、多力筋骨的特点。颜真卿创立了楷书中的“颜体”，与柳公权并称“颜柳”，有“颜筋柳骨”之誉，在书法史上享有极高的地位，对后世影响巨大。颜真卿传世的作品比较多，著名的墨迹，楷书有《竹山堂联句诗帖》《告身帖》；行草书有《祭侄文稿》《刘中使帖》《湖州帖》等。其中《祭侄文稿》，神采飞动，姿态横出，笔势雄伟，超神入圣，誉为“颜书行草第一”，元鲜于枢曾评此帖为“天下第二行书”。

6. 柳公权

柳公权（公元 778—865 年），字诚悬，唐朝京兆华原人，官至太子太师，世称“柳少师”。由于被皇帝封为河东郡公，因此后人也称他“柳河东”。柳公权上追魏、晋，下及初唐诸家笔法，又受到颜真卿的影响，在晋人劲媚和颜书雍容雄浑之间，创造了自己的柳派。“柳体”瘦挺劲媚，骨力遒健，结构劲紧，棱角外捉，竖笔不相向，布局疏密得当，表现出清利高雅的气质，对当时及后世影响极大，民间更有“柳字一字值千金”的说法。柳公权的传世作品很多。传世碑刻有《金刚经刻石》《玄秘塔碑》《冯宿碑》等。其中《金刚经刻石》《玄秘塔碑》《神策军碑》最能代表其楷书风格，行草书有《伏审》《十六日》《辱向帖》等。另有墨迹《蒙诏帖》《王献之送梨帖跋》。

7. 宋四家

苏轼、黄庭坚、米芾、蔡襄是宋代书法成就的代表，被称为“宋四家”。

苏轼（公元 1036—1101 年），字子瞻，眉山人，“宋四家”之首。他反对传统束缚，“唐人尚法”，他却认为执笔无法，书法乃无法之法。他斜执笔，用侧锋，置“书贵瘦硬方通神”的训则于不顾，用既肥又扁的字形，吐露萧散风神。苏轼的书法重在写“意”，在书法作品中抒发他的才情学识，把对人生哲理的感悟、个性情绪的触发都在作品的笔画中表现出来。世称苏轼的书法之美乃“妙在藏锋”“淳古道劲”“体度庄安，气象雍裕”“藏巧于拙”，是“气势欹倾而神气横溢”的大家风度，而他的书论寓意之说则更加精辟，既为当世直视，又为后世楷模。

黄庭坚（公元 1045—1105 年），字鲁直，号山谷道人，晚号涪翁，黔安居士，八桂老人。黄庭坚兼擅行书、草书，其大字行书凝练有力，结构奇特，几乎每一字都有一些夸张的长画，并尽力送出，形成中宫紧收、四缘发散的崭新结字方法，对后世产生很大影响；其草书打破圆转、流畅的基调，单字结构奇险，章法富有创造性，经常运用移位的方法打破单字之间的界限，使线条形成新的组合，节奏变化强烈，因此具有特殊的魅力，赢得了“山谷翰墨满江南”之誉。黄庭坚行书作品传至后世的很多，其中最负盛名者当推《松风阁诗帖》。

其风神洒荡，长波大撇，提顿起伏，一波三折，意蕴十足，不减遒逸《兰亭》，直逼颜氏《祭侄》，堪称行书之精品。草书代表作有《李白忆旧游诗卷》《诸上座帖》等，结字雄放瑰奇，笔势飘动俊逸，表现出黄庭坚书法的独特风貌。

米芾（公元 1051—1107 年），字元章，祖居太原，后迁居襄阳，有"米襄阳""米南宫""米海岳"之称。因举止癫狂，故又有"米癫"之称。米芾书法，各种字体兼精，尤其擅长行书，在"宋四家"中其行书成就为最高。米芾用笔中锋侧锋相互配合，转折顿挫，章法疏密相间纵横捭阖，神采动人，难以效法。代表作有《苕溪诗帖》《蜀素帖》等。

蔡襄（公元 1012—1067 年），字君谟，兴化仙游人。他融会唐法晋韵，参以己意，形成和平蕴藉、端庄婉丽的风格。行楷作品有《林禽帖》《万安桥记》《尺牍》等。

第二节　中国绘画艺术及成就

一、中国画的发展史

中国绘画有着悠久的历史和辉煌的成就，是中国文化史重要的内容之一。它是用中国所独有的毛笔、水墨和颜料，依照长期形成的表现形式及艺术法则而创作出的绘画。

（一）史前及先秦绘画

近年来，许多省份发现的岩画将中国绘画史的起源推至旧石器时代。在这些岩画遗存当中，有许多描绘人和兽的图像，有些则表现了人类的活动，包括狩猎、舞蹈、祭祀和战争，岩画的构图更趋于复杂。接下来，陶器和木结构建筑的出现使绘画的材料发生了变化。仰韶文化与马家窑文化的彩陶以质朴明快、绚丽多彩为特色。比如，在西安半坡出土的仰韶类型的彩陶《人面鱼纹盆》，独具特色，画面也十分耐人寻味；在青海大通出土的马家窑类型的舞蹈纹彩陶盆，描绘了氏族成员欢快起舞的景象，堪称新石器时代绘画艺术的杰作；此外，大汶口文化、红山文化、河姆渡文化等，也有一定数量的彩陶出土。

先秦时期绘画取得了较大的发展，但是先秦绘画的遗迹十分稀少。最具代表性的是在长沙的楚墓中先后出土的两幅战国时期帛画，它们属于公元前 3 世纪的作品。两画描绘的都是墓主的肖像，一幅为妇人，其上方绘有飞腾的龙凤；另一幅为一男子，驾驭着一条巨龙。这两幅帛画造型十分准确，描线简练有力，是先秦绘画水平的代表，同时证明了我国的绘画是以线描笔法为发展基础的。

（二）秦汉绘画

秦汉时期是中国民族艺术风格确立与发展的极为重要的时期。1976年以来，在咸阳秦宫遗址陆续发现的壁画内容有人物、车马、仪仗、建筑、图案等。这些形象都是直接彩绘在墙上的，并没有事先勾画轮廓，可以被认为是中国传统绘画中"没骨"法的最早范例。汉代的遗迹较多，此外还有大量的文献资料记载了绘画艺术的发展。汉代的壁画内容丰富，有历史故事，神话传说，也有纪念性的人物形象。东汉明帝时，在新建的白马寺绘制了《千乘万骑群象绕塔图》，这是中国佛教寺院壁画的肇始。壁画虽然往往随着建筑物的陆续坍塌而消亡，但是墓壁画却能在一定程度上幸免于难。墓壁画大多直接反映现实生活或者寄托对其死后升天行乐的美好愿望，成为研究绘画和汉代社会的形象资料，十分珍贵。汉代遗留下来的帛画目前最重要的发现有20世纪70年代分别出土于湖南长沙马王堆、山东临沂金雀山的汉墓中的西汉帛画。这些作为随葬品的帛画运用写实和装饰风格相结合的艺术手法，技法也有一定的发展。

（三）三国两晋南北朝绘画

魏晋南北朝时期，真正意义上的中国画出现了。这一时期士族兴起，士大夫画家活跃于画坛，他们文化修养很高，总结出许多精辟的绘画理论，有力地推动绘画艺术的提高。顾恺之提出"传神写照"理论，要求绘画作品应着重表现人物的风貌、气质，这和后来的绘画理论家谢赫"六法"中的"气韵生动"对当时绘画风格有很大的影响，也为中国画重气韵的特点的形成打下了基础。发展到晋、南北朝，中国画逐渐演变成单幅的卷轴画，成为独立的艺术欣赏品，题材也日益扩大。宗教画，主要是佛教画在此时期的绘画中取得了支配的地位，著名的敦煌莫高窟就创建于此时。此时期的重要画家有东晋的顾恺之，他绘画的传世摹本有《女史箴图》卷、《洛神赋图》卷、《列女仁智图》卷等几种。顾恺之的画作标志着宗教画和人物画的成熟，他对山水画的创立也很有贡献。此后经过宗炳和王微的倡导，山水画逐渐从人物画中解脱出来取得独立的位置。在理论上，宗炳的《画山水序》和王微的《序画》都成为后世山水画的指导思想。

（四）隋唐时代以及五代十国的绘画

隋唐五代时期的绘画艺术，在继承魏晋以来优秀传统的基础上，汲取印度、波斯等外来美术风格，产生许多画家和优秀作品，形成中国绘画史上的一个高峰。隋朝是一个承前启后的时期，虽存在不到40年，但是在敦煌莫高窟留下的隋代洞窟就有110多个，成就相当可观。其绘画艺术综合了前代的风格，为唐代的大繁荣奠定了基础。隋朝展子虔的《游春图》，是现存中国最早的山水画，对后世影响深远。唐朝是中国绘画史上的鼎盛时期，绘画有了全面的发展。人物鞍马画取得了非凡的成就，青绿山水与水墨山水先后成熟，花鸟与走兽也作为一个独立画科引起人们注意，可谓异彩纷呈。由于受到唐诗的伟大成就和影响，绘画重情趣求意境，追求一种"画中有诗"的意境，文人画从此兴起。初唐时的人物画发展最大，初唐画家阎立本的《历代帝王画卷》代表了他卓越的人物画技巧。盛唐、中唐时期是中国绘画发展史上一个空前繁盛的时代，其中人物画家以吴道子、张萱和周昉为代表。吴道子被称为"百代画圣"，作品《送子天王图卷》最具特色。张萱和周昉擅长描绘贵族妇女的生活，真实再现了当时妇女的情貌，形成了中国绘画中专门的一科——仕女画。而山水画则在此时已经获得了独立的地位，代表的画家有李思训和李昭道父子、张璪、王维等。此时，泼墨山水画也开始出现。花鸟画的发展虽不像人物画和山水画那样成熟，但在牛马画方面却名家辈出，曹霸、韩干、陈闳、韩滉与韦偃等都是个中好手。晚唐的绘画，一方面完善盛唐的风格，另一方面又开拓了新的领域。但是在"安史之乱"以后严重的社会和经济的动荡，艺术繁荣随着大唐的土崩瓦解也日渐衰微。

（五）宋元绘画

北宋在宫廷中设立了"翰林书画院"，极大地推动了绘画的发展。宋徽宗赵佶在位时，"画学"被正式列入科举之中，画家通过应试可以入宫为官。这是中国历史上宫廷绘画最为兴盛的时期。宋代画坛上，山水画、花鸟画盛极一时，取得较为突出的成就。此外，宗教画日益转向风俗画的描写，历史价值、艺术价值最高的风俗画，是北宋画家张择端创作的《清明上河图》长卷。它描绘了北宋汴河沿岸风光和繁华的景象，作品充分展示了画家的写实功力，河流、屋舍、舟船、城关、人群、虹桥、楼观、店铺、市街、驼队，等等，一切物象都刻画得入微传神。

从北宋中期以后，苏轼、文同、黄庭坚、李公麟、米芾等人在画坛上活跃起来，文人画声势渐起，苏轼明确提出了"士人画"的概念。这股潮流的兴起，是中国绘画史上的一件大事，不但对后代中国画发展产生了深远的影响，甚至在一个时期内，左右了中国画坛。

元代"文人画"盛行，适合于表现文人画家意识的山水和枯木竹石、梅、兰以及墨笔花鸟大量涌现，人物故事画相对减少。随着文人画的繁荣，绘画作品中诗、书、画进一步密切结合而且成为普遍的风尚，加强了中国画的文学趣味，更好地体现了中国画的民族特色。同时，在绘画理论和创作实践中，特别强调了笔墨技巧的运用，讲究绘画作品要具书法韵味，将书法融入画法之中，在笔墨技巧上起了新的变化，使水墨写意画在传统的基础上有所突破。

（六）明清绘画

明代绘画形成许多派别，以戴进为代表的"浙派"，以沈周、文徵明为首的"吴派"，另有"华亭派""苏松派"等派别各成体系，同时，各个画科全面发展，其中以山水画、花鸟画的成就最为显著。此外，民间画家周世隆的《太平抗倭图》以饱满的爱国主义激情，描绘了当时沿海人民抗击倭寇的生动画面，是一幅杰出的历史画。

清代的绘画艺术，由于受统治者高压政策的钳制，拟古情结严重。文人画日益占据画坛主流，山水画的创作以及水墨写意画盛行。王时敏、王鉴、王翚、王原祁、吴历、恽寿平被称为"清初六家"。乾隆时期的"扬州八怪"（李鱓、金农、罗聘、郑燮、闵贞、汪士慎、高凤翰、杨慎），摒弃成法的束缚，主张在艺术上表现个性，反对"清初六家"的正统风格。他们的画风对后世有着深远的影响。从道光年间开始，伴随政治的衰败，以怡情养性为尚的士大夫画逐渐衰微，为了适应新兴的市民阶层的需要，绘画在题材内容、风格技巧方面都发生了新的变化，著名的有上海地区的"海派"和广东地区的"岭南派"。

二、中国画的分类

早期的中国绘画以作品的题材划分为若干画科，如人物画、山水画、花鸟画等。公元17世纪前后，欧洲绘画传入中国，为了与本土传统绘画相区别，舶来之欧洲绘画作品冠名为"西洋画"，本土绘画自然就称为"中国画"。因此，中国画最初的称谓，是相对于西洋绘画（泛指欧洲绘画）而言的。

（一）按照其技法及风格分为工笔和写意两种

1. 工笔画

工笔画又称"细笔画"，极尽细腻之能事，用工整细致的笔法描绘物象，然后再敷以厚重、鲜亮的颜色。层层敷色渲染，所有细节面面俱到。工笔画所用颜料大多以矿物质制成，历经多年，仍然可以保持原有的色彩，整个画面漂亮明丽，有着很强的装饰效果。正因为工笔画作品具有富丽堂皇的外观，中国历史上大多数宫廷画家都采用此种画法，以表现皇家气派。

2. 写意画

写意画又称"粗笔画"，较为简练豪放，多用概括、夸张的手法，着力描绘物象的形神，而并不十分在意所画对象的逼真与形似。它们几乎全部是用水墨完成的，有着素淡、清雅的外观。画家在绘画中运用丰富的联想，最大限度地抒发自己的情绪，张扬不同的个性，因此，写意画作品带有一定的即兴性、随意性和偶然出现的意外效果，较难临仿和描摹。

（二）以作品的题材划分为人物、山水、花鸟三大画科

1. 人物画

人物画是以人物形象为主体的绘画，是在中国古代绘画各科目中出现最早的题材，大体分为道释画、仕女画、肖像画、风俗画、历史故事画等。原始社会的先民用白垩、红矾土、霸炭黑在岩壁上画的人体图形和动物图案，可以说首开人物画的先河。我们现在所能看到的具有中国人物画模型的是战国时代的两幅帛画：《人物龙凤帛画》和《人物御龙图》。这两幅帛画，用线描造型，笔致圆转流畅，形象刻画生动，比例基本正确，在早期中国绘画中表现出了相当高的水平。至大约1500年前的魏晋南北朝时期，人物画的艺术发展逐渐成熟。这一时代的著名画家、艺术理论家顾恺之提出了人物画应"以形传神"的主张，使人物画向着"形神兼备"的正确道路发展。顾恺之的《洛神赋图》《女史箴图》，唐代阎立本的《步辇图》，吴道子的《地狱变相图》，五代的顾闳中的《韩熙载夜宴图》、宋代张择端的《清明上河图》是人物画的代表作。人物画从元代开始衰落，画家大多回避现实，把描绘对象转向花鸟竹石、水波烟云，因此，元明清三代著名的人物画家寥寥无几。明清之后，随着在透视、人体解剖、明暗关系、色彩变化等方面吸收西洋绘画技法，中国人物画的表现力更加丰富多彩。

2. 山水画

山水画是一种表现山川之妙并能为人类寻求某种精神寄托的画种，是中国画中最重要、也是影响最大的一个科目。它的兴起比人物画要晚得多，今天我们所能见到的最早的山水画，是东晋著名画家顾恺之的《女史箴图》和《洛神赋图》中的背景山水。顾恺之之后的南北朝时期，山水画勃然兴起，但并没有作品流传下来。到了唐代，山水画趋于成熟，王维开启了水墨山水画及诗画结合的源头，为山水画的发展拓展了一片新的天地。至五代两宋，中国山水画达到了前所未有的高峰，形成了五代时期的北派山水和南派山水，北宋时期的中原画派与院体山水画，北宋晚期的"米点山水"与青绿山水，以及"南宋四大家"为代表的南宋院体山水画。明清山水画，除少数作家外，大多以摹古为能事，突出笔墨情趣。明代中期的"吴门四家"的山水画成就较高，"清代六大家"为代表的"正统派"提倡摹古，多以临摹所得来进行创作，但笔法超凡，功力极深，使山水画在技术功力上被推进了一大步。而以"四大名僧"和"金陵八家"为代表的"创新派"则主张自然创造，流露真情实感，他们的画风对

后来中国山水画的发展影响非常深远。

3. 花鸟画

花鸟画以描写花卉、竹石、鸟兽，虫鱼为主体，最常见的是将花、鸟组合在一起。花鸟画的兴起较山水画为早，早在七八千年前的河姆渡遗址中，就有双凤朝阳的刻骨，在仰韶文化的彩陶图案装饰上，以动植物为主题也是很普遍的。到唐代花鸟画开始成为中国画中的一个独立门类，薛稷和边鸾是这一时期最负盛名的花鸟画画家。北宋时期出现了著名的皇帝画家宋徽宗赵佶，他的《芙蓉锦鸡图》等作品可称得上是花鸟画的精品。到了元代，以号称"四君子"的梅、兰、竹、菊为题材的作品空前兴盛，借物喻意，风格多样，拓宽了花鸟画的审美领域。此时最著名的花鸟画画家为王渊，其传世作品为《竹鸡图》。至明代，花鸟画走向了成熟和完善。陈淳的《松菊图》《牡丹图》《设色花卉》，徐谓的《墨葡萄图轴》都成为传世佳作。清代以山水画创作为主，在花鸟画创作方面成就突出者当推"扬州八怪"。

代表中国绘画的是卷轴册页画，是山水画，是水墨画，是文人画。它的基本特点就是文人面对着一张纸，不强调色彩的敷染，直接用水墨，通过对山水、花鸟等的描绘，来寄托自己的情思。相对西洋画来说，中国画有着自己明显的特征。概括地说，中国画的特点是讲究"气韵生动""散点透视""笔墨神韵""计白当黑""艺术的综合"。

三、中国画举要

(一) 顾恺之的《女史箴图》与《洛神赋图》

顾恺之（公元 346—407 年），字长康，小字虎头。晋陵无锡（今江苏无锡）人。东晋时期杰出的人物画家，与陆探微、张僧繇并称"画界三杰"。顾恺之工诗赋、书法，尤精绘画，擅画人像、佛像、禽兽、山水等，有"才绝、画绝、痴绝"之称。顾恺之的突出成就在于他的人物画笔法如春蚕吐丝，形神兼备。他的杰作大都散失了，现在保存下来的有《洛神赋图》《女史箴图》等画卷摹本，一直为历代视如珍宝。

1. 《女史箴图》

现存传为原作的两种摹本：一为唐代以前的摹本，于英国伦敦大英博物馆收藏；一为北京故宫博物院收藏的南宋摹本。《女史箴》是西晋张华所做的同名文章，属于教育宫廷妇女的道德箴言，据说本意是讽刺当时放荡暴戾的贾后。画卷开头两段画面已残缺，现存题词 8 段，图画 9 段。第一段画汉元帝与嫔妃观看动物，黑熊越栏而出，众妃子慌忙逃命，唯独冯婕妤挺身挡住黑熊保护汉元帝，武士得以杀死黑熊；第二段画汉成帝与一位妃子坐八人大轿，班婕妤严肃地站在一边，不与汉成帝同坐，以免皇帝迷恋女色而忽视朝政；第三段画日、月、山峰、树林、虎、马、獐、兔、野鸡等，题词的大意是天道不会长久兴盛，万物不会永恒，日中则西斜，月满便残缺，地位会转化；第四段画面表现妇女对镜梳妆，题词的大意是说人们都知道修饰自己的容貌，却不知道改善自己的性格和气质；第五段画男女在一张床上相背而坐，表示出言不善，即使同床共枕仍相互猜疑；第六段画一夫一妻一妾一婴儿，表现妇女不生嫉妒之心；第七段画男女二人分离的情态，表示不能儿女情长；第八段画一贵妇人凝神端坐；卷尾画女史执笔记事，二女子同行。由于顾恺之对贵族妇女的生活比较熟悉。所以画面在一定程度上展示了中国古代贵族妇女生活的某些侧面。作品在绘画技巧上，比较准确地描绘了各种人物的身份和特征。

2.《洛神赋图》

现存多种宋人摹本，其中有北京故宫博物院藏乾隆皇帝所题的"第一卷"和辽宁省博物馆藏乾隆皇帝所题的"第二卷"。《洛神赋图》是以曹魏大诗人曹植的著名诗篇《洛神赋》为题材创作的巨幅绢本着色画卷。卷首画曹植的仆从、马匹在林间歇息，紧接着是翩若惊鸿、婉若游龙的洛神飘然行进在洛水之上，与曹植脉脉相视；画卷中段描绘风神屏翳、水神川后与冯夷、女神女娲以及洛神的云车六龙齐驾，鲸鱼夹道，水鸟护卫，奔驰在彩云与波涛之间；画卷后段画曹植乘船追踪，最后返回岸上，面对烛光，长夜不眠，惆怅地离开洛水。画中顾恺之巧妙地将诗人的幻想在造型艺术上加以形象化，例如，洛神曾多次出现在水面上，手持麈尾，衣带飘飘，动态委婉从容。她似来又去，含情脉脉，表现出一种可望而不可即的无限惆怅的情境。画中用来衬托洛神的景物也被形象化了，如画面上有高飞的鸿雁和腾空的游龙；又有云中的明月，初升的朝霞和出淤泥而不染的荷花；还有传说中的风神在收风，水神使洛水平静和女娲在歌唱。这都借以描绘神灵对曹植和甄氏爱情遭遇的同情，不仅增强了人物之间的联系，而且添加了神话梦幻的色彩。作品线条细劲，如春蚕吐丝，人物比例适度，山水树石画法古朴，用色厚重、艳丽。《洛神赋图》是诗、画结合的杰出范例，标志着当时绘画发展的高度水平。

（二）展子虔的《游春图》

展子虔（约公元550—604年），隋代著名画家，渤海人。曾在洛阳、长安、扬州等地的寺院画过许多壁画。善画佛道、人物、车马、楼阁、山水、殿阁、翎毛、历史故事等，尤以画山水闻名，后人称为"唐画之祖"。

展子虔所著《游春图》是我国目前发现的存世山水卷轴画中最古老的一幅，

现藏北京故宫博物院。此图为绢本、设色，卷首有宋徽宗赵佶所题"展子虔游春图"六字。画面描绘了阳光和煦的春天，翠岫葱茏，碧波荡漾，贵族士人于堤岸策马游赏的景象。《游春图》不同于南北朝时"人大于山，水不容泛""树石若伸臂布指"的山水画的早期幼稚阶段，人与山有了适当比例，远近关系有所解决。全幅画中，春山平江、游骑泛舟、人马楼阁及繁密的花树，均合比例，映衬出江水的浩渺、山峦的峻秀，因此，唐人称展画有"远近山水、咫尺千里"之势。画面色彩浓丽厚重，人物姿态各异，充分表现出明媚的春光给人们带来的精神愉悦。

（三）阎立本的《步辇图》

阎立本（公元?—673 年），唐代画家，雍州万年（今陕西西安）人。阎立本人物画的突出特色，首先是具有强烈的现实性和政治意义。他的作品多取材于当时具有历史意义的重大事件，侧重描绘著名历史人物，用以警示后人，弘扬治国安邦之大业，与同代其他人物画家主要服务于宗教的绘画倾向有明显区别。其次是阎立本的线描风格稳重坚实，设色较前代更趋于浓重精细，有时还使用金银作为颜料，将中国绘画向盛唐的"焕烂而求备"推进了一步。阎立本的作品最具代表性的是《步辇图》和《历代帝王图》。

《步辇图》，又名《唐太宗步辇图》，绢本，水墨着色，北京故宫博物院藏。《步辇图》以 641 年唐太宗派文成公主入藏，与松赞干布联姻的事件为背景，描绘了唐太宗在众侍女的簇拥下端坐于步辇车上，接见松赞干布派来的迎亲使者的场面。画家依靠神情举止、容貌服饰，生动地刻画了不同人物的身份和精神气质。唐太宗形象是全图的重心所在，作者不遗余力地给以生动细致的刻画。他笔下的唐太宗面目俊朗，目光深邃，神情庄重，顾盼之间充分展露出盛唐一代明君的风范与威仪。吐蕃使者的敬畏恭谦、礼仪官的肃穆、宫女的顾盼，气氛的亲切融洽与严肃庄重共同构成了一幅古代吐蕃民族地区与中原地区友好交往的历史画卷。全图不设背景，以摹绘人物为主，结构上自右向左，由紧密而渐趋疏朗、重点突出，节奏鲜明。从细部描摹来看，作者的表现技巧已相当纯熟。衣纹器物的勾勒墨线圆转流畅中时带坚韧，畅而不滑，顿而不滞；主要人物的神情举止栩栩如生，写照之间更能曲传神韵；图像局部配以晕染，如人物所着靴筒的折皱等处，显得极具立体感；全卷设色浓重淳净，大面积红绿色块交错安排，富于韵律感和鲜明的视觉效果，是一幅出色的工笔重彩人物画作品。

（四）吴道子的《送子天王图》

吴道子（约公元 685—约 758 年），又名道玄，河南阳翟（今河南禹州）人，唐代著名画家，被后世尊称为"画圣"，被民间画工尊为祖师，画史尊称

"吴生"，在中国绘画史上占有极高的地位。吴道子以绘制宗教壁画和宗教人物画而著称。他用状如兰叶，或状如莼菜的笔法来表现衣褶，有飘动之势，故有"吴带当风"之势。吴道子创作丰富，可惜所存无几。

《送子天王图》又名《释迦降生图》，应是后人摹本。白描，无款，现藏日本大阪市立美术馆。《送子天王图》内容为释迦牟尼降生后，他的父亲净饭王抱他去拜见天神的情景。图分 2 段，前段有两位骑着瑞兽之神奔驰而来，天王双手按膝，神态威严。随臣侍女态度安详，武将则欲拔剑以防不测。人物虽多，表情各异，一张一弛，很有节奏起伏。后段净饭王抱着初生的释迦，从姿势来看，净饭王是小心翼翼的。王后紧跟其后，一神惊慌拜迎，人物身份、心理、形态刻画入微，很好地反映了人物之间的冲突和矛盾。在绘画技巧上，吴道子打破了长期以来沿袭的顾恺之和陆探微"紧劲连绵，如春蚕吐丝"那种游丝描法，开创兰叶描，用笔起伏变化，状势雄峻而疏放，表现了内在的精神力量。同时，他敷色比较简淡，甚至不着色。

（五）王维的《辋川图》

王维（公元 701—761 年），唐代诗人、画家。字摩诘，原籍祁（今山西祁县），其父迁蒲州（今山西永济），遂为河东人。官至尚书右丞，世称"王右丞"。晚年归隐蓝田辋川，购居宋之问"蓝田别墅"，过着亦官亦隐的优游生活。在山水画中，王维可以称得上是一位具有划时代意义的山水画家。他首创了泼墨山水画，仅用水墨渲染而成，把原先以勾线为主的山水画，向水墨发展推进了一步。从此绘画已不再完全依赖色彩，一种以水、墨作为表现手段的"写意画"逐渐取代了浓艳富丽的重彩。王维的水墨画风，几乎影响着中唐以后的中国山水画发展的全部历史。苏轼"诗中有画，画中有诗"的赞语，奠定了王维在中国绘画史上的地位。明朝董其昌的文人画理论，把文人画的内涵，全部具体化于王维，称王维是"南宗画之祖"。传世画作有《辋川图》《雪溪图》《孟浩然马上吟诗图》《雪山图》等。

《辋川图》，绢本，设色，是画家晚年隐居辋川时创作。画面群山环抱，树林掩映，亭台楼榭，古朴端庄。别墅外，云水流肆，偶有舟楫过往，呈现出悠然超尘绝俗的意境，给人精神上的陶冶和身心上的审美愉悦，被苏轼赞誉为"味摩诘之诗，诗中有画，观摩诘之画，画中有诗"。元代汤后士在其所著《画鉴》中说："其画《辋川图》，世之最著也。"此卷为唐人摹本，构图着色尚存唐人气息。

（六）张择端的《清明上河图》

张择端，生卒年不详，字正道，东武（今山东诸城）人，北宋著名画家。

明朝王梦端《书画传习录》谓其"性习绘事，工于界画，尤嗜于舟车、市桥、郭径，别成家数也"。传世作品《清明上河图》有"中华第一神品"之称，绢本，设色，是我国古代城市风俗画中具有重要历史价值和艺术价值之不朽杰作，在美术史上具有划时代重要意义。该画描绘清明时节北宋首都汴京市郊一带的自然与人文景观，画面规模宏大，结构严谨。从总体上看，大致可分为三部分。右边起首处是京郊的农村风光，景物画得优美空灵：疏林薄雾掩映着农舍酒家，阡陌纵横、田亩井然；行人来往于途，或乘骑闲览，赏春踏青，或驱牲赶路，以谋生计。中段是河道和桥梁，一只漕船卸下桅杆穿过虹桥，船工的号子声引起桥上几十个行人驻足观看；画面中的屋宇、船舶、水波、树木、人流显得密不透风，成为《清明上河图》的一个兴趣中心。末段是汴梁街市的景况，城内街市交错纵横，房屋鳞次栉比，酒楼店铺百肆杂陈，招牌幡幌目不暇接，饮食百货应有尽有，把北宋都城汴梁社会各阶层之生活情景和繁华尽收画卷之中。画卷中有 550 余个人物，50 多头牲畜，30 栋房屋，20 多艘船只，是现存规模最大的中国古代风俗画，为考据研究宋代社会提供了形象的综合性资料。作品手法写实，描绘工细，房屋、舟船、桥梁等均合比例，准确真实。作者以长卷形式，用"散点透视"将繁杂纷乱的城市景象，统摄于一卷之中，使其长而不冗，繁而不乱，反映了作者具有极高的艺术水平。

（七）顾闳中的《韩熙载夜宴图》

顾闳中（约公元 910—980 年），五代南唐画家，江南人。元宗、后主时任待诏。工画人物，用笔圆劲，间以方笔转折，设色浓丽，善于描摹神情意态。《韩熙载夜宴图》是他唯一的传世作品。

《韩熙载夜宴图》，绢本，现藏北京故宫博物院。此画卷据传系宫廷画家顾闳中奉后主李煜之命而画。此画卷中的主要人物韩熙载是五代时北海人，字叔言，后唐同光年进士，文章书画，名震一时。由于当时江南战争较少，有比较优越的自然与生产条件，因此官僚士大夫的生活奢侈糜烂，大多蓄有歌伎（或称家姬、乐伎）。据史书记载，韩熙载家即有歌伎 40 余人。韩熙载有政治才干，在艺术上也颇具造诣，懂音乐，能歌善舞，擅长诗文书画。但他眼见南唐国势日衰，痛心贵族官僚的争权夺利，把一腔苦衷寄托在歌舞夜宴之中。据说南唐后主李煜想起用他，但又听说韩熙载生活"荒纵"，即派画院顾闳中深夜潜入韩宅，窥看其纵情声色的场面，目识心记，回来后画成这幅著名的《韩熙载夜宴图卷》。此图通过韩熙载举行夜宴的场面，真实地描绘了韩熙载这一类官僚贵族的生活和思想情绪，一定程度上反映了在南唐已摇摇欲坠的形势下，贵族阶级醉生梦死的腐朽生活。全图分五段，分别画出韩熙载与其宾客舞伎听琴、观舞、休息、调笑等情节。作品生动地再现了夜宴的奢华、欢闹场面，也真实地刻画了主人公既放荡不羁、沉湎酒色，又失意消沉、落落寡合的复杂内心。显示出画家对主人公思想矛盾的深刻把握和惊人的观察、写实能力。各段用屏风、隔扇分隔，似断又连，安排自然妥帖。全图运笔劲健纯熟，线描变化畅而不浮，设色浓重明丽，显示出画家杰出的写实能力和五代人物画的高超水平。此外，对衣冠制度以至樽俎灯烛、帐幔乐具等的写照也均工致精美，具有高度的艺术价值和史料价值。

第三节　民族音乐艺术及成就

一、民族音乐发展史

（一）远古及先秦时期

中华民族音乐的蒙昧时期在 6000 年前的新石器时代便已开始，先民已经可以烧制陶埙，挖制骨哨，且据推断，当时在乐律上已经形成四声阶段。这些原始的乐器毋庸置疑地告诉人们，当时的人类已经具备对乐音的审美能力。从现存远古传说可以看出音乐起源于劳动，并与巫术、原始舞蹈、诗歌融为一体，为劳动实践和氏族集体的利益服务，并与原始氏族的图腾崇拜相联系。

夏、商和西周时代已是文明灿烂的青铜文化的鼎盛时期，音乐达到了更高的水平。从内容上来看，它们渐渐离开了原始的图腾崇拜，转为对征服自然的人的颂歌；这时的乐舞已经渐渐脱离原始氏族乐舞为氏族共有的特点，具有了明显的等级化特点，它们更多地为奴隶主所占有，"礼乐"并置成为维护奴隶主统治的两大支柱；同时，音乐成为教育的核心内容之一，是学生学习的主要内容。此外还产生了多种音阶调式，在商代后期，人们已经掌握了十二律的乐律知识。周代还有采风制度，经删定，形成了我国第一部诗歌总集——《诗经》。其中，很多都是各地优秀的民歌或贵族的吟唱，诗人屈原根据楚地的祭祀歌曲编成《九歌》，具有浓重的楚文化特征。城市中的音乐生活也很丰富，产生了不少杰出的民间歌手和器乐演奏家。很多以编钟为主的钟鼓乐队得到了充分的发展。

（二）秦汉时期

秦汉两代，确立了封建中央集权的统治，需要一整套适合这一封建体制的礼乐制度来维持新的统治秩序。公元前221年，秦始皇统一六国后，创建了一系列制度。在音乐方面，将"六国之乐"集中于咸阳宫，大力提倡百戏与传统巫乐，并为此设立专门机构"乐府"。至汉代，乐府得到进一步发展。乐府的乐歌大致可以分为"鼓吹曲"和"相和歌"两大类。鼓吹曲，用于郊庙祭祀、军队、仪仗、典礼中，是一种节奏明朗的乐曲，其中吸收了北部和西部少数民族的乐歌。相和歌，源于各地流行的民歌，即"街陌谣讴"，往往采用互相唱和的形式，一人领唱，大家帮腔。乐府的建立，为后世保留了一部分当时的民间创作，这在中国音乐史上实在是一件大事。它对后来的音乐发展，产生了重大的影响。

（三）魏晋南北朝时期

魏晋时期，在相和歌的基础上，又有新音乐发展起来，称为"清商三调"或"清商乐"。除清商三调外，也继承了其他传统乐曲，吸收了当时以北方各地区为主的流行民歌。南北朝时期，北方一些少数民族音乐和高丽、天竺等各国音乐在中原地区广泛流行，南北音乐得到进一步的交融。这一时期，随着佛教的传入，佛教音乐也大为盛行。曲项琵琶、筚篥、羯鼓等乐器也传入并得到广泛运用。魏晋南北朝时，乐曲的发展为唐代音乐的兴盛提供了一定的条件。

（四）隋唐时期

隋唐时代是中国古代音乐艺术的又一兴盛时期。隋文帝在礼乐机构"太常寺"中设立了掌管音乐的部门"太乐署""清商署"和"鼓吹署"，广泛收集国内外的各种乐舞。

唐代政治稳定，经济兴旺，统治者奉行开放政策，加上魏晋以来已经孕育着的各民族音乐文化融合的基础，终于萌发了以歌舞音乐为主要标志的音乐艺术的全面发展高峰。唐代从中央到地方的各级政府都设有专门的音乐机构，如太乐署、鼓吹署、教坊和梨园等。这些机构专管俗乐，是收集整理民间乐舞、培养乐工的地方，也是传播乐舞的地方，使唐代宫廷燕乐得到高度发展。

隋唐时代音乐的兴盛和发展，使音乐家、歌手和音乐著作大量出现。隋初万宝常，自撰《乐谱》64卷，论述乐律。唐初最著名的音乐家是祖孝孙，当时国家乐较为重要的乐律多是经他手制。盛唐乐师李龟年，善歌，又善奏羯鼓，唐玄宗时在皇宫供职，曾作《渭州曲》。唐玄宗通晓音律，长于作曲，又善击羯鼓，是很有才能的音乐家。他选拔坐部伎弟子及宫女数百人，教习乐曲于梨园，号称"皇帝梨园子"。在他的倡导下，盛唐音乐十分发达。唐代曹柔创立了减字谱的古琴记谱法，一直沿用至近代。在创作实践中有"犯调"——旋宫（调高）与转调（调式）的广泛运用，受到龟兹音乐理论的影响，出现了雅乐八十四调和俗乐二十八调的理论。有关音乐专著大量涌现，如《乐书要录》（传武则天著）、刘贶《太乐令壁记》、崔令钦《教坊记》、段安节《乐府杂录》、徐景安《乐书》、南卓《羯鼓录》等。著名歌手和音乐家还有何满子、康昆仑、段善本、雷海清等。

（五）宋元时期

至北宋，工商业空前发展，市民阶层进一步壮大，适应市民阶层需要的曲子、唱赚、诸宫调、杂剧以及器乐独奏与合奏也随之产生。在唐代以前，收集整理和传播民间音乐的工作，主要掌握在官府艺人手里。到了北宋，则主要掌握在民间艺人手里。北宋也设立教坊，但规模远不及唐代。在民间，艺人自动组成了自己的团体，有了固定的表演场所，叫作"瓦子"或"瓦肆"。宋代的乐曲，在旋律、曲式和组合方面都有较大的发展变化，因而配合乐曲的歌词也呈现出丰富多彩的形式。唱赚中的缠令、缠达两种曲式结构对后世戏曲以及器乐的曲式结构有着一定的影响。而鼓子词则影响到后世的说唱音乐鼓词。宋代出现了弓弦乐器"马尾胡琴"的记载，到了元代，则出现了民族乐器三弦。在乐学理论上，宋代出现了燕乐音阶的记载。同时，早期的工尺谱谱式也在张炎《词源》和沈括的《梦溪笔谈》中出现。近代通行的一种工尺谱直接导源于此时。宋代还是我国戏曲趋于成熟的时代，它的标志是南宋时南戏的出现。曲子发展到元代，被散曲所代替。元代关汉卿、马致远、张养浩等都是著名的散曲作家。随着元代戏曲艺术的发展，出现了最早的总结戏曲演唱理论的专著，即燕南芝庵的《唱论》，而周德清的《中原音韵》则是北曲最早的韵书。这一时期的音乐专著有北宋陈旸的《乐书》200 卷，全书包括历代音乐论述，各种乐器、歌舞、杂乐和各种典礼，是一部百科全书式的音乐著作，反映了我国宋代以前的音乐成就。

（六）明清时期

明清时期出现了萌芽状态的资本主义生产关系，市民阶层日益壮大，各地不同风格的俗乐——民歌、小曲、弹词、鼓词、十番、鼓吹、南北曲（戏曲）等广泛流行。明朝设置音乐机构"神乐观"和"教坊司"。前者主管祭祀乐舞，以道士为乐舞生；后者主管宫廷宴会乐舞。清朝初年沿用明制，设神乐观、教坊司，后改神乐观为"神乐署"，改教坊司为"和声署"。以声腔的流布为特点，明清戏曲音乐出现了新的发展高峰。明初四大声腔中的昆山腔经由改革、经过南北曲的汇流，形成了一时为戏曲之冠的昆剧。晚清，由西皮和二黄两种基本曲调构成的皮黄腔，在北京初步形成，由此，产生了影响遍及全国的京剧。明清时期，器乐的发展表现为民间出现了多种器乐合奏的形式。如北京的智化寺管乐，河北吹歌，江南丝竹，十番锣鼓，等等。在文人掌握的传统艺术——古琴的领域内，万历年间虞山派的继任者徐上瀛发表了音乐美学论著《谿山琴况》，把宋元以来对意境、情趣、韵味的追求，提到新的高度，对清代琴曲艺术的发展有重要影响。在律学研究方面，明神宗万历年间，乐律学家朱载堉所著的《乐律全书》，首先提出"新法密率"（十二平均律）的理论，是乐律学上的一大成就。清朝统治者在完成了音乐百科全书《律吕正义》正、续两编之后，又专门设馆编纂了我国现存最大的以昆曲为主的乐谱总集《九宫大成南北词宫谱》；同时，对当时新传入的欧洲音乐文明也持欢迎态度。

鸦片战争后，中国转化为半封建半殖民地社会，我们的历史文化——包括乐舞艺术在内，受到严重摧残。中华人民共和国成立后，中华民族的音乐进入了一个崭新的历史时期，得到了蓬勃发展。

二、民族音乐的分类

中国民族音乐基本上由宫廷音乐、文人音乐、宗教音乐、民间音乐四部分构成。

（一）宫廷音乐

一部分是典制性音乐，如各类祭祀乐、凯歌乐、朝会乐等；另一部分是娱乐性音乐，如各种筵宴乐、行幸乐。这两大部分音乐体现了宫廷贵族文化的两个侧面，一是皇权至上自我形象的塑造，二是贵族阶层的精神享乐。

（二）文人音乐

文人音乐包括古琴音乐与词调音乐，它与书、绘画、诗词共同构成中国传统文化中独特的文人文化。琴、棋、书、画，琴居首位，古琴音乐追求的是超尘拔俗的意境、天人合一的思想，"清、幽、淡、远"的浪漫色彩，这种音乐最符合封建社会的"中和"思想，成为古人修身养性、塑造人格的最好手段。

（三）宗教音乐

中国宗教多样，有佛教、道教、基督教、萨满教等，在各自的文化基础上宗教音乐也各有特征。而且宗教带来的外来音乐和乐器不断与本土音乐融合，因此宗教音乐具有较浓的民间风格。大量的宗教音乐以民间歌曲为基础加以改动使之仪式化、教仪化，如最初的佛教音乐"法乐"，大都来自西域的龟兹或天竺等国。到南朝的齐、梁两代，开始利用"清商乐"为佛教服务。

（四）民间音乐

民间音乐分为民歌、歌舞、说唱、戏曲、器乐，以综合艺术为主。独特的中国优秀传统文化孕育了独特的民族民间音乐的体裁、形式、风格、内容，成为中国民族音乐的基础。民间音乐形态丰富，具有变迁性、创新性、即兴性等特点，它表现了劳动人民的生活，抒发了他们的感情，更具浓郁的乡土气息和民族色彩。

民族音乐是中国传统文化的一面镜子，它折射出中华民族悠久的历史画面，透视出中华民族独特的情感世界和人文精神。中国传统的世界观即"天人合一""天人感应"，崇仰创造万物的大自然，又重视人的内心体验，而音乐的产生正是源于人心对大自然的感悟。"凡音之起，由人心生也，人心之动，物使之然也。感于物而动，故形于声"，"音乐达天地之和而与人之气相接"。音乐能调整情绪，调和人心，使人与人的关系达到协调和平，"七情不能自节，待乐而节之，至性不能自和，待乐而和之"。在中国优秀传统文化中，音乐不仅承载了塑造人格、道德教化的作用，还有安邦治世的功能，因此，它备受历代统治阶级的关注和推崇。统治阶级将音乐引入政治统治机制，用以实现正风俗、美教化、益道德、使人心迁善、社会风气淳朴和睦的目的。一方面，统治阶级用音乐来教化贵族子弟，使之具备必要的性格品德，从而造就下一代政治后继人；另一方面，统治阶级用音乐来教化百姓，使民"闻其乐而知其德"，人心向善、风纪和睦淳朴，以维持所谓的"德治"和"礼治"，达到巩固自身统治的目的。中国封建社会的巩固发展主要依赖于"礼乐"制度。儒家便是"礼乐"制的倡导者，老子崇尚朴素自然，追求中和，提倡创新，庄子认为主客体和谐产生美感等思想，都是用"乐"（情感）调解阶级矛盾、追求人类平衡、和谐发展的思想，这种思想始终贯穿于民族音乐的历史发展。民族音乐在中国优秀传统文化中的重要地位，还表现在它与诗词、书法、绘画等其他优秀传统文化互相交融、互相联系、共同发展。

三、民族乐器

中国传统乐器分为吹、拉、弹、打四大类。原始社会的乐器是从劳动工具演化而来的，被作为祭祀时为歌舞伴奏的器具。那时的乐器都用鼓、土、石、木制成，主要乐器是土鼓、木鼓、石磬、埙、骨哨等。奴隶社会出现了青铜乐器，如编钟、编磬等。这时，弹弦乐的琴也出现了。琴有五弦至十弦不等，秦汉时定为七弦。和琴同时出现的乐器还有二十五弦的瑟。在《诗经》中记载的乐器除了琴、瑟以外，还有筑、筝、钟、镛、钲、磬、缶、雅、圉、铃、簧、埙、竽、笙等，这些乐器分别由金、石、土、木、匏、丝、革、竹八种材料制成，乐器史上称为"八音"。从秦汉到隋唐，中国乐器大量吸收和学习西域等外来乐器，中国乐器有了更好的发展，出现了琵琶、胡笳、横笛、羌笛、箜篌、笳篥、锣、鼓等。唐代乐器达 300 种之多，可谓盛况空前。宋代以来，尤其是明清时期，中国乐器主要是随着戏曲、曲艺的发展出现了板胡、京胡、二胡、高胡、三弦、书鼓、八角鼓以及唢呐、扬琴等。中国乐器的发展形成了东方乐器特有的体系。这里，我们介绍几种有代表性的乐器。

（一）编钟

编钟是商周（包括春秋战国）时期的重要乐器，在八音系统中属金，打击乐器。其特点是组合性，系列化，规模比较大，用大小不同的铜钟来显示音质。据文献记载，钟的数目为 16 枚。但近代出土的编钟多不合此数。陕西省扶风县出土的西周晚期编钟，一套只 8 枚；河南省信阳市出土的春秋末期编钟为 13 枚。迄今所知最大的编钟是湖北省随州市曾侯乙墓出土的战国编钟，连同一枚磬，共计 65 枚，分三层悬挂，音域可包括现代钢琴的所有黑白键音响。其规模之大，音质之好，制作之精，反映了当时制铜工艺和音乐文化的水平。

（二）竽

竽的形态像笙而比笙大，故被视为"大笙"，在八音系统中属竹，吹奏乐器，最早见于商代，战国时很流行。成语"滥竽充数"所记载的是齐宣王使 300 人吹竽的故事，可见其流行的盛况。文献记载的竽长四尺二寸，有 36 根簧管。但湖南省长沙市马王堆出土的汉竽有 22 根簧管，分前后两排。

（三）琴

琴亦称"瑶琴、玉琴、七弦琴"，常与瑟合称，在八音系统中属丝，弹拨乐器。琴是在孔子时期就已盛行的乐器，到现在至少也有 3000 年以上的历史了。琴不仅是一种演奏乐器，还有着丰富深厚的文化内涵和很高的审美价值，在中国音乐史上至为重要，被视为音乐艺术的代表。中国古代的文人士大夫把琴视为修身之物，甚至视为文人的一种象征。把"琴、棋、书、画"列为文人必备素养之首要，《礼记》曰："士无故不撤琴瑟。"传统琴曲主要用五声音阶，即五正音，这可说是儒家中和雅正思想在音乐上的落实，而琴乐清虚淡静的风格和意境则主要为道家思想的反映。传世名曲有《高山流水》《广陵散》《梅花三弄》《渔樵问答》等。

（四）箜篌

箜篌又写作"空侯"，古代的弹弦乐器，分卧式和竖式两种。据东汉应劭《风俗通》载，卧箜篌为汉武帝时的乐人侯调所造，样子像琴而略小，七弦，用拨弹奏；竖箜篌则是竖琴的前身，后汉时经西域传入中原地区，是古波斯乐器。琴体弯曲而修长，张弦22（也说23），奏时抱在怀中用两手弹拨。魏晋以后十分流行，古诗《孔雀东南飞》中有"十五弹箜篌，十六诵诗书"之句，乐府诗、曹植诗中有《箜篌引》，都可为证。

（五）琵琶

琵琶亦作"批把"，弹弦乐器，种类很多。一类是秦琵琶，是由中国古乐器演变而来，但也受了胡乐的影响。其形状为圆体直柄、4弦、12柱（音位），后因魏晋"竹林七贤"之一阮咸弹奏此器，称为"阮咸"，并增加为13柱。现在日本正仓院收藏有唐代阮咸。其中一类是曲项琵琶，南北朝时由西域传入，隋唐时代盛极一时，名人高手不断涌现，在敦煌壁画和雕塑中都有它的形象，因形制不同而称为龟兹琵琶、五弦琵琶、小忽雷、大忽雷等，其共同特点是半梨形曲颈。唐宋以后不断改进，演奏技法也日益丰富，如反弹琵琶之类。唐诗中描写琵琶的作品很多，尤以白居易的《琵琶行》最著名。

第四节　中国古代的园林艺术及成就

中国古代园林是在世界园林史上与欧洲、阿拉伯园林艺术并称"世界三大园林体系"的人类文明杰作。

一、中国园林发展史

（一）远古及先秦时期

我国古典园林的建造始于何时，尚无明确定论，但随着生产力的发展，在夏朝便已经出现了宫殿建筑。汉代以前的园林是帝王、奴隶主贵族的游猎范围，商纣王"益沙丘苑台，多取野兽蜚鸟置其中"（《史记·殷本纪》），西周"文王之囿，方七十里"（《孟子·梁惠王下》）。可以说，囿是我国古典园林的一种最初形式，也是最早的帝王园林，其中已包括著名建筑、珍禽异兽和奇花异草，可以称得上是集建筑、动物、植物于一体的大型综合性园林。春秋战国时期，礼崩乐坏，百家争鸣，各国争相筑台建宫，"高宫室、大苑囿，以明得意"

（《史记·苏秦列传》）。吴王夫差的姑苏台，规模宏大，华丽之极；屈原在《招魂》中描述的楚国宫廷："层台累榭，临高山些；网户朱缀，刻方连些……川谷径复，流潺湲些……坐堂伏槛，临区池些，芙蓉始发，杂荷苏些……"这一时期建筑物与园林相渗透，风格鲜丽，南北方园林的差异已约略可见。

（二）秦汉时期

至秦代，统一的封建大帝国初步形成，皇家的宫廷园林也随之规模宏大、气魄雄伟。秦始皇营建宫、苑，大小不下 300 处。囿中开始建宫设馆，其中，最为有名的是上林苑中的阿房宫，周围 300 里，内有离宫 70 所，"离宫别馆，弥山跨谷，辇道相属，阁道通骊山八十余里"（《三浦黄图——秦宫》）。苑中还有涌泉、瀑布，以及种类繁多的动植物，规模相当壮观。在皇家园林得到发展的同时，皇亲国戚、将相豪门、富商大贾开始投资园林，标志着私家园林的兴起。

到了汉代，所建宫苑以未央宫、建章宫、长乐宫规模为最大。汉武帝把秦上林苑扩建形成苑中有苑，苑中有宫，苑中有观，规模相当可观，已经成为汇集居住、理政、休闲等多种功能的综合性园林。在当时的园林布局中，栽树移花、凿池引泉不仅已普遍运用，还广泛运用"自然山水，人工为之"的原则，后来历代皇帝所造园林都在继承汉苑活动内容的基础上继续发展。此时贵族、富豪营造的私家园林也得到很大发展，如梁孝王的"梁园"。但由于礼制的限制，私家园林在规模和内容上都不能和皇家园林相比，因此走上了寄情山水、追求隐逸、外卑内宏的造园格局。

（三）魏晋南北朝时期

魏晋时期，由于时局动荡和统治者的斗争，人们常叹生死无常，玄学大盛，遁世思想流行，文人雅士寄情于山水，以求得精神上的解脱。山水诗和山水画的流行，进一步推进了造园艺术，"园林"一词也在这时出现。以山林野趣为主题的山水园林，追求再现自然，努力把园林与自然山水融为一体，并赋予自然以至善至美的人格。自然山水园林的出现，为后来唐宋明清时期的园林艺术打下了深厚的基础。而佛教和道教的流行，使寺观园林也开始兴盛。此时的佛寺大多是由帝王、贵族舍宫舍宅而成，皇家园林和宅园也舍入了寺中，促进了佛寺的园林化。大同的云冈石窟，一开始就把庙宇修成园林的形式，有"山堂水殿，烟寺相望"的景色。

（四）隋唐时期

隋炀帝即位后，在洛阳附近大力营建宫苑，以西苑最为有名，在风格上明显受到南北朝山水园林的影响，以湖、渠水系为主体，贯通 16 个苑中之园，对后世皇家园林影响极大。隋炀帝在凿通大运河之后，几次到扬州游乐，沿途造离宫别馆，在扬州造上林苑、萤苑等园林，并把北方皇家园林和建筑的一些特点带到了扬州，成为当地建筑和园林的一种因素。

唐朝是我国封建社会的全盛时期，国富民强，文化艺术空前繁荣。皇家宫苑的规模及华丽程度与前世相比有过之而无不及，如在长安建有宫苑结合的"南内苑""东内苑""芙蓉苑"及骊山的"华清宫"等。此时不仅帝王宫苑大为发展，更为重要的是私家园林的崛起，并出现了许多由诗人画家所经营的园林。唐朝文人画家以风雅高洁自居，多自建园林，并将诗情画意融贯于园林，追求抒情的园林趣味，被称为"诗画山庄园林"。如诗人兼画家王维的"辋川别业"、白居易的"庐山草堂"，富于自然意趣，又颇具诗情画意，这些园林体现了主人的意趣，奠定了后世"三分在工匠，七分在主人"的造园传统。

（五）宋元明清时期

宋代在建筑技术、绘画方面皆有显著发展，造园活动已深入到地方城市和富裕的士庶阶层。这时的园林更多地和人们的生活结合，形成精巧细致的风格。此时期造园活动由单纯的山居别业转而在城市中营造城市山林，由因山就涧转而人造丘壑，因此大量的人工理水、叠造假山、园林建筑成为宋代造园活动的重要特点。宋徽宗政和七年，始筑皇家园林"万寿山"，后更名艮岳。艮岳的营建，是我国园林史上的一大创举，它不仅有艮岳这座全用太湖石叠砌而成的园林假山之最，更有众多反映我国山水特色的景点；它既有山水之妙，又有众多的亭、台、楼、阁的园林建筑，是一个典型的山水宫苑，成为宋以后元明清官苑的重要借鉴。

元代的园林建筑没有太大发展，皇家园林有代表性的是元大都和太液池，私家园林比较突出的是苏州的狮子林。明、清是我国园林建筑艺术的集大成时期，此时期规模宏大的皇家园林多与离宫别馆相结合，建于郊外，少数设在城内的规模也都很宏大。其总体布局有的是在自然山水的基础上加工改造，有的则是靠人工开凿兴建，其建筑宏伟浑厚、色彩丰富、豪华富丽。造园活动主要集中在以北京为中心的北方和以苏州为中心的江南两地。北方以皇家园林为主，明代建有西苑，清代在北京西郊风景区建造畅春园、静明园、静宜园、圆明园和清漪园五座大型皇家园林，另有热河承德的避暑山庄。南方则以文士园为代表的私家园林为主，无锡的寄畅园，海宁的安澜园，上海的豫园，南翔的古猗园，嘉定的秋霞圃，苏州的拙政园、沧浪亭、留园、环秀山庄、网师园和扬州的瘦西湖园林等都是著名的私家园林。这一时期涌现出一批著名的造园家，如计成、张涟、李渔、石涛、戈裕良等，造园理论与手法渐趋成熟，明末吴江人计成所著的《园冶》是明代江南文士园造园艺术的总结。至此，中国古代的造园艺术无论从实践上还是从理论上都达到了鼎盛时期。但恰在此时，中国造园艺术开始出现了衰败的迹象，暴露出某些衰颓的倾向，逐渐流于烦琐、僵化，已逐渐丧失前一时期的积极、创新精神。

二、中国园林的分类

中国园林历史悠久，源远流长，早在周朝的时候就开始萌芽，到南北朝时期初成气候，随着朝代的更替，中国园林逐渐形成了自己独特的艺术风格，并产生了不同的类型。按其从属关系可分为皇家园林和私家园林。

（一）皇家园林

从园林的发展历史来看，皇家园林的出现更早一些，属于皇帝个人和皇室私有，古称"苑、宫苑、苑囿、御苑"等。皇家园林是皇家生活环境的一个重要组成部分，因而它反映了封建统治阶级的皇权意识，体现了皇权至尊的观念。皇家园林占地面积较大，规模宏大，常将有代表性的宅第、寺庙、名胜集中并在园林中再现出来。一般以主体建筑作为构图中心统帅全园，尺度较大、较为庄重、色彩富丽堂皇。园林建筑在园中占的面积比例较低，多采取"大分散，小集中"成群成组的布局方式，南北向轴对称较多，随意布置的较少。另外，各景区的景观往往离不开建筑，用建筑的形式美来点染、补充、裁剪、修饰天然山水。

与私家园林比较，皇家园林有以下几个特点。

（1）规模浩大、面积广阔、建设恢宏、金碧辉煌，尽显帝王气派。如清代的清漪园占地近300公顷。建筑风格侧重于富丽华彩，渲染出一片皇家气象。造型也比较凝重平实，是华北地方风格的体现，与江南轻灵秀美的作风不同。

（2）景区范围更大，景点更多，景观也更丰富；建筑风格多彩多姿，从中既可看到南方小巧园林风格，如杭州苏堤六桥、苏州狮子林、镇江宝塔等景色，也可看见少数民族风格的塔、屋宇结构等雄风，如北海的藏式白塔、圆明园。

（3）功能内容和活动规模都比私家园林丰富和盛大得多，几乎都附有宫殿，常布置在园林主要入口处，用于听政，园内还有居住用的殿堂；皇家园林中集处理政务、受贺、看戏、居住、园游、祈祷以及观赏、狩猎于一体，甚至有的还设有街市。

现存最大的皇家园林是承德的避暑山庄。避暑山庄的总面积约为 560 公顷，它的特点是园内围进了许多山岭，只有 1/5 左右的平地，而平地内又有许多水面，这与圆明园、颐和园的布局上有所不同。康熙时期，避暑山庄有三十六景，到乾隆又增三十六景，共七十二景，景景各异。充分利用热河泉源和数条山涧，因地就势，加以人工穿凿，形成镜湖、澄湖、上湖、下湖、如意湖等水景区，凭借自然之胜，巧夺天工。

（二）私家园林

私家园林属于除皇帝以外的贵族、地主、富商以及士大夫等私有，在南北朝时期由于宗教的兴盛，也出现了许多由寺院拥有的寺院园林。私家园林主要表现出士大夫阶层的哲学思想和艺术情趣。一般来说空间有限，规模要比皇家园林小得多，又不能将自然山水圈入园内，因而往往运用小中见大的构思，即在有限的范围内运用含蓄、扬抑、曲折、暗示等手法来启动人的主观再创造，曲折有致，造成一种似乎深邃不尽的景境，扩大人们对于实际空间的感受。

从平面布局来看，江南园林由于多处市井，常取内向的形式，因此在市井内建园，周围均为他人住宅，一般均不可能获得开阔的视野和良好的借景条件。一般以厅堂为园中主体建筑，景物紧凑多变，用墙、垣、漏窗、走廊等划分空间，大小空间主次分明、疏密相间、相互对比，构成有节奏的变化。它们常用多条观赏路线联系起来，道路迂回蜿蜒，主要道路上往往建有曲折的走廊，池水以聚为主，以分为辅，大多采用不规则状，用桥、岛等使水面相互渗透，构成深邃的趣味。

从建筑物的外观、立面造型和细部处理来看，江南园林要比北方皇家园林轻巧、纤细、玲珑剔透。这一方面是因为气候条件不同，另一方面和习惯、传统有着千丝万缕的联系。

从空间处理来看，江南园林比较开敞、通透，内、外空间有较多的连通、渗透，层次变化也比较丰富。

私家园林最具代表性的当属苏州园林，苏州城内有大小园林将近 200 处。其中沧浪亭、狮子林、拙政园和留园分别代表着宋、元、明、清四个朝代的艺术风格，被称为苏州"四大名园"。

中国古代园林表现出艺术性和技术的高度统一，也见证了古人认识自然，认识空间，在生活中再现自然空间艺术的过程。中华民族崇尚自然、天人合一的传统在古代园林艺术中得到了最充分的体现，孔子曰，"仁者乐山，智者乐水"，荀子盛赞"天地之大美"，类似的自然美学思想对后世的造园艺术以深刻的影响，山水等自然景观成为园林构成因素的主体。在建筑与自然、人与自然的充分和谐中达到"天人合一"的至高境界。总体上看，中国园林的基本特征体现为：崇尚自然而又妙造自然，自然景观与人文景观巧妙结合，融书法绘画为一体的综合艺术。因为古典园林艺术与文学、绘画乃至音乐、舞蹈等诸多艺术要素的紧密结合，所以赢得了"无声的诗""立体的画""具象的音乐""空间的舞蹈"等美誉。

三、古代园林遗产举要

（一）圆明园

圆明园坐落在北京市西郊海淀区北部，与颐和园紧相毗邻。它是清朝五代皇帝（康熙、雍正、乾陵、嘉庆、道光、咸丰）倾心营造的皇家营苑，被世人冠以"万园之园""世界园林的典范""东方凡尔赛宫"等诸多美名。

圆明园由圆明园、长春园、绮春园三园组成，占地350公顷（5200余亩），其中水面面积约140公顷（2100亩），有园林风景百余处，建筑面积逾16万平方米，是清朝帝王在150余年间创建和经营的一座大型皇家宫苑。圆明园的南部为朝廷区，是皇帝处理公务之所，其余地区则分布着40个景区。圆明园汇集了当时江南若干名园胜景的特点，50多处景点直接模仿江南的名园胜景，如杭州西湖十景，不仅模仿建筑，连名字也照搬过来。在展现江南水乡园林的秀美风姿的同时，圆明园又吸取了欧洲的园林建筑形式，辟有西式园林景区。以"观水法"命名的西洋喷泉、万花阵迷宫以及西洋楼等无不具有意大利文艺复兴时期的风格。圆明园融中国古代造园艺术之精华，既有宫廷建筑的雍容华贵，又有江南水乡园林的委婉多姿，同时，又吸取了欧洲的园林建筑形式，把不同风格的园林建筑融为一体，将诗情画意融化于千变万化的景象之中，在整体布局上使人感到和谐完美。

圆明园不仅以园林著称，而且是一座收藏相当丰富的皇家博物馆，藏有名人字画、珍贵图书、秘府典籍、钟鼎宝器、金银珠宝等稀世文物，集中了古代文化的精华。法国大作家雨果曾说："即使把我国所有圣母院的全部宝物加在一起，也不能同这个规模宏大而富丽堂皇的东方博物馆媲美。"

圆明园曾以其宏大的地域规模、杰出的营造技艺、精美的建筑景群、丰富的文化收藏和博大精深的民族文化内涵而享誉于世，但遗憾的是，1860年英法联军和1900年八国联军两次洗劫圆明园，园中的建筑被烧毁，文物被劫掠，奇迹和神话般的圆明园变成一片废墟，只剩残垣断壁，供人凭吊。

（二）颐和园（清漪园）

颐和园，中国现存最完整、规模最大的皇家园林。地处北京西北郊外，旧称"清漪园"。乾隆继位以前，在北京西郊一带，已建起了四座大型皇家园林，从海淀到香山这四座园林自成体系，相互间缺乏有机的联系，中间的"瓮山泊"成了一片空旷地带，乾隆决定在瓮山一带动用巨额银两兴建清漪园，以此为中心把两边的四个园子连成一体，形成了从现清华园到香山长达二十千米的皇家园林区。清漪园始建于 1750 年，1764 年建成。1860 年，清漪园和圆明园同遭英法联军的破坏，几乎全部焚毁。1888 年重新修复，改名"颐和园"（取"颐养太和"之意），耗银 3000 万两，历时十年。颐和园规模宏大，占地面积达 293公顷，园内分宫廷区、万寿山和昆明湖三大部分。以仁寿殿（原为"勤政殿"）为中心的宫廷区，是当年慈禧太后和光绪皇帝坐朝听政，会见外宾的地方。仁寿殿后是三座大型四合院：乐寿堂、玉澜堂和宜芸馆，分别为慈禧、光绪和后妃居住的地方。宜芸馆东侧的德和园大戏楼是清代三大戏楼之一。万寿山，属燕山余脉，高 58.59 米。建筑群依山而筑，万寿山前山，以八面三层四重檐的佛香阁为中心，组成巨大的主体建筑群。万寿山后山、后湖古木成林，环境幽雅，有藏式寺庙，苏州河古买卖街。后湖东端有仿无锡寄畅园而建的谐趣园，小巧玲珑，被称为"园中之园"。颐和园自万寿山顶的智慧海向下，由佛香阁、德辉殿、排云殿、排云门、云辉玉宇坊，构成了一条层次分明的中轴线。山下是一条长 700 多米的"长廊"，长廊枋梁上有彩画 8000 多幅，号称"世界第一廊"，洋溢着浓重的民族文化气息。长廊之前就是碧波荡漾的昆明湖。碧波荡漾的昆明湖平铺在万寿山南麓，是一片广阔的水面，约占全园面积的 3/4。筑堤和洲岛的分隔将湖面划分为四个湖区。湖中有一座南湖岛，由美丽的十七孔桥和岸上相连。十七孔桥造型仿照卢沟桥造型，每个石栏柱顶都雕有狮子，姿态各异，使湖山大为增色；湖西部有一西堤，仿照西湖的苏堤建造而成，堤上修有六座造型优美的桥，其姿态与自然景色互为映衬，互为增色，十分协调。颐和园三大景区，既有湖光山色，又有庭园美景；既有北方山川的雄浑宏阔，又有江南水乡的清丽婉约；既有帝王宫室的富丽堂皇，又有民间宅居的精巧别致。各式宫殿，寺庙和园林建筑 3000 余间，不同特点的建筑群落自成一格又相互联系。它巧妙地借西部玉泉山作为它的大背景，把人工建设与自然风光和谐地融汇在一起，从而成为中国园林艺术的典范。

颐和园造景百余处，虽然寓意繁丰，但突出地体现着皇权与神权的至高无上，无一处不是悠久历史的深厚积淀，无一处不渗透着民族文化的丰厚内涵。

这座历史为帝王建造的古典园林,自对外开放以来,每年接待中外游客达数百万人,现已成为中国最著名的旅游参观景点之一。1998 年,颐和园被联合国教科文组织正式列入《世界遗产名录》。

(三)避暑山庄

承德避暑山庄,又名承德离宫或热河行宫,位于河北省承德市中心北部,距离北京 230 千米,是清代皇帝夏天避暑和处理政务的场所。始建于 1703 年,历经清朝三代皇帝:康熙、雍正、乾隆,耗时约 90 年建成。避暑山庄占地 564 万平方米,环绕山庄蜿蜒起伏的宫墙长达万米,是中国现存占地最大的古代帝王宫苑。清代皇帝每年有半年的时间在此会见王公贵族及外国使节、处理奏章、消夏避暑,所以这里实际上是清朝的第二个政治中心。

避暑山庄分为宫殿区和苑景区两大部分。宫殿区包括正宫、东宫、松鹤斋和万壑松风四组建筑,是清朝皇帝处理朝政,举行庆典,日常起居的地方。不同于北京宫殿建筑的金碧辉煌,山庄内的建筑青砖灰瓦,原木本色,不施彩绘,古朴庄重,与周围辽阔苍茫的景观相得益彰。苑景区又有湖泊区、平原区和山区之分。

湖泊区在宫殿区的北面,湖泊面积包括州岛约占 43 公顷,有 8 个小岛屿,将湖面分割成大小不同的区域,层次分明,洲岛错落,碧波荡漾,富有江南鱼米之乡的特色。东北角有清泉,即著名的热河泉。平原区西部绿草如茵,一派蒙古草原风光;东部古木参天,具有大兴安岭莽莽森林景象。山峦区在山庄的西北部,面积约占全园的 4/5,这里山峦起伏,沟壑纵横,众多楼堂殿阁、寺庙点缀其间。平原区在避暑山庄东面和北面的山麓,象征着民族团结和中央集权的外八庙"溥仁寺、溥善寺(已毁)、普乐寺、安远庙、普宁寺、须弥福寺之庙、普陀宗乘之庙、殊像寺"分布其中,如众星捧月,环绕山庄。这些寺庙建筑将汉、藏文化艺术融于一体,创造了中国的多样统一的寺庙建筑风格。寺庙殿堂中,完好地保存和供奉着精美的佛像、法器等近万件,共同构成了 18 世纪中国古代建筑富于融合性和创造性的杰作。

避暑山庄融汇了江南水乡和北方草原的特色,兼具"南秀北雄"之特点。并继承和发展了中国古典园林"以人为之美入自然,符合自然而又超越自然"的传统造园思想,既巧妙利用了当地原本的地形特点,又和中国西北多山、东南多水的总体地势相吻合,按照地形地貌特征进行选址和总体设计,因而享有"中国地理形貌之缩影"和"中国古典园林之最高范例"的盛誉。

(四)拙政园

拙政园位于苏州娄门内,是苏州最大的一处园林,也是苏州园林的代表作,拙政园初为唐代诗人陆龟蒙的住宅，元时为大宏寺。明正德年间御史王献臣辞职回乡，买下寺产，聘画家文徵明为其设计改建成此园，并借用晋代潘岳《闲居赋》中"灌园鬻蔬，是亦拙者之政也"的语意，取"拙政"二字为园名。

现存园貌多为清末时（公元 20 世纪初）形成，占地面积达 5.2 公顷。拙政园的布局主题以水为中心，池水面积约占总面积的 3/5。造园者采用了"南方欲就亭台，低凹可开池沼"的因地制宜的手法，各种亭台轩榭多临水而筑，在开阔的水面上或布置小岛，或架设小桥，打破了单调的气氛，衬托了深远，使游人如置身于构图严谨的山水画中。

全园可分中、东、西三部分，其中以中部为主。中部庭园的主体建筑为远香堂，远香堂是一座四面厅，建在园中心水面的南岸，这里的堤堰如一只巨大的山石盆景作品，与水面北岸藤萝牵挂的村郊野趣形成鲜明对比。与远香堂相对的岛上建有雪香云蔚亭，是远香堂的主要对景。水面一条沟渠蜿蜒南下直至园子的尽端，并在此处见"小沧浪"水阁作为收尾。饶有趣味的是，建于空中的"小沧浪"并不截断水流，使水体尽显活水的动感和连续性。"小沧浪"的北面还架设一道略呈拱形的风雨桥"小飞虹"，在增加空间层次方面起到了绝妙的作用。园林的分割和布局非常巧妙，把有限的空间进行分割，充分采用了借景和对景等造园艺术，拙政园的美在不言之中，因此有人说拙政园是苏州四大名园之首。

（五）留园

留园为苏州四大名园（沧浪亭、狮子林、拙政园、留园分别代表宋、元、明、清四个朝代的园林建筑。）之一，在苏州阊门外，明年间太仆徐泰时建园，时称"东园"，清嘉庆时归观察刘恕，名寒碧庄，俗称"刘园"。光绪年间归盛康所有，修葺拓建，易名"留园"，有"长留天地间"之意。现全园占地约 3.4 万平方米，大致可分中、东、西、北四个景区。中部原是"寒碧山庄"，布局以山池为中心，环以山石楼阁，贯以长廊小桥，明洁清幽。东部以庭院建筑见长。高大豪华的"五峰仙馆"为主厅，建筑高深宽敞，陈设华丽，梁柱均用楠木，故又名"楠木厅"，是苏州园林中规模最大的一幢建筑。其西，有鹤所、石林小院、揖峰轩、还我读书处等院落，竹石倚墙，芭蕉映窗，满目诗情画意。林泉耆硕之馆也称"鸳鸯厅"，建筑内部雕梁画栋，富丽堂皇，精细雅致，中间有银杏木精雕的月宫门、屏风分隔，是我国古典厅堂建筑的精品。厅北矗立着著名的留园三峰：冠云峰，瑞云峰、岫云峰。四周尚有冠云亭、冠云台、冠云楼、仁云庵。冠云楼上的题额为"仙苑停云"，意谓此处乃神仙所居之地。北部原有建筑早已废毁，现呈一派自然山村风光，广植竹、李、桃、杏，"又一村"等处建有葡萄、紫藤架。其余之地辟为盆景园，用竹篱分割的盆景国内集苏州盆景之名品，令人目不暇接，尽显田园之趣。西部以假山为主，土石相间，气势雄伟、山石陡峭、枫林拥翠，极富山林野趣。山上枫树郁然成林，山顶点缀着"至乐"和"舒啸"两个小亭。山左云墙如游龙起伏，山前曲溪宛转，流水淙淙，令人有水流不尽之感。留园设计一大独特之处便在于长达700余米的曲廊将全园贯通，并将建筑与峰石、树木分割成大小变化、特色分明的园林小空间，迂回连绵，通幽渡壑，使园景显得深远而又富于变化。且廊壁嵌有历代著名书法石刻三百多方，与风月庭榭、奇石清流、佳木异卉相映生辉，成为留园一大景观。

（六）勺园

北方的私家园林集中于北京，较有名气的是明代书画家米万钟的"勺园"。勺园故址在今北京大学校园内。明代北京西郊王公贵戚的私家园林很多，而米氏勺园独擅第一。园主人米万钟诗词、书画、石刻、棋艺无不精通，万历二十三年（公元 1595 年）中进士，曾任"太仆寺卿"。他的艺术造诣很深，决定了他设计的勺园非同一般。勺园占地百亩，园门题额曰"风烟里"。园内以水为主，水中植荷，水上架桥，水边种竹，杂以亭台廊榭，间以各种奇石。米氏爱石成癖，凡有奇石必高价购得，自号"友石"，一生积得很多奇石，被称为"米家石"。他常邀请文人学士入园游赏，吟诗作画，为了显示他的园林胜景，他把园中风景画成彩灯，挂在园中，被称为"米家灯"。他教子有方，其子出众，诗、书、画名冠京师，被称为"米家童"。因此，当时把他的园、灯、石、童称作"米家四奇"，而勺园是四奇的集中表现。

第五节　中国古代艺术的共同风貌

任何艺术形态同其他各种文化形态一样，都是特定文化土壤的产物。中国古代艺术虽然由于各自的创作方式和物质媒介的不同，对人审美感官的作用范围和产生的社会功能也不同，而形成了各自独有的特色。但是它们又深受中国文化特质的规定与制约，是中国文化中的艺术，从而构成了共同拥有的风貌特征。

一、刚柔相济的表现风格

与西方艺术偏重于粗犷豪放、激情张扬的主流倾向不同，中国古代艺术中不仅拥有许多刚健浑厚、豪壮雄伟、具有阳刚气势的艺术作品，而且留存下很多细腻平缓、淡远含蓄、具有阴柔美的艺术成果，创造了刚柔相济、相得益彰的艺术表现风格。

中国古代艺术的表现风格是为中国文化的特质规定的。在以儒道文化为主干的中国文化中，可以说，儒家注重阳刚之美，是"天行健，君子以自强不息"，是"大哉乾元""充实之谓美"。道家主导阴柔之美，是"天下之至柔""弱者道之用"，是"贵柔守准"、虚静恬淡之美。儒、道两家不同的艺术审美观，必然影响中国古代艺术风格上的阳刚阴柔和浓淡神逸。从美学上来讲，阳刚展示的是刚健豪放的壮美，阴柔显示的则是柔静淡远的优美；浓是一种"错采缕金"的绮美，淡则是一种"出水芙蓉"的秀美；所谓"神"，就是以形写神，由形显神，形神兼备；所谓"逸"，就是超越世俗，突破规矩，以神写形。按照这样的标准来大致区分中国古代艺术作品，属阳刚之美的有青铜器、颜柳楷体、宫殿建筑、民间打击乐等，它们是以方正庄严、气势恢宏来征服人心；属阴柔之美的有彩陶器、行书、宫廷舞蹈、私家园林等，它们是以沉蓄纤秀、清雅幽美而令人叹服。这两种不同的艺术表现风格，使中国古代艺术不但蕴涵有浓厚的美学韵味，而且凝结着深沉的思想智慧。

以阳刚阴柔、浓淡神逸为表现风格的中国古代艺术，在中国文化全方位的影响下，二者之间并不是对立分裂、截然划分的，而是互相渗透、相互统一的。在中国文化的哲学观念上，儒家虽以阳刚为主却要求阴阳交融，有所谓"一阴一阳之谓道"的理性精神；道家虽主阴柔之美但重视阴阳和合，有所谓"孤阳不生，孤阴不长"的理性思考。因此，中国古代艺术作品更多的是一种"阴阳合德而刚柔有体"的特有风格。具体来说，在艺术表现手法上，就是阳刚之美和阴柔之美可以偏胜，但不可以偏废，阳刚、壮美的形式与阴柔、优美的形式互相渗透、交流融合，艺术形象就能更加充满了蓬勃生机和幽美情韵，体现出刚中有柔、柔中带刚的品德和气质。这就使同一位艺术家在不同的时空条件下审美情趣可能会发生很大的变化，一件艺术作品也可能同时包含阳刚之美与阴柔之美。如书法的字体是"藏露互现，方圆兼备"，笔法无常；舞蹈的动作是动中有静，静中见动，姿态各异，都是刚柔相济艺术风格的具体表现。

二、气韵生动的内在精神

与西方艺术力求逼真地再现具体物象的价值取向不同，中国古代艺术强调的是艺术蕴含的丰富的内在精神，追求气韵生动，意境悠远，体现出艺术审美上主客体的相互联系，并在情景交融之中得以升华的完美结合。

中国古代艺术的内在精神是由中国文化的特色规定的，与中国文化的宇宙观、价值观是一致的。中国文化的宇宙观是一个气的宇宙观，气化流行，衍生万物。气是宇宙的根本，也是具体事物之能成为具体事物的根本，因而还是艺术作品的根本。中国古代艺术理论从先秦到魏晋的形成过程，也就是哲学气论转化为艺术气论的过程。自此以后，讲究气韵与意境就成为中国古代各门艺术共同的美学追求。"气"是宇宙运动的生气、灵气；"韵"是宇宙运动的节奏，是宇宙有条不紊、秩序井然地周流运行的整体风貌，"气韵"是指艺术作品要与其承载的生生不息的社会生活内容相联系，具有活泼灵气、生命韵律。"意"即情，是为虚；"境"为景，是为实，"意境"是指艺术创作中要超越具体与有限的事物、场景，进入无限的时间和空间，即所谓"境生于象外"。随着这种"象"的展开，也展开了艺术家对整个人生、社会、宇宙的一种哲理性的感受和领悟，艺术作品呈现出与宇宙生气相一致又韵味无穷的蕴藉风态。

以气韵生动、意境悠远为内在精神的中国古代艺术，突出强调了要以气来论述，正如清人方东树总结的：古代"凡诗、文、书、画，以精神为主。精神者，气之华也"。文学要"以气为主"，"气盛则句之长短与声之高下皆宜"；书法讲究"梭梭凛凛，常有生气"；音乐要"泠泠然满弦皆生气氤氲"，绘画追求"气韵生动"，"聊写胸中逸气"。气是最根本的，但气又是无形和虚的，为了使它在作品中能从无到有，化虚为实，中国古代艺术又特别重视对虚无（空白美）的创造和处理，书法追求"潜虚半腹"，"计白当黑"；音乐讲究"此时无声胜有声"；绘画要求"虚实相生，无画处皆成妙境"；园林建筑提倡"轩楹高爽，窗户虚邻"，"透风漏目"。艺术作品中的虚实相生，有虚有实，使它显得更加满含气韵，蕴藏意境。所以，中国古代艺术作品往往能以恢宏的气势、崇高的境界来表现宇宙，通过有限的对象，进入无限的时空，即小见大，即虚见实，去感悟宇宙的气韵和生机，体会艺术的意境和情感。

三、和谐统一的艺术境界

与西方艺术推崇直观感强烈、悲壮不完美的美学标准不同，中国古代艺术追求的最高境界是和，强调复杂多样的艺术形式在整体效应上要达到和谐平衡、稳定统一，它是艺术家根据对中国文化基本精神的深刻体会并将它作为衡量艺术的标准表现出来的。

　　和作为中国文化的基本精神和最高境界，包括人与人之和、人与社会之和、人与宇宙之和。在远古时代，中国人就已经懂得"和实生物，同则不继"的道理，使"和"成为整个文化体系的基石。中国古代艺术自觉地运用了这一基本原则，各门艺术都是通过自己所依媒介的多样性组合，按和实生物的道理而产生出来的。音乐须五音配合，六律相和；绘画要"错画为文"，"墨分五彩"；书法有八种笔画，"兼备阴阳二气"；建筑讲究布局鲜明，井然有序，呈现均衡形式，使"和"这一原则在各个门类中发挥得尽善尽美。"和"的追求是与"中"联系在一起的，和即中和，"中也者，天地之大本也；和也者，天下之达道也。致中和，天地位焉，万物育焉"。所谓"中"，就是要把多种多样或相反相成的东西按照一定的法则组织起来，使它们成为一个和谐的整体。在艺术形态上，"中"即表现为对中心的追求，如音乐要有主音，最好是宫调；绘画讲究整体性，突出主要人物和景物；书法须有布局，皆在"中立定主笔"左右；建筑追求恢宏，要以主体建筑为中心。突出了整体性中的一个中心，艺术作品就显得气韵生动，艺术体系的和谐、平衡和稳定就得以维持。

　　中国文化中的"和"并不是无矛盾、无差别的同一，而是"和而不同"，是包含着矛盾诸方面"相反相成"的对立统一，是复杂多样性经过冲突而达到的和谐统一。所谓"有无相生，难易相成，长短相形，高下相倾，声音相和，前后相随"，体现的就是一个更高层次、充满了辩证思维智慧的哲学境界。中国古代艺术的作品运用了这一原则，在各门艺术的表现手法中，通过各种相反相成的途径去努力创造一种和谐统一的艺术境界。如音乐有八音克谐，"清浊、大小、短长、疾徐、哀乐、刚柔、高下出入，周疏从刚济也"；绘画有墨的浓淡干湿，注重布局的虚实疏密、景物的阴阳向背；书法有笔的长短曲直，讲究点画的轻重、行笔的缓急；园林的布局要迂回错落，花开水流木秀，景物各有千秋。正是有了这些杂乱中的井然有序、对立中的相互衬托的表现手法，才使中国古代艺术能用表面上的不和衬托出最终的和，产生出更高层次、更成熟的和谐美，并深刻地反映了"和而不同"这一基本原则。

思考题

①中国古代书法、绘画的主要成就。

②书法、绘画类型及其与中国传统文化之间的相互影响。

③中国古代书法理论和画论的主要内容。

④中国古代音乐艺术的主要成就、类型。

⑤中国古代园林艺术的主要成就、类型及与中国传统文化之间的相互影响。

表 3-3　中国传统文化课程思政育人示范

课程思政设计	
思政知识点	文房四宝。
思政问题	书法艺术中体现的伦理性特点。
思政内容	以儒家思想为基础的美学，认为美必须蕴含善。欣赏书法也是在欣赏人格。汉代的杨雄说："书，心画也；心画形，君子小人见矣。"可见书法透露的是君子小人之分，所以书法学的美也就是人的品格的美；还有作字应先做人，柳公权的"心正则笔正"说的就是这个道理；书法的最高境界是"中和"之美，项穆在《书法雅言》里关于《中和》就已经指出："圆而且方，方而复圆，正能含奇，奇不失正，会于中和，斯为美善。中也者，无过不及是也；和也者，无乖无戾是也。"就是说高尚的人写出的字应该是中和的，而且是最美的，也是最善的。
思政目标	书法艺术的最高境界是达到天人合一的境界，这种哲学思想的渗透有利于培养学生建立人与自然的和谐关系。形成不以自我为中心的敬畏自然、尊重自然的自然观。
课程思政设计	
思政知识点	民族音乐的分类。
思政问题	民族音乐的当代价值。
思政内容	民族音乐蕴含了丰富的人类情感，是民族精神和民族灵魂的重要体现。民族音乐集聚了我国各民族劳动人民的智慧，通过欣赏民族音乐可以体会到我国各民族人民的生活环境、文化风俗以及民族历史等，因而民族音乐具有非常高的文化价值。我国的民族音乐经过世代的传承发展，对我国的民族地域的面貌进行了真实的展示。我国的民族音乐也应当继续传承与发展，从而帮助各族人民更好地认识和理解民族历史，能够起到团结民族内部的作用，还能进一步促进民族的繁荣和发展。民族文化的一项重要组成部分是民族音乐，它能够起到增强民族凝聚力以及提升民族自我认同感的作用。此外，民族音乐还能起到开导和熏陶人们的精神世界，提升人们的文化素养。
思政目标	培养学生主动探究艺术背后的思想内涵，体现科学的求索精神。
课程思政设计	
思政知识点	中国古代园林艺术的特征。
思政问题	天人合一思想是如何体现在古代造园艺术中的？

课程思政设计	
思政内容	中国古代传统文化一贯推崇的是"天人合一"的思想，也就是人要顺应自然和天地万物。在中国古代，城市住宅和古典园林也追求闹中取静的田园生活，不能归隐山林，就把大自然搬到自己家里来。归田园居的生活模式总被认为是文人追求的最理想的生活方式，人生的真谛在于享受淳朴。 中国古代在园林形成了一整套的园林设计美学思想和具体的造园方式，其中蕴含了文人士大夫追求和向往的理想居住文化。园林的设计宗旨就是要把自然山水模拟并浓缩于一园之中，如果不能栖身于村郭，则在城市中实现自然隐居的理想，大隐隐于市，使园林成了避世的世外桃源。
思政目标	中国古代园林艺术中体现的中华民族整体的审美观念，有利于培养学生的较高的审美情趣，形成内外兼修的审美观。

第四章

中国传统生活习俗

　　中国有 56 个民族，各个民族在历史发展过程中，由于自然条件和社会环境不同，形成各自不同的生活方式和风俗习惯。他们在衣、食、住、行等方面创造的灿烂文化，是我国传统文化的重要组成部分。本章我们主要介绍饮食文化、服饰文化和节庆文化。

第一节　饮食文化

一、饮食文化的起源与演进

　　原始社会时的饮食不过是一种本能，其方式也比较原始，最初为"茹毛饮血"的生食。后来火的发现和使用，人类由生食改为熟食，据考古证实，我国先民远在北京猿人阶段就用火烧熟食吃了。在距今 8000 年左右的裴李岗文化时期，人们已用陶器烹煮食物。

　　商周时期，烹煮的方法已经很多，人们对吃的东西也比较考究了。《礼记》一书就记载了周代的许多烹制方法。到战国时期出现了探讨饮食问题的专门文章，即《吕氏春秋·本味篇》，保存了世界上最古老的烹调理论。

　　秦汉时期人们的食物种类已大为丰富，五谷杂粮常见的有黍、稷、稻、粱、大豆、小豆、麦、麻、瓜等。蔬菜中除传统的葱、韭菜和白菜外，又从东南亚传来了大蒜，张骞通西域后把西方的胡萝卜、石榴、苜蓿、葡萄等带到汉朝。秦汉时，人们食肉、饮酒也较为普遍。

　　魏晋时期，由于各民族的大融合，饮食文化在各地区和民族间广泛融合。各民族、各地区饮食风格互相影响，逐步形成了南方士族的精细风格和北方庶民的粗放风格。我国已开始了对饮食文化和烹调技术的专门研究，出现了许多专著，如西晋的《安平公食学》、南齐的《食珍录》、北齐的《食经》等。

　　唐宋时期，是我国饮食文化兼收并蓄、博采众长的时代。经济的高速发展，与世界各国文化交往的增多，都使唐朝成为世界经济、文化的中心。随着大都市的迅速崛起和消费市场的膨胀，世风也变得越发奢侈起来。人们创造出名目繁多的色、香、味、形、意俱佳的名馔佳肴。随着城市经济的发展，以营利为目的的饮食业也发展到了相当规模。唐宋时期的一些大城市出现了老字号的饮食业。随着烹调技术的不断丰富与成熟，记述烹调技术的专著也纷纷问世。如唐朝韦巨源的《食谱》、宋朝司膳内人的《玉公批》，在中国饮食史上具有很大影响。唐宋时期，饮茶风气已经形成。

明清饮食融入了满蒙民族的特点，从主食品种来看，各种豆类大部分参与菜肴的烹制，成为主副兼用的作物。小麦的比例大幅度增加，为近代数以千计的面食、面点的兴盛，提供了优质的原料。明代引进了马铃薯和甘薯，它们不但产量高，营养丰富，而且甘美可口，因此很快便普及到南北各地。到清代，已成为很多地方百姓餐桌上的主食。从蔬菜品种来看，品种日渐丰富，为菜肴的制作提供了丰富的原料来源。从肉食原料来看，猪、羊、牛、鸡、鸭等家畜已取代野味而成为餐桌的主角，与古代宴客必陈鹿、兔、雁等野味形成了鲜明的对比。饮食习俗的改变，反映出这一时期大都市的迅速崛起与人口数量的不断攀升带来的生态环境的变化。

明、清两代在烹调方面积累了以前的经验，各种总结烹调技术和仪器加工的专著纷纷出现。饮食流派逐渐形成，民族风格、地域风格日渐突出。

二、古代饮食与礼仪、习俗

（一）古代饮食的种类

1. 食

食就是用谷物做的饭。在古代，主食的花样似乎并不多。主要有：糗是炒熟的米、麦等谷物，类似现在的炒米、炒豆、炒玉米等；饼、粢是把麦或米捣成粉状，加水团成；饵也是用米粉所做。另外，古代也喝稀饭。

2. 膳

膳是以肉为主做成的菜肴。《楚辞·招魂》记载"肥牛之腱，臑若芳些""露鸡臛蠵，厉而不爽些"，说的都是膳。

3. 馐

馐是以粮食为主加工而成的美味点心，主要是粉制食品，如春饼、石鏊饼、乞巧果等。因地区、民族、风俗习惯、物质条件的不同，形成许多的帮式，而最具有代表性的有京式、广式、苏式和川式。

4. 饮

饮是指古代饮料的总称。我国古代佐餐饮料主要是指汤、水、酒。汤古称为"羹"，是最大众化的菜肴兼饮料，所以《礼记·王制》云："羹食自诸侯以下至于庶人无等。"酒是古人最喜欢的饮料，有"酒为欢伯，除忧为乐"之说。

（二）饮食礼仪

中国古代被誉为"礼仪之邦"，饮食礼仪自然成为饮食文化的一个重要部分。中国人的饮食礼仪是比较完备的，而且有从上到下一以贯通的特点。根据文献记载可以得知，在周代时，饮食礼仪已形成一套相当完善的制度。这些饮食礼仪在以后的社会实践中不断得到完善，在古代社会发挥过重要作用，对现代社会依然产生着影响，成为文明时代的行为规范的一部分。

1. 宴饮礼仪

中国传统的古代宴饮礼仪是按阶层划分的：宫廷、官府、行帮（旧社会里同一行业的人为了维护自己的利益而结成的小团体。）、民间等。一般的程序是，主人折柬相邀，到期迎客于门外；客至，至致问候，延入客厅小坐，敬以茶点；导客入席，以左为上，是为首席。席中座次，以左为首座，相对者为二座，首座之下为三座，二座之下为四座。客人坐定，由主人敬酒让菜，客人以礼相谢。宴毕，导客入客厅小坐，上茶，直至辞别。席间斟酒上菜，也有一定的规程。

作为客人，赴宴讲究仪容，根据关系亲疏决定是否携带小礼品或好酒。赴宴守时守约；抵达后，先根据认识与否，自报家门，或由东道进行引见介绍，听从东道安排。

2. 古代食仪

在中国古代，在饭、菜的食用上都有严格的规定，通过饮食礼仪体现等级区别。如王公贵族讲究"牛宜秩，羊宜黍，象宜稷，犬宜粱，雁宜麦，鱼宜漲，凡君子食恒放焉"。大意是牛肉宜配合稻饭，羊肉宜配合黍饭，猪肉宜配合稷饭，狗肉宜配合粱饭，鹅肉宜配合麦饭，鱼肉宜配合菰米饭。凡是君子的膳食都应该遵照这种调配原则。而贫民的日常饭食则以豆饭藿羹为主，"民之所食，大抵豆饭藿羹"。

不仅讲求饮食规格，而且连菜肴的摆设也有规则，《礼记·曲礼》说："凡进食之礼，左肴右胾，食居人之左，羹居人之右。脍炙处外，醢酱处内，葱片处右，酒浆处右。以脯脩置者，左胸右末。"就是说，凡是陈设便餐，带骨的菜肴放在左边，切的纯肉放在右边。干的食品菜肴靠着人的左手方，羹汤放在靠右手方。细切的和烧烤的肉类放远些，醋和酱类放在近处。蒸葱等伴料放在旁边，酒浆等饮料和羹汤放在同一方向。如果要分陈干肉、牛脯等物，则弯曲的在左，挺直的在右。这套规则在《礼记·少仪》中也有详细记载。上菜时，要用右手握持，而托捧于左手上；上鱼肴时，如果是烧鱼，以鱼尾向着宾客；冬天鱼肚向着宾客的右方，夏天鱼脊向着宾客的右方。

在用饭过程中，也有一套繁文缛节。《礼记·曲礼》载："共食不饱，共饭不择手，毋抟饭，毋放饭，毋流歠，毋咤食，毋啮骨。毋反鱼肉，毋投与狗骨。毋固获，毋扬饭，饭黍毋以箸，毋嚃羹，毋絮羹，毋刺齿。客絮羹，主人辞不能烹。客歠醢，主人辞以窭。濡肉齿决，于肉不齿决。毋嘬炙。卒食，客自前跪，撤饭齐以授相者，主人兴辞于客，然后客坐。"就是说，大家共同吃饭时，不可只顾自己吃饱。如果和别人一起吃饭，就要检查手的清洁。不要用手搓饭团，把多余的饭放进锅中，喝得满嘴淋漓，不要吃得啧啧作声，啃骨头，也不要把咬过的鱼肉又放回盘碗里，把肉骨头扔给狗。不要专据食物，也不要簸扬着热饭，吃黍蒸的饭用手而不用箸，不可以大口囫囵地喝汤，也不要当着主人的面调和菜汤。不要当众剔牙齿，也不要喝肉酱。如果有客人在调和菜汤，主人就要道歉，说是烹调得不好；如果客人喝到酱类的食品，主人也要道歉，说是备办的食物不够。湿软的肉可以用牙齿咬断，干肉就得用手分食。吃炙肉要操作一把来嚼。吃饭完毕，客人应起身向前收拾桌上的碟子交给旁边伺候的主人，主人跟着起身，请客人不要劳动，然后，客人坐下。

（三）饮食习俗

1. 以谷物为主

就我国自然地理条件而言，黄河流域适宜种植小麦，长江流域适宜栽种水稻。二者产量高，对人体的营养又好，所以形成了汉民族几千年来的以谷物为主的习俗。

2. 以素食为主、肉食为辅

由于中原地区农业生产相对发达，我国古代汉民族以谷、果、蔬这些植物性食物为主，动物性食物为辅，这与西北游牧民族以肉食和乳酪为主的饮食习俗截然不同。

3. 讲究五味调和

我国古代汉民族的饮食习俗中，十分重视调味，但是由于各地自然条件不同，也形成了各具特色的食区和菜系，各菜系都有若干特殊风味的食品，成为我国饮食文化的重要组成部分。

4. 食具

中国人使用筷子的历史相当久远。筷子在中国古代称为"箸"或"梜"。早期的"箸"多为竹、木所制，不易长期保存，商代已出土有铜箸、象牙箸。

6. 食制

饮食时制是一种带有社会性和普遍性的习俗。早在远古时代饮食时制就已出现并不断演变。起初是早、晚两餐制，早饭叫朝食，晚饭叫铺。两餐制适应古人"日出而作，日落而息"的生活习惯。后来随着农业和畜牧业的发展，农副产品的日益丰富，逐渐改变为早、中、晚三餐制，并沿用至今。在中国古代，饮食时制也反映出饮食者的身份和地位。

三、中国饮食文化的特色

殷墟出土的器物中，有一种叫"甑"的蒸具，下部注水，中间用有空之板隔开，上部放粮米，相当于现代的大蒸锅。这说明我国的先民在殷商时代已经脱离了原始的饮食方法。中国传统饮食文化（主要指汉民族）具有以下特点。

（一）营养与保健有机结合

营养和保健是人类生存与生活质量的根本保障。中国传统的饮食文化一直把两者有机结合，把维持生命和生命活动的营养措施，同保护健康与长寿的保健措施结合在一起。

（二）品色香味形器效并举

对各种饮食品讲究色、香、味、形、器、效并举，这是中国传统饮食文化又一个显著特色。在许多特定场合的餐桌上，可以看到摆设的各种菜肴，不仅仅是一道道营养与保健并存的美味佳肴，而且宛如陈列着一件件形象高超的艺术作品，会使人赏心悦目。

（三）餐饮活动成为社会交往的桥梁

社会交往是人生中的不可等闲视之的大事，怎样开展社会交往，形式与方法可以多种多样，但不知什么时候，人们逐渐约定俗成，餐饮活动成了社会交往中的一条重要的"桥梁"与"纽带"，并由此成了中国传统饮食文化中的重要功能之一。

四、食文化

（一）主食的种类

古人对饭食是十分重视的，以饭为主食的中国饮食结构，在先秦时期就已确立。制作饭食的谷物，在古代称为"五谷"，即黍、稷、稻、麦、菽等。

在古代用粮食做成的食物主要有三类。一是糗，是炒熟的米麦等谷物，类似现在的炒米、炒豆等。二是饼，是把麦或米（稻或黍）捣成粉后加水团成饼状。三是粥或饭，最初古人煮饭，稍稠一些、像糊一样的就叫饘，稀而水多的就叫粥。

（二）副食的种类

我国古代人民的饮食生活，并非单一依靠谷类食物，早在《黄帝内经·素问》中就指出了理想的饮食结构："五谷为养，五果为助，五畜为益，五菜为充。"中国菜肴的制作就来源于这些牲肉及蔬菜瓜果。

考古发掘表明，从我国史前的新石器时代到商代青铜文化来临之前，人类文明生活中饲养的几种主要家畜，如马、牛、羊、猪、犬、鸡，无论在黄河流域还是长江流域，大都已普遍饲养，供人食用。到商代，后世的主要家畜、家禽品种当时都已具备。此外，渔猎也是人们肉食的来源。

考古资料还证明，在仰韶文化时期，我国就已经种植蔬菜，西安半坡遗址发掘出的一个陶罐中，收藏着芥菜或白菜的种子。西周以后，蔬菜瓜果生产已逐渐形成一种脱离粮食生产而独立的专门职业。

（三）中国传统四大菜系

1. 鲁菜

鲁菜是北方菜肴的代表，其特点一是清、鲜、脆、嫩，质地精良；二是烹饪技艺多样，尤以爆、炒、熘、扒见长；三是善于用葱香调味，葱香抑菌消毒，顺气散腻，增进食欲；四是讲究火候。名菜有爆双脆、葱爆海参、糖醋鲤鱼、锅塌豆腐、熘肝尖等。

2. 川菜

川菜的特点，一是调味多变，清、鲜、醇、浓并重，以麻辣味著称，有"一菜一格，百菜百味"之誉；二是取材广泛，调料独特；三是档次多，适应性强。名菜有宫保鸡丁、麻婆豆腐、水煮肉片、鱼香肉丝、怪味鸡等。

3. 粤菜

粤菜的特点，一是原料广泛，种类繁多。"不问鸟兽虫蛇，无不食之"，生猛海鲜是粤菜的主要特色。二是料精工细，极善装饰。三是炮制方法颇为讲究，常用方法有三十六种之多，特别注重"五滋""六味"。名菜有龙虎凤大会、红烧大裙翅、园林香液鸡、大同脆皮鸡、金牌乳猪、清香荷叶饭等。

4. 苏菜

苏菜以江鲜为特色，利用主副料的自然色彩，清爽鲜嫩。口味清淡趋甜，香而不腻，淡而不薄，鲜美可口，滑嫩爽脆而不失其本味。名菜有松鼠鳜鱼、扬州狮子头、西湖醋鱼、龙眼鳝片、水晶肘子、清烩鲈片等。

五、酒文化

(一) 酿酒的历史

考古资料表明酒的出现，可以追溯到新石器时代中期以前，大汶口遗址出土高柄陶酒杯，滤酒缸，仰韶遗址发掘了小口圆肩小底瓮、尖底瓶、细颈壶等酒具的出现都是证明。

夏代酿酒技术有了进一步发展，出现了两位酿酒大师，一位是夏禹时期的仪狄，酿酒甘美，另一位是第七代君主少康，发明了秫酒。从考古发掘来看，二里头遗址随葬陶器中，占比例最大的是酒器，其次才是炊器和食器，可见酒在夏代人生活中的地位和作用。

商代酿酒业之发达，以至于在商代中晚期，掀起了我国第一个饮酒高潮，青铜礼器上体现出重酒的组合，1973 年，河北省藁城台西村的商代遗址中，发现了商代酿酒作坊、酒器，而河南罗山天湖晚商息族墓葬出土了一密封良好的青铜卣，内装古酒，经专家测定，每百毫升内含 8.239 毫克的甲酸乙酯，果香气味。

从周秦时代酒的品种来看，《周礼·酒正》提到饮料，有四饮，五齐，三酒；《礼记》中也有醴酒、澄酒、粢醍、清酌等。

战国时代，楚国的酒风随着巫风而越发炽热，最为昌盛。战国时代有名的“中山清酤”（指一夜就熟的酒），于 1974 年在河北省平山县战国中山王墓中发掘出两壶，经专家化验，含有乙醇、脂肪、糖等 13 种成分，距今约 2200 多年，也是当今世界上发现最古老的酒之一。

汉魏南北朝是我国酒业发展的一个重要阶段，这时期酒业迅速发展，主要有四个方面的标志：一是用曲不用蘖；二是酿酒工艺大为改进，酒的度数大大提高了；三是酒名大量出现，酒的品种迅速增多，与此同时，酒的物质作用也大大丰富了，除了日常饮用外，药用价值、养生价值也明确地为人所认识，如《汉书·食货志》：“酒，百药之长，嘉会之好。”就反映了汉人的这种深刻认识。

唐宋酒业，在前人的基础上不断创新与改进，制曲技术，酿造技术，在理论上和工艺上都有了很大突破，出现了《北山酒经》，是继《齐民要术》之后最有价值的酿酒著作。1975年12月，在河北省青龙县土门子乡，发掘了一套金代黄铜蒸馏器，俗称"烧酒锅"，敦煌壁画中也有西夏时期酿酒蒸馏图，这都反映了宋代已经掌握了蒸馏酒的技术。

烧酒的推广是元酒的一大贡献，《本草纲目》中记载："烧酒非古法也，自元时始创其法。"但是越来越多的酒史专家认为，烧酒始自宋代，推广在元代。

明清酒业在制曲技术之高、酿酒技术之精、规模之大、品类之众、理论总结之全面而系统方面，大大超过了历代。明清时代，我国酿酒已经形成了南酒、北酒两大体系，各有特色和名酒。南酒是南方风味酒，尤以江、浙、皖一代最为有名，明清南酒主要以绍兴酒为首的黄酒系统，北酒以京、冀、晋、鲁、豫、陕等产地为佳，明清北酒虽然也有米酒，但以烧酒为盛为最。随着东西方经济、文化交流，外国酒特别是西洋酒也在这个时期大量进入我国，如葡萄酒、啤酒等，这些舶来酒对我国近现代酒业发展影响很大。

（二）酒的礼仪和习俗

1. 酒礼

我国古代饮酒有以下一些礼节：主人和宾客一起饮酒时，要相互跪拜。晚辈在长辈面前饮酒，叫侍饮，通常要先行跪拜礼，然后坐入次席。长辈命晚辈饮酒，晚辈才可举杯；长辈酒杯中的酒尚未饮完，晚辈也不能先饮尽。

古代饮酒的礼仪约有四步：拜、祭、啐、卒爵。就是先做出拜的动作，表示敬意，接着把酒倒出一点在地上，祭谢大地生养之德；然后尝尝酒味，并加以赞扬令主人高兴；最后仰杯而尽。

在酒宴上，主人要向客人敬酒（叫酬），客人要回敬主人（叫酢），敬酒时还有说上几句敬酒辞。客人之间相互也可敬酒（叫旅酬）。有时还要依次向人敬酒（叫行酒）。敬酒时，敬酒的人和被敬酒的人都要"避席"（离开座席扶于地，表示对对方尊敬和自己谦逊。)），起立。普通敬酒以三杯为度。

2. 酒的习俗

重大节日的饮酒习俗。中国人一年中的几个重大节日，都有相应的饮酒活动，如端午节饮"菖蒲酒"，重阳节饮"菊花酒"，除夕夜的"年酒"。新年伊始，古人有合家饮屠苏酒的习俗，饮酒时，从小到大依次饮用。据说饮此酒可以避瘟气。

婚姻饮酒习俗。南方的"女儿酒"，最早记载为晋人嵇含著的《南方草木状》，说南方人生下女儿才数岁，便开始酿酒，酿成酒后，埋藏于池塘底部，待女儿出嫁之时才取出供宾客饮用。"喜酒",往往是婚礼的代名词,置办喜酒即办婚事,去喝喜酒,也就是去参加婚礼。满族人结婚时的"交杯酒",达斡尔族的"接风酒"和"出门酒"都是婚姻饮酒习俗的代表。

（四）中国名酒简介

1. 贵州茅台酒

贵州茅台酒产于贵州省仁怀县茅台镇。以优质高粱为原料,用小麦制成高温曲,而用曲量多于原料。用曲多,发酵期长,多次发酵,多次取酒等独特工艺,这是茅台酒风格独特、品质优异的重要原因。茅台酒液纯净透明、醇馥幽郁的特点,是由酱香、窖底香、醇甜三大特殊风味融合而成,现已知香气组成成分达300余种。1915年获巴拿马万国博览会金奖,素有"国酒"之称。

2. 泸州老窖特曲

泸州老窖特曲产于四川省泸州市。是中国最古老的四大名酒,蝉联历届中国名酒称号,被誉为"浓香鼻祖""酒中泰斗"。具有"无色透明、窖香优雅、绵甜爽净、柔和协调、尾净香长、风格典型"的特点。1915年在美国旧金山获巴拿马太平洋万国博览会金奖。

3. 汾酒

汾酒产于山西省汾阳市杏花村。是我国清香型白酒的典型代表,其工艺精湛,源远流长,素以入口绵、落口甜、饮后余香、回味悠长特色而著称。历史上,汾酒曾经过了三次辉煌。1500年前的南北朝时期,汾酒作为宫廷御酒受到北齐武成帝的极力推崇,被载入二十四史,使汾酒一举成名;晚唐时期,大诗人杜牧一首《清明》诗吟出千古绝唱:"借问酒家何处有?牧童遥指杏花村。"这是汾酒的二次成名;1915年,汾酒在巴拿马万国博览会上荣获甲等金质大奖章,为国争光,成为中国酿酒行业的佼佼者。

4. 绍兴加饭酒

绍兴加饭酒古称"山阴甜酒""越酒",距今已有2300多年的酿造历史。是选用优质糯米、曲和鉴湖水为原料,采取独特的工艺,用摊饭法精制而成。酒质醇厚,风味优美,是"绍兴老酒"中佳品。

六、茶文化

（一）中国饮茶的历史

1. 中国饮茶的起源与发展

我国是茶的故乡,种茶、制茶、饮茶都起源于我国。远古时代,人们把茶当作一种药材，后来在医药实践中，人们才认识到茶不但可以治病，而且可以清热解毒，味道也清香扑鼻，是一种很好的饮料。据说，在秦代以前，只有巴蜀人在种茶和饮茶。秦始皇统一中国后，这一习惯由四川传播出来，到西汉时已由药用完全转变为饮用。三国时期，饮茶在长江流域已成为习惯。

魏晋南北朝，佛教在我国兴盛一时，为茶叶的迅速发展，创造了有利条件。僧人打坐诵经，很容易困乏，而茶恰恰有提神醒脑的功效，而且寺庙多坐落于名山之中，自然条件优越，适宜茶树生长。所以，种茶、饮茶在寺庙中日益兴盛并广为传播。据文献记载，当时茶树种植逐年增加，茶叶在南方渐渐变为一种普通之物。

唐朝是我国封建社会高度发达的一个朝代，也是我国茶叶获得空前发展的时期。到唐中期，茶叶产地遍及云南、贵州、四川、湖南、湖北、河南等 10 余个省份，茶肆广布各城市。同时茶传到我国边疆的回纥、吐蕃等少数民族地区，因这些民族多食腥膻，而茶具有消食解腻的功效，所以，茶成了这些少数民族的生活必需品。但这些民族聚居区因气候原因，并不产茶，于是便出现了历史上的"茶马互市"。

茶叶事业的日益繁荣，引起社会对茶的普遍重视，人们渴望对茶有更多、更全面的了解。在这样的历史条件下，唐代陆羽亲身实践，博采群书，终于写成了传世千古的《茶经》。

2. 饮茶方法的发展

我们现在最常用的饮茶方法，是将加工好的茶叶用开水冲泡后饮用，而我们的祖先最早却是将鲜茶叶煮后饮用的。后随着饮茶之风日盛，鲜茶叶贮存、运输都极不方便，大约在三国时期，湖北、四川开始流行将茶的嫩叶碾碎制成饼，然后烘干，喝茶时再捣成碎末冲饮的方法，有时还要加入葱、姜、橘子等作为配料。茶叶制成饼虽然方便了运输、贮存，但仍不能去掉茶叶中的青草味。中唐以后，采用先将嫩茶叶放进甑釜中蒸一下，再把蒸过的茶叶捣碎，做成饼后穿起来烘干、贮存的方法。这样加工的饼茶虽然去掉了茶叶的青草味，但美中不足的是茶叶苦涩味仍很重。所以，后来又出现了将蒸过的茶叶榨去茶汁再制成饼的加工方法。由于饼茶加工复杂，而且茶味不正，因此到了宋代后期出现了改蒸青为炒青的制茶方法，从而保持了茶叶原有的清香。明代，炒青技术被普及，饮茶方法也逐渐由过去的煮饮改为直接用开水冲泡①。顾况的《过山

---

① 张秀平，王乃庄：《中国文化概览》，东方出版社 1988 年版。

农家》"板桥人渡泉声。茅檐日午鸡鸣。莫嗔焙茶烟暗，却喜晒谷天晴"，表现的正是江南山乡焙茶晒谷的劳动场景。

（二）茶艺与茶礼

1. 茶艺

茶艺是包括茶叶品评技法、艺术操作手段的鉴赏、品茗、美好环境的领略等整个品茶过程的美好意境，其过程体现形式和精神的相互统一，是饮茶活动过程中形成的文化现象。茶艺具有悠久的历史，它萌芽于唐，发皇于宋，改革于明，极盛于清。茶艺包括：选茗、择水、烹茶技术、茶具艺术、环境的选择创造等一系列内容。

2. 茶礼

由于茶的利用，在我国古代还产生了茶礼，作为男女结婚时的媒介，即男女定亲后，男方用茶给女方送聘礼，叫作"下茶"；女方接受聘礼，叫作"受茶"。

（三）茶之文化品位

1. 品评泉水

品评泉水的活动，始于陆羽。他从多年实践经验中懂得，水质的好坏对茶味的影响极大。因此，他煮茶时非常注意水的选用。从陆羽以后，文人士大夫都喜欢根据自己的经验和体会，对适宜煮茶、泡茶的泉水评定等级，以显示自己在这方面的素养和水平。到了清代，这种品泉风气影响到帝王，这超出了茶与水本身的意义，而包含了文化成分。

2. 品茗赋诗

品茗赋诗的风气，我们还说不上始于何时。如果从晋代杜育的《荈赋》算起，应当早于品评泉水的风气。它是文人士大夫的一种雅趣，是综合品味、赏景、清谈、修性、抒情等多种审美功能的文化活动，唐宋以来极为盛行。

3. 茶话

就是一边饮茶，一边清谈，后来演变为"茶话会"，成为一种饮茶的聚会形式。

（四）《茶经》

《茶经》是唐代陆羽著，总结了唐代以前种茶、饮茶的经验，将茶文化发展到一个新的高度。其一，书中对饮茶的历史、茶的起源、性质、茶的产地、采茶的器具、制茶的过程和饮茶的方法等做了比较全面的论述，陆羽以自己一生饮茶实践和茶学知识，在总结前人经验的基础上写出了我国也是世界历史上第一部茶书；其二，书中提出"三分解渴七分品"，陆羽首介品饮艺术，完成了从解渴式的粗放型饮法向细煎慢品的品饮法的过渡，使饮茶成为一种艺术活动，一种富于文化意味的事。他在《茶经》中提出了一系列从煎到饮的理论，尤其是在"四之期""五之煮"和"六之饮"中，开列了一系列工具，并制定了一整套程序，目的是引导饮者在从煎到饮的过程中，进入一种澄心静虑、怡情悦性的境界。陆羽以他毕生的学识，融儒、道、佛三教精神与饮茶活动为一体，将精神注入茶中，使饮茶活动成为"精行俭德"、陶冶性情的手段，从而开中国茶道之先河，为后世茶文化的发展提供了典范。由陆羽开始的茶的这种划时代的变化，正是当时茶风盛行，人们在高度物质文明的基础上追求精神享受的一种体现。

（五）中国名茶简介

1. 绿茶

绿茶是最古老的茶叶品种。它是不发酵的茶叶，采用高温杀青，以保持鲜叶原有的嫩绿，水色、叶底也显绿色，香气清鲜芬芳。绿茶的产量大，品种多。其中以西湖龙井茶、黄山毛峰茶、庐山云雾茶最为有名。

2. 红茶

红茶出现于清朝。它是全发酵茶，在发酵过程中，茶叶的茶鞣质经氧化而生成鞣质红，不仅使茶叶变黑，水色、叶底红亮，并且使茶叶的香气和滋味也发生了变化，具有水果香气和醇厚的滋味。红茶以安徽祈红、云南滇红最为有名。

3. 乌龙茶

乌龙茶是介于绿茶和红茶之间的茶类。它既有绿茶的清鲜幽香，又具备红茶的浓郁醇香。其主要产地集中在福建、广东、台湾一带，名品有福建的"武夷岩茶""乌龙""铁观音"，广东的"凤凰单丛""浪菜"，台湾的"乌龙"等。

4. 黄茶

黄茶的特点是"黄叶黄汤"。这种黄色是制茶过程中进行闷堆渥黄的结果。黄茶分为黄芽茶、黄小茶和黄大茶三类。黄茶芽叶细嫩，显毫，香味鲜醇。名品有湖南的"君山银针"茶。

5. 白茶

白茶属轻微发酵茶，是我国茶类中的特殊珍品。因其成品茶多为芽头，满披白毫，如银似雪而得名。具有外形芽毫完整，满身披毫，毫香清鲜，汤色黄绿清澈，滋味清淡回甘的品质特点。名茶有"白毫银针""白牡丹"等。

6. 黑茶

黑茶是利用菌发酵的方式制成的一种茶叶，它的出现距今已有400多年的历史。由于黑茶的原料比较粗老，制造过程中往往要堆积发酵较长时间，所以叶片大多呈现暗褐色，因此被人们称为"黑茶"。主要品种有湖南黑茶、四川边茶、云南普洱茶等。

（六）茶文化外传及其影响

中国早期茶文化的对外传播基本上是与陆路丝绸之路相辅而行的。到宋朝，与北方少数民族政权契丹进行的茶叶贸易已有文字记载，并由于西辽的西征，把茶叶带到西北亚。西亚和西北亚地区以及俄罗斯原属乳饮文化系统，中国茶文化传输过去，与当时的乳饮结合，形成了奶茶文化。

中国茶文化外传最成功的范例是向日本和韩国的传播。由于茶叶商品输入和文化上的渲染熏陶，加速了茶文化的普及。日本注重完整的茶道仪式，而韩国更重茶礼，把茶礼贯穿于各个阶层。

17世纪以后，中国的茶叶陆续传入印度尼西亚、印度和欧美大陆，成为一种世界性的饮料，受到各国人民的喜爱。

第二节　服饰文化

一、古代服饰的起源与演变

所谓"服饰"，从狭义上来理解，就是平常所讲的衣服；从广义上来理解，它包括头、手、颈、脚、胸等人身佩戴的各种服饰。中国服饰的发展是中华民族文化艺术的重要组成部分。

（一）原始社会时期的服饰

原始社会时期的人们穿戴的服饰，最初除了树皮之外，更普遍的是毛皮。麻、丝等织物出现以后，服饰的原料大大增加，无疑为服饰的发展起了十分重要的作用。据出土文物可知，原始服饰为"交领、右衽、系带"的直线构成的服装形式，其下装为"裳"。上衣下裳形式是原始服饰文化的最典型的服饰特点。

（二）夏商西周时期的服饰

商周时代的服饰，主要是宽衣长带外加腰饰，即上身穿"衣"，下身穿"裳"，腰间束一条宽边的腰带，肚腹前再加一条"韨"，用来遮蔽下身及膝部，所以叫"蔽膝"。

根据文献记载和出土文物分析，中国冠服制度，初步建立于夏商时期，到周代趋于完善。冠服制度已成为体现统治阶级意志、分别等级尊卑的东西，标志着权力和等级的冕服与官服以及各种饰品逐渐成为服饰发展的主流。

（三）春秋战国时期的服饰

春秋战国时期，各种礼仪的逐渐废除，男子着装衣长不过膝，以交领、窄袖、腰间束带为基本形式，制衣用料轻薄，为防止薄衣缠身，采用平挺的棉类织物镶边，边上再饰云纹图案，这就是"衣作绣，锦为沿"，它将实用性与审美性巧妙地结合在一起。

春秋战国时期的衣服款式空前丰富多样，不仅表现于深衣和胡服，而且乐人有戴风兜帽的，舞人有长及数尺的袖子，有人还常戴鸥角或鹊尾冠，穿小袖长裙衣和斜露臂褶的下裳。这些都与多彩的社会生活相关。

（四）秦汉时期的服饰

秦汉时期是我国封建社会初步巩固发展的时期，从出土的马王堆衣饰、秦始皇兵马俑等都可以看出当时的服饰日益讲究，着装渐趋华丽。

秦汉时期的男子以袍为贵，袍服属于汉族服装古制，它的特点是：采用交领，两襟相交垂直而下，质地较为厚实，衣袖宽大形成圆弧形至袖口部分则明显收敛。秦汉妇女的服装，仍以深衣为主。秦汉时期男女服装的式样差异较小，但其服装的佩饰已大不相同。汉代有了舆服制度，服饰上的等级差别已十分明显。主要表现在：一是冠服在因袭旧制的基础上，发展成为区分等级的基本标识；二是佩绶制度确立为区分官阶的标识。

（五）魏晋南北朝时期的服饰

魏晋南北朝时期基本上处于动乱分裂状态，服饰虽然保留了汉代的基本形式，但在风格特征上，有独到之处。魏晋男子服装主要为大袖衫。首服有各种巾、冠、帽等。鞋履有丝履、锦履、皮履、木屐等，亦有穿鞋及草鞋的。女子日常礼服以襦衫、裙裤为主，衣衫以对襟为多，腰间有围裳以便束腰。

南北朝时，北方少数民族入主中原，人民错居杂处，政治、经济、文化风习相互渗透，形成大融合局面，服饰也因而改易发展。北方民族短衣打扮的裤褶渐成主流，不分贵贱、男女都可穿用。少数民族服饰受汉朝典章礼仪影响，穿起了汉族服装。

魏晋南北朝时期的服饰复杂多变，体现了多民族性特征，许多服式是汉族与其他少数民族相互学习、相互交融、共同创造的结果。

（六）隋唐时期的服饰

隋唐时期的服饰无论官服或民服、男装或女装，都表现出了开放的思想、开拓的精神，充分反映了鲜明的时代性和强烈的民族性。

隋唐时期男子冠服特点主要是上层人物穿长袍，官员戴幞头，百姓着短衫。天子、百官的官服用颜色来区分等级，用花纹表示官阶。隋唐服装的空前繁荣突出体现在女子服饰上，其主要特征是丰美华丽、雍容大度的服装款式；不拘一格、形式多样的穿着方式；配套齐全、种类繁杂的妆饰装扮。最时兴的女子衣着是襦裙，即短上衣加长裙，裙腰以绸带高系，几乎及腋下；同时唐代女子还盛行穿男装和少数民族服装。

（七）宋辽金元服饰

宋代的服装，其服色、服式多承袭唐代，但式样变化不多，色彩也不如唐代鲜艳。在宋代理学及禅宗思想的影响下，服饰风尚趋于拘谨、质朴、高雅，流露出一种清淡的美。辽金元服饰具有异族风情，这一时期是中国服饰发展历程中又一个民族服饰大交流、大融合时期。

两宋时期的男子常服以襕衫为尚，所谓"襕衫"是无袖头的长衫，上为圆领或交领，下摆加以横襕，以示上衣下裳之旧制。妇女服饰，上衣多为袄、襦、衫、抹胸等短制的里衣，下身配裙子，通常在上衣外面再穿一件对襟的褙子。辽代服饰以长袍为主，男袍较短露出革靴，女袍一般长度曳地。金代服装为窄袖左衽袍衫。元代出现了"比肩"和"比甲"服式。妇女衣着分贵族和平民两种形式。

（八）明朝的服饰

明朝统治者非常重视整顿和恢复礼仪，上采周汉、下取唐宋，将服饰制度做了重新规定，出现了区别官阶秩序的又一重要标志——补子（补衣）。古代服饰发展到明代，最突出的特点是以前襟的纽扣代替的几千年的带结。明装与唐装相比，衣裙比例上明显倒置，由上衣短下裳长到逐渐拉长上衣缩短裙子的长度。衣领也从宋代的对襟领蜕变为圆领。明代织物的纹样装饰丰富多彩，如云纹、如意纹、龙凤鹤纹以及鸟虫蝶、吉祥器物、福寿字等组成的"吉祥图案"。

明代官服上的补子，用不同的动物图案来标识不同的品级，区别不同的官阶，是历代服饰中最具文化意义的创新。

明代一般男子服饰以方巾、圆领衫为代表。命妇服装服饰主要以凤冠、霞帔、大袖衫及褙子组成。一般妇女服饰主要为上穿衫、袄，外罩褙子或比甲，下着裙子，裙边微露一双"三寸金莲"。

（九）清朝服饰

清王朝统治者用暴力和禁令强制人们改冠易服，结果清代服装虽在外观形式上摈弃了许多传统的基本形制，以满族服饰为主，具有典型的北方游牧民族特色，但它内在的东西没有改变，保留了数千年遗存下来的等级制度的内容。

清代官服废弃了历代以衮冕衣裳为祭服，以通天冠、降纱袍为朝服的传统制度，取而代之的是满族装束——旗装的形式，但仍以十二章纹饰为装饰，以绣有禽兽之纹的补子作为文武百官职别的标志，以金凤、金翟等纹样作为后妃命妇（命妇：有封号的妇女，多指官员的母、妻等。）冠帽服装的装饰。一般男子多穿长袍、短褂和马褂。满族妇女多穿旗袍，袍外加坎肩，发式为"一字头"；汉族妇女以袄、衫、裙为主，另有背心、袍、裤等。

旗装以用料节省、制作简便，服用便利为其特点，就衣着本身而言，体现着时代的进步。清代服制的变化是历史上"胡服骑射""开放唐装"之后的第三次飞跃，起到了推进服饰演变的积极作用。

二、古代服饰的原料

（一）兽皮

《后汉书·舆服志下》记载："上古穴居而野处，衣毛而冒皮，未有制度。"兽皮成为原始社会时期人们的主要服饰。随着时代的进步与发展，兽皮的地位渐趋衰弱，但它在古代服饰发展史始终占有一席之地。

（二）麻和葛等植物纤维

1972 年，江苏吴县草鞋山的新石器时代遗址中出土了三块珍贵的葛布残片，这些纺织品是 5000 多年前我们祖先的杰作。在浙江余姚河姆渡遗址中出土了苎麻绳索，浙江湖州钱山漾也出土了几块毫不逊色的苎麻布残片，福建武夷山岩棺出土了几块商代苎麻布和大麻布，河北藁城出土了商代大麻布残片。这些出土的实物，就是我国早在四五千年前利用葛麻作为纺织原料的可靠见证。葛和麻都属韧皮植物，它们的韧皮是由植物胶质和纤维组成。要利用纤维进行纺织，必须先把胶质除掉一部分，使工艺纤维分离出来才行。这一加工过程叫作"脱胶"。随着棉花的广泛种植和利用，葛麻便逐渐失去了它先前的地位。

（三）丝绸

专家根据考古学的发现推测，在距今五六千年前的新石器时代中期，中国便开始了养蚕、取丝、织绸了。到了商代，丝绸生产已经初具规模，具有较高的工艺水平，有了复杂的织机和织造手艺。随着战国、秦、汉时代经济大发展，丝绸生产达到了一个高峰。几乎所有的地方都能生产丝绸，丝绸的花色品种也丰富起来，主要分为绢、绮、锦三大类。唐朝是丝绸生产的鼎盛时期，一般百姓也能穿丝绸衣服了。

（四）棉花

历史文献和出土文物证明，中国边疆地区各族人民对棉花的种植和利用远比中原早，直到汉代，中原地区的棉纺织品还比较稀奇珍贵。唐宋时期，棉花开始向中原移植。目前中原地区见到的最早的棉纺织品遗物，是在一座南宋古墓中发现的一条棉线毯。也就是从这时期起，棉布逐渐替代丝绸，成为我国人民主要的服饰材料。元代初年，政府设立了木棉提举司，大规模向人民征收棉布实物，每年多达 10 万匹，后来又把棉布作为夏税（布、绢、丝、棉）之首，可见棉布已成为主要的纺织衣料。元以后统治者都极力征收棉花、棉布，出版植棉技术书籍，劝民植棉。从明代宋应星的《天工开物》中记载的"棉布寸土皆有""织机十室必有"，可知当时植棉和棉纺织已遍布全国。

三、古代的官服

（一）礼服

礼服也称"法服"，用于祭祀、大典礼。

夏商时期，开始建立礼制，与这些礼仪活动相对应，便出现了各种冠服制度，如祭祀时着祭服、朝会时着朝服、婚嫁有吉服、从戎有军服、服丧有凶服等。到了周代，冠服制度逐步完善，帝王和官员都以冕服为礼服。

汉代冕服为祭服，用于祭祀，朝服用于大典。汉代的冠服制度一直沿传至明代。到了清朝，服装在保留本民族习俗礼仪的同时，吸收了汉族服饰中的一些特点，但彻底废弃了冠冕衣裳为祭祀之服，以及通天冠、绛纱袍服的传统制度。

（二）常服

常服也称"公服"，是各级官员办公时的着装。

周代的常服，主要是弁服，其形式与冕服相似，但其衣裳上无章彩纹饰。

汉代以后常服的变化较多。为了在常服上区分贵贱、高低的等级，公元610年（大业六年）隋炀帝从常服颜色上规定五品以上服紫袍，六品以下服绯或绿袍，胥吏服青袍。唐高祖也在常服袍色上做过一些规定。明代官员的常服大体承袭古代袍制，只是在袍服的前胸后背缀以一方补子，文官纹禽、武官绣兽以示区别。清代的常服也有明显的等级区别，即从顶戴、花翎、补子上区别。

四、民间服饰

（一）汉族服饰

在先秦服饰的造型样式中，深衣是极普遍被服用的样式。孔颖达在《五经正义》中对此描述为："此深衣衣裳相连，被体深邃，故谓之深衣。"深衣不分男女贵贱，皆可服用。

秦汉男子一般都崇尚袍服。汉代男子服装样式，除了承袭战国时代的深衣之外，一般多服用直裾之衣"襜褕"；襦裙是女子日常着装。

魏晋男子服装主要为大袖衫。"衫"与"袍"的区别在于袍以交领为主，衫则为直襟式；袍多为两层，或夹或棉，衫有单夹两式，质料有纱、绢、布等，颜色多为白色。女子多以襦衫、裙裤为主，以宽博为尚，衣衫以对襟为多。

唐贞观年间令庶人服缺骻衫，袍服下加襕，色尚白。庶人妻女严禁服用绫、罗、縠等。武德年间，令庶人服绸绢絁布，色主黄白。初唐妇女服饰上承隋制，上着小袖短襦，下为紧身长裙，腰系绸带，是唐代妇女稳定不变的基本样式。唐代妇女竞相着锦绣浑脱帽、翻领窄袖袍、条纹小口裤等，一时蔚然成风。唐代男子首服主要是幞头，即各种巾子，其常服为圆领袍衫。圆润流畅，潇洒自如，是唐代民间服饰文化的主要风格。

宋代百姓服装似有定制，从《梦粱录》的记叙中可窥测一二："士农工商者，诸行百户衣巾装着皆有等差，香铺人顶帽披背子，质库掌事裹巾著皂衫、角带。街市买卖人，各有服色头巾，各可辨认是何目人。"在张择端《清明上河图》等画中，可以饱览民间各色人物如绅士、商贩、农民、缆夫、车夫、船工等的形形色色的服装。

明代男子头饰以网巾、四方平定巾、六合统一帽为主。妇女头饰更是名目繁多。妇女的礼服、袍衫只能用紫、绿等颜色；直领、对襟小袖的背子为普通妇女的常服；一种新的马甲"比甲"也开始普及于民间。妇女的下裳以裙为主，穿裤者亦有。虽然如此，明代民间服饰仍未恢复唐宋的富丽和多样性。

清代的民间服饰以繁缛、琐细、庞杂为特征。清代男子服饰有袍褂、衫、袄、裤等。长袍不开衩的"一裹圆"多为一般百姓服用。汉族妇女起初仍承明制，后逐渐形成清代特色。普通妇女在嫁娶大吉之日可服用凤冠霞帔。妇女上衣多为右衽宽松式，道光后，衣边、襟边的纹饰趋于精巧繁丽。

（二）少数民族服饰

少数民族服饰是各少数民族在特定的地理环境中，基于对不同生产、生活方式的理解与适应，以及对精神世界（真、善、美）的追求中逐步形成的。少数民族服饰不仅具有浓郁的地域特征、各异的文化心理品格、独特的审美情趣和迷人的宗教神话色彩，而且由于各少数民族在中华人民共和国成立时，尚处于不同的社会历史形态和相对自给自足的自然经济与半自然经济形态，因此其服饰的历史性和丰富性更为世界其他国家罕见。

1. 满族

旗袍是满族男女老少一年四季都穿着的服饰，它裁剪简单，圆领，前后襟宽大，而袖子较窄，四片裁制，衣衩较长，便于上马下马；窄窄的袖子，便于射箭。由于袖子口附有马蹄状的护袖，又称"马蹄袖"。在满族人逐渐脱离骑射生涯后，马蹄袖已成装饰，而放下马蹄袖仍然是满族人对长者、尊者致敬的礼仪。妇女旗袍的装饰性比男性旗袍更强，领子、前襟和袖口都有绣花装饰。随着时代的变迁，旗袍式样的变化也很大。

2. 蒙古族

蒙古族服饰具有浓厚的草原风格。牧区的蒙古族男女老幼一年四季都喜欢穿长袍，俗称"蒙古袍"。过去蒙古族人民多以皮为服饰面料，而今最喜欢用的服饰面料是缎、绸、丝绒等。腰带是蒙古族服饰不可缺少的重要组成部分。一般多用棉布、绸缎制成，长三四米不等。蒙古族男女皆穿软统皮靴，皮靴多为高统，也有半统的。皮靴样式的区别还表现在靴尖上，有上卷的、半卷的和平底的。上卷的适合在沙漠里行走，半卷的适合在干旱草原，而平底的则适合穿越湿润草原。

3. 藏族

藏族的服装主要是传统藏服，特点是长袖、宽腰、大襟。妇女冬穿长袖长袍，夏着无袖长袍，内穿各种颜色与花纹的衬衣，腰前系一块彩色花纹的围裙。藏族帽子种类繁多，主要有毡帽、皮帽、金丝花帽等。藏族男女通行的长筒靴，底高 2 厘米，腰高至小腿之上，鞋面用红绿相间的毛呢装饰，鞋腰上也有线条、花纹。藏靴可分为"松巴"和"嘎洛"两大类。藏族佩饰主要有耳环、胸饰、腰饰和手饰。饰品多以金、银、铜和珠宝、石器制成。日渐完善的藏族服饰文化内涵丰富，层次多样，既有一定的结构特征，又有许多等级和地域性的差别，还有一些特定的服饰制度。

4. 维吾尔族

维吾尔族人十分讲究衣着打扮，男子传统服装为条绒无领黑色或花条布袷祥，黑长裤。脚穿套鞋，冬天高寒地区则穿毡筒。腰系质地不同的方形腰带，维吾尔语称"法嗒"，头戴小花帽。女子无论春夏秋冬，都喜欢穿色彩绚丽、图案别致的艾德丽斯绸宽袖连衣裙，外罩黑色金丝绒对襟绣花小坎肩；脚上穿做工考究的各色高腰皮靴。维吾尔族人，无论男女都喜欢戴花帽。花帽，又名"多帕"，吐鲁番人叫"伯克"，维吾尔人日常生活中的必备品，也是馈赠亲朋好友、贵客嘉宾的珍贵礼品。

5. 朝鲜族

朝鲜族比较喜爱素白服装。朝鲜族的传统服装，男女迥然不同。男子的裤裆肥大，易于盘腿而坐，裤脚系上丝带，并喜欢在上衣加穿带纽扣的有色坎肩，但不镶边，讲究合体，颜色多为灰色、棕色、黑色。出访时再加穿长袍（式样与上衣相同，只是长及膝盖）。女装特点是袄短裙长。袄的衣领同襟连成一条斜线，衣襟右掩，没有纽扣。袄袖呈圆弧形肥大，左右衣襟以两根长长的结带在右胸前打一个蝴蝶结，长长的飘带给人以飘逸的美感。袄的领口、袖口多以不同颜色的布条镶边。朝鲜族服装的特点是斜襟，无纽扣，以长布带打结。

6. 赫哲族

鱼皮衣是赫哲族的重要标志。用胖头、鲢、鳇、鲤鱼等皮制成衣、裤、靰鞡、腰带、绷腿、围裙、手套、口袋等。鱼皮衣物都是由数张鱼皮缝合而成。除了鱼皮衣以外，赫哲人也穿狍皮大衣、鹿皮衣和布衣、绸衣等衣物，鞋用鱼皮及狍、鹿腿皮做成，内絮乌拉草。他们的衣帽绣着各式各样的云纹图案和各种花朵，构图壮观、美丽。

五、服饰的功能及文化品位

（一）保护性功能

从考古学、人类学来看，人从猿到人经历了一个漫长的过程。在这个过程中，人的特征日渐明显，猿的特征逐渐消失，因而，作为猿原有的生理机能相应发生了变化，从而，依靠原来的身体状况也就无法适应外界的气候条件，必然要借助于外界的物质。这应该说是服饰最初产生的原因。东汉刘熙说："衣，

依也，人所依以避寒暑也。"（《释名·释衣服》）

（二）标志性功能

从考古发掘和古籍记载的服饰来看，人类最初的服饰并无性别的区分，随着社会分工及生理需要差别的明朗化，从而使服饰有了男女之别。从事户外生产狩猎的男子由裙、披变为裤、衣；主事内务的妇女则沿袭穿裙的习俗，就是男女同穿裙的古代景颇族，也要靠花纹的不同来区分出"雌雄裙"。

阶层角色是社会角色里最突出的，与社会地位等级尊卑有紧密关系。中国的冠服制度在夏商周时期逐渐形成，成为一种"昭名分、辨等威"的工具，具有了特定的文化特质。从天子皇族、文武百官到庶人百姓，社会各阶层有严格的服制，从服式、服色到纹样，都有相应规定，直接反映人们的不同社会地位和等级尊卑。

此外，年龄角色、职业角色在服饰上也有反映。

（三）叙事性功能

对于无文字的口传文化圈的民族，服饰记史述古的功能尤为明显。在云南的普米族妇女，穿着束腰的百褶长裙，在裙子的中间，绣着一横条彩线，称为"纳珠"。她们认为，这条彩线是祖先迁徙的路线，人死后需要沿着这条线路寻找自己的归宿，否则便回不了家。即便是文字发达的民族其服饰也有着突出的记事功能。如汉族民间有些服饰纹样与古老的文化观念和事件有密切关系。浙江义乌地区婴儿诞生后戴"荷花帽"寓意像荷花一样生根、开花。正如景颇族民谚说："筒裙上织着天下事，那是祖先写下的字。"民族服饰正如秘传千年的"密码"向后人解释着衣为何这样穿，色为何这样配，饰为什么那样戴，用表述荒古的神话传说，折射出民族的心理、情感和精神世界。

（四）审美功能

当人类将改变纯自然状态的欲望升华到服饰后，它表现为既是人类生存的物化活动，又是观念外化在服饰上的物态化活动。民族服饰的造型反映了民族适应环境的适用价值以及体现本民族文化价值取向的审美价值。如宽大厚实的藏袍和右臂坦露的穿着方式，构成英武粗犷的气质；细薄柔软、紧身而裹的傣衣勾画出傣家姑娘婀娜多姿的秀美形象；锦衣绣袍衬托出汉家女子的温文尔雅。如头上戴的帽子、身上扎的腰带、脚上穿的鞋等，各民族的样式不尽相同，但都是审美趣味的表现形式。

（五）象征性功能

服饰作为古代民族与神灵、图腾与祖先沟通的媒介，行使者与咒符、祝辞、巫图神画等类似的宗教或巫术的文化功能，并被人赋予了幻化的美性，具有极强的象征意味。如龙纹样是苗族衣饰图案中的永恒主题，苗人认为他们的祖先姜央与龙同是蝴蝶妈妈所生，因而把龙与蝴蝶都认为是苗民祖先。可见，龙纹具有苗族祖先崇拜的象征。而汉族服饰深受儒家文化影响，入世精神重，不喜务虚，服饰以吉祥和谐为主题，如"五福捧寿"，充满人间的乐趣与自由①。

第三节　古代节庆

中国的传统节庆形式多样，内容丰富，是我们中华民族悠久的历史文化的一个组成部分。这些节庆在古书中常常遇到，而且有许多优秀古典文学作品是反映我国传统节庆的。我们了解它、掌握它，对学习和刚好地理解古典文学是有益处的。同时，传统节庆是民俗学的内容，熟悉传统节庆，对研究民俗学也是大有帮助的。

一、古代节庆的形成与发展

节庆习俗的形成过程是历史的积淀过程，许多现代流行的节庆习俗是古人社会生活的活化石。它经历了一个潜移默化、节奏缓慢的发展过程，渗入历代人们的生活中，表现出一定时代人的心理特征、审美情趣和价值观念。每一特定的历史时期，会出现特有的社会风尚，节庆习俗内容也就相应产生、发展和变化。

（一）先秦——节庆风俗的萌芽

先秦大部分节庆已产生，但内容贫乏、形式单调、区域狭窄、时间不定，所以说先秦是节庆习俗的起源萌芽期。从奴隶社会过渡到封建社会，人相对得到了解放和自由，民众的原始思维、意识复苏，人类早期的迷信、崇拜、禁忌再次进入了人们的生活。早期节庆习俗大都在这时萌芽。

春秋战国长期动乱与分裂，制约了节庆习俗的发展。各诸侯国严密控制一片狭小的地域，出现了"百里不同俗"的局面。

（二）汉代——节庆习俗的定型

中国主要节庆习俗定型于汉代（如除夕、元旦、人日、元宵、上巳、寒食、

---

① 周文杰：《论中国民族服饰的文化功能》，载《浙江科技学院学报》第 14 卷第 1 期，第 60—64 页。

端午、七夕、重阳等），这是有着深刻的历史原因和社会条件的。政治、经济的
稳定和统一，各地区各种文化大融合，各地风俗、节庆文化互相吸收渗透、融
为一体并迅速传播。如当时的巴蜀文化、楚文化、齐鲁文化、中原文化、秦文
化、北方文化都互相融合。汉代科学与迷信并盛，为节庆习俗发展提供了良好
的环境。汉代关于宇宙天体的盖天说、浑天说、宣夜说的出现，候风地动仪的
发明，对日食、月食、地震、暴风、水涌山崩等现象做出了科学解释和测定。
汉代这些科学技术的发展打破了原始自然崇拜，对节庆习俗产生了巨大影响。

汉代谶纬迷信风行。战国邹衍创立的阴阳五行说，在秦汉被统治者欢迎、
信奉，成为封建迷信的根据地。汉代董仲舒将之进一步发展为阴阳五行、"天人
感应"的神学观，大倡君权神授、灾变天意、祥兆符瑞等并用谶纬预测，形成
了一套完整的神学体系、迷信范式很快渗透于社会生活的各个角落，整个社会
罩上了一层厚厚的迷信浓雾。这些迷信习俗对节庆习俗的形成是必不可少的条
件。可以说节庆起源于原始崇拜与禁忌，形成于迷信习俗。如祭祀太乙神形成
的正月十五元宵节，阴阳五行家把迷信禁忌活动划分为四时、八节、二十四节
气等。汉代节庆习俗活动中也充分体现出迷信活动的气氛，如年节放爆竹、礼
门神、挂桃弓苇矢等都是为了驱鬼。

在汉代节庆习俗的定型过程中（尤其是东汉），历史的积淀从两方面在节庆
习俗中呈现出来：一是对历史人物、英雄的祭祀代替了一些原始崇拜活动内容，
如对后稷、屈原、介子推等的祭祀；二是在习俗本身发展过程中，习俗礼俗融
为一体，被人们约定俗成地接受沿袭下来。

（三）魏晋南北朝——节庆习俗的变异

魏晋南北朝时期，中国节庆习俗受到三方面的冲击而发生变异。

1. 道教、佛教的冲击

东汉勃兴的道教后来有的发展为起义的工具（如张角以太平道传教号众起
义），有的被统治者利用。有的道士还干预朝政（如被称为"山中宰相"的葛
洪、陶弘景）。而这些道士以道术驱鬼降魔、画符除妖、炼丹治病等为大众接受
欢迎，在社会上形成一股势力。两汉之际传入的佛教将一些戒律改造成适合士
大夫要求，又得到统治者提倡的戒条，节庆习俗进一步兴盛起来。

魏晋南北朝时期，佛、道二教一起向中国传统思想文化体系发起冲击，传
统的"礼法""名教"解体。汉末的"清议"向"玄学"转变。社会秩序、社
会心理严重失衡，反映在节庆习俗中则出现一系列怪诞荒唐的习俗风尚，神鬼
传说与节庆附会在一起。

2. 民族融合的冲击

魏晋南北朝时期，北方少数民族入主中原，与汉人杂居。其影响是：一方面使汉族与少数民族的节庆习俗出现融合；另一方面因战乱造成北方人向南方大迁徙，使汉族内部南北习俗也产生融合。如端午节、北方中原地区的恶月恶日观，此时被南方荆楚人民接受并写入《荆楚岁时记》。

3. 清谈玄学思想带来的玄怪观念的冲击

汉代的"清谈"到汉末发展为"清议"，魏晋南北朝时期由于战乱分裂的现实，士子为苟全性命于乱世而不敢涉及政治现实，转向追求隐逸求仙，"清议"发展为"玄学"。隐士空谈佛道玄理，许多玄怪观念冲击着人们固有的思想观念，极大地影响了传统节庆习俗。

(四) 唐宋——节庆习俗的发展

唐代由于政治开明，社会空前昌盛，经济空前繁荣，人民生活稳定。人们心理轻松愉悦，表现在节庆习俗上的突出特点是由原来的禁忌、迷信的神秘气氛向娱乐型、礼仪型转变，成为真正的"佳节良辰"。如元旦爆竹不再是忙于驱鬼而是象征热烈欢乐，元宵祭神灯变成人们游观的花灯，中秋拜月变成了赏月。每逢佳节人们不再驱邪避鬼，而是游乐如云。节庆变得轻松欢快，内容丰富多彩。但是发达的社会经济也给节庆习俗带来了奢侈淫靡之风，到了宋代更为严重。

(五) 明清——节庆习俗的巨变

明清时期节庆习俗发生了三大巨变。一是上层统治者及文人士大夫层的复古风。因宋明理学、封建礼教对人们思想禁锢的加强，所以节庆习俗更礼仪化、应酬化，继之引来了复古之风，且师古不法唐宋而法秦汉。如民间盛行的门神已是秦叔宝、尉迟敬德，一些士大夫又偏用神荼、郁垒做门神。二是一些以小农经济为基础的节庆习俗被淘汰或淡化。明代由于手工业、纺织业、佣工、沿海商贸等资本主义经济的缓慢发展，给节庆习俗带来的重大变化就是一些节庆逐渐被人们冷淡甚至被淘汰。如宋以前祭土地神的社日，这时因人们成了佃户、雇工而不祭土地神；由于男耕女织家庭模式的被打破，七夕也渐无人问津。三是游乐性的习俗迅猛发展。唐宋时期节庆习俗已向娱乐型过渡，到明清时期这变化仍在持续。如元宵节放烟火花灯，明代长达十夜。节庆期间舞龙耍狮、秧歌杂技有增无减。

二、古代节庆习俗的特点

我国古代的传统节庆，在长期的传承发展过程中形成了自己独特的习惯，概括起来有以下几个特点。

（一）多源于岁时农事，活动范围多以家庭为主

汉民族自古是个农业民族，有较深的重农经济思想。而我国古代社会的基层组织又是以一家一户为主，因此，传统节庆大多和岁时农村有关，节庆活动又以家庭为主要范围。

（二）在节庆活动中综合地展现各种民俗

我国传统节庆在长期传承发展过程中，由于活动目的的多重性，于是便形成了节庆活动内容上的复合性。传统节庆活动目的的多重性是顺应了人们社会生产、文化、社交活动的要求而产生的。所以，它使传统节庆从信仰、祭祀驱禳发展到竞技、游艺、文化娱乐，即在节庆活动中综合地展现了各种民俗。

（三）我国古代节庆受宗教影响较小，而较多地渗透了儒家礼仪的内容

尽管宗教是影响古代节庆产生和发展的重要因素，而且传统节庆中也有不少纯粹宗教性节庆，如二月十九日的观音生日，四月八日的浴佛节（纪念佛祖释迦牟尼生日）等。但我国古代的传统节庆受宗教的影响毕竟是有限的。又因为儒家思想不但占统治地位，而且在人们思想中根深蒂固，所以在节庆活动中，不是宗教而是儒家礼仪的内容较多地渗透了进来。

（四）同一节庆有不同的表现形式

由于我国幅员辽阔，地大物博，又是一个多民族的国家。加上古代交通不便，人们往来交流较少，各地都形成了自己的民俗。这样一来，同一节庆，便在不同民族、不同地域，甚至不同县份、不同乡里便有不同的表现形式。如过年燃放爆竹，在南方要放"开门炮"，在北方则没有这种习惯。而"开门炮"的放法，在浙江宁波一带是起身后燃放三只，而在广东海丰一带则是按《通书》指定的时刻与方向燃放。放时，先在屋内点燃，然后开门将炮向外放。大年初一，北方普遍吃饺子，南方则吃粉团，取"团圆"之意，煮粉团时烧芝麻秸，称为"节节高"。

三、重要节庆简介

（一）春节

春节俗称"过年"，时在农历正月初一，这是我国民间最隆重的一个传统节

庆。春节的历史十分悠久，它源于殷商时代年头岁尾祭神祭祖的活动。按照我国农历，正月初一古称"元日、元辰、元正、元朔、元旦"等。辛亥革命后，南京临时政府把农历的一月一日定为春节。1949年9月27日，在中国人民政治协商会议第一次全体会议上，通过了使用世界上通用的公历纪元，把公历的1月1日定为元旦，俗称"阳历年"；农历正月初一通常都在立春前后，因而把农历正月初一定为"春节"，俗称"阴历年"。传统意义上的春节是指从腊月初八的腊祭或腊月二十三的祭灶，一直到正月十五，其中以除夕和正月初一为高潮。在春节这一传统节庆期间，我国的汉族和大多数少数民族都要举行各种庆祝活动，这些活动大多以祭祀神佛、祭奠祖先、除旧布新、迎禧接福、祈求丰年为主要内容。活动形式丰富多彩，带有浓郁的民族特色。

（二）元宵节

元宵节也称"上元节、灯节"，时在农历正月十五。正月十五是一年中第一个月圆之夜，也是一元复始，大地回春的夜晚，人们对此加以庆祝，也是庆贺新春的延续。按中国民间的传统，在这天上皓月高悬的夜晚，人们要点起彩灯万盏，以示庆贺。出门赏月、燃灯放焰、喜猜灯谜、共吃元宵，合家团聚、同庆佳节，其乐融融。

元宵燃灯的风俗起自汉朝，到了唐代，赏灯活动更加兴盛，皇宫里、街道上处处挂灯，还要建立高大的灯轮、灯楼和灯树，唐朝大诗人卢照邻曾在《十五夜观灯》中这样描述元宵节燃灯的盛况："接汉疑星落，依楼似月悬。"随着时间的推移，元宵的活动越来越多，不少地方节庆时增加了耍龙灯、耍狮子、踩高跷、划旱船、扭秧歌、打太平鼓等传统民俗表演。这个传承已有2000多年的传统节庆，不仅盛行于海峡两岸，就是在海外华人的聚居区也年年欢庆不衰。

（三）清明节

清明节也叫"踏青节"，时在公历4月4日至4月6日之间。大约始于周代，是我国最重要的祭祀节庆，流传于汉、壮、朝鲜、苗、侗等民族地区。清明本是二十四节气之一，由于与寒食日接近，而寒食是民间禁火扫墓的日子，二者就合而为一，寒食也成了清明的别称。这一天古人不动烟火，只吃凉食。这个习俗据传说是为了纪念有功于晋文公的介子推。今天民间习俗仍要扫墓，以祭祀祖先，悼念亡人。

（四）端午节

端午节本名"端午"，时在农历五月初五，是古老的传统节庆，也称"重午节、端阳节、蒲节、五月节"等。端午节的由来，说法甚多，有纪念屈原说，纪念伍子胥说，纪念曹娥说等。其中影响最大、流传最广的是纪念屈原说。各地过端午节风俗不同，主要形式有：赛龙舟，挂菖蒲、艾草，饮雄黄酒，吃粽子，给小孩系香袋，以避灾疫、去虫毒。

（五）七夕节

七夕节亦称"乞巧节、女儿节"，时在农历七月初七夜晚，流传于汉族地区，这是中国传统节庆中最具浪漫色彩的节庆。七夕坐看牵牛织女星是民间的习俗，妇女向织女乞求智慧和巧艺，当然也少不了向她求赐美满婚姻。

（六）中秋节

中秋节俗称"团圆节"，时在农历八月十五。中秋节历史十分悠久，早在《周礼·夏官·大司马》中就有"中秋"一词，唐代成了固定节庆，盛行于宋。中秋节的传说也相当丰富，有嫦娥奔月、吴刚伐桂等。旧时，一些地区妇女要在晚间祭月，供品中有月饼和西瓜，皆为圆形，寓意合家团圆。祭拜后家人团坐院中，吃月饼，饮桂花酒，赏月。

（七）重阳节

重阳节时在农历九月初九，流传于汉族地区。因古人以九为杨舒得名，也称"重九"。这一天，人们要登高、赏菊、插茱萸、饮菊花酒，以免灾避祸。1989年，我国把每年农历九月初九定为"老人节"，或称"敬老节"，传统节庆被赋予了新义。

四、古代节庆的文化内涵及现实意义

（一）古代节庆的文化内涵

古代节庆作为一种行为层面的传统文化，根植于中国古代农耕文化，在长期的流传过程中，通过对天人、群己、义利等关系的约定，形成了自身独特的文化内涵，体现了强大的文化凝聚力与生命力。

1. 根植于中国古代农耕文化

自然条件与地理环境决定了早期的中国以农耕经济为主。人们发明了农具，培育出新的农作物，制定了一系列农业制度，形成了一些农事习俗，创作了农事诗、各式图形等，这些都是农耕文化的体现。

中国传统节日根源于中国古代农耕文化。据史籍记载，春节在唐虞时叫"载"，夏代叫"岁"，周代才叫"年"。"载""岁""年"都是指谷物生长周

期，谷子一年一熟，所以春节一年一次，含有庆丰收的寓意。关于春节的另一种说法是：春节起源于原始社会末期的"腊祭"，当时每逢腊尽春来，先民便杀猪宰羊，祭祀神鬼与祖灵，祈求新的一年风调雨顺，免去灾祸。清明节本是二十四节气之一，这时，我国大部分地区气候温暖，草木萌茂，农业上开始忙于春耕春种。江南有农谚这样形容清明："清明谷雨两相连，浸种耕种莫迟延"，"种树造林，莫过清明。"关于中秋节的起源，有一种说法是秋报的遗俗，因为农历八月十五这一天恰好是稻子成熟的时刻，人们便在这个季节饮酒舞蹈，喜气洋洋地庆祝丰收。重阳节在陕北是正式收割的季节……从传统节日的起源来看，大多出于农耕目的，虽然在流传过程中，有些节日淡化了农耕印象，但传统节日体现或根植于古代农耕文化这一点是确定的。

2. 体现了原始宗教信仰

对大自然的崇拜是先民最原始的崇拜形式之一，这里的大自然主要指太阳、月亮、大地及除此之外的自然物。《风土记》中记载"仲夏端午，烹鹜角黍（粽女）"，端午节采粽叶、包粽子体现了人们对植物的崇拜。在中秋时节，古代贵族和文人学士会对着天上又亮又圆一轮皓月，观赏祭拜，寄托情怀，无论是祭月还是赏月都体现了对月亮的崇拜。春节祭祖、清明扫墓是对祖先的崇拜。图腾崇拜是较为高级的宗教形式，原始先民都相信自己的氏族与某种动物、植物或无生物之间存在一种特殊的亲密关系，并以之作为氏族崇拜的对象。

3. 反映出古代宗法文化的特征

中国长期处在宗法制社会形态下，在宗法制度下，人们重血亲人伦，讲究礼教德治、长幼尊卑、贵贱有别。宗法制社会形态下的一系列要求在传统节日中找到了很好的依托。春节祭祖、清明扫墓，把人置于血亲人伦中，体现出一种"人道亲亲"。《礼记·大传》中这样解释"人道亲亲"："亲亲故尊祖，尊祖故敬宗，敬宗故收族。"通过这种方式整个家族就以血亲人伦为纽带联系在一起了。无论是祭祖、扫墓，还是拜月、登高，都有严格的仪式，崔寔《四民月令》是这样形容春节祭祖的："正月之朔，是为正日。躬率妻孥，洁祀祖祢。及祀日，进酒降神毕，乃家室尊卑，无大无小，以次列于先祖之前，子妇曾孙，各上椒酒于家长，称觞举寿，欣欣如也。"通过一系列固定仪式，实现了"尊尊"——长幼尊卑、贵贱有别，并且这种等级差别也与血亲人伦有关。通过传统节日中的血亲人伦纽带，尊尊与亲亲联系在一起，整个社会实现了从"家天下"到"国天下"的过渡，形成了家国同构格局。

（二）古代节庆的现实意义

古代节庆作为中国传统文化精神的体现之一，在社会发展中产生过深远的影响，这种影响有积极的，也有消极的。一般而言，消极的习俗总是流传不久，经过几千年社会历程流传至今的古代节庆习俗总体而言具有深刻的现实意义。

1. 体现强大的文化凝聚力与民族凝聚力

春节回家、清明扫墓、端午节纪念屈原的传统习俗流露出敬祖意识、亲情情结、精忠爱国等思想，这些观念最容易唤起人们对亲人、家庭、故乡、祖国的情感，唤起人们对民族传统文化的记忆，对民族精神的认同，唤起人们同宗同源的民族情及对文化同根性的认同。

2. 构建人与自然、人与人之间的和谐关系

古代节庆中，天人合一思想为人们提供了亲近自然、融入自然的机会，在踏青、观星、赏月、登高玩秋等活动中，人们放松心情，找回童真，发现乐趣。在亲近自然的活动中，人与人之间进行交际，体现出骨肉情深或天伦之乐，形成一种与人为善、和谐相处的人际关系。

3. 唤起人们对美的向往

古代节庆中无论是亲近自然（如踏青、观星、赏月、登高等）还是渴望团圆（如吃饺子、月饼等）的习俗，都体现了人们对美的追求与向往①。

思考题

①中国古代饮食文化基本知识及其文化内涵。

②中国古代茶文化、酒文化的基本知识及其文化内涵。

③中国古代服饰的功能和文化品位。

④简介主要节庆的形成及习俗。

---

①　黄辉：《中国传统节日的文化价值及现实意义》，沙洲职业工学院学报，2008 年第 2 期。

表 3.4　中国传统文化课程思政育人示范

课程思政设计	
思政知识点	古代节庆的现实意义。
思政问题	天人合一思想是如何体现在古代节庆文化中的?
思政内容	古代节庆中天人合一思想为人们提供了亲近自然、融入自然的机会,在踏青、观星、赏月、登高玩秋等活动中,人们放松心情,找回童真,发现乐趣。在亲近自然的活动中,人与人之间进行交际,体现出骨肉情深或天伦之乐,形成一种与人为善、和谐相处的人际关系。
思政目标	透过节庆现象去挖掘背后的文化意蕴,掌握中国优秀传统文化的基本精神,培养学生透过现象看本质的能力。激发学生的民族自豪感和自信心。

参考文献

［1］蔡元培．中国伦理学史［M］．北京：东方出版社，1996．

［2］曹大林．中国传统文化探源：先秦儒墨法道比较研究［M］．长春：吉林大学出版社，1998．

［3］常兆玉．中国传统文化要略［M］．北京：法律出版社，1994．

［4］程裕祯．中国文化要略［M］．北京：外语教学与研究出版社，1998．

［5］邓福星，黄兰．中国美术［M］．北京：文化艺术出版社，1999．

［6］杜文君，等．传统与时代［M］．上海：华东师范大学出版社，1994．

［7］樊浩．中国伦理精神的历史建构［M］．南京：江苏人民出版社，1992．

［8］方立天、薛君度．儒学与中国文化现代化［M］．北京：中国人民大学出版社，1998．

［9］方立天．中国佛教与传统文化［M］．上海：上海人民出版社，1988．

［10］冯天瑜，等．中华文化史：上、下卷［M］．上海：上海人民出版社，1990．

［11］冯天瑜．中国文化史纲［M］．北京：北京语言文化大学出版社，1994．

［12］冯友兰．中国哲学简史［M］．北京：北京大学出版社，1985．

［13］葛兆光．道教与中国文化［M］．上海：上海人民出版社，1987．

［14］龚鹏程．中国传统文化十五讲［M］．北京：北京大学出版社，2006．

［15］管维良．中国历史与文化［M］．重庆：重庆大学出版社，1998．

［16］何乃光，姜汝真．中国文化概要［M］．北京：华文出版社，1996．

［17］胡世庆．中国文化史［M］．北京：中国广播电视出版社，1991．

［18］金元浦，等．中国文化概论［M］．北京：首都师范大学出版社，1999．

［19］李刚．古今中外宗教概述［M］．成都：巴蜀书社，1997．

［20］李申．老子与道家［M］．北京：商务印书馆，1996.

［21］李宗桂．中国文化概述［M］．广州：中山大学出版社，1988.

［22］梁漱溟．中国文化要义：梁漱溟全集第3卷［M］．济南：山东人民出版社，1990.

［23］刘敦桢．中国古代建筑史［M］．北京：中国建筑工业出版社，1980.

［24］刘纲纪．传统文化·哲学与美学［M］．桂林：广西师范大学出版社，1997.

［25］刘蕙孙．中国文化史述［M］．北京：文化艺术出版社，1997.

［26］刘军．中国少数民族服饰［M］．北京：中央民族大学出版社，2000.

［27］刘敏，等．中国传统文化概论［M］．哈尔滨：黑龙江人民出版社，2000.

［28］刘志诚．汉字与华夏文化［M］．成都：巴蜀书社，1995.

［29］刘周堂．前期儒家文化研究［M］．桂林：广西师范大学出版社，1998.

［30］罗国杰．中国传统伦理道德：德行卷、规范卷［M］．北京：中国人民大学出版社，1995.

［31］马小红．礼与法：法的历史连接［M］．北京：北京大学出版社，2004.

［32］毛礼锐，等．中国古代教育史［M］．北京：人民教育出版社，1979.

［33］毛礼锐，沈灌群．中国教育通史［M］．济南：山东教育出版社，2005.

［34］邱树森，陈振江．新编中国通史：1—2册［M］．福州：福建人民出版社，1993.

［35］任继愈．中国文化史知识丛书［M］．北京：商务印书馆，1998.

［36］商聚德，等．中国传统文化导论［M］．保定：河北大学出版社，1996.

［37］上海古籍出版社编辑部．中国文化史三百题［M］．上海：上海古籍出版社，1987.

［38］上海古籍出版社编辑部．中国艺术三百题［M］．上海：上海古籍出版社，1989.

［39］沈善洪，王风贤．中国伦理学说史：上、下卷［M］．杭州：浙江人民出版社，1985.1988.

［40］宋大川．唐代教育体制研究［M］．太原：山西教育出版社，1998.

［41］苏新春．汉字与引论［M］．南宁：广西教育出版社，1996.

［42］孙宏安．中国古代科学教育史略［M］．沈阳：辽宁教育出版社，1996.

［43］谭家健．中国文化史概要［M］．北京：高等教育出版社，1997.

［44］汤因比，池田大作．展望二十一世纪［M］．北京：国际文化出版公司，1985.

［45］王维堤．中国服饰文化［M］．上海：上海古籍出版社，2001.

［46］王玉德．中国传统文化新编［M］．武汉：华中理工大学出版社，1996.

［47］徐远和．儒学与东方文化［M］．北京：人民出版社，1994.

［48］许嘉璐．中国古代衣食住行［M］．北京：北京出版社，2002.

［49］阴法鲁，等．中国古代文化史［M］．北京：北京大学出版社，1991.

［50］于民雄．道教文化概说［M］．贵阳：贵州人民出版社，1991.

［51］袁行霈，等．中华文明史：1—4卷［M］．北京：北京大学出版社，2006.

［52］袁行霈．中国文学史［M］．北京：高等教育出版社，2003.

［53］臧宏．中国传统文化论纲［M］．合肥：安徽教育出版社，1996.

［54］张岱年，程宜山．中国文化与文化论争［M］．北京：中国人民大学出版社，1990.

［55］张岱年．文化论［M］．石家庄：河北教育出版社，1996.

［56］张岱年．中国哲学大纲［M］．北京：中国社会科学出版社，1982.

［57］张法．中国艺术：历程与精神［M］．北京：中国人民大学出版社，2003.

［59］张炯．中华文学发展史［M］．武汉：长江文艺出版社，2003.

［60］张岂之．中国传统文化［M］．北京：高等教育出版社，1994.

［61］张岂之．中国思想史［M］．西安：西北大学出版社，1996.

［62］张岂之．中华人文精神［M］．西安：西北大学出版社，1997.

［63］张色之．中华人文精神［M］．西安：西北大学出版社，1997.

［64］张晓凌．中国原始艺术精神［M］．重庆：重庆出版社，1992.

［65］张应航，等．传统文化概论［M］．上海：上海人民出版社，2000.

［66］章培恒，骆玉明．中国文学史［M］．上海：复旦大学出版社，1996.

［67］赵吉惠．中国儒学史［M］．郑州：中州古籍出版社，1991.

［68］赵荣光．中国饮食文化概论［M］．北京：高等教育出版社，2003.

［69］中国佛教文化研究所．俗语佛源［M］．上海：上海人民出版社，1993.

［70］中央美术学院美术史系中国美术史教研室．中国美术简史［M］．北京：高等教育出版社，1990.

［71］周少川．中华典籍与传统文化［M］．桂林：广西师范大学出版社，1996.

［72］朱东润．中国历代文学作品选：1—6册［M］．上海：上海古籍出版社，1979.

［73］朱耀廷．中国传统文化通论［M］．北京：北京大学出版社，2005.

［74］朱自清．经典常谈［M］．北京：生活·读书·新知三联书店，1998.

后 记

本书是集体协作的结果，具体分工如下：

第一编中国传统文化整体内涵阐释和第二编中国传统文化观念内涵阐释由高春燕撰写；第三编中国传统文化专题内涵阐释部分由孙艳君撰写。佳木斯市第十一中学的杨丹凤，佳木斯大学柳琳、谢赛楠也参与了本书的编写。

全书由高春燕拟订编写大纲和体例；由高春燕、孙艳君统稿、改稿；由高春燕定稿。在这个过程中，我们十分注意协调各章的内容铺排以避免重复，在观点与文字表述上也尽可能地做到统一。但由于学识和时间等方面的限制，仍有一些不足之处，欢迎读者提出宝贵意见，以俟日后修正和完善。

本书在编写过程中研读和借鉴了诸多专家学者研究古代文学与文化的成果，并将主要参考书目附于书尾处，以表谢意！

2023 年 5 月